Helmut F. Spinner
Die Wissensordnung

Studien zur Wissensordnung

Herausgegeben von
Helmut F. Spinner

Band 1

Helmut F. Spinner

Die Wissensordnung

Ein Leitkonzept
für die dritte Grundordnung
des Informationszeitalters

Leske + Budrich, Opladen 1994

ISBN: 3-8100-1083-9

© 1994 by Leske + Budrich, Opladen

Das Werk einschließlich aller seiner Teile ist urheberrechtlich geschützt. Jede Verwertung außerhalb der engen Grenzen des Urheberrechtsgesetzes ist ohne Zustimmung des Verlags unzulässig und strafbar. Das gilt insbesondere für Vervielfältigungen, Übersetzungen, Mikroverfilmungen und die Einspeicherung und Verarbeitung in elektronischen Systemen.

Druck und Verarbeitung: Druck Partner Rübelmann GmbH, Hemsbach

Printed in Germany

Inhaltsverzeichnis

Leitwort des Herausgebers für die neue Reihe
‚Studien zur Wissensordnung' 11

Vorwort 13

Erstes Kapitel:
Zur Sache des Wissens und seiner Ordnung **19**
I. Die drei Grundordnungen der Gesellschaft 22
II. Die Wissensordnung als dritte Grundordnung 24
   1. Zum Begriff des Wissens und zu den Besonderheiten
      des informationellen Grundstoffs 24
      a) „Wissen aller Arten, in jeder Menge und Güte ":
         Ein globaler Informationsbegriff als kleinster Generalnenner 24
      b) Wissen ist ein ungewöhnliches Gut und braucht
         eigene Ordnungskonzepte 27
   2. Das Konzept der Wissensordnung,
      mit Schwerpunktkatalog für Ordnungsaufgaben 33
   3. Dimensionen und Aspekte der Wissensordnung,
      mit Instrumentenkatalog für Untersuchungsvorhaben 36
   4. Verstehens- und Beschreibungsmöglichkeiten der Wissensordnung .. 39
   5. Vier Ordnungsparameter, viele Optionen, wenige Realisationen 44
   6. Zur Stellung und Bedeutung der Wissensordnung
      in der modernen Gesellschaft 50

Zweites Kapitel:
Zum Aufkommen der Wissenstechniken und zu ihren Technikfolgen **53**
I. Ausgangspositionen: Neuere Entwicklungen im Überschneidungsbereich
   von Wissen und Technik 53
II. Ansatzpunkte: Kriterien für einen Paradigmawechsel
   im Informationszeitalter 56

III. Schlüsselfragen: Rahmenkriterium für die Neuordnung
des Wissensfeldes 58
IV. Folgenprobleme: Auswirkungen auf die Wissenslage
und die Wissensordnung 61
   1. Vier Generationen der Technikfolgenforschung für zwei Arten
von Technikfolgen 61
   2. Technikfolgen erster Art 63
   3. Technikfolgen zweiter Art 64

Drittes Kapitel:
Zur Lage des Wissensfeldes im Informationszeitalter 67

I. Neue Wissenslagen auf vier Ebenen 67
II. Theoreme zur individuellen und kollektiven Wissenslage 69
III. Arten und Funktionen, Bereiche und Bestände des Wissens ... 73
   1. Strukturelle, funktionale und sektorale Gliederungen
des Wissensfeldes 73
   2. Die großen Wissensbestände und Informationssektoren
hochindustrialisierter Gesellschaften für wissenschaftliche und
außerwissenschaftliche Wissensarten 75
   3. Funktionen des Wissens 80

Viertes Kapitel:
Zur Entstehung der Klassischen Wissensordnung in der neuzeitlichen
Wissenschafts- und Gesellschaftsverfassung 83

I. Fragen zum Aufbau und Wandel der Klassischen Wissensordnung 83
II. Drei geschichtliche Institutionalisierungsformen
der Klassischen Wissensordnung 84
   1. Ansätze zur Klassischen Wissensordnung
im bürgerlichen Diskussionsmilieu:
Zur Gesellschaftsverfassung der liberalen Meinungsfreiheiten 85
   2. Ausbau der Klassischen Wissensordnung
im akademischen Sondermilieu:
Zur Wissenschaftsverfassung der Gelehrtenrepublik
für Forschungsfreiheiten 87
   3. Umbau der Klassischen Wissensordnung
im demokratischen Rechtsstaat:
Zu den Wissensfreiheiten im Informationszeitalter 95
III. Aufbau der Klassischen Wissensordnung im systematischen Entwurf 96

Fünftes Kapitel:
Zur Transformation der Wissenschaft und zum Wandel der Wissensordnung 101

I. Vom aufkommenden Großbetrieb der Wissenschaft am Beginn des 20. Jahrhunderts zum ausgebildeten Kognitiv-Technischen Komplex des Informationszeitalters 101
II. Vier Erscheinungsformen der modernen Wissenschaft 102
III. Die neuen, nichtklassischen Bedingungen und ihre ordnungspolitischen Konsequenzen 104
IV. Die bleibenden Fragen zur künftigen Wissensordnung 108

Sechstes Kapitel:
Zur Neuen Wissensordnung des Informationszeitalters 111

I. Arbeitshypothesen zum Wandel der Wissensordnung 111
II. Gegentendenzen zur Alten und Entwicklungslinien zur Neuen Wissensordnung 113
III. Die acht kognitiv-informationellen Ordnungsbereiche der Neuen Wissensordnung und ihre spezifischen Bereichsordnungen . 116
   1. Die Akademische Wissensordnung für Freie Forschung & Lehre 119
      a) Ordnungsprofil der Akademischen Wissensordnung 119
      b) Bemerkungen zur Akademischen Wissensordnung 120
   2. Die Archivarisch-Bibliothekarische Wissensordnung für verwahrtes Dokumentarwissen 123
      a) Ordnungsprofil der Archivarisch-Bibliothekarischen Wissensordnung 123
      b) Bemerkungen zur Archivarisch-Bibliothekarischen Wissensordnung 124
   3. Die Verfassungsrechtliche Wissensordnung des Grundgesetzes für freie Meinung sowie wissensbezogene Persönlichkeits- und sonstige Informationsrechte 125
      a) Ordnungsprofil der Verfassungsrechtlichen Wissensordnung 125
      b) Bemerkungen zur Verfasssungsrechtlichen Wissensordnung 126
   4. Die Ökonomische Wissensordnung für kommerzialisierte Wissensgüter und Informationsmärkte 128
      a) Ordnungsprofil der Ökonomischen Wissensordnung 128
      b) Bemerkungen zur Ökonomischen Wissensordnung 128
   5. Die Technologische Wissensordnung für technisches Herstellungs- und praktisches Handlungswissen 130
      a) Ordnungsprofil der Technologischen Wissensordnung 130
      b) Bemerkungen zur Technologischen Wissensordnung................. 130
   6. Die Bürokratische Wissensordnung für verwaltetes Daten- und Aktenwissen 133
      a) Ordnungsprofil der Bürokratischen Wissensordnung 133
      b) Bemerkungen zur Bürokratischen Wissensordnung 133

7. Die Militärisch-Polizeiliche Wissensordnung
für sicherheitsrelevantes Sonderwissen 134
    a) Ordnungsprofil der Militärisch-Polizeilichen Wissensordnung ... 134
    b) Bemerkungen zur Militärisch-Polizeilichen Wissensordnung 135
8. Die Nationale/Internationale Informationsordnung
für den innerstaatlichen bzw.
grenzüberschreitenden Informationsfluß 138
    a) Ordnungsprofil der
    Nationalen/Internationalen Informationsordnung 138
    b) Bemerkungen zur
    Nationalen/Internationalen Informationsordnung 139
IV. Zum Ordnungspluralismus des Informationszeitalters:
Keine Gesamtordnung für die „Welt des Wissens",
aber familienähnliche Sonderregelungen für
„Wissen aller Arten, in jeder Menge und Güte" 142

Ausblick auf unausgearbeitete Lösungsmöglichkeiten 151

Anhang:
Problemkatalog zur Wissensordnung für damit befaßte Disziplinen
– Zum Stand der Diskussion in ausgewählten Fachwissenschaften
sowie zu den fachübergreifenden Ordnungsaufgaben 157

I. Philosophische und fachwissenschaftliche Problemstellungen
und Lösungsbeiträge zu aktuellen Fragen der Wissensordnung 159
    1. Philosophie, Wissenschafts- und Technikforschung 159
    2. Wissenschafts-, Bildungs- und Universitätsgeschichte 164
    3. Rechtswissenschaften, insbesondere Wissenschafts-
    und Informationsrecht 167
    4. Ökonomie/Wirtschaftswissenschaften 172
    5. Soziologie, einschließlich Wissens- und Wissenschaftssoziologie
    sowie wissensbezogener Sozialphilosophie 176
    6. Psychologie, insbesondere Wissenspsychologie
    und Kognitionswissenschaften 179
    7. Publizistik-, Kommunikations- und Medienwissenschaften 182
    8. Politikwissenschaft 185
    9. Literatur- und Kunstwissenschaften 188
    10. Ethik, insbesondere Wissenschafts-, Technik- und
    Informationsethik 192
    11. Informatik und verwandte Informationswissenschaften
    (als repräsentatives Beispiel für moderne Wissenstechniken,
    zugleich als Übergang zu den nicht weiter berücksichtigten
    Ingenieurwissenschaften und Informationstechnologien) 195
    12. Biologie
    (als repräsentatives Beispiel für moderne Naturwissenschaften
    mit starker Informationsorientierung, zugleich als Übergang
    zu den Gentechnologien) 198

13. Technikfolgen- und Umweltforschung 204
II. Fachübergreifende ordnungstheoretische Untersuchungsziele und
    ordnungspolitische Gestaltungsaufgaben 211

Kommentiertes Literaturverzeichnis 213

Personenregister 263

Sachregister 269

Abbildungsverzeichnis

Abb. 1: Grundriß der Wissensordnung 45

Abb. 2: Ordnungspolitische Aufgliederung des Wissensfeldes
– Arten, Sektoren, Bestände des Wissens und Verschiebungen
des kognitiven Schwerpunkts 79

Abb. 3.1: Alte und Neue Wissensordnung im Vergleich:
Die Klassische („Alte") Wissensordnung, insbesondere der
universitären Wissenschaftsverfassung 98

Abb. 3.2: Alte und Neue Wissensordnung im Vergleich: Weichenstellungen
zur Modernen („Neuen") Wissensordnung unter den
„nichtklassischen" Bedingungen des Informationszeitalters 99

Abb. 4: Ordnungspolitische Transformationen
der Wissenschaft – vier moderne Wissenschaftsformen
im Wandel der Wissensordnung 105

Abb. 5: Bereichsordnungen der Neuen Wissensordnung 118

Abb. 6: Wissenszonen für die Bereichsordnungen
der Neuen Wissensordnung 148

Abb. 3.1 und 3.2 stellen die Alte und Neue Wissensordnung im gleichen Grundrißschema der Abb. 1 dar und sollten nebeneinander liegend gelesen werden. Abb. 5 setzt die Darstellung der Neuen Wissensordnung(en) mit Abweichungen vom Ausgangsschema fort, welches durch die geschilderten Entwicklungen gesprengt wird.

Leitwort des Herausgebers für die neue Reihe ‚Studien zur Wissensordnung'

Wenn es stimmt, daß die Wissensordnung neben der Rechts- und Wirtschaftsordnung die dritte Grundordnung hochindustrialisierter Gesellschaften verkörpert, in dieser Funktion mehr als alles andere das eigentliche Signum des sogenannten Informationszeitalters bildet und dessen Einflüssen einerseits am meisten unterliegt, seine Entwicklung andererseits am stärksten rückwirkend steuern kann, dann braucht man mindestens dreierlei, um die Herausforderung auf allen Ebenen der Problemlagen, in der ganzen Bandbreite der Fragestellungen anzunehmen:

- zunächst einmal ein *Konzept* für die wissenschaftliche Erfassung dessen, was unter „Wissensordnung" sinnvoll verstanden und praktisch gestaltet werden kann;
- dazu ein *Forum* für die öffentliche Diskussion, kritische Weiterentwicklung und breite Anwendung des vorgeschlagenen Leitkonzepts, einschließlich Gegenvorstellungen und konkurrierender Konzeptualisierungsversuche;
- außerdem *Autoren*, für die das Forum offen sein soll, um das alles zu tun, seien es Wissenschaftler oder Journalisten, Praktiker, Politiker, Techniker.

Mit der Gründung der Buchreihe *‚Studien zur Wissensordnung'* ist ein solches Forum geschaffen. Im ersten Band des Herausgebers wird ein integratives Leitkonzept für die interdisziplinäre Bearbeitung des Themas vorgestellt. Der Folgeband faßt die Beiträge von Vertretern verschiedener Fachwissenschaften zur ersten Tagung dieser Art zusammen. Die Reihe wird mit monographischen Darstellungen und interdisziplinären Untersuchungen über den Aufbau und Wandel der Wissensordnung fortgesetzt.

Vorwort

Im Gegensatz zur Rechts- und Wirtschaftsordnung hat die dritte Grundordnung moderner Gesellschaften – die *Wissensordnung* – noch nicht die erforderliche Aufmerksamkeit erhalten, obwohl hier die entscheidenden Entwicklungen im Überschneidungsbereich von Wissen & Technik zusammenlaufen und viele der gegenwärtig kontrovers diskutierten Probleme ihren Platz haben: von den Meinungs-, Glaubens-, Wissensfreiheiten und Informationsrechten als Grund- oder Menschenrechten über die Wissenschaftsfreiheit und die wissenschaftliche Verantwortung für die Folgen der Forschung bis zu den tendenziell gegenläufigen Entwicklungen im Datenschutz und im Immaterialgüterrecht. Hierzu zählen auch die breit angelegten derzeitigen Bestrebungen zur Schaffung von neuen Eigentumsformen an bislang „herrenlosen" Gütern im geistigen Gemeinbereich der Ideen einerseits und im biologischen Vitalbereich lebender Organismen andererseits. Nicht fehlen dürfen in dieser unvollständigen Aufzählung die neuen Deliktarten mit informationellen Mitteln und Maßnahmen (Informationseingriffe, Datenmißbrauch, Lauschangriff, Vollerfassung des Bürgers durch „Persönlichkeitsprofile" der Sicherheitsdienste, Computerkriminalität, u.dgl.).

Im Zuge der Technisierung nicht nur – wie bisher schon – durch Wissen („Verwissenschaftlichung"), sondern *des Wissens selber* („Informatisierung", populär „Verdatung" genannt; auf der Programmebene Algorithmisierung) entstehen neue Wissensarten, die ihrerseits neue Wissenslagen auf allen Ebenen nach sich ziehen, von der informationellen Überlastung des Einzelnen durch unverstandene Wissenschaft und Aufmerksamkeit erpressende Massenmedien bis zur asymmetrischen Wissensverteilung in der Gesellschaft zugunsten informationsreicher „Datenherren". Am meisten ins Gewicht fällt aber das permanente *fait accompli* des allen Verstehens- und Gestaltungsbemühungen vorauseilenden naturwissenschaftlich-technischen Fortschritts, dessen induzierte Wissenslagen und Technikfolgen eine so in der Verfassung nicht vorgesehene, von der Wissenschaft noch kaum erfaßte und von der Politik zumeist verdrängte „normative Kraft des Faktischen" – juristisch gesprochen, aber metajuristisch gemeint – auf die Wissensordnung ausüben.

Die Bandbreite der Auswirkungen liegt zwischen der freien Entfaltung der individuellen Persönlichkeit unter den Bedingungen der elektronischen Datenverarbeitung und dem freien Informationsfluß im Rahmen der nationalen Medienordnung und internationalen „Weltinformationsordnung". Das sind indirekte *Technikfolgen neuer Art und Größenordnung* – „zweiter Art", wie sie im Hinblick auf den dadurch ausgelösten Wandel der Wissensordnung im folgenden genannt werden –, die vor allem von den selbst entfesselten, anderes mit- und einreißenden „Durchbruchstechnologien" der fortgeschrittensten Informations- und Biotechniken ausgelöst werden.

Mit dem vom Verfasser vorgeschlagenen, hier erstmals genauer ausgearbeiteten *Leitkonzept „Wissensordnung"* als *dritter Grundordnung des Informationszeitalters* werden die gesamten ordnungspolitischen Bestimmungen und realexistierenden Bedingungen erfaßt für die Erzeugung, Verarbeitung, Verwaltung, Verteilung, Verwendung, Verwertung von „Informationen", also für Wissen aller Arten, vom wissenschaftlichen Theorien- und Regelwissen bis zum persönlichen Alltagswissen und technisierten Datenwissen.

Die wegweisenden Stichworte des vorliegenden Konzeptualisierungsversuchs heißen: *Wissensentwicklungen – Wissensarten – Wissenslagen – Wissensordnungen*, jeweils im Vergleich der alten und neuen Tatbestände. Denn diese können jene überlagern, aber nicht völlig verdrängen. Die „dritte Grundordnung" ist ohne die erste und zweite nicht denkbar, zu denen sie insgesamt in einem Ergänzungsverhältnis und auf ordnungspolitisch umkämpften Gebieten in einem Regelungswettbewerb steht. Das sind die bereits genannten Konfliktfelder des Informationszeitalters.

Was als „Wissensordnung" in den Mittelpunkt der Aufmerksamkeit gebracht werden soll, bildet den Zentralbegriff einer ganzen *Begriffsfamilie zur Charakterisierung des Informationszeitalters*, welches weit mehr einschließt als die soziologischen Ungefährvorstellungen von der Informations- oder Wissensgesellschaft[1]. Zu dieser Begriffsfamilie gehören beispielsweise: die „Technikfolgen erster und zweiter Art" zur Erfassung der Auswirkungen insbesondere der Wissenstechniken sowie der Rückwirkungen des naturwissenschaftlich-technischen Fortschritts auf die Rahmenbedingungen seiner selbst; die (hier nicht erläuterten[2]) „Erkenntnisstile" zur Charakterisierung der Wissensarten; die „Wissenschaftsformen" zur Beschreibung der heutigen Wissenschaftslandschaft; die „Generationen" zur Einteilung der zwar schon weit aufgefächerten, aber trotzdem noch lückenhaften und vertiefungsbedürftigen Technikfolgenforschung unserer Zeit; die „Kognitiv-Technischen Komplexe" zur Bezeichnung der Kernverschmelzungen von Wissen und Technik; die „Wissensarten" und „Wissensbestände" zur umfassenden Bilanzierung des informationellen Volksvermögens; die „Wissensbereiche" zur ordnungspolitischen Gestaltung der (mindestens) acht großen Informationsfelder moderner Gesellschaften.

---

1 Zur Kritik des soziologischen Ansatzes vgl. *Spinner/Informationsgesellschaft*.
2 Vgl. die erst angefangene Systematik der Erkenntnisstile in *Spinner/Vereinzeln*.

Als materiell ungegenständlicher, aber thematisch ausgedehnter wissenschaftlicher Untersuchungsgegenstand gesehen, handelt es sich hier um ausgesprochene *Querschnittsmaterie* für die ganze Wissenschaft, mit der sich mindestens ein Dutzend Fachdisziplinen intensiv befassen muß (und dies auch immer mehr tut, zumeist aber noch unverbunden und unsystematisch, zuweilen auch konzeptionslos[3]). Dasselbe gilt für das punktuelle Aufgreifen von gerade aktuell gewordenen Fragen der Wissensordnung in Politik, Recht und Wirtschaft.

Die **Klassische („Alte") Wissensordnung** gibt es in drei Hauptformen: zum einen als *akademische Wissenschaftsverfassung für den „Wissenskommunismus" der Freien Forschung & Lehre* (in der Gelehrtenrepublik des 19. wie in der Forschungsgemeinschaft des 20. Jahrhunderts und als Ausgangsmodell mit Abstrichen von den meisten demokratischen Verfassungen übernommen); zum anderen als *bürgerliches Modell der liberalen Öffentlichkeit,* das zum Diskussionsrahmen für politisch interessierte, aber noch nicht an der Macht partizipierende Privatleute wird, damit aber zur ordnungspolitischen Vorform für Meinungs-, Glaubens-, Pressefreiheiten. Klassisch im Grundkonzept, aber neu in der inhaltlichen Ausgestaltung ist dessen moderne Weiterentwicklung, vorbildlich im *Grundgesetz* der Bundesrepublik Deutschland, zum *Modell der Freien Persönlichkeitsentfaltung* auf der Basis von wissensbezogenen allgemeinen Grundfreiheiten oder gar universellen Menschenrechten, wie sie jeder demokratische Rechtsstaat mehr oder weniger gewährleistet. Wenn man vom Entstehungsdatum absieht, kann man darin das dritte Modell klassischen Typs sehen, mit dem vom Bundesverfassungsgericht unter aktuellster Bezugnahme auf die neuen Bedingungen des Informationszeitalters formulierten Recht auf informelle Selbstbestimmung.

Was dafür die beabsichtigte, obgleich nur selten erreichte „Staatsfreiheit" dieser Informationsbereiche war, ist heute – auch – eine Frage der Wirtschaftsfreiheit, neuerdings vielleicht noch mehr eine solche der sozialen Gruppen- und politischen Parteienfreiheit[4].

Für den Aufbau der Klassischen Wissensordnung, insbesondere der daraus resultierenden Wissenschaftsverfassung *Humboldt*scher Prägung, sind vier **Große Abkopplungen** konstitutiv, welche die kognitive Ausgangsmatrix neuzeitlicher Wissensordnungen bilden:

– die *Trennung von Erkenntnis und Eigentum,* worauf sowohl der „Wissenskommunismus" der Wissenschaft als auch die „freie Meinung" des Bürgers beruhen, die an keinen sozialen Besitzstand gebunden ist und an

---

3   Zum Stand der wissenschaftlichen Aufarbeitung vgl. die Fachberichte im Anhang sowie das Literaturverzeichnis.

4   Ein aktuelles Beispiel für die Mißachtung dieser klassischen Bedingungen ist die neu gegründete Stuttgarter *Akademie für Technikfolgen-Abschätzung in Baden-Württemberg,* die unter dem Stichwort „gesellschaftlicher Diskurs" – mit handverlesen „intern repräsentierten" Gruppeninteressen, unter Ausschaltung wirklicher „informationeller Außenkriterien" mit der Funktion fachwissenschaftlicher und plebiszitärer Gegeninformation – diesen Einflüssen schon *satzungsgemäß* Tür und Tor öffnet, mit voraussehbaren Konsequenzen.

der ihm bewußt keine Eigentumsrechte (d. h. Ausschlußbefugnisse) eingeräumt werden;
- die *Trennung von Ideen und Interessen,* damit die Wissenschaft nicht zur „interessierten" Ideologie verkommt und die Öffentliche Meinung ebenso wenig wie die privaten Meinungen zur „gelenkten" In- bzw. Desinformation werden;
- die *Trennung von Theorie und Praxis,* damit durch Entlastung von Handlungszwang und Folgehaftung die Möglichkeit zum Erkennen weiter geht als die Notwendigkeit zum Handeln;
- die *Trennung von Wissenschaft und Staat,* um einen möglichst staatsfreien Bereich Freier Forschung & Lehre sowie der Meinung, des Glaubens, der Presse einzurichten.

Das sind „klassische" *Sonderregelungen für den Wissens- und Meinungsbereich,* wenn man sie mit der „normalen" Rechts- und Wirtschaftsordnung einer Marktwirtschaft vergleicht, die auf Vertragsfreiheit, Privateigentum und Haftungsregelung beruht[5].

Wissenschaftswachstum, Informationsexplosion und die Verschmelzung von Technik & Wissen zu *Kognitiv-Technischen Komplexen* neuer Zusammensetzung und Größenordnung führen im Informationszeitalter – schlagwortartig gesagt: unter den Bedingungen des wissenschaftlich-technischen Fortschritts, der industriellen Wissensproduktion, elektronischen Datenverarbeitung und kommerziellen Massenmedien – zum gegenwärtigen *Wandel der Wissensordnung.*

Im Gegensatz zu den unmittelbaren *Technikfolgen erster Art,* mit denen sich die Technikfolgenforschung ausführlich befaßt, handelt es sich hier um noch kaum untersuchte, obgleich äußerst einflußreiche ordnungspolitische *Technikfolgen zweiter Art.*

Das Ergebnis dieser „Stillen Revolution" ist der ordnungspolitische Pluralismus des Informationszeitalters, mit acht hinreichend ausgebildeten Bereichsordnungen, aus denen die **Moderne („Neue") Wissensordnung** zusammengesetzt ist:

- die *Akademische Wissensordnung* für Freie Forschung & Lehre;
- die *Archivarisch-Bibliothekarische Wissensordnung* für verwahrtes Dokumentarwissen;
- die *Verfassungsrechtliche Wissensordnung* des Grundgesetzes für Freie Meinung sowie wissensbezogene Persönlichkeits- und sonstige Informationsrechte;
- die *Ökonomische Wissensordnung* für kommerzialisiertes Wissen als Ware;
- die *Technologische Wissensordnung* für technisches Herstellungswissen zur Artefaktbildung wissensbasierter Techniken;

---

[5] Vgl. die Beschreibung der „Rechts- und Handelnsordnung" in *Hayek/Studien,* S. 161ff.

- die *Bürokratische Wissensordnung* für verwaltetes Daten- und Aktenwissen „zwischen behördlichem Amtsgeheimnis und demokratischer Aktenöffentlichkeit"[6];
- die *Militärisch-Polizeiliche Wissensordnung* für sicherheitsrelevantes Sonderwissen als technisches, bürokratisches, politisches Geheimwissen der Regierungsstellen, Wehreinrichtungen und Sicherheitsdienste;
- die *Nationale/Internationale Informationsordnung* für den innerstaatlichen bzw. grenzüberschreitenden Informationsfluß der Nachrichten einerseits und der Unterhaltungsinformation („Infotainment") in den modernen Massenmedien andererseits.

Insbesondere zur systematischen Verortung und interdisziplinären Untersuchung von ordnungspolitischen Technikfolgen zweiter Art wird das Konzept der Wissensordnung eingeführt. Dieses ist meines Erachtens sowohl thematisch umfassender als auch problemspezifischer und inhaltsreicher als die populären Begriffshülsen der „Informationsgesellschaft" (aus der Soziologie) oder des „informationstechnologischen Zeitalters" (aus der Technikphilosophie). Damit läßt sich, als Gebot der Stunde, das ordnungspolitische Denken der Gegenwart auf die Untersuchungsprobleme und Gestaltungsaufgaben der drei zentralen, interdependenten Grundordnungen erweitern.

Die größere wissenschaftliche Berücksichtigung, politische Beachtung und öffentliche Sichtbarkeit der Rechts- und Wirtschaftsordnung hat zu einer Dominanz der juristischen und ökonomischen – in der „reinen" wie in der „politischen" Ökonomie – Behandlung der Ordnungsproblematik schlechthin geführt, wo immer sie zur Debatte gestellt wird. Unter voller Würdigung dieser fachwissenschaftlichen Beiträge wird die Wissensordnung hier als ein *integratives Konzept* aufgefaßt, um interdisziplinären Untersuchungen und politischen Gestaltungsmaßnahmen der Wissensordnung(en) aus *metajuristischer und metaökonomischer Sicht* den Weg zu bereiten. „Philosophisch" würde ich sie trotzdem nicht nennen, weil dies eine Unterschätzung der zwar sehr unterschiedlichen, aber insgesamt enormen einzelwissenschaftlichen Bezüge, inhaltlich wie methodisch, und außerphilosophischen Belange wäre.

Was hiermit, nach thematisch einschlägigen unselbständigen Beiträgen für Zeitschriften und Sammelbände (seit 1986), als eigenständige Publikation vorliegt, ist ein Positionspapier zur vorläufigen Konzeptualisierung und laufenden Aktualisierung, mit Problemkatalog, Forschungs- und Literaturbericht – letzteres mit Einschränkungen, auf die im Text hingewiesen wird. Man kann in einem Dutzend Disziplinen wildern und Gelegenheitsentdeckungen machen – die für die Revierinhaber zumeist keine sind –, aber kein wohlerworbenes Allround-Jagdrecht haben. Irgendwann schießt man einen Bock und zahlt die Rechnung. Dieses Risiko muß man in Kauf nehmen, wenn man kein Fachidiot sein will. Die Wissensordnung ist den Preis wert.

---

6 *Schwan/Amtsgeheimnis.*

Wenn man darunter als wissenschaftsliterarische Gattung eher einen Problemaufriß als einen Thesenkatalog versteht, also inhaltlich gesehen eine arbeitsvorbereitende Analyse anstelle einer andere Bemühungen ausgrenzenden Polemik, dann ist die vorliegende Schrift das vorangestellte Manifest zu einer kommenden Monographie über ‚*Aufbau und Wandel der Wissensordnung*', mit systematischen Ausarbeitungen und historischen Fallstudien. Beides sind Ergebnisse mehrerer, seit 1985 laufender Forschungsarbeiten zum Thema „Wissensordnung", die durch Drittmittel folgender Förderinstitutionen unterstützt wurden:

– *Volkswagen-Stiftung;*
– *Ministerium für Wissenschaft und Forschung Baden-Württemberg;*
– *Universität Karlsruhe;*
– *Werner-Reimers-Stiftung Bad Homburg* (für eine Arbeitstagung über Grundfragen der wissenschaftlichen und gesamtgesellschaftlichen Wissensordnung).

Sehr zu danken habe ich außerdem:

Frau cand. phil. *Hannelore Maas* für die arbeitsreiche Hilfe bei der Literaturbeschaffung zur Bibliographie und zu den Fachberichten sowie für das gewohnt sorgfältige Korrekturlesen der Endfassung;

meinem Karlsruher Mitarbeiter *Hans-Joachim Röhrs* M.A. für die graphische Gestaltung der Abbildungen sowie für den im wesentlichen von ihm verfaßten Fachbericht 12/Biologie, den *Bernd-Olaf Küppers* (Universität Heidelberg) und *Hans Mohr* (Akademie für Technikfolgenabschätzung in Baden-Württemberg) freundlicherweise durchgesehen haben;

dem Kollegen von der anderen Zunft *Holger Rust* (Universität Wien) für wichtige Hinweise über den Stand der Überlegungen in den Kommunikationswissenschaften zur „Weltinformationsordnung";

meinem Mitstreiter *Hans Gerd Schütte* (Universität Groningen) aus unserer gemeinsamen Mannheimer wissenschaftlichen Jugendbewegung, der die vorletzte Fassung in höchst anregender Weise kommentiert und am Leitfaden „Waren/Geld/Informationen" beiläufig auch die Desinformationskampagne der deutschen Konkurrenz gegen holländische Tomatenerzeuger wissensordnungsmäßig auf den Begriff gebracht hat;

vielen Kollegen und Freunden, insbesondere aus dem Teilnehmerkreis der Werner-Reimers-Arbeitstagung (worüber demnächst in dieser Reihe ein Tagungsband erscheinen wird), für anregende Diskussionen, kritische Einwände und hilfreiche Hinweise.

Erstes Kapitel:
Zur Sache des Wissens und seiner Ordnung

Auf eine durch Verengung auf die Polizistenperspektive der Inneren Sicherheit professionell deformierte, ansonsten aber genial klarsichtige Weise hat *Horst Herold*, der frühere Leiter des Bundeskriminalamtes, eine höchst komplexe Sache unkompliziert und unbeirrt auf den Punkt gebracht: „... wenn man die ganze Sache als Krankheitsentwicklung betrachtet, dann müßte eigentlich jeder hergehen und fragen, wie bekämpfe ich so eine Krankheit, was ist der Krankheitserreger? Und da kommt man sehr schnell drauf, daß der Krankheitserreger die Information selbst ist ... Information als Rohstoff der Produktion, Information als Rohstoff von Macht, Information als Treibstoff der Veränderung. Und dieses gewaltig explosive Gemisch von Information muß eben mal unter die Lupe genommen werden und auf seine Gesetzmäßigkeiten untersucht werden, damit man es genauso zähmt und bewacht wie das Feuer ... Ich halte es für eine Kulturaufgabe ersten Ranges, das zu bewältigen, sonst haben wir eigentlich keine Chance mehr."[7]

Wenn wir die Wissensentwicklung nicht als Krankheitsgeschichte betrachten und uns nicht die Rolle des Arztes anmaßen, der gesellschaftliche Krebsherde herausoperieren will; wenn wir mit Rückblick auf die DDR bedenken, daß das Streben nach Sicherheit, nach immer mehr Sicherheit und nichts als Sicherheit nicht einmal für Sicherheitsdienste ein sinnvoller Leitwert ist; wenn wir außerdem die Aufgabe des Verstehens und Gestaltens über das Domestizieren und Kontrollieren stellen – dann kommen wir der Sache näher. Es ist *das Wissen und dessen Ordnung*, sofern man ersteres nicht auf den Gegenstand der Datenverarbeitung und letztere nicht auf das Tätigkeitsfeld der Polizei beschränkt.

Das zentrale Thema des folgenden Problem-, Forschungs- und Literaturberichts ist also die *Wissensordnung*: ihre geschichtliche Entstehung, ihr gegenwärtiger Wandel, ihre künftige Gestaltung, alles im Hinblick auf die darauf bezogenen wissenschaftlichen Untersuchungs- und politischen Gestaltungsaufgaben. Nach der hier vertretenen Auffassung bildet die Wissensordnung

---

7 Gesprächsbeitrag zu *Myrell/Herolds Hoffnung*, S. 185f.

eine „durchlaufende" Kategorie der neuzeitlichen Gesellschaftsgeschichte und ein Schlüsselbegriff zum Verständnis des Informationszeitalters.

Aber ist das ein großes Untersuchungsthema für eine Vielzahl von Wissenschaften und eine zukunftsträchtige Gestaltungsaufgabe für die Politik – gerade jetzt, angesichts von geballt auftretenden politischen Jahrhundertereignissen wie dem Ende des Sozialismus im Osten, dem gemeinsamen Markt im Westen und der deutschen Wiedervereinigung in der Mitte Europas, von der sogenannten Neuen Weltordnung ganz zu schweigen? Zusammen mit den noch zu diskutierenden technischen Entwicklungen, insbesondere im informations- und kommunikationstechnologischen Bereich, haben die neuen Problemlagen zur jüngsten *Renaissance des ordnungstheoretischen und -politischen Denkens* in Wissenschaft und Politik geführt.

Obwohl man sich der Vielfalt und Interdependenz der gesellschaftlichen Teilordnungen bewußt ist[8], hat die bisherige Diskussion im Zentrum der ordnungstheoretischen und -politischen Problematik eine *Forschungslücke* hinterlassen, die mit dem neuen Leitkonzept der Wissensordnung zwar noch nicht geschlossen, aber doch thematisiert werden kann.

Das Thema ist bislang innerwissenschaftlich nur irreführend, allenfalls andeutungsweise aufgegriffen worden, wenn man zum Beispiel an die ähnlich klingenden Konzeptualisierungen zur „Wissensordnung" im Sinne bibliothekarischer Klassifikationssysteme für Bücher, Zeitschriften u.dgl. denkt. Die außerwissenschaftliche Diskussion kommt der Sache näher, verfehlt aber die wichtigsten Fragen der Wissensordnung, weil dabei in den tagespolitischen Beiträgen meistens entweder viel zu hoch („Neue Weltordnung", „Weltinformationsordnung") oder viel zu niedrig („Nachrichtenordnung", „Rundfunkordnung", u.dgl.) gegriffen ist.

Und wenn schon die Wissensordnung das neue „axiale Prinzip"[9] des Informationszeitalters bilden sollte, um die sich zwar nicht alles, aber doch immer mehr dreht, ist zunächst einmal forschungspraktisch abzuklären, *welche Wissenschaften* damit zuständigkeitshalber in erster Linie befaßt sind. Was haben beispielsweise Philosophie und die meisten Geisteswissenschaften mit einem Thema zu tun, das für sie bislang nur als mißverstandene Fragestellung nach der buchstäblichen bibliothekarischen Wissensordnung und Wissenschaftsklassifikation[10] existierte? Sind da nicht einerseits die *Ingenieur- und Technikwissenschaften* als Auslöser oder Träger der neueren technischen Entwicklungen, andererseits die *Rechts- und Wirtschaftswissenschaften* als Analytiker der neuen juristischen, ökonomischen und politischen Problemlagen viel näher am Thema?

---

8   Vgl. *Krüsselberg/Interdependenz* und *Kammler/Interdependenz*.
9   Nach der vielzitierten Formulierung in *Bell/Gesellschaft*, passim, ohne damit deren spekulative „postindustrielle" Deutungsmuster (Dienstleistungs- bzw. Wissensgesellschaft als „Spiel zwischen Personen" statt Fabrikation von Sachen; Umbruch der Sozialstruktur unter Entstehung neuer „Wissensklassen"; epochaler Wertewandel zum „Postmaterialismus" infolge einer „Stillen Revolution"; etc.) auf die Wissensordnung zu übertragen.
10 Vgl. dazu *Dahlberg/Wissensordnung*; ebenfalls weit vom Thema entfernt *Bühl/Ordnung*.

Dafür spricht immerhin, daß die ersteren die zum gegenwärtigen Wandel der Wissensordnung führenden kognitiv-technischen Entwicklungen verkörpern, die letzteren das aktuelle ordnungspolitische Denken mit attraktiven *Leitbildern* thematisch besetzen, denen *Max Webers*Feststellung über herausragende Errungenschaften des abendländischen Rationalismus zu entsprechen scheint, „daß gerade auf dem Boden des Okzidents, und nur hier, Kulturerscheinungen auftraten, welche doch – wie wenigstens wir uns gerne vorstellen – in einer Entwicklungsrichtung von *universeller* Bedeutung und Gültigkeit lagen"[11].

Für den Bereich der Technik ist es die – ordnungspolitisch allerdings noch unausgearbeitete – Vision eines human computarisierten[12] „informationstechnologischen Zeitalters"[13], im Bereich des Rechts und der Internationalen Politik die Idee des Rechtsstaats und der universellen Menschenrechte, im ökonomischen Bereich das Modell der mehr oder weniger sozialen Marktwirtschaft, auf dem Feld der Kommunikationsmedien die „Neue Weltinformationsordnung" für den freien Informationsfluß über alle bisherigen Grenzen[14].

Was haben die *Geistes- und Sozialwissenschaften* – erstere verstanden als neue Wissenswissenschaften[15] anstelle des tradierten sprachorientierten Selbstverständnisses als „Wortwissenschaften" – dem entgegenzusetzen oder gar draufzusatteln? Es ist, mit einem Wort, die Wissensordnung, welche nicht erst, nun aber explizit neben der Rechts- und Wirtschaftsordnung die *Trilogie der drei maßgeblichen Ordnungen* vervollständigt.

Nach dem geisteswissenschaftlichen und kulturpolitischen Beitrag zur Thematisierung der Ordnungspolitik gefragt, genügt es sicherlich nicht, darauf hinzuweisen, daß der „Geist" – als Gegenstand der Geistes-, Sozial- und/oder Kulturwissenschaften – in heutiger Gestalt „Information" ist, also Wissen aller Arten, in jeder Menge und Güte, vom tradierten Bildungswissen bis zum technisierten Datenwissen. Man kommt der Sache schon näher, wenn man auf den geistes- und kulturwissenschaftlichen Entstehungszusammenhang der Klassischen Wissensordnung aus dem Geist der *Humboldt*schen Bildungsidee und des preußischen Forschungsimperativs verweist[16].

---

11 *Weber/Religionssoziologie I*, S. 1; Hervorhebung im Original.
12 Vgl. dazu *Haefner/Mensch*.
13 Vgl. *Lenk/Sozialpsychologie*, Einleitung et passim.
14 Vgl. *Klebe & Roth/Informationen*.
15 Zu dieser neuen Aufgabenstellung für die „wissensorientierten", aber deswegen keineswegs technikangepaßten, bloß „kompensatorischen" Geisteswissenschaften als integrative Wissenswissenschaften des Informationszeitalters vgl. *Spinner/Informationsberg* sowie *Spinner/Technikfolgenforschung*.
16 Dazu *Spinner/System Althoff*, wo S. 522ff. auch auf den Parallelfall des preußischen Generalstabs verwiesen wird, der dann allerdings eine ganz andere Entwicklung genommen hat. Immerhin ist das militärische Auftragsprinzip – Aufträge als Zielvorgaben im Sinne einer „Fahrkarte bis zur Endstation", im Gegensatz zu Befehlen, die den Weg dazu im einzelnen vorschreiben – dem Forschungsimperativ ebenso geistesverwandt wie die Trennung von Beratung (durch „allgemeine" Stäbe) und Operationsführung (durch das unmittelbar verantwortliche Truppenkommando) mit der Trennung von „Theorie" und „Praxis".

Berücksichtigt man die seitherige Transformation der Wissenschaften von der Reinen Wissenschaft der **Theorie** über die Angewandte Wissenschaft der mehr oder weniger verwissenschaftlichten **Praxis** bis zur Realisierten Wissenschaft der **Technik** und der Kommerzialisierten Wissenschaft der **Industrie**, dann läßt sich eine Brücke schlagen zum gegenwärtigen Wandel der Wissensordnung durch den naturwissenschaftlich-technischen Fortschritt und die darauf bezogenen politischen Gestaltungsaufgaben.

I. Die drei Grundordnungen der Gesellschaft

Was die Wirtschaftsordnung für die Wirtschaft oder die Rechtsordnung für den Rechtsbereich, das ist für eine hochkultivierte und -technisierte Gesellschaft des Informationszeitalters die *Wissensordnung*. Im Gegensatz aber zu den hinlänglich ausgebildeten und untersuchten anderen Teilordnungen der Gesellschaft ist sie ein noch weitgehend unerforschter, ja unbekannter, obgleich ganz zentraler Problembereich, mit dem sich meines Erachtens auch die Geistes- und Sozialwissenschaften mit eigenen Konzepten befassen sollten.

Desgleichen, ohne hier darauf einzugehen, sind von den Natur- und Technikwissenschaften *metatechnische Überlegungen* zu erhoffen, die über den unmittelbaren Beitrag zum naturwissenschaftlich-technischen Fortschritt hinausgehen. Insbesondere die Informatik müßte derartige Ordnungsfragen einbeziehen[17], keineswegs nur für unmittelbar informationstechnische und -rechtliche Problemstellungen wie Datenschutz, Datensicherheit und Datenkommunikation, Software-Eigentum, u.dgl.

Die herausragende Bedeutung dieser für alle Gesellschaftsbereiche *maßgeblichen drei Ordnungen* ergibt sich

– für die *Rechtsordnung* aus dem zumeist schon *de jure* zwingenden Charakter ihrer zum „Gesetz" erhobenen Regelungen, hinter denen zu ihrer Durchsetzung das Gewaltmonopol des Staates und die flächendeckende Infrastruktur des Gerichtswesens (im weiteren Sinne, einschließlich Polizei und Sicherheitsdienste) steht;
– für die *Wirtschaftsordnung* aus der existentiellen Bedeutung der ökonomischen Lebensbedingungen und Vorhaltensanforderungen, die zu beachten für die meisten Menschen *de facto* unausweichlich ist, bei Strafe der Wohlstandsminderung oder gar Existenzgefährdung;
– für die *Wissensordnung* aus der Funktion des wissenschaftlich-technischen Fortschritts als wichtigster Produktivkraft sowie der außerwissenschaftlichen Information als Massenmedium der Kommunikation und Kontrolle, d.h. als Unterhaltungs- und Verwaltungsmittel.

---

17 Wie neuerdings bei *Steinmüller/Informationstechnologie*.

Nicht der *de jure* oder *de facto* zwingende, verhaltensbestimmende Charakter, sondern die *Leitfunktion als Weichensteller für die kognitiv-technischen Entwicklungen* im informationstechnologischen Zeitalter macht die dritte Ordnung der ersten und zweiten gleichrangig, als Artikulations- und Untersuchungsfeld der aktuellen Problemlagen und künftigen Gestaltungsaufgaben sogar überlegen.

Als dritte im Bunde gewinnt die Wissensordnung an Bedeutung, je mehr sie im Zuge des wissenschaftlich-technischen Fortschritts *und* der gesellschaftlichen Reaktionen darauf zum Innovator und Katalysator der maßgeblichen Entwicklungen im neuralgischen Überschneidungsbereich von Wissen und Technik wird.

Aber noch in einem anderen Zusammenhang darf hier von einem bedeutsamen „Dritten" in den Überlegungen zur neuen Ordnung der Welt gesprochen werden, die gerade nicht auf eine „Neue Weltordnung" im tagespolitisch aktualisierten und bereits wieder verbrauchten Sinne hinausläuft. Nach dem in Osteuropa besiegelten Ende der Zweiten Welt des Sozialismus und infolge des ebenso ernüchternden Stillstands oder gar Rückschritts der Dritten Welt vermeintlich nachholender Entwicklungsländer – mit Ausnahme jener Ostasiens, die sich der Ersten Welt angeglichen haben – bildet die Wissensordnung das einzige größere Ordnungsfeld, auf dem es neben der Marktwirtschaft und dem staatlichen Dirigismus überlebende, entwicklungsfähige *„dritte" Ordnungsalternativen* gibt.

Sie sind es wert, erhalten, erneuert und ausgebaut zu werden, als Antwort auf die wildwuchernden, „naturwüchsigen" Unordnungen, die der wissenschaftlich-technische Fortschritt als unbewältigte Technikfolgen „zweiter Art" (dazu später) vielfach nach sich zieht. Das ist eine doppelte Aufgabe, zunächst für die wissenschaftliche Analyse, sodann zur politischen Gestaltung des sich ausdehnenden und aufteilenden Wissensfeldes moderner Gesellschaften. Die erste Teilaufgabe wird hier in Arbeit genommen, um der zweiten die erforderlichen Denkansätze und Handlungskonzepte zu liefern.

So wenig es sich hier um die vieldiskutierten Technikfolgen („erster Art", wie sie später bezeichnet werden) handelt, so wenig handelt es sich um die übliche Art der wissenschaftlichen Beratung der Politik. Es geht um die Ermöglichung sinnvoller Beratung durch vorbereitende *Grundlagenstudien*.

II. Die Wissensordnung als dritte Grundordnung

1. Zum Begriff des Wissens und zu den Besonderheiten des informationellen Grundstoffs

a) „Wissen aller Arten, in jeder Menge und Güte": Ein globaler Informationsbegriff als kleinster Generalnenner

Eine Wissensordnung „ordnet" Wissensbereiche, aber nicht auf die buchstäbliche Weise einer gegenständlichen, formalen oder inhaltlichen Klassifikation von Wissenstypen, Wissenseinrichtungen, Wissensträgern (wie zum Beispiel die bibliothekarische „Wissensordnung" für Publikationsmaterialien), sondern im Sinne einer Rahmenordnung aus regulativen Bestimmungen und sonstigen Bedingungen für den dadurch im einzelnen keineswegs vorgeschriebenen Umgang mit Wissen. Um dessen Vielfalt in genügender Breite zu erfassen, wird dafür die umfassend gemeint Generalformel *„Wissen aller Arten, in jeder Menge und Güte"* gewählt, einschließlich jener weniger (oder einfach anders) qualifizierten Wissensarten und Wissensbereiche, die zum Beispiel den Abgrenzungs- und Gütekriterien für „wissenschaftliche" Erkenntnisse nicht entsprechen.

Wissen ist ein ubiquitärer (trotzdem meist knapper) Rohstoff und zentraler (obgleich besitzflüchtiger und deshalb stark streuender) Bestandteil der Welt, der nicht nur in der Wissenschaft geschätzt und gefördert, bearbeitet und verwendet, dabei vermehrt, verbessert oder verschlechtert wird – unter Umständen bis zum extremen „Luxurieren" (im Sinne *Arnold Gehlens*) als eine vom Realitätsprinzip weitgehend abgekoppelte Selbstzwecktätigkeit keineswegs nur von „reinen" Wissenschaftlern und „freischwebenden" Intellektuellen. Meinungen äußern, Geschichten erzählen, Gerüchte verbreiten, Geheimnisse ausplaudern, Reden, Schreiben, Lesen, Fernsehen sind alltägliche Wissenstätigkeiten von großer Beliebtheit und nahezu unbeschränkter Verbreitung, aus denen sich der Philosoph oder Fachwissenschaftler mit seinen Gütekriterien für „echtes", „wahres", „wissenschaftliches" Wissen beschränkter Menge, aber höchster Qualität in diesem Stadium heraushalten sollte. Dasselbe gilt für die diesbezüglichen Ordnungsvorstellungen zur Einrichtung eines wissenschaftlichen „Sondermilieus" zwecks von außen möglichst unbeeinträchtigter Kultivierung fachlicher Erstklassigkeit durch „Freie Forschung & Lehre". Das alles kann für bestimmte Wissensbereiche kraft entsprechender Wissensordnung mit diesbezüglichen Sonderregelungen hinzukommen, wie die Wurst aufs Brot oder sogar anstelle von Brot.

Umfassend muß der Wissensbegriff sein, damit kein bedeutender Wissensbestand von der Wissensordnung ausgegrenzt bleibt. Aber leer darf auch der allgemeinste Wissensbegriff nicht sein. Um die Eigenart des Wissens in bezeichnender Weise zu erfassen, ist ein spezifischer **Wissensbegriff** erforderlich, der die Kernvorstellung von „Wissen" – in allen Erscheinungsformen, unabhängig von Qualität, Träger, Umständen, also wie gesagt: aller Arten, in jeder Menge, Güte, Zusammensetzung – erfaßt, nicht mehr und nicht weniger.

Das ist die darin enthaltene *Information* im Sinne einer Feststellung oder Mitteilung, die gemäß der hierfür maßgeblichen semantischen Informationstheorie[18] das Bestehen oder Nichtbestehen irgendwelcher Sachverhalte behauptet, gleichgültig ob zutreffend („wahr") oder nicht, argumentativ vertretbar („rational") oder nicht, verbalisiert (als sprachförmige „Aussage") oder visualisiert, artikuliert („explizit") oder stillschweigend angenommen. Die vielseitig abwandelbare, beliebig verkürzbare und auch technisch codierbare elementare Verständnisfigur liefert das *Propositionsparadigma*,[19] bestehend aus Gegenstands- und Prädikatsphrase, um irgendwelchen Objekten, Vorgängen, Ereignissen bestimmte Merkmale zuzuschreiben. Das kann sprachförmig, zahlenmäßig oder stillschweigend durch konkludentes Handeln (wie die Juristen sagen) geschehen.

„Information ist nach heutigem Sprachgebrauch Mitteilung von Tatbeständen. Information ist, was ein Informationsbüro ausgibt, was in statistischen Dokumentationen, diplomatischen Berichten, in den Meldungen von Geheimdiensten enthalten ist"[20]. Desgleichen in den Publikationen der Wissenschaftler, in den Konten der Buchhalter, in den Zahlenkolonnen der Kurs- und Telefonbücher, in den Zeichenfolgen der Computer, in den Bildern der Filme, in den Texten literarischer Werke. Hauptträger der Information ist immer noch die Sprache, in Konkurrenz zu vielen anderen, neuerdings vor allem auch zu bildlichen und anderen nichtsprachlichen „Medien". Aber das sind lediglich instruktive Beispiele für Informationsvorgänge, keine inhaltlichen Erläuterungen des Informationstatbestands.

Der kognitive Kern allen Wissens, unbeschadet zusätzlicher epistemologischer Qualifikationen wie Geltung, Gewißheit oder philosophischer Vollkommenheits- und Vernunftprädikate, ist also der angenommene *Informationsgehalt*, welcher seinerseits im Ausschluß von Möglichkeiten besteht, die behauptungsgemäß *nicht* vorliegen oder eintreten. „Heute ist Samstag der 31. Dezember 1992" schließt 6 mögliche Wochentage und 30 mögliche Monatstage aus. (Tatsächlich ist der 31.12.92 ein Donnerstag gewesen, und heute ist der erste März 1993, weil ich das Manuskript noch vor Jahresende abschließen wollte, damit aber im Rückstand bin.) Desgleichen würde mein Paßbild dem Betrachter die Informationen vermitteln, daß ich keine Glatze habe (noch richtig), keine Brille trage (falsch) und was sonst noch ersichtlich „nicht der Fall ist", falls man dem Augenschein trauen darf (und dem Photographen). So

---

18   Grundlegend *Popper/Logik*; *Carnap/Syntax*, *Carnap/Semantics*; weiterführend *Bar-Hillel/Language*.
19   Näheres zum Propositionsparadigma als Bezugsfigur der semantischen Informationstheorie bei *Spinner/Problemlösungsprozesse II*.
20   *Weizsäcker/Einheit*, S. 41.

gesehen, hat auch Desinformation einigen Informationsgehalt, aber eben objektiv falschen, absichtlich irreführenden.

Ohne hier auf die philosophischen, wissenschaftstheoretischen und informationswissenschaftlichen Informationsbegriffe und -theorien[21] näher einzugehen, kann gesagt werden, daß ihr gemeinsamer Leitgedanke in diesem intuitiven Vorverständnis von „Information" liegt, unabhängig von den philosophisch divergierenden Begriffen und den technisch komplizierten Formalisierungsversuchen und Meßverfahren. Letztlich besagen der syntaktische Informationsbegriff der mathematisch-statistischen Informations(übermittlungs)theorie, der semantische Informationsbegriff der Wissenschaftstheorie und der pragmatische Informationsbegriff der Erfahrungswissenschaften im Kern dasselbe: *Information ist Selektion aus der Alternativenmenge eines Möglichkeitsraums.*

Die „Menge" an Information verändert sich somit tendenziell umgekehrt zur Wahrscheinlichkeit, wie auch immer die Menge bestimmt (gezählt, gemessen) wird und die inverse Funktion definiert ist. Dieser globale, hinreichend verallgemeinerte und trotzdem nicht bis zur Entleerung übergeneralisierte Informationsbegriff dient im folgenden als „Mädchen für alles", zur wertfreien Erfassung von „Wissen aller Arten, in jeder Menge und Güte" im Gestaltungsfeld der verschiedensten Wissensordnungen.

Was darin bewußt ausgeblendet worden ist, kann bei Bedarf je nach Wissenslage als normative Zusatzbestimmungen und empirische Randbedingungen einbezogen werden, zum Beispiel:

– *Geltungsprobleme* (Wahrheit, Richtigkeit);
– *Güteanforderungen* (Informationsniveau, Qualifikationsforderungen nach Wissenschaftlichkeit, Rationalität, etc.);
– *Gebrauchsweisen* (als Erkenntnis, Ware, Unterhaltung).

Ein solcher gegenständlich weitgefaßter und philosophisch abgespeckter Wissensbegriff ist auf alle Wissensarten anwendbar, in jeder Zusammensetzung und Darstellungsform, unabhängig von ihrer Bereichszugehörigkeit und Wissensordnung, von der höchstqualifizierten wissenschaftlichen Erkenntnis bis zum banalen Infotainment, für Print- und Bildmedien gleichermaßen, auf natürlichen oder technischen Trägersystemen.

---

21 Dazu gibt es eine riesige Literatur, die m. E. erstaunlich wenig Ergebnisse liefert und nur dem einen guten Durchblick ermöglicht, der ihn im Grundgedanken schon hat. Als knappe Auswahl dienlich sind: zum ideengeschichtlichen Hintergrund und zur Bedeutungsentwicklung des Informationsbegriffs *Capurro/Information*; zur Unterscheidung von syntaktischer, semantischer und pragmatischer Information *Küppers/Ursprung*; zum Stand in den Informations- und Technikwissenschaften *Völz/Grundlagen*; zur Vielfalt der Definitionsansätze und Typologisierungsmöglichkeiten *Wersig/Informationssoziologie* (insbes. S. 35ff.); zur Einbettung in eine noch gesuchte Theorie der Informatik *Coy et al./Sichtweisen*; zur Verbindung mit Systemkonzepten und sozialwissenschaftlichen Überlegungen *Steinmüller/Informationstechnologie*; kurz und bündig *Ditfurth/Informationen* (insbes. der Beitrag von *Bar-Hillel*).

An die Stelle des vielzitierten physikalisch-kybernetischen Lehrsatzes *Norbert Wieners* „Information ist Information, weder Materie noch Energie" tritt für die folgenden Überlegungen die ordnungstheoretische Leitformel: *„Wissen ist Information, weder Wahrheit noch Wirklichkeitserkenntnis oder Wissenschaft, aus dem sich im Rahmen wissenskultivierender Wissensordnungen mehr machen läßt".*

Damit entfällt, zumindest auf der Ausgangsebene des ordnungstheoretischen und -politischen Denkens, das ebenso beliebte wie fruchtlose Unterscheidungspathos zwischen „Wissen" und „Information". Wenn im folgenden trotzdem von „Wissen", „Wissensordnung und „Wissenswissenschaften" statt „Information", „Informationsordnung" und „Informations-" oder „Kognitionswissenschaften" gesprochen wird, dann deshalb, weil diese Begriffe im alltäglichen wie wissenschaftlichen Sprachgebrauch längst computertechnisch besetzt, EDV-orientiert und somit gegenständlich verengt sind auf Wissens*technologie*, Informations*verarbeitung*, Nachrichten*übertragung*, usw. Das betrifft praktisch wichtige Sekundärtugenden der Information, befaßt sich aber kaum mit der Sache selbst und ihrem „Wesen", von dem das obige *Herold*-Zitat spricht, ohne es zu erfassen. Der vorherrschende Gebrauch der Informationssprache ist stark auf den technischen Träger bezogen[22], wogegen die hier bevorzugte Wissenssprache die Hauptaufmerksamkeit auf das „Getragene" richtet, ohne das Tragende, Transportierende, Technische auszublenden, soweit es für die Wissensordnung relevant ist.

b) Wissen ist ein ungewöhnliches Gut und braucht eigene Ordnungskonzepte

Wissen unterscheidet sich von anderen Gegenständen – ökonomisch gesprochen: von „normalen" Gütern nach Art der Sachgüter – durch einige auffallende **Sondereigenschaften**, die keineswegs unnatürlich sind, aber doch ziemlich ungewöhnlich. Zu diesen Besonderheiten von Wissenstatbeständen und Wissenstätigkeiten gehören folgende Merkmale und Umstände[23]:

Erstens der *Symbolcharakter des Wissens* infolge seiner kognitiven Stellvertreterfunktion. Wissen hat, ontologisch gesehen, eine primär symbolische Funktion als „Stellvertreter" für lediglich informationell erfaßte statt gegenständlich gehandhabte Sachverhalte. Dieser Repräsentationsstatus kann bei wissenschaftlicher Erkenntnis ausgeprägte, bis zur völligen Verselbständigung übersteigerte Züge einer hochselektiven (Re-)Konstruktion aufweisen.

Wissen ist Information „über" etwas, von oder zu einem Sachverhalt, ohne ihn deswegen im naiven Sinne abzubilden. Wissen verkörpert nicht die Sache selbst, sondern fungiert auf der Darstellungsebene als Stellvertreter zum

---

22 Sogar dann, wenn ausdrücklich auch das „Getragene" einbezogen wird, mit dem aber nicht oder jedenfalls nicht nur der (semantische) Informationsgehalt gemeint ist, sondern in vager Umschreibung „jener Teil der Information, der ohne Träger" ist und „über den Trägerprozeß hinaus existiert" (*Völz/Grundlagen*, S. 555 und 558).

23 Zu weiteren, hier nicht aufgeführten Sondereigenschaften insbesondere der wissenschaftlichen und außerwissenschaftlichen Wissens*produktion* vgl. *Spinner/Liberalismus*, S. 198ff.

Zwecke der symbolischen Naturwiedergabe, wie es in älteren Kunstbüchern heißt. Heute nennt man das Wissensrepräsentation, obwohl es sich genau genommen um eine informationelle Gegenstandsrepräsentation *durch* eine bestimmte Wissenslage handelt. Davon ist die „innere" oder „äußere" Repräsentation des Wissens in einem anderen, untechnischen oder technischen Medium zu unterscheiden, vom Gedächtnis über die Sprache bis zum Computer.

Informatives Wissen ist wesentlich *repräsentativ* – unbeschadet der von der Informatik gebührend gewürdigten Tatsache, daß es im technischen Medium selbst „repräsentiert" werden muß, um verarbeitet werden zu können, wofür die symbolische Repräsentationsfunktion gegenüber der „Welt" keine Rolle spielt. Diese semantische Bedeutung der Zeichen kann ebenso abgestreift oder zumindest eingeklammert werden wie die pragmatische Beziehung zum Benutzer.

In Verbindung mit seinen „unstofflichen" Eigenschaften wird das Wissen in höchstem Maße fungibel, beweglich, orts-, zeit- und selbstveränderlich. Das alles macht Wissen leichter handhabbar als die Gegenstände, für die es Stellvertreterfunktion hat. Mit Hilfe von Wissen kann man zum Beispiel zeitlich und räumlich ferne, erfundene oder erlogene Vorgänge beschreiben. Man kann Gebäude skizzieren und den Bauplan kritisieren, bevor sie gebaut werden, oder Handlungen bedenken, ohne sie auszuführen.

Zweitens die *Ungegenständlichkeit des Wissens*. Darin liegt, physikalisch gesehen, der immaterielle Charakter des Wissens, anstelle der Härte und Schwere von materiellen Objekten, jedenfalls jenen mittlerer Größe im alltäglichen Gebrauch. Das ist einer der Unterschiede zwischen Sachgütern und „geistigen" Gütern, zu denen die Wissensgüter juristisch gezählt werden.

Kraft seiner Immaterialität ist Wissen zwar leicht negierbar (durch widersprechende Gegeninformation, philosophisch „Kritik" genannt) und inhaltlich störanfällig (zum Beispiel durch Desinformation), außerdem ignorierbar, aber kaum noch vernichtbar[24]. Einmal erzeugt, entdeckt und freigesetzt, ist Wissen nicht mehr oder nur noch mit extremem Aufwand – Ausrottung der Wissensträger, einschließlich ihrer Ausrotter und Auftraggeber – wieder aus der Welt zu schaffen, solange es für wichtig erachtet wird. Vernichten ist physisch unmöglich, Vergessen werden kann nur Unwichtiges, Verleugnen bewirkt bei Wichtigem das Gegenteil.

Schon wegen seiner physischen Eigenschaften weitgehend entbunden von Ort und Zeit, erhält Wissen die der kognitiven Funktion freier Güter förderlichen, fast gottähnlichen Eigenschaften geistiger Allgegenwart, endloser Existenz, potentieller Ubiquität und beliebiger Vervielfältigungsmöglichkeit.

Drittens die *Höherqualifizierbarkeit von Wissen*. Darin liegt, epistemologisch gesehen, die *Wahrheitsfähigkeit* des Wissens anstelle der Wahrheitsindifferenz nichtinformationeller Güter[25].

---

24 Vgl. *Völz/Grundlagen*, S. 563.
25 Die Kehrseite der Medaille ist, daß die „Versuchung zur Täuschung" in Verbindung mit dem „Anreiz zur Bevorzugung des Geringwertigen ... beim Handelsgut Information zu ei-

Die erkenntnistheoretischen Vollkommenheitsprädikate für perfektes Wissen – genau, sicher, vollständig, begründet, vernünftig – treffen zwar auf „Wissen aller Arten, in jeder Menge und Güte", welches eher der von Philosophen seit *Platon* verachteten trügerischen Meinung („doxa") gleicht, mitnichten zu, wohl aber die viel wichtigere Eigenheit wahrheitsfähiger Information in jeder Lebenslage, ohne besondere Vorkehrungen außer einigen elementaren Wissensfreiheiten.

Dieser eingebauten Wahrheitseignung, welche beim freien Wissensgebrauch zur gleichsam natürlichen Wahrheitsneigung werden kann, steht die obige Ausgangsthese keineswegs entgegen, derzufolge Wissen weder Wahrheit noch Erkenntnis, sondern Information ist. Dieses Wissen ist *wahrheitsfähige* Information, unter den Bedingungen der Freiheit mit eingebautem Richtigkeitsstreben, dessen Bestehen sogar von mißbräuchlichen Wissensbenutzern widerwillig anerkannt zu werden pflegt, indem sie den Schein zu wahren suchen. So ist die Wahrheitsfähigkeit des Wissens ein großes, aber ablehnbares Angebot jeder freien Wissensordnung. Wissens ist kultivierungsfähig, insbesondere innerhalb besonderer Qualitätszonen (dazu später in den abschließenden Überlegungen).

Viertens der *Gemeingutcharakter des Wissens*. Deshalb hat es, wenn nichts dagegen unternommen wird, juristisch gesehen den Rechtsstatus eines „herrenlosen" Gemeingutes im Kontext praktischer Freiräume und rechtlicher Freiheiten.

Es gibt wissensbezogene Jedermanns- und Sonderfreiheitsrechte. Zu den ersteren zählen die Meinungs-, Glaubens- und sonstigen Informationsfreiheiten, zu den letzteren beispielsweise die spezifischen Forschungs- und Lehrfreiheiten der Wissenschaftler. Was dagegen steht, ist zumindest in demokratisch verfaßten Gesellschaften die Ausnahme von der Grundregel.

Selbst wenn man Wissenseigentum juristisch definieren kann und dies für besondere Bereiche auch tut (insbesondere durch das Urheber- und Patentrecht), ist es schwierig und zumeist auch kostspielig, die dadurch eingeräumten Nutzungs- und Ausschlußbefugnisse praktisch durchzusetzen. Wie noch zu zeigen sein wird, bringen hier die modernen Informationstechniken einschneidende Veränderungen, einerseits Erleichterungen der Eigentumswahrung infolge der Bindung des Wissens an nach außen verschließbare technische Trägersysteme, andererseits aber auch Erschwernisse durch leichtere Vervielfältigungs- und Verbreitungsmöglichkeiten. Zur rechtlich gehegten Freiheitsfähigkeit des Wissens zählt auch das bisheriger Fehlen der sonstigen Enteignungskomponente[26].

---

ner ungewöhnlich starken Verfälschungstendenz" führen kann (nach *Sachsse/Technik*, S. 135). Umso wichtiger sind ordnungspolitische Rahmenbedingungen, die dies erschweren, zumindest nicht belohnen.

26 Vgl. *Sieber/Informationsrecht*, S. 2577.

Fünftens die *Nichtausschließlichkeit des Wissensbesitzes*, jedenfalls bei gewöhnlicher Wissensnutzung[27]. Deshalb hat Wissen, ökonomisch gesehen, die Beschaffenheit eines „paradoxen" Gutes, welches man hergeben kann, ohne es gänzlich zu verlieren[28].

Was man mitteilt, muß man mit anderen nicht einmal im strengen Sinne teilen, denn der eigene Anteil wird keineswegs kleiner. Man kann dabei sogar gewinnen, weil durch die Mitwisserschaft und Mitbenutzung Dritter der Wert des Wissens gesteigert wird. Deshalb publiziert der Wissenschaftler und verbreitet sein Wissen aus Eigeninteresse, notfalls sogar als aufgedrängte Gratisinformation. Das gilt also nicht nur für die Werbung.

Nicht perfekt, sondern paradox ist das menschliche Wissen. Wissen kann man hergeben, unter Umständen sogar verkaufen, und trotzdem behalten. Man weiß nachher immer noch, was man woher wußte. Man verliert lediglich die vorherige Exklusivität „seines" Wissens, beim Verkauf die Nutzungsbefugnisse.

Dazu kommt die ökonomisch ebenfalls wichtige Eigenschaft der oft „kostenlosen" Gebrauchsmöglichkeiten von Informationen, die – obgleich nicht frei von Kosten, welche aber vom Erzeuger gar nicht einkalkuliert oder dem Benutzer nicht auferlegt werden – „von selbst" entstehen und „uninteressiert" oder aus Eigeninteresse und verbreitet werden[29].

Sechstens die *Selbstbelohnungsfähigkeit des Wissensgebrauchs*. Psychologisch gesagt, liegt darin die intrinsische Motivation für viele Informationsaktivitäten, die deshalb leichter „luxurieren" können und unter Absehen von strengen Nutzen/Kostenüberlegungen besser (hoch-)kultiviert werden[30].

---

27 Ökonomen sprechen hier von einer „Nichtrivalität in der Nutzung" (*Koboldt & Schmidtchen/Copyright*, S. 297) und leiten daraus fälschlicherweise eine generelle Tendenz zur suboptimalen Wissensproduktion ab, was nur unter Voraussetzung einer kommerziellen Interessenlage gilt. Diese besteht aber aus den genannten Gründen nicht überall im Wissensfeld, in dem deshalb vielfach eine weitverbreitete, im Wissenschaftsbereich besonders ausgeprägte *Tendenz zur Überproduktion* besteht (dazu *Spinner/Liberalismus*, S. 198ff.).

28 Daß Information deshalb nicht tauschbar sei im Sinne des ökonomischen Tauschmodells, wie *Sachsse/Technik*, S. 135, meint, ist nicht richtig. Dadurch wird, ganz im Gegenteil, die Tauschbarkeit enorm erleichtert, weil das psychologische Hindernis des Verzichtenmüssens auf das einmal Hergegebene weitgehend entfällt.

29 Daß Information schlechterdings „äußerst schwierig zu erzeugen" sei (*Völz/Grundlagen*, S. 562), trifft so sicherlich nicht zu. Wie bei aller Güterproduktion, so sinkt auch die Wissenserzeugung in der Regel mit dem Anforderungsniveau der Gütekriterien, insbesondere dann, wenn diese in Spannung zueinander stehen und nur schwer miteinander vereinbare Bedingungen stellen – zum Beispiel für wissenschaftliche Erkenntnis „sozial anerkannte Originalität" für Wissen, welches dem Stand des Wissens im Fach widerspricht und darin trotzdem, möglichst sogar deswegen, Akzeptanz finden soll.

30 Das ist einer der wissenschaftlich wie politisch wünschenswerten Vorzüge des Lautgebens („voice", d.h. Einspruch erheben, Kritik üben, Argumente produzieren oder einfach Krach schlagen) gegenüber Abwanderung („exit"), beides als Reaktionsmöglichkeiten des Individuums gegenüber „abschlaffenden" Organisationen. Näheres dazu bei *Hirschman/Abwanderung*; speziell zum hier angesprochenen Punkt *Hirschman/Trespassing*, Kap. 10.

Mehr als andere Verhaltensweisen sind kognitive Betätigungen zur Erzeugung, Vermehrung, Verbesserung, Verbreitung von Wissen vielfach selbstbelohnend. Im Gegensatz zum normalen Verhalten sind sie mehr oder weniger losgelöst von den aktivitätslenkenden und -beschränkenden Nutzen/Kosten-Abwägungen „rationaler Akteure". Das gilt insbesondere für die psychologische Motivlage individueller Akteure, im Gegensatz zu kollektiven Akteuren (Korporationen, Organisationen, Bürokratien), die sich auch hier meist „normal" verhalten. Diese tun zwar auch viel vergeblich, aber nichts umsonst, wie die in den Preis einkalkulierten Werbungskosten zeigen.

Siebtens die *Wandlungsfähigkeit des Wissens und Wanderfreudigkeit von Träger zu Träger*, an die es nur lose gebunden ist. Informationstechnisch gesehen, hat Wissen eine gelockerte Bindung an grundsätzlich austauschbare „Träger". Der physikalische Grund liegt in der leichten, heutzutage praktisch schrankenlosen Reproduzierbarkeit von Wissen, der ökonomische Grund in den weit geringeren Reproduktionskosten (für das Ablesen, Abschreiben, Abdrucken, Fotokopieren) im Vergleich zu den Erzeugungskosten, die der Reproduzent zumeist nicht mitträgt[31].

Zwar existieren Informationen „nur in der Verbindung von Inhalt und einem Träger"[32], aber ohne an sie fest gebunden zu sein, seit zu den höchstpersönlichen „kleinen" Wissensträgern der menschlichen Geister (oder Gehirne) die „großen" bürokratischen Trägersysteme der Mammutorganisationen, die technischen Trägersysteme der EDV-Einrichtungen und sonstige externe, extrakorporale Speichermöglichkeiten hinzu gekommen sind. Wissen braucht zwar nach wie vor Träger aller Art, kann sie aber relativ leicht wechseln, durch Weitergabe, Vervielfältigung und sonstige Austausch- oder Verbreitungsmöglichkeiten, die durch die Informationstechniken ins fast Grenzenlose – weltweit in „Echtzeit" – gesteigert werden. Das Wandern ist des Wissens Lust, an dem es nur schwer gehindert werden kann, zum Leidwesen aller derjenigen, die den Zugang verschließen wollen, seien es Geheimnisverwahrer oder Copyrightverteidiger.

Achtens das rasante, zumindest mengenmäßig weit überdurchschnittliche *Wissenswachstum*. Damit ist, weltgeschichtlich gesehen, das in der Neuzeit weit überproportionale Wissenswachstum im inner- und außerwissenschaftlichen Gesellschaftsbereich gemeint, verglichen mit der Entwicklung anderer Sektoren. Das exponentielle Wissenschaftswachstum und die Informationsexplosion im außerwissenschaftlichen Feld übertreffen sogar um Größenordnungen das selbst schon exponentielle Bevölkerungswachstum.

Die ungleiche Entwicklung von fast allem auf der Welt, insbesondere der verschiedenen Sektoren innerhalb der gesamtgesellschaftlichen Entwicklung, schlägt sich in fast allen Wissensbereichen mit weit überproportionalen Zu-

---

31 Zur ökonomischen und rechtlichen Analyse dieses Tatbestandes vgl. *Landes & Posner/ Copyright Law*.
32 *Lenk/Perspektiven*, S. 121, mit der auf S. 122 gezogenen Konsequenz aus der zunehmenden Erleichterung des Gestalt- und Trägerwechsels der Informationen, daß die gesamten informationsrechtlichen Regelungen „von Grund auf neu durchdacht werden" müßten.

wachsraten nieder, auf vielfältige Weise stimuliert durch die hier aufgezeigten Umstände. Das Ergebnis sind erhebliche *Technikfolgen für die Welt des Wissens,* im Guten und Schlechten.

Das alles sind, wohlgemerkt, *kontingente* Merkmale und Umstände, die auch anders sein könnten, je nach Wissensordnung und Weltzustand, menschlichen Wissensbestimmungen sowie natürlichen und gesellschaftlichen Randbedingungen. Außerdem erfüllen die verschiedenen Wissensarten diesen unvollständigen Merkmalskatalog nicht gleichermaßen.

Alternative Auffassungs- und Behandlungsmöglichkeiten, die man in Erwägung ziehen muß und die – teilweise oder wahlweise, je nach herangezogenen Ordnungsbestimmungen – auch praktisch zum Tragen kommen, wären insbesondere:

– die wirtschaftsmäßige Betrachtung und Behandlung von **Wissen als Ware**[33], seine Produktion als normales Wirtschaftsgut für den Gütermarkt, veranstaltet als „Supermarkt der Ideen";
– die rechtsförmige Auffassung von **Wissen als Sache**, d.h. als materielles Gut, mit dem vollen Eigentumsrecht des § 903 BGB, „soweit nicht das Gesetz oder Rechte Dritter entgegenstehen, mit der Sache nach Belieben zu verfahren und andere von jeder Einwirkung auszuschließen."

Beide Alternativen liefen darauf hinaus, ausgesprochen oder stillschweigend, daß entgegen dem hier vertretenen Standpunkt Wissen ein gewöhnliches Gut sei wie andere Güter auch, für das eine eigenständige Wissensordnung weder möglich noch nötig ist. An die Stelle der dritten Grundordnung für den Wissensbereich träte die erste oder zweite Grundordnung: die Rechtsordnung für Wissen als Sache im Volleigentum ihrer Besitzer; die Wirtschaftsordnung für Wissen als Ware im ökonomischen Kreislauf, ohne eigene „Ordnung" zwecks Hegung von gesteigerten Wissensfreiheiten oder gar zur Kultivierung von abgekoppelten Wissensaktivitäten in „Sondermilieus".

Die Probe aufs Exempel wäre: Man bilde unbeschränkte Eigentumsrechte an Wissensgütern und schaffe größtmögliche Freiheiten zu ihrer Nutzung – welche individuellen, sozialen, gesamtgesellschaftlichen, weltweiten Wissenslagen ergeben sich daraus als Rechts-, Wirtschafts- und Technikfolgen innerhalb der realexistierenden Gesellschaftssysteme und ihrer internationalen politischen Umwelten? Osteuropa und die Dritte Welt sind dafür Prüffelder im unfreiwilligen Experimentierstadium, leider ohne rationale Erfolgskontrolle nach Maßgabe objektiver Außenkriterien.

Vermittelnde Positionen sind unter anderem:

– die gemäßigt ökonomische, insgesamt wohl vorherrschende Betrachtung von **Wissen als Öffentliches Gut**, welches zwar im üblichen Rahmen der Rechts- und Wirtschaftsordnung erzeugt werden muß, aber nicht nach pri-

---

33 Zum möglichen, zumindest für manche Wissensarten – besser wohl: für bestimmte Gebrauchsweisen – nicht völlig aufhebbaren Warencharakter vgl. *Wersig/Informationssoziologie,* S. 177ff.

vatwirtschaftlichen, sondern nach öffentlich-rechtlichen Gesichtspunkten verteilt wird und genutzt werden kann (zum Beispiel auch von Nichtzahlern, den sogenannten Trittbrettfahrern);
- die wertphilosophische und kulturpolitische Betrachtung als **universelles Kulturgut**, wie sie gegenwärtig vor allem von den politischen und kulturellen Weltorganisationen (UNESCO, u.a.) favorisiert wird, um es aus den engen Restriktionen nationaler Rechts- und Wirtschaftsordnungen herauszuheben und für den interkulturellen Austausch zu qualifizieren (des freien, grenzüberschreitenden Informationsflusses der Massenmedien z.B.).

Ohne diese theoretischen Deutungs- und praktischen Behandlungsmöglichkeiten gänzlich auszuschließen, die unter besonderen Umständen – ergänzend oder konkurrierend – in Betracht kommen können, wird im folgenden Wissen *sui generis* genommen, d.h. primär *als Wissensstoff* verstanden, dessen allseitige Sonderstellung eine eigene Ordnung verlangt. Das ist die im folgenden vorgestellte Wissensordnung in dieser oder jener Ausgestaltung, welche sich mit den anderen Ordnungen der Gesellschaft überschneiden kann, aber mit keiner nahtlos deckt, auch nicht heute unter dem Einfluß der zunehmenden Verrechtlichung aller Lebensbereiche und der ausgreifenden Kommerzialisierung des kulturellen und informationellen Sektors. Die Welt des Wissens hat zwar wissenschaftliche und außerwissenschaftliche Sondermilieus entwickelt, bildet aber deswegen keine Insel in der umgebenden Gesellschaft. Es gibt Brücken und Tunnels, Überschwemmungen und Verwüstungen.

Diese Vorüberlegungen lassen sich mit einer Abwandlung von *Norbert Wieners* Diktum zusammenfassen: *„Wissen ist Wissen, zum speziellen Gebrauch außerdem wahlweise Ware, Sache, Öffentliches Gut und Kulturgut".*

2. Das Konzept der Wissensordnung, mit Schwerpunktkatalog für Ordnungsaufgaben

Im Mittelpunkt der folgenden Überlegungen steht die **Wissensordnung**. Darunter wird, vorbehaltlich ihrer systematischen Untersuchung und detaillierten Ausarbeitung, als Ausgangsannahme und Arbeitshypothese verstanden[34]:

das *Insgesamt der konstitutiven* (ordnungspolitischen, verfassungsrechtlichen, gesellschaftlichen, kulturellen, wissenschaftlichen im engeren Sinne der „Wissenschaftsverfassung") *Leitbestimmungen,* der zusätzlich auferlegten *normativen* (ethischen, methodischen, juristischen, ökonomischen, politischen, pragmatischen, etc.) *Regelungen* und empirisch gegebenen *faktischen Randbedingungen* für die

- *Erzeugung* (in und außerhalb der Wissenschaft),
- *Verarbeitung* (untechnisch oder durch EDV und Künstliche Intelligenz),

---

34 Zur Einführung und allmählichen Ausarbeitung des Konzepts der Wissensordnung – ungefähr seit 1985, von 1988 bis 1990 im Rahmen eines von der *Volkswagen Stiftung* finanzierten Forschungsprojekts – vgl. *Spinner/Liberalismus, Spinner/Informationsberg, Spinner/Informationstechnik, Spinner/System Althoff.*

- *Anwendung* (in der Praxis),
- *Verwirklichung* (in der Technik, als Artefakte),
- *Verfügung* (mit oder ohne Rechtstitel),
- *Nutzung* (durch Befugte und Unbefugte, Betroffene, Beteiligte oder Dritte),
- *Verwertung* (in der Wirtschaft, als Informationsressource und Wissensware),
- *Verwaltung* (in bürokratischen Organisationen und Wissensdiensten),
- *Verwahrung* (in Archiven und Bibliotheken, einschließlich des Ausnahmefalls der „ordnungsgemäßen" Vernichtung);
- *Verteilung* (in der Gesellschaft als persönliche Meinungen, individuelle Kenntnisse, kollektive Weltbilder),
- *Verbreitung* (im nationalen und internationalen Rahmen, durch Vervielfältigung, Veröffentlichung, Wissenstransfer, grenzüberschreitenden Informationsfluß),

von Informationen, d.h. *Wissen aller Arten und Zusammensetzungen, in jeder Menge und Güte,* unbeschadet ihrer Wahrheit, Vernünftigkeit, Wissenschaftlichkeit und sonstigen Qualifikationen. Das schließt den engeren Bereich der Wissenschaft ebenso ein wie die außerwissenschaftlichen Informationsbereiche des Alltagswissens, der Massenmedien, der Verwaltungsakten, des Bildungs- und Erziehungswesens, u.dgl. Wenn man die Anwendung und Nutzung als „Verwendung" bezeichnet und die Wissenserzeugung zur Vorbedingung für alles andere erklärt, kann man zusammenfassend von der *V-Ordnung* des Wissens oder vom *V-Syndrom* der Wissensordnung sprechen.

Man könnte sogar noch weiter gehen und innerhalb der Wissensordnungen eine *primäre F-Orientierung* (an Forschung für Wissen, Fortschritt des Wissens und Führung durch Wissen) vom *sekundären V-Syndrom* der nachgeordneten Ordnungstatbestände unterscheiden.

Information oder **Wissen** in diesem Sinne ist alles, was Informationsgehalt hat oder liefert oder vielleicht auch nur vortäuscht, indem etwas auf irgendeine Art und Weise gesagt, mitgeteilt, gezeigt, angedeutet wird, so daß durch die Information der Spielraum der Möglichkeiten auf das Behauptete – welches nicht das Wahre oder Wirkliche sein muß, wie zum Verständnis des hier zugrunde gelegten *nichtemphatischen Wissensbegriffs* nicht genug betont werden kann –, Mitgeteilte, Gezeigte eingeengt wird. Inhaltlich betrachtet, umfaßt Wissen in diesem weiten Sinne alle Arten der Information und Gegeninformation, einschließlich der Desinformation, unabhängig von der Darstellungsform und dem Wissensträger.

Das gilt für wissenschaftliche Erkenntnisse ebenso wie für Print- und Bildmedien, für mündliche, schriftliche oder elektronische Kommunikation, für klassisches Bildungs- und modernes Datenwissen. Deshalb geht bereits die alte, „klassische" Wissensordnung über die eigentliche, thematisch engere und bereichsmäßig begrenzte *Wissenschafts*verfassung – für Freie Forschung & Lehre, wie in Art. 5 III GG und Folgegesetzen kodifiziert – weit hinaus, von der neuen, „nichtklassischen" Wissensordnung ganz zu schweigen, deren Schwerpunkt sich in den außerwissenschaftlichen Bereich der alltäglichen, privaten oder öffentlichen, „uninteressierten" oder kommerzialisierten Information & Kommunikation verschoben hat.

Nicht nur dem Wissenschaftsbereich „eingerichteter", d.h. rechtlich geschützter und staatlich gehegter Freier Forschung & Lehre, sondern der ganzen Gesellschaft liegt als zentraler Bestandteil ihrer Gesamtverfassung ein umfassender Bezugsrahmen für die kognitiv-informationellen Aktivitäten in Gestalt einer Wissensordnung zugrunde. Das ist, juristisch gesprochen aber metajuristisch gemeint, so etwas wie eine – größtenteils ungeschriebene – *Wissensverfassung der Gesellschaft.*

Substantiell gesehen, bestehen Wissensordnungen natürlich zu großen Teilen aus „Rechtsmaterial", d.h. aus kodifizierten Rechtsvorschriften. Aber das wäre ja nur der „sichtbare", also verschriftlichte Teil, zu dem einerseits die metajuristischen Ordnungstatbestände der „ungeschriebenen" Wissensordnung hinzukommen, andererseits der nie 100prozentige Realisierungsgrad des Rechts in Abzug gebracht werden muß. Rechtsregelungen sind weder lückenlos aufgestellt noch werden sie restlos verwirklicht. Das gilt vor allem auch für die Wissensordnungen, deren Verrechtlichungsgrad vielfach unter dem Kodifizierungsniveau anderer Ordnungsfelder der Gesellschaft von vergleichbarer Bedeutung ist, mit Ausnahme der Hochschul- und Wissenschaftsverwaltung im akademischen Sondermilieu[35] sowie des gesamten Schulwesens.

Diese Wissensordnung – einschließlich der bekannteren, teils sogar im wissenschaftlichen Ethos, in der Methodik und im Wissenschaftsrecht fixierten Wissenschaftsordnung (zur deutlicheren Abgrenzung zuweilen auch „Wissenschaftsverfassung" genannt) – ist, am Ganzen gemessen, ein kleiner aber wichtiger *Teil* der Gesellschaftsordnung. Bei der gegenwärtigen Diskrepanz von vorauseilenden kognitiv-technischen Entwicklungen und nachhinkenden Untersuchungen der ordnungspolitischen Auswirkungen handelt es sich um den intimsten und sensitivsten Teil, der vom Übergang zum Informationszeitalter am stärksten berührt, aber bis jetzt am wenigsten erforscht und noch kaum ordnungspolitisch gestaltet wird (und deshalb „intim" geblieben ist und „wildwüchsig" zu werden droht, im Gegensatz etwa zur Wirtschafts- und Rechtsordnung).

Die genannten Wissenstatbestände und Wissensaktivitäten sind **Schwerpunkte der Wissensordnungen**, welche – je nach Wissenslage und (wechselnder, wie z.B. das Auf und Ab der Datenschutzproblematik zeigt) Ordnungspolitik – zumeist nur einen oder einige davon zu regeln versuchen.

Die Wissenschaftsverfassung für Freie Forschung & Lehre beispielsweise betrifft im wesentlichen die Erzeugung (durch Forschung), innerwissenschaftliche Anwendung (in der Lehre) und beschränkte Publizität (durch veröffent-

---

35 Über Art, Ausmaß und Inhalt der Verrechtlichung des als staatlicher Veranstaltung eingerichteten deutschen Universitätsbetriebs informieren umfassend *Flämig et al./Handbuch* und *Thieme/Hochschulrecht*.

lichte Beiträge zum „Stand des Wissens" im Fach), unter weitgehender Vernachlässigung der anderen Aspekte des Schwerpunktkatalogs.

Die Nachrichten- und Rundfunkordnung setzt ganz andere Schwerpunkte, ebenso wie die Wissensordnung für Freie Meinung und Öffentliche Kritik. Das „unernste" Genre der Komödie, Satire, Persiflage ebenso wie das „toternste" Genre der Schmäh- und Streitschriften einschließlich „wissenschaftlicher" Polemik[36] untersteht anderen Ordnungsbestimmungen, mit deutlich gelockerten Vorschriften über Sachlichkeit, Richtigkeit, Zitierehrlichkeit, u.dgl., wenn „mit fremder Feder" (*Robert Neumann*) geschrieben oder mit vergifteten Pfeilen geschossen wird.

Nachdem der Mensch jahrtausendelang nur mit der natürlichen Intelligenz seines Geistes bzw. Gehirns Wissen bearbeiten konnte, ist im Zuge der EDV-Revolution die *Wissensverarbeitung* zu einem neuen Schwerpunkt geworden, der erst durch die von der modernen Informationstechnik eröffneten praktisch unbeschränkten Speicher-, Vervielfältigungs- und Verwaltungsmöglichkeiten die Aufmerksamkeit der Ordnungspolitik und, immer noch deutlich geringer, der Ordnungstheorie auf sich gezogen hat. Ähnliches gilt für den Zusammenhang von Gentechnik und den Fragen der noch verantwortbaren *Wissensnutzung* in bislang eher wissensschwachen und technikfernen biologischen Arbeits- und Lebensbereichen (Fortpflanzung, Verhütung, Vererbung, Organtransplantation, u.a.).

3. Dimensionen und Aspekte der Wissensordnung, mit Instrumentenkatalog für Untersuchungsvorhaben

Einerseits werden Schwerpunkte gesetzt, in freier Auswahl oder durch die Macht der Umstände. Andererseits müssen analytische Instrumentarien entwickelt werden, um die Wissenstatbestände und ihre Ordnungsaspekte in den Griff zu bekommen.

Die gesamte kognitiv-informationelle Ordnungsproblematik reicht in ihren Verästelungen weiter, als hier problematisiert und untersucht werden kann. Zur **Wissensordnung im weiteren Sinne** gehört nicht nur der konstitutive Kernbestand der explizit verfaßten wissensbezogenen Grundrechtsbestimmungen und der gesatzten Geschäftsordnungen (für den Beruf & Betrieb der Wissenschaft zum Beispiel), sondern außerdem eine Reihe verwandter oder benachbarter Tatbestände, welche mit der *Wissensordnung im engeren Sinne* kontingent zusammenhängen, als deren Voraussetzungen oder Begleiterscheinungen. Im einzelnen werden, hier bewußt noch unvollständig und unanalysiert gelassen, zu den bestimmenden und bedingenden Komponenten oder Faktoren der *gesamten Wissenslage* gezählt und in die laufenden Untersu-

---

36 Zu diesen für die literarische Produktion von Rezensionen von der offiziellen Wissenschaftsverfassung abweichenden „Geschäftsbedingungen" des realexistierenden Wissenschaftsbetriebs und Publikationsgeschäfts vgl. *Spinner/Rezensionswesen* sowie *Spinner/Information*.

chungen des Wandels der Wissensordnung einbezogen, hier aber nur zur späteren Behandlung lediglich aufgelistet:

- die zum *Erkenntnisstil*[37] zusammengefaßten erkenntnis- und wissenschaftstheoretischen, desgleichen die entsprechenden alltäglichen und sonstigen außerwissenschaftlichen Bestimmungen (zum Beispiel für theorien- und datenerzeugende Erkenntnisstile);
- die zum *Rationalitätsprofil* zusammengefaßten prinzipiellen oder okkasionellen Bestimmungen für die Rationalitätsorientierungsmuster[38] der verschiedenen Wissensunternehmen (zum Beispiel „uninteressierter" Wahrheitssuche in der Grundlagenforschung oder zweckgebundener Informationsproduktion der Industrieforschung und der Massenmedien);
- die zur *Wissensdisposition* zusammengefaßten rechtlichen Bestimmungen und faktischen Bedingungen für Verfügungsbefugnisse über Wissen (zum Beispiel öffentliche Zugriffsmöglichkeiten auf „herrenloses" Wissen oder eigentumsähnliche Nutzungsrechte und Ausschlußbefugnisse für kommerzialisierte Informationsgüter);
- die zum *Wissensdifferential* zusammengefaßten Sonderbestimmungen und -bedingungen für mehr oder weniger exterritorialisierte Wissensbereiche, zum Beispiel für das akademische Sondermilieu einerseits und kommerzialisierte Informationsgüter und -märkte andererseits, sowie für die durch „Höherlegung"[39] und Entlastung insgesamt vom Handlungsbereich abgesetzte Wissensebene schlechthin (zum Beispiel Selbstbelohnung der Wissensweitergabe, im Gegensatz zu nichtkognitiven Gütern, deren Abgabe grundsätzlich als Verzicht oder Verlust empfunden wird);
- die zum *Wissensfunktional* zusammengefaßten Bestimmungen und Bedingungen für die unterschiedlichen bestimmungsgemäßen („funktionalen") oder bestimmungswidrigen („dysfunktionalen") Gebrauchs-, Verwendungs- und Nutzungsmöglichkeiten von Wissen;
- die zur *Wissensteilung und -verteilung* zusammengefaßten sozialen und sonstigen Bedingungen für die funktionale Teilung und soziale Verteilung des Wissens (zum Beispiel Fragmentierung, Konzentrierung, Monopolisierung, Dezentralisierung);
- die zum *Wissensrang* zusammengefaßten Bestimmungen und Bedingungen für die Einschätzung der mehr oder weniger vitalen Bedeutung des „wissenswerten" Wissens (zum Beispiel Bewertung als lebenswichtig oder entbehrlich, was in Verbindung mit der Monopolisierbarkeit unverzichtbarer Wissensinhalte entscheidend ist für die „Vermachtung" von Wissen in der Hand von „Datenherren").

---

37 Zu der damit gemeinten, ohne Erläuterung zugrunde gelegten Systematik der Erkenntnisstile für wissenschaftliche und nichtwissenschaftliche Wissensarten vgl. *Spinner/Vereinzeln*.
38 Näheres dazu bei *Spinner/Weber*.
39 Im Sinne von *Arnold Gehlen*; Näheres dazu mit kritischen Kommentaren *Spinner/Gehlen*.

Dementsprechend könnte man die Wissensordnung bzw. Wissenslage in folgende **Teilordnungen** oder Problemlagen unterteilen: *Erkenntnis-, Rationalitäts-, Eigentums- oder Besitz-, Markt- oder Nichtmarkt-, Funktions-, Verteilungs-, Rangordnung*, u.dgl.

Aber das wären Funktionsordnungen einer so kaum ausgebildeten *funktional ausdifferenzierten* Wissensordnung, während die *sektoral ausdifferenzierte* tatsächliche Wissensordnung für die unterschiedlichen Wissensarten und Wissenslagen **Bereichsordnungen** entwickelt hat (aus den im Sechsten Kapitel, Abschnitt III erläuterten Gründen). Deshalb sind diese Teilordnungen bis jetzt von mehr theoretischer als praktischer Bedeutung, als Untersuchungsgegenstand für die erst anlaufende wissenschaftliche Forschung. Das könnte sich in unserer zunehmend funktional ausdifferenzierten Gesellschaft allerdings ändern, in der die Bereichsgrenzen verwischt werden und die später erläuterten Bereichsordnungen ihre Geschäftsgrundlage verlieren.

Zur Grundannahme eines durch die Entwicklungen bereits eingeleiteten Wandels der Wissensordnung kommen spezifische *Zusatzannahmen*, welche sich dahingehend zusammenfassen lassen, daß der Wandel der Wissensordnung deren Teilordnungen grundsätzlich miterfaßt, in unterschiedlichem Ausmaß vermutlich und möglicherweise sogar getragen von anstoßenden oder verstärkenden Prozessen partiellen Wandels.

Damit sind die wesentlichen *Dimensionen* der Wissensordnung und ihres eventuellen Wandels genannt. Auf die wichtigsten *Determinanten* wird im Zweiten Kapitel verwiesen (Wachstumsprozesse im informationellen Sektor, Ausbildung des Kognitiv-Technischen Komplexes, Basisinnovationen und Folgewirkungen neuer Informations- und Kommunikationstechnologien, u.dgl.). Nach Anzahl, Anordnung, Auswirkung spezifiziert werden können die Dimensionen und Determinanten des Wandels der Wissensordnung erst im Fortgang der Untersuchungen, zu denen nicht nur die im Anhang mit ausführlichen Aufgabenbeschreibungen aufgeführten Disziplinen beitragen können.

Die flächendeckende Erforschung dieser verzweigten Untersuchungsfelder steht erst am Anfang, ansonsten aber außer Frage, wenn man an den Einsatz ähnlicher Instrumentarien auf anderen Wissenschaftsgebieten denkt. Wenn die moderne Psychologie mit „differentiellen" Persönlichkeitstheorien arbeitet, um der Vielfalt menschlicher Charaktere gerecht werden zu können, sind *differentielle Erkenntnis- und Wissenschaftstheorien* für die kognitiven Gemengelagen des Informationszeitalters wohl überfällig. Nachdem das Phänomen der Arbeitsteilung von der klassischen Ökonomie bereits im 18. Jahrhundert thematisiert worden ist, dürfte es an der Zeit sein, die kaum weniger ausgeprägte und folgenreiche *Wissensteilung* ebenso eingehend zu untersuchen. Dasselbe gilt für die anderen Dimensionen der Wissensordnung und deren detaillierte Aspekte.

4. Verstehens- und Beschreibungsmöglichkeiten der Wissensordnung

Im folgenden geht es also nach dieser vorläufigen Arbeitsdefinition um die gesamte Wissenordnung der modernen Gesellschaft, im einzelnen also um alle bislang ausgebildeten Wissensordnungen für ausdifferenzierte Wissensbereiche, nämlich:

- einerseits die **wissenschaftsbezogenen Wissensordnungen** im engeren Bereich der Reinen Wissenschaft (= *Theorie*) und Angewandten Wissenschaft (= *Praxis*) sowie in den eng verbundenen Interpenetrationsbereichen der Realisierten Wissenschaft (= *Technik*) und Kommerzialisierten Wissenschaft (= *Industrie*);
- andererseits die **außerwissenschaftlichen Wissensordnungen** in den nicht oder weniger verwissenschaftlichten Lebensbereichen des Alltagswissens (der persönlichen *Kenntnisse* und kollektiven *Erfahrungen*), der Massenmedien (für durch Wort, Bild und Ton technisch vermittelten *Nachrichten* und *Fiktionen*), der Verwaltung (von bürokratischen *Akten*), der bürgerlichen Öffentlichkeit (für subjektive, „private" und intersubjektive, publik gemachte *Meinungen*).

Mit dem Konzept der Wissensordnung sollen die vorliegenden Ausführungen an laufende Diskussionen gleichzeitig anknüpfen und sich von anderen absetzen. Auf die Anschlußrationalität und Ergänzungsabsicht zur ordnungstheoretischen Diskussion sowie ordnungspolitischen Gestaltung ist bereits eingangs hingewiesen worden. Darüber hinaus wird damit der Systemtheorie[40] eine Absage erteilt. Für die sich hier stellenden Probleme ist das **Denken in Ordnungen** – einschließlich Teil- und Bereichsordnungen, die keine Unterordnungen innerhalb hierarchischer „Systeme" sind – angemessener und fruchtbarer als das *„Denken in Systemen, Super- und Subsystemen"*. Die Theorie sozialer Systeme unterstellt kontrafaktisch einen Grad der funktionellen Ausdifferenzierung, horizontalen oder hierarchischen „Durchsystematisierung" und buchstäblichen „Ordnung" der Weichenstellungen, Rahmenbestimmungen und Randbedingungen für das Wissensfeld, der in Wirklichkeit nie bestand und sinnvollerweise nicht beabsichtigt sein sollte[41].

Die Anerkennung der Wissensordnung als eigenständiges Hoheitsgebiet der Ordnungspolitik sagt noch nichts aus über die Art der wissenschaftlichen Aufarbeitung, für die es mehrere Beschreibungsmöglichkeiten gibt. Die mit Ord-

---

40 Prominent vertreten auf hohem Abstraktionsniveau, mit nur sporadischem Bezug zu Aspekten der Wissensordnung, durch *Luhmann/Systeme*. Zur Übertragung auf den Wissenschaftsbereich, vor allem auf die deutsche Wissenschaftsgeschichte des 19. Jahrhunderts, sei auf die im Literaturverzeichnis genannten Arbeiten von *Rudolf Stichweh* verwiesen.

41 Die Vorzüge des Denkens in lockeren, offenen Ordnungen gehen allerdings wieder weitgehend verloren, wenn es mit einem integralistischen Systemdenken verbunden und auf ein „Denken in Steuerungssystemen" verengt wird, „wobei stimmige Systeme als ‚Ordnungen' bezeichnet werden" (so bei *Herder-Dorneich/Strukturen*, S. 276).

nungsfragen befaßten Hauptdisziplinen haben im wesentlichen vier *Denkansätze zur Konzeptualisierung gesellschaftlicher Gesamt- oder Teilordnungen* in die Debatte gebracht:

(1) In der Internationalen Politik ist das *Denken in weltpolitischen Blöcken* und *nationalen, regionalen, hegemonialen Blockstrukturen* lange Zeit üblich, obgleich immer umstritten, gewesen. Das Ergebnis war die geläufige doppelte Aufspaltung der Welt entlang der west/östlichen und nord/südlichen Wasserscheide zwischen hoch-, halb- und nichtentwickelten Ländern[42]. Der sozialistisch-kommunistische Ostblock ist untergegangen, der Block der Neutralen zerfallen, aber die Teilungen – und Blockierungen – entlang der alten Grenzziehungen sind geblieben.

Unbeschadet des unleugbaren Wohlfahrts- und/oder Freiheitsvorsprungs zugunsten der Ersten Welt des Nordwestens; unabhängig auch von den berechtigten Bedenken gegen derartige Globalisierungen, beläßt dieser *politische Ansatz* die Verhältnisse viel zu sehr im Un- oder Unterbestimmten, um unterschiedlichen politischen oder gar kognitiven Ordnungen einigermaßen gerecht werden zu können. Dieser Eindruck wird, wider Willen, durch den vermeintlichen Umschlag in eine „Neue Weltordnung" unterstrichen, die im einzelnen ebenso unspezifiziert bleibt[43].

Das gilt erst recht für die vielfach nicht der politischen Weltkarte entsprechenden, höchst unterschiedlichen Wissensordnungen, für die das Denken in Blöcken zu *undifferenziert* ist. Selbst wenn zum Beispiel die moderne Technik eine „Blockstruktur" aufweisen sollte[44], wären dadurch einige Grundzüge der noch zu erläuternden Technologischen Bereichsordnung (s. Sechstes Kapitel/Abschnitt III5) allenfalls angedeutet, aber keineswegs bestimmt. Im übrigen ist das weite Feld der Wissensordnung vom Blockdenken bis jetzt nur in dem schmalen Ausschnitt des internationalen Informationsflusses der Nachrichtenagenturen und Unterhaltungsmedien zur Kenntnis genommen worden.

(2) Von der Rechtsprechung und Rechtswissenschaft der jüngeren Zeit ist als Weiterentwicklung des Persönlichkeitsrechts[45], speziell im Hinblick auf Informationsentnahmen und Informationseingriffe, das *Denken in Sphären* eingeführt worden. Dabei wird je nach Sensibilität des zu schützenden Rechtsguts gegenüber fremdem Wissen der informationelle Rechtsraum in Persönlichkeitssphären eingeteilt, welche wie ineinander verschachtelte Behältnisse in Zonen unterschiedlicher informationeller Verletzlichkeit und Schutzwürdigkeit eingeteilt sind. Üblich ist die Grundunterscheidung von Individual- und Öffentlichkeitssphären, erstere weiter untergeteilt in die Privat- und Intimsphäre. Die höchstpersönliche Intim- oder Geheimsphäre bildet dabei den am strengsten abgeschotteten Kernbereich der „Persönlichkeit", dem absolu-

---

42 Kritisch zur Dreiteilung der Welt, um für eine „Vierte Welt" plädieren zu können, *Fritsch/Welt*.
43 Vgl. zum Beispiel *Kissinger/Weltordnung* sowie, kritischer, *Czempiel/Weltpolitik*.
44 Wie von *Ullrich/Technik* angenommen.
45 Vgl. *Hubmann/Persönlichkeitsrecht*.

ten Schutz gegen (informationelle) Eingriffe eingeräumt wird[46]. Zur Debatte steht dann, neben der Sphäreneinteilung als solcher und den genaueren Grenzziehungen, der jeweilige Vorrang des Privaten oder des Öffentlichen[47], im weiteren Zusammenhang die Lehre von den Informationseingriffen[48].

Von der verständlichen, aber zu engen Konzentration des *juristischen Ansatzes* auf die kodifizierte *Rechts*ordnung abgesehen, welche die ganze Wissensordnung nicht annähernd abzudecken vermag, bezieht sich dieses Sphärendenken nur auf einen kleinen *Teil* des umlaufenden Wissens – allen voran die personenbezogenen Daten der Verwaltung und ähnliche Informationen in den Massenmedien, durch die Persönlichkeitsrechte unmittelbar tangiert werden – und darauf bezogene Mißbrauchsregelungen, zum Beispiel das Recht auf informationelle Selbstbestimmung.

Im Gegensatz zum politischen Denken in Blöcken ist das juristische Denken in Sphären zwar spezifisch genug für manche Sonderprobleme der Wissensordnung und inhaltlich hochdifferenziert, aber auf metajuristische Grundsatzfragen und außerjuristische Einzelfragen der Wissensordnung schlechthin infolge seiner Überspezialisierung kaum anwendbar. Das Sphärenkonzept ist zum Beispiel nicht sinnvoll übertragbar auf den Wissenschaftsbereich der Freien Forschung & Lehre, für den es keine gegen „Informationseingriffe" zu schützende Privatsphäre des Wissenschaftlers als Forscher, Lehrer, Autor gibt.

(3) Auf breiter Front, von der Kybernetik bis zur Gehirnforschung und Gesellschaftstheorie, ist in jüngster Zeit das *Denken in ausdifferenzierten Systemen* aufgekommen, mit Betonung ihrer operativen Geschlossenheit, transzendenzfreien Selbstreferentialität und autonomen Selbstorganisation bzw. -produktion („Autopoiesis"). Derartige Systeme sind „Ordnungsformen, in denen die Realität sich selbst generiert"[49], in selbstreferentiell-geschlossener Reproduktion ohne Außenkriterium, weil auch der beschränkten Offenheit gegenüber Umwelteinflüssen die Systemfilter vorgeschaltet sind.

Ist das Denken in Blöcken für die Eigenart von Wissensordnungen zu undifferenziert, so wird durch Differenzierungstheoreme des Systemdenkens – als wäre Differenzierung an sich etwas Gutes, Richtiges und Wichtiges, egal welches Problem ansteht und wie es durch „Ausdifferenzierung" vielleicht gelöst werden kann – die Wissensordnung *überdeterminiert*, das Wissensfeld aber *nivelliert*. Wenn „Wissen ... nur eine gesellschaftliche Potenz unter anderen"[50] ist, gehen die hier aufgezeigten „nicht-normalen" Produkteigenschaften sowie die an anderer Stelle diskutierten spezifischen Produktionsbedingungen

---

46   Dazu *Geis/Kernbereich*; ausführlicher *Schmitt Glaeser/Privatsphäre*.
47   Zur Entwicklung der Sphärenlehre und der teilweisen Abkehr davon im Zusammenhang mit dem Recht auf informationelle Selbstbestimmung vgl. *Vogelsang/Selbstbestimmung*, insbes. Kap. 3.
48   Zum Stand der Überlegungen *Rogall/Informationseingriff*.
49   *Luhmann/Soziologie*, S. 37.
50   *Luhmann/Wissenschaft*, S. 704.

von Wissensgütern[51] unter, einschließlich des „systemtranszendenten" Gegenstandsbezugs gehaltvollen Wissens zur Außenwelt, sei sie realexistierend, konstruiert oder fingiert.

Sie zum „System" im Sinne der Theorie sozialer Systeme *Luhmanns* oder, im Gegenteil, zur „Lebenswelt" à la *Habermas*[52] zu erklären, hieße der Wissensordnung mehr „Ordnung" zuzuschreiben, als ihr möglich und zuträglich ist. Ein ordnungspolitischer Rahmen von Leitbestimmungen und Randbedingungen für den Umgang mit Wissen ist kein völlig ausgegliedertes, noch weniger ein geschlossenes und nicht einmal ein autopoietisches System. Der partiellen Ausdifferenzierung stehen permanente Entdifferenzierungen entgegen, als Tendenzen und Gegentendenzen, deren Gesamtwirkung nicht einlinig ist und deren Nettobilanz nicht am grünen Tisch im voraus aufgestellt werden kann. Im Gegensatz zu derartigen „sozialen" Systemen, die befremdlicherweise den Menschen draußen stehen lassen[53], steht er als kognitiver Akteur – als Wissenserzeuger in der Rolle des Forschers, als Wissensverbreiter in der Rolle des Journalisten, als Meinungsträger in der Rolle des Bürgers, u.dgl. – immer im Rahmen der jeweiligen Wissensordnung, die sein Verhalten mehr oder weniger reguliert, aber nicht determiniert.

Eine Wissensordnung liefert Orientierungsgesichtspunkte und setzt Verhaltensbedingungen – die nicht umsonst *Rahmen*richtlinien, *Rand*bedingungen, u.dgl. heißen –, welche allenfalls Verhaltenstendenzen auslösen, innerhalb relativ großer Spielräume, wie sie kein System bietet. Desgleichen sind die Teilordnungen als Eigenordnungen verselbständigter Handlungsbereiche unter sich weniger „vernetzt" als voneinander abgesetzt („entkoppelt"). Netzwerke mögen enthierarchisierte Systeme sein, sind deswegen aber noch lange keine Ordnungen. Der Konnektionismus der neueren Gehirnforschung ist keine „Wissensordnung", die dem Neuronengeschehen einen Verhaltensrahmen mit Randbedingungen setzt, innerhalb derer es „frei" ablaufen kann, sondern – falls zutreffend – die Vernetzung bzw. Beschreibung des Prozesses selbst.

(4) Von der Ökonomie wird das *Denken in funktionierenden Ordnungen* für die Wirtschaft intensiv gepflegt, im deutschen Sprachraum vor allem von der Freiburger Schule des *Ordo*-Liberalismus[54]. Nicht durch Übertragung der neoliberalen Wirtschaftsordnung auf den Wissensbereich, sondern durch *Anwendung des Ordnungsdenkens auf dessen Besonderheiten* entsteht – formal analog konstruiert, inhaltlich neu konzipiert – das Konzept der Wissensordnung. Konzipiert für die größeren kognitiven Sektoren der Gesellschaft, liefern die maßgeblichen Wissensbereiche und -bestände des Informationszeital-

---

51 Vgl. *Spinner/Liberalismus*, S. 198ff.
52 Zur Entgegensetzung von „System" und „Lebenswelt" sowie ihrer „Kolonialisierung" durch Systemwelten vgl. *Habermas/Handeln*, passim.
53 Vgl. *Luhmann/Systeme*, S. 67f.
54 Vgl. *Eucken/Grundlagen*, *Eucken/Grundsätze* sowie das ORDO-*Jahrbuch für die Ordnung von Wirtschaft und Gesellschaft*, Bd. I, 1948ff.; zur Würdigung aus Anlaß des 100. Jahrestages des Geburtstages von *Walter Eucken Ordnung in Freiheit*.

ters das Thema für ein dadurch gegenständlich um neue, regelungsbedürftige Tatbestände erweitertes Ordnungsdenken. Die Wissensordnung ist keine lediglich gegenständlich umgepolte Wirtschaftsordnung, weder im Sinne einer verallgemeinerten Wirtschaftsordnungstheorie[55] noch im Sinne der überall eindringenden Universellen Ökonomie[56].

Die Wissensordnung hat es mit koordinierten Wissenstatbeständen zu tun. Im Gegensatz zum Systemdenken sieht das Ordnungsdenken darin aber keine „freischwebend konsolidierte Realität"[57], sondern eine mehr oder weniger abgekoppelte, dabei durch den Gegenstandsbezug von Informationen, die Einbeziehung der Wissensträger, die Verbindung mit anderen Ordnungstatbeständen etc. jederzeit wirklichkeitsverhaftete Symbolwelt aus Informationen aller Art. Wenn die Abhebung der zwar eigenständigen, aber nicht abgeschlossenen Wissensordnung von der Wirklichkeit und den anderen Teilordnungen die Bodenhaftung verliert, reagieren diese aller Erfahrung nach prompt und heftig. Die Wissensordnung ist kein freischwebendes, nur mit sich selbst und seinen Eigenkonstruktionen befaßtes Insidergeschäft eines Ordnungsdenkens ohne unabhängige Außenkriterien, an denen sich ihre Leistungen messen lassen.

Mit dem Konzept der Wissensordnung soll im folgenden versucht werden, den *Besonderheiten des „informationellen Grundstoffs"* und der verschiedenen Wissensbereiche ordnungstheoretisch und ordnungspolitisch Rechnung zu tragen. Die Leitidee bestimmter Wissensordnungen ist, im Vergleich zu den anderen drei Ansätzen, ein im Anspruch und in der Ausarbeitung bewußt zurückgenommenes *Minimalkonzept*. Es besteht aus wenigen Grundbestimmungen für die „Welt des Wissens" insgesamt sowie, bei Bedarf, für die jeweiligen Bereichsordnungen, in Gestalt von „konstitutiven" Grundsätzen und mehr „regulativen" Regelungen[58], deren Aufstellung nicht sich selbst überlassen werden kann, sei es dem freien Spiel der Kräfte oder der blinden Evolution. Sonst entstünde keine Wissensordnung in den hier behandelten Institutionalisierungsformen.

Als Wissens*ordnung* ist das eine Absage an die kleinen und großen Systemkonzepte, von der bibliothekarischen Einordnung des Publikationsmaterials in Klassifikationssysteme bis zur bürokratischen Durchsystematisierung des Verwaltungswissens mittels Landesinformationssystemen, von den sozialen Systemen für die Gesellschaft bis zur machtpolitischen Neuordnung der ganzen Welt. Als *Wissens*ordnung aber ist es eine *Alternative zur ordnungspolitischen Gleichschaltung des Wissensfeldes* mit der *Wirtschafts*ordnung, gemäß den Bestrebungen einer „ökonomischen" Wissenschaftslehre und „universellen" Wirtschaftslehre[59].

---

55 Vgl. *Klinewefers/Wirtschaftsordnungstheorie*.
56 Vgl. *Radnitzky/Economics* sowie *Bartley/Knowledge*.
57 *Luhmann/Systeme*, S. 173.
58 Zu dieser Unterscheidung vgl. *Eucken/Grundsätze*; S. 160ff. und *Eucken/Wettbewerbsordnung*, S. 28ff.
59 Vgl. *Bartley/Knowledge* (zur Auffassung der Erkenntnistheorie als einem Zweig der Öko-

5. Vier Ordnungsparameter, viele Optionen, wenige Realisationen

Wissen ist nicht allein auf der Welt. Es steht, im Mittelpunkt oder am Rande, in einem Netzwerk von Beziehungen zu den anderen Bestandteilen des menschlichen Betätigungsfelds. Diese „weltliche" Kontexteinbettung des Kognitiven steht der noch zu erläuternden sozialen Exterritorialität abgekoppelter Wissensaktivitäten und freischwebender Wissensinhalte keineswegs entgegen.

Vier Grundverhältnisse des Wissens zur Nachbarschaft von mehr oder weniger eng angeschlossenen Aktivitätsmodi des gesamten Verhaltensrepertoires bilden dieses Netzwerk. Zum Insgesamt der **wissensverbundenen Grundverhältnisse** des Menschen gehören die Beziehungen des Wissens zum Haben, zum Wollen, zum Handeln und zum Können. Dem entsprechen als hauptsächliche *Ordnungsparameter* jeder Wissensordnung die regelungsbedürftigen Tatbestände der Stellung des Wissens im Besitzhaushalt hinsichtlich der Verfügbarkeit über Wissen, der Stellung des Wissens zu den eigenen und fremden Interessen, desgleichen zum Verhalten sowie zur Macht, insbesondere im politischen und wirtschaftlichen Bereich.

Als wichtigste Adressaten für die erforderlichen ordnungspolitischen Regelungen sind damit angesprochen: das *Recht* als Garant für rechtmäßige Befugnisse, die *Gesellschaft* als Aktionsfeld für Einzel- und Gruppeninteressen, der „Alltag" als verdichtetes Handlungsfeld im Beruf & Betrieb (um es mit *Max Webers* Doppelbegriff zu sagen[60]) sowie die *Politik* als Machtzentrum. Dazu kommt in allen Fällen, die erhebliche materielle Ressourcen erfordern, die *Wirtschaft*. Dieser Grundriß von Wissensordnungen wird vervollständigt, aber nicht abgeschlossen durch die *paradigmatischen Weichenstellungen* in Richtung auf diese oder jene wegweisende Ausrichtung sowie die nur beispielhaft aufzählbaren Optionen für konkrete Realisierungen von ganz bestimmten Ordnungsmöglichkeiten (s. die Übersicht in Abb. 1).

Wissen kann man „**haben**", aber nicht wie einen Gegenstand oder ein Grundstück. Auch nicht wie Geld, obwohl es damit zuweilen verglichen wird[61]. Wissen ist zwar beweglich, mindestens so sehr wie eine bewegliche Sache (im Sinne „körperlicher Gegenstände", die „im Verkehr nach Zahl, Maß oder Gewicht bestimmt zu werden pflegen", gemäß den Paragraphen 90 und 91 des BGB) – aber es ist keine Sache. Wissen braucht eine Trägersubstanz, wie Grundstücke – aber anders als die mit ihrem Grund fest verbundenen Erdstücke kann es den Träger leicht wechseln, sei es das Gehirn eines Informationsfressers, das Papier eines Buches oder die Festplatte eines Compu-

---

nomie s. Kap. 5) sowie *Radnitzky/Economics*. Wie weit man in diese Richtung gehen kann, ohne den ökonomischen Ansatz völlig zu überziehen (und durch „Übergeneralisierung" zu entleeren), zeigt *Vereeck/Economics*.
60 Vgl. *Spinner/Weber*.
61 Vgl. *Burkert/Analogie*.

Abbildung 1: Grundriß der Wissensordnung

	GRUNDVERHÄLTNISSE des Wissens zum menschlichen ...	ORDNUNGSPARAMETER der Kontexteinbettung	ADRESSATEN im sozialen und politischen Umfeld	WEICHENSTELLUNGEN in Richtung auf...	OPTIONEN für ordnungspolitische Lösungen
I	HABEN	**Besitzbezug:** Verfügbarkeit über Wissen	**Recht** (bzgl. eingeräumter oder beschränkter Verfügungsbefugnisse)	Alleinbesitz, Volleigentum *oder* Gemeingut, "Wissenskommunismus"	Informationseigentum, Recht auf informationelle Selbstbestimmung, Meinungsfreiheit
II	WOLLEN	**Interessenbezug:** Zweckorientierungen des Wissens	**Gesellschaft** (Individuen und Gruppen)	uninteressiert, zweckfrei *oder* finalisiert, zweckgebunden	"Sondermilieus" für Grundlagen-, Auftrags-, Zweckforschung
III	HANDELN	**Handlungsbezug:** Verhaltenswirksamkeit von Wissen	**Alltag** ("Beruf & Betrieb")	Handeln nach Wissenslage ("Einheit von Theorie und Praxis") *oder* Handlungsentlastung des Wissens ("symbolisches Verhalten"; Theorie ohne oder vor Praxis)	abgestufte "Wissensbasierung" der Verhaltensmodi gemäß "Härteskala" (weiche Meinungen, zähe Einstellungen, harte Handlungen)
IV	KÖNNEN	**Machtbezug:** Wissen als politisches Herrschaftsobjekt sowie allgemeines Machtmittel	**Politik** (Staat, Regierung, Administration)	"Durchstaatlichung" *oder* Staatsfreiheit	staatseigene, -nahe, -ferne, -freie Wissenstätigkeiten; Universitäten, Schulen, Forschungseinrichtungen als Staatsveranstaltungen; politisierte und entpolitisierte Wissenschaft
			außerdem in allen Fällen, die materielle Ressourcen erfordern: **Wirtschaft**		

ters. Wissen ist substanzlos wie modernes Geld, für das es keinen Goldstandard mehr gibt – trotzdem ist es nicht geldartig.

Die Sachen- und Grundstücksanalogie trifft den entscheidenden Punkt des Wissenhabens (oder Nichthabens) ebenso wenig wie die Geldanalogie. Wenn doch, dann liegt ein degenerativer Grenzfall vor, in dem Wissen zur Ware, Sache oder zum universellen Tauschmittel reduziert wird, unter weitgehendem Verlust der bereits erläuterten Wissenseigenschaften. Für Gegenstände, Grundstücke und Geld gilt das doppelte Sprichwort aller hortenden Geister: „Was man hat, das hat man. Und was man hergibt, hat man nicht mehr."

Wissen steht zum **Wollen** des Wissenden oder Dritter in einem ebenso atypischen Verhältnis wie zum Haben. Man kann Wissen erstreben, im Wahrheitsfalle sogar lieben, aber Leidenschaften und Interessen sind ihm eher hinderlich als förderlich. Wie auch immer geordnet, ist das Verhältnis des Wissens zum Wollen ein Problem, mit dem sich seit langem die Wissenssoziologie und Ideologienlehre befaßt, um die Möglichkeiten „desinteressierter" Erkenntnis um ihrer selbst willen, „freischwebenden" Bewußtseins ohne „Seinsgebundenheit" an soziale Klassenlagen[62] oder „zweckfreier" Wissenschaft ohne Indienstnahme durch andere Interessen (durch externe „Finalisierung") auszuloten.

Handeln kann man traditional nach Gewohnheitslage, moralisch nach Gewissenslage, entscheidungsorientiert („dezisionistisch") nach Willenslage – oder erkenntnisorientiert („kognitivistisch") nach Wissenslage. Aber letzteres ist nur eine Möglichkeit unter diesen und noch mehr Alternativen, also weder ein naturgesetzlicher Drang noch ein ethischer Zwang oder ein sozialer Brauch. Tendenziell nimmt die Wissensorientierung ab mit zunehmender Annäherung an das tatsächliche Handeln auf freier Wildbahn des „richtigen" Lebens, gemäß der *Härteskala des menschlichen Verhaltens:* weich und wissensorientiert auf der Meinungsebene im Denken (oder in der „reinen" Wissenschaft), schon zäher und wissensresistenter auf der Einstellungsebene der Gesinnungen und Mentalitäten, knallhart interessen- statt wissensorientiert auf der Verhaltensebene des nichtentlasteten, nichthypothetischen Handelns.

Wissen ist nicht **Können**, obwohl es dafür nützlich (oder schädlich) sein mag. Inwieweit Wissen Eingriffscharakter hat und Könnenskompetenz verschafft, verweist auf den vierten Parameter für die ordnungstheoretische Klärung und ordnungspolitische Gestaltung des gesamten Wissensfeldes. Ihre Konkretisierung im Rahmen der Klassischen oder Modernen Wissensordnung ist teils eine Folge der erläuterten Produkteigenschaften und Verwendungsmodalitäten des Wissens selber, teils eine Frage der Rahmenbedingungen für den Umgang mit Wissen (und Nichtwissen).

Wissen ist, wie gesagt, als solches schon ein ziemlich paradoxes Gut, gemessen an der Normalität „gewöhnlicher" Güter. Die Paradoxien und Idiosynkrasien setzen sich fort im Verhältnis zu den wichtigsten nichtkognitiven Nachbar- und Gegnerschaften des Wissens in der Gesellschaft.

---

62 Klassisch bei *Mannheim/Ideologie*.

Grob gesprochen, damit man es später genauer untersuchen kann, steht Wissen infolgedessen

- als *immaterielles Gut* in einem buchstäblich flüchtigen Verhältnis zum Besitz (und lädt, nicht nur „Wissenskommunisten" wie *Bert Brecht,* zum laxeren Umgang mit dem geistigen Eigentum ein);
- als *ideeller „Überbau"* ohne materielle „Basis" in einem engen Verhältnis zu den stützenden oder störenden Interessenlagen, insbesondere der Wissensträger;
- als *gehabte oder geäußerte Meinung,* an die man sich nicht halten muß, in einem problematischen Verhältnis zum Handeln;
- als ohnmächtiger *„symbolischer"* Aktivitätsmodus des „hypothetischen Verhaltens" in einem grundsätzlichen Abhängigkeitsverhältnis zu den Mächten dieser Welt.

Die Eigenarten des Wissens und die Stellung der Wissensträger in der Gesellschaft führen – trotz aller Abkopplungen, von denen später noch ausführlich die Rede sein wird – zu „gemischten" Beziehungen, deren Regelung die wichtigsten *Ordnungsparameter von Wissensordnungen* angeben.

Wissen steht unter den obwaltenden Umständen seiner Erzeugung, Verwendung, Wirkung, etc.

- in *unklaren Beziehungen zu den eigenen Verfügungsmöglichkeiten,* insbesondere zu den Verfügungsrechten aller Beteiligten, gemessen an der bürgerlichen Eigentumsregelung für andere Güter im gesamten gesellschaftlichen Umfeld;
- in *bedenklichen Beziehungen zu den Eigeninteressen* der Wissensträger und -benutzer, vor allem der Erzeuger und Verbreiter;
- in *lockerer, oft abgerissener Beziehung zum tatsächlichen Verhalten,* wie das Verhältnis des Denkens zum Handeln und die weitgehende Entbindung von Meinung, Einstellung und Tun zur Genüge belegen;
- in *gespannten, zumeist ungünstigen Beziehungen zur Macht,* im Sinne externer Einflußmöglichkeiten, sei es durch die politische Macht des Staates, die bürokratische Macht der Verwaltung oder die wirtschaftliche Macht der Ressourceninhaber.

Da es sich hier zumeist um Beziehungen des Wissens zu institutionalisierten Größen handelt, können diese „Verhältnisse" konkretisiert und konzentriert werden auf vier äußere Bezugspunkte des Wissens. Es geht also, um diese Hinweise auf den jeweils entscheidenden Punkt zu bringen, um das *Verhältnis des Wissens* – wie gesagt: aller Arten, nicht nur in der Wissenschaft – zu folgenden Institutionen:

Erstens zum **Recht**, im Hinblick auf die Regelung von Verfügungsrechten, Eingriffsmöglichkeiten, Änderungs- oder Ausschlußbefugnissen für Wissensgüter, gemäß bürgerlicher Eigentumsordnung oder einer davon abweichenden Wissensordnung.

Hierbei geht es um die möglichst unbeschränkte Verfügbarkeit von Wissen, mit freiem Zugang für jedermann, unbeschränkter Veränderungsmöglichkeit des Wissenstandes durch wissenschaftlichen Erkenntnisfortschritt und öffentliche Kritik, usf.

Die Spannweite der Regelungsmöglichkeiten reicht vom „Wissenskommunismus" der Wissenschaft bis zum Volleigentum für Wissen als Ware, in Sonderfällen annähernd verwirklicht durch das Urheber- und Patentrecht.

Zweitens zur **Gesellschaft**, bevölkert mit Menschen, für die unter normalen Umständen das realistische *Webersche Diktum* gilt: „Interessen (materielle und ideelle), nicht: Ideen, beherrschen unmittelbar das Handeln des Menschen"[63].

Im Verhältnis des Wissens zur Gesellschaft geht es um den durchdringenden Einfluß individueller oder kollektiver, insbesondere wirtschaftlicher, politischer, religiöser Interessenlagen auf Wissensfragen, allen voran die schwer ausschaltbaren Eigeninteressen der Wissensträger selber und der dahinter stehenden Nutzungsinteressenten. Wie lassen sie sich ausschalten, oder wenigstens zähmen, um möglichst weite Teile des Wissensfeldes trotzdem der idealistischen *Humboldtschen Devise* für die Kultivierung geistiger Erstklassigkeit zu öffnen: „Jedes Geschäft – welcher Art es auch sei – wird besser betrieben, wenn man es um seiner selbst willen als den Folgen zuliebe treibt", weil nämlich „zuletzt für sich Reiz gewinnt", was man zunächst aus Nützlichkeitserwägungen begonnen haben mag, und weil „dem Menschen Tätigkeit lieber ist, als Besitz, ... insofern sie Selbsttätigkeit ist"[64].

Damit wird bereits im Vorfeld der Überlegungen, mit Blick auf die noch zu erläuternde Klassische Wissensordnung, das zweite Verhältnis der geforderten Interessenfreiheit von *Humboldt*, ebenso stimmig wie kontrafaktisch, argumentativ verbunden mit dem ersten der Besitz- und Verfügungsfreiheit.

Zur Debatte stehen hier u.a. die Lösung des klassischen Ideologieproblems der „Seinsverbundenheit des Denkens"[65] und des modernen Problems der Zweckbindung des Wissens im Rahmen der Realisierten und Kommerzialisierten Wissenschaft (dazu später Abschnitt II des Fünften Kapitels), um eine „uninteressierte" Wahrheitserkenntnis, Objektivität, Unparteilichkeit, etc. zu gewährleisten. Für die Wissenschaft liegt die Spannweite zwischen den Polen „desinteressierter" und „finalisierter" Forschung.

Drittens zum **Alltag**, in dem der Mensch handeln muß, ob es die Wissenslage erlaubt oder nicht. Denn die Notwendigkeit zu handeln geht nach *Gehlen* weiter als die Möglichkeit zu erkennen[66].

Die Wissenschaft lebt von der gegenteiligen Annahme, derzufolge zumindest die wissenschaftliche Erkenntnisperspektive weiter reicht als der praktische Handlungsspielraum. Das in der Öffentlichkeit von den Politikern unge-

---

63 *Weber/Religionssoziologie I*, S. 252.
64 Wilhelm von Humboldt, Ideen zu einem Versuch, die Grenzen der Wirksamkeit des Staates zu bestimmten (1792), in: *Humboldt/Werke I*, S. 92 (Schreibweise modernisiert).
65 Vgl. *Mannheim/Ideologie*, S. 229ff.
66 Frei nach einem bekannten Diktum *Arnold Gehlens*; dazu ausführlicher *Spinner/Gehlen*.

duldig geforderte „sofortige Handeln" erreicht nur höchst selten die Ursachen der Probleme. Dazu bedarf es des Vorausdenkens in der Theorie, um zum Kern der Dinge zu stoßen.

Hier geht es um die ordnungspolitische *Entkoppelung von Wissen und Handeln,* soweit die allgemeine Handlungsentlastung der Sprache[67] nicht schon reicht. In der Wissenschaft kommen infolge verfassungsrechtlich gewährleisteter Freier Forschung & Lehre weitgehende Haftungsbefreiungen hinzu.

Das eine Extrem wäre eine völlige Handlungsentlastung des Wissens in sozialen Sondermilieus der „reinen" Theorienwissenschaft, das andere die Vollbelastung der Wissenstätigkeiten wie normales Verhalten auf der freien Wildbahn der Gesellschaft, nach den bekannten moralischen und rechtlichen Vorschriften für Fehlverhalten und Schadensverursachung (Erfolgs-, Gefährdungs- oder Verschuldensprinzip; Haftungsregeln, u.dgl.).

Viertens zur **Politik**, vertreten durch die Staats- und Parteienmacht; u.U. auch zur Wirtschaft und anderen nichtstaatlichen Ressourcenlieferanten für stark ressourcenabhängige Wissensträger wie die Wissenschaft, die Technik, die Medien, u.dgl.

Im Verhältnis des Wissens zur Macht ist in modernen Rechtsstaaten das klassische Zensurproblem durch politisch vielleicht leichtere, aber praktisch schwierigere Ressourcenfragen abgelöst worden.

Dem Staatsmonopol für Wissen steht die staatsfreie Wissenschaft entgegen, mit dem von *Max Weber* aufgezeigten Staatskapitalismus der deutschen Universität dazwischen, wobei die Forschung staatsfrei ist, die Forschungsmittel aber im Staatsbesitz sind.

Bei diesen vier Bezugsgrößen liegen die Hauptprobleme, für die ordnungspolitische Lösungen gefunden werden müssen. Die institutionalisierten Beziehungen der Wissensarten, -einrichtungen und -bereiche zu den vier großen Bezugsgrößen des Rechts, der Gesellschaft, des Alltags und der Politik sind die für jede Wissensordnung faktisch bedeutsamsten **Ordnungsparameter**.

Diese Ordnungsparameter eröffnen der Ordnungstheorie und Ordnungspolitik viele **Optionen**, weil jeder davon einen großen Spielraum und beträchtliche Spannweiten für konkrete Regelungen hat. Im Endergebnis führt ihre stimmige Verbindung zu einer funktionierenden Ordnung. Das geschichtliche Ergebnis sind relativ wenige Spielarten der Wissensordnung, ohne allerdings auf den bekannten Dualismus der zweipoligen „Welt der Wirtschaftsordnungen" – unter Ausschluß dritter Möglichkeiten oder gar gemischter Formen – beschränkt zu sein[68].

Die Klassische Wissensordnung für die Reine Wissenschaft hat, auf dem Papier jedenfalls, mit den vier Abkopplungen klare Verhältnisse geschaffen:

---

67 Wie sie vor allem von *Arnold Gehlen* nachdrücklich aufgezeigt worden ist; dazu auch *Spinner/Gehlen*.
68 Dazu *Eucken/Wettbewerbsordnung*; zur geringen Anzahl der „Ordnungstypen" vgl. S. 22.

- Im Verhältnis zum Recht durch Aufhebung oder weitgehende *Einschränkung der eigentumsmäßigen oder funktional äquivalenten Verfügungsrechte* des Wissenserzeugers.
- Im Verhältnis zur Gesellschaft durch subtile, deswegen aber nur beschränkt wirksame *Ausschaltung der diversen „Interessiertheiten"* von Individuen und Gruppen.
- Im Verhältnis zum Alltag durch rigorose *Handlungsabstinenz des Theoretikers,* ermöglicht durch weitgehende Entlastung vom „alltäglichen" Handlungszwang.
- Im Verhältnis zur Politik durch Schaffung möglichst *staatsfreier Wissensräume* im wissenschaftlichen und außerwissenschaftlichen Bereich, mit mehr oder weniger starker „Durchstaatlichung" – nicht zu verwechseln mit der Verstaatlichung von Produktionsmitteln – verschiedener Interventionsräume für staatliche Eingriffe, bürokratische Maßnahmen und parteipolitische Einflüsse. Das gilt für die Wissenschaft ebenso wie für die Massenmedien, mit abnehmender Staatsfreiheit vom „privaten" (bzw. privatwirtschaftlichen) zum „öffentlichen" Raum.

Mit der Forderung der Staatsfreiheit ist allerdings nur *eine* Wissensfreiheit thematisiert, die zur Schaffung freier Wissensbereiche durch andere Interventionsfreiheiten ergänzt werden muß. Dazu gehört die infolge der zunehmenden Kommerzialisierung von Wissenschaft (Näheres dazu im Fünften Kap./Abschn. II) und Medien immer bedeutsamere *Wirtschaftsfreiheit.* Dabei geht es vor allem darum, daß die unvermeidbare Abhängigkeit von ökonomischen Ressourcen nicht in eine unmittelbare Herrschaft ökonomischer Imperative umschlägt.

6. Zur Stellung und Bedeutung der Wissensordnung in der modernen Gesellschaft

Als Zwischenbilanz der bisherigen Überlegungen läßt sich zur Bedeutung der Wissensordnung und Aktualität des Themas sagen:

Die Wissensordnung ist ein integratives Leitkonzept für die Untersuchung der wissensbezogenen Technikfolgen und die ordnungspolitische Gestaltung der maßgeblichen Informationsbereiche.

Neben der Rechts- und Wirtschaftsordnung bekommt die Wissensordnung im Informationszeitalter den Rang einer dritten, gleichwertigen – obgleich sicherlich nicht gleichmächtigen – Grundordnung der modernen Gesellschaft, mit wachsender Bedeutung für die gleichzeitige Bewahrung und Beherrschung des wissenschaftlich-technischen Fortschritts. Der gegenwärtige Wandel der Wissensordnung durch die Informations- und Kommunikationstechniken schlägt sich in unterschiedlichen Bereichsordnungen für die maßgeblichen Informationsbereiche nieder, in denen die großen Wissensbestände hochindustrialisierter und -technisierter Gesellschaften wohlgeordnet oder wildwüchsig verwaltet und verwendet werden.

Mit dem vorliegenden Manifest soll das Konzept der Wissensordnung in die Debatte gebracht werden – und zur Disposition gestellt, wenn es eine bessere Alternative gibt –, um den Aufbau und Wandel der Wissensordnung wissenschaftlich erfassen und praktisch gestalten zu können.

Die zur „Wissensordnung" zusammengefaßten Rahmenbedingungen für den Umgang mit Informationen aller Art – von der Erzeugung über die Verarbeitung bis zur Verwendung, Verteilung und Verwertung, im wissenschaftlichen *und* außerwissenschaftlichen Bereich – bilden das umfassende Leitkonzept zum Aufgreifen sowohl der überkommenen Fragestellungen (nach der Wissenschaftsverfassung der deutschen Universität für „Freie Forschung & Lehre", dem Diskursmodell der „bürgerlichen Öffentlichkeit", u.a.) als auch den Herausforderungen des Informationszeitalters durch neue Wissensarten und Wissenslagen, Informationsrechte und -delikte, Sonderbedingungen für Wissensgüter und Wissensmärkte, u.dgl.

Die wissenschaftliche Bedeutung der Wissensordnung ergibt sich aus der zentralen Stellung des informationellen Grundstoffs (nach *C. F. v. Weizsäcker*). Ihre praktisch-politische Bedeutung liegt – noch weitgehend verborgen, aber schon sehr wirksam – in der „Stillen Revolution" des gegenwärtigen Wandels der Wissensordnung, als neuartiger Technikfolge zweiter Art.

Neben dem Grundriß der „alten", *Klassischen Wissensordnung* werden gemäß den gemachten Vorklärungen die wichtigsten Bereichsordnungen der „neuen", *Modernen Wissensordnung* beschrieben: von der Akademischen Wissensordnung für Freie Forschung & Lehre über die Ökonomische Wissensordnung für Wissen als Ware und die Technologische Wissensordnung für das Herstellungswissen der „Realisierten Wissenschaft" bis zur Verfassungsrechtlichen Wissensordnung für Freie Meinung und die Internationale Informationsordnung. Wenn überhaupt etwas, dann ist das die neue Weltordnung.

Die Wissensordnung ist ein integratives Konzept für interdisziplinäre Untersuchungen. Was die Geistes- und Sozial-, Natur- und Technikwissenschaften bislang zum Aufbau und Wandel der Wissensordnung(en) an Problemstellungen, Untersuchungen und Lösungsvorschlägen beigetragen haben, wird in Fachberichten zum Stand der Diskussion in den wichtigsten Disziplinen zusammengefaßt (siehe Anhang).

Die derzeitige Aktualität von Überlegungen zur Wissensordnung ergibt sich aus dem Zusammentreffen von *drei Entwicklungen* im inner- und außerwissenschaftlichen Bereich:

– mit dem *informationstechnischen Durchbruch* zu Wissenstätigkeiten und Wissenstatbeständen neuer Art (Künstliche Intelligenz, Expertensysteme, etc.) oder bislang unmöglicher Größenordnung (Informationsspeicherung ohne Kapazitätsbegrenzung, Datenverarbeitung im großen Stil, weltweite Übermittlung in Echtzeit, usf.);

– mit der *westlichen Renaissance des ordnungstheoretischen und ordnungspolitischen Denkens* infolge der geänderten weltpolitischen Lage, die in Osteuropa und in der Dritten Welt Neuordnungen möglich und nötig gemacht hat;
– mit der *Erweiterung des Umweltbewußtseins durch Einbeziehung der informationellen Umwelten* in die Natur-, Kultur- und Gesellschaftsvorstellungen sowie in das Aufgabenfeld der Technikfolgenforschung[69].

---

69 Zum diesbezüglich „erweiterten Umweltbegriff" und den Möglichkeiten geistes- und sozialwissenschaftlicher Umweltforschung im informationellen Bereich vgl. *Spinner/Umweltforschung*.

Zweites Kapitel:
Zum Aufkommen der Wissenstechniken und zu ihren Technikfolgen

I. Ausgangspositionen: Neuere Entwicklungen im Überschneidungsbereich von Wissen und Technik

Mehrere Entwicklungen im Überschneidungsbereich von Wissen und Technik, darunter neuerdings insbesondere

– die zunehmende *Technisierung des Wissens;*
– die breite *Wissensbasierung der Technik;*
– die somit von beiden Seiten komplementär betriebene *Kernverschmelzung („Interpenetration") von Wissen & Technik;*

haben zur Entstehung von Kognitiv-Technischen Artefakten in neuer Größenordnung und Zusammensetzung geführt, so daß nach dem Agrar- und Industriekomplex[70] früherer Epochen als Charakteristikum des informationstechnologischen Zeitalters vom *Informationskomplex* aus Kognitiv-Technischen Artefakten gesprochen werden kann.

Diese werden zusammenfassend als **Kognitiv-Technischer Komplex (KTK)** bezeichnet und in Begleitprojekten zum Untersuchungsgegenstand einer „kognitiven", d.h. wissensorientierten Technikgrundlagen- und Technikfolgenforschung der „vierten Generation" gemacht[71].

Genauer betrachtet, handelt es sich um folgende Entwicklungstendenzen und Tatbestände im Überschneidungsbereich von Wissen und Technik:

(1) Der *Informationsberg des akkumulierten Wissens* aller Arten, angehäuft in jeder Menge und vermischt in jeder Güte, wächst und wächst weitgehend eigengesetzlich zu neuen Größenordnungen vor allem aufgrund von *drei Wachstumsschüben für das Wissen:*

Erstens infolge des *exponentiellen Wissenschaftswachstums* seit der naturwissenschaftlichen Revolution der Neuzeit, mit einer Verdoppelungszeit aller wichtigen Input- und Outputgrößen (Manpower, Ressourcen, Publikationen, Patente) von 10 bis 15 Jahren und einem Grad der Gegenwartskonzentration

---

70 Vgl. *Gellner/Pflug,* S. 16ff.
71 Programmatisch dazu *Spinner/Technikfolgenforschung.*

bis zu 90%[72]. Das betrifft vor allem die spezifisch wissenschaftlichen Wissensarten des Theorien- und Regelwissens.

Zweitens aufgrund der gegenwärtigen *Informationsexplosion* mit noch größeren Wachstumsraten (geschätzte Verdoppelungszeit 3-5 Jahre) für den Datenberg im außerwissenschaftlichen Bereich der Verwaltung, Massenmedien, Informationsdienste und Sicherungseinrichtungen, welcher in Verbindung mit dem Wissensschaftswachstum zur Entstehung des stark expandierenden *Informationssektors* der „Wissensindustrie" führt[73].

Dazu gehört das gesamte wissenschaftliche und außerwissenschaftliche Datenwissen im Sinne von akkumulierten Einzelangaben in jeder Zusammensetzung, Menge und Güte – praktisch also: in beliebiger Mischung, größter Menge und bescheidenster Güte – über Gegenstände, Personen, Ereignisse, Verwaltungsvorgänge, geschichtliche Abläufe. Das können zum Beispiel technische, statistische, personenbezogene, historische, fiktionale Daten in Berichten, Nachrichten, Dokumentationen, Unterhaltungsmedien, Verwaltungsakten, usf. sein.

Drittens durch die praktisch von Anfang an, ohne den sonst üblichen Verzögerungseffekt, mit der Informationsexplosion einhergehenden *Informationsimplosion*. Im Gegensatz zu der vom exponentiellen Wissenschaftswachstum nur allmählich und unvollständig ausgehenden *Verwissenschaftlichung* führt die Informationsimplosion zur unmittelbaren und weitgehenden „*Informatisierung*" der Gesellschaft.

Das heißt: Hand in Hand mit dem explosionsartigen Anwachsen und Ausbreiten der Informationsmenge kommt es neuerdings zu ihrem fast gleichzeitigen, ebenso dramatischen Eindringen in die Sachen (wieviel mehr Information als früher steckt heute in einer technischen Entwicklung oder in einem industriellen Produkt?) und Einwirken auf den Gang der Dinge (zum Beispiel auf politische Entscheidungen und gesellschaftliche Entwicklungen).

Mit dieser Involvierung von Informationen weit hinaus über die „geistigen" Prozesse in nahezu alle sachlichen Tatbestände und menschlichen Tätigkeiten kommt zur Wachstumsexplosion die *Wirkungsimplosion des Wissens* hinzu[74]. Das ist die heutige **Verwissentlichung** (Informatisierung, populär verkürzt zur „Verdatung"), welche von der bisherigen **Verwissenschaftlichung** – durch Transformation von allgemeinen Theorien in anwendbare Technologien – zu unterscheiden ist und vor allem auch die Technik erfaßt. Dieser kognitive Infiltrierungsprozeß betrifft alle modernen Techniken, nicht nur die In-

---

72 Dazu die Pionierstudien der „Szientometrie" *Price/Babylon, Price/Little Science, Price/Beyond*.

73 ... selbst wenn man die bescheideneren Wachstumsraten von *Rubin & Huber/Knowledge Industry* zugrunde legt.

74 Bezeichnend für das unausgewogene Verhältnis von wirkungsorientierter Technik*folgen*forschung und wissensorientierter Technik*grundlagen*forschung (zu dieser Unterscheidung *Spinner/Technikfolgenforschung*) ist die bisherige Vernachlässigung der „implodierenden" Informatisierung zugunsten der populäreren „Explosionsthemen" (Informationsflut, -überlastung, -macht, Massenmedien, Unterhaltungsindustrie, etc.).

formationstechnik und substantiell vielleicht am wenigsten die ausdrücklich „wissensbasierten" technischen Expertensysteme.

(2) Zur Wissensbasierung und -penetrierung der Technik kommt, überlagernd und verstärkend, anstelle der bisherigen Technisierung durch Wissen und Technologisierung des Handelns, die neuerliche *Technisierung des Wissens selbst hinzu.*

In wechselseitiger Annäherung und Durchdringung sind die modernen Techniken kognitiver (und dadurch vermeintlich „intelligenter"), die modernen Denkformen und Wissensarten technischer und künstlicher geworden. Das Ergebnis dieser Artefaktbildung größten Stils ist der bereits erwähnte *Kognitiv-Technische Komplex (KTK)*, bestehend aus Artefakten neuer, sowohl miniaturisierter als auch maximierter Größenordnung.

Mit dieser Bezeichnung soll übrigens nicht an ältere, undifferenzierte Redeweisen vom „Militärisch-Industriellen Komplex" oder andere *wissensexterne* Verbindungen zu ökonomisch-politischen „Blockstrukturen"[75] angeknüpft, sondern im Gegenteil auf die *internen Feinstrukturen* der kognitiv-technischen Kernverschmelzung zu Artefakten neuer Art und Zusammensetzung sowie neben den unmittelbaren Auswirkungen auch auf die mittelbaren Folgenprobleme hingewiesen werden, um sie zum bevorzugten Untersuchungsgegenstand einer wissensorientierten Technikgrundlagen- und Technikfolgenforschung der „vierten Generation" zu machen.

Vielmehr soll die sozialwissenschaftliche Außenbetrachtung der technischen Blockstrukturen durch differentielle Analysen einer *wissensorientierten Innenbetrachtung* der – ebenso zahlreichen wie vielfältigen – Kognitiv-Technischen Komplexe ersetzt werden. (Nur aus Bequemlichkeitsgründen wird gelegentlich die globalisierende Singularbezeichnung KTK schlechthin gebraucht, als ob es nur einen einzigen gäbe.)

Folglich geht es bei den laufenden oder geplanten Untersuchungen auch nicht primär um die in der bisherigen Technikfolgenforschung geläufigen Fragestellungen nach dem Macht- und Risikopotential dieser „Komplexe", sondern um die *Wissensstruktur technischer Artefakte* bestimmter Art sowie um die *Technik(mit)bestimmtheit* der neuen, mehr oder weniger technisierten Erkenntnisstile, Wissensarten und Wissenschaftsformen.

(3) Der Informationsberg wird aber, um im Bilde zu bleiben, nicht nur höher, sondern auch *breiter und artenreicher.* Das exponentielle Wissenschaftswachstum vermehrt vor allem die Wissensbestände der überkommenen griechisch-abendländischen Wissenschaft, also das klassische Theorienwissen einschließlich verwandter Arten des *allgemeinen Wissens* (Regelwissen für Algorithmen, Heuristiken, Methodiken; Technologien als in „Handlungsform" transformierte Theorien; Metawissen für Programme und Prozeduren).

Die Informationsexplosion und -implosion akkumulieren dagegen stärker *besonderes Wissen*, insbesondere die modernen Formen des Datenwissens der

---

75 *Ullrich/Technik*, S. 248ff.

niedrigsten kognitiven Aggregierungsstufe von Einzelangaben bescheidener Qualität (Massendaten, Medieninformationen) – anstelle hochgeneralisierter, wohlgeprüfter Gesetzesaussagen über die allgemeinen Sachzusammenhänge und strukturellen Verbindungen –, dafür aber in größter Menge und Dichte (als Datenmassen, zusammengeballt in Dateien beliebigen Umfangs zur sofortigen Verfügung und schnellen Verarbeitung). Die zunehmende Technisierung des Wissens erfaßt vor allem diese Wissensarten, mit Rückwirkung allerdings nicht nur auf das Theorienwissen der Formal- und Realwissenschaften, sondern mittelbar auch auf die gesamte Wissensordnung.

Der diesbezügliche *Stand der Forschung* ist sehr unterschiedlich, mit abnehmendem Problematisierungs- und Bearbeitungsgrad in der angegebenen Reihenfolge der Tatbestände:

- relativ gut für das Wissenschaftswachstum (dessen „Vermessung" durch empirisch-quantitative Untersuchungen sich die eigens dafür geschaffene Spezialdisziplin der *Szientometrie* angenommen hat);
- nur punktuell in Angriff genommen beim außerwissenschaftlichen Informationswachstum, welches bislang hauptsächlich populär- und pseudowissenschaftliche Spekulationen über „Megatrends"[76] anregte;
- noch fast ohne theoretische Konzepte und empirische Befunde bezüglich der Informationsimplosion[77].

II. Ansatzpunkte: Kriterien für einen Paradigmawechsel im Informationszeitalter

Wenn man, wie neuerdings in der Soziologie, das Informationszeitalter schon mit Bindestrich-Konstrukten (wie „Informations-", „Kommunikations-", „Risikogesellschaft", usf.) bevölkern will, dann steht die sogenannte Informationsgesellschaft ziemlich am Ende der Warteschlange, deren Kopf die Informationstechnik und deren Rumpf die Informationswirtschaft bildet. Dazu kommen starke Glieder in den verschiedensten Richtungen, mit deutlichen Merkmalsausprägungen der jeweils herausgehobenen kognitiv-technischen Veränderungen.

Daran läßt sich genauer erkennen, was die „Durchinformatisierung" größerer Gebiete (wie wissenschaftlicher Disziplinen oder gesellschaftlicher Sektoren) besagt, so daß man anstelle von bloßen Umbenennungen der Bestände von einem *Paradigmawechsel* zur Informationstechnik, -wirtschaft, -gesell-

---

76 Vgl. *Naisbitt/Megatrends.*
77 Die gelegentlich in die Diskussion gebrachten Vorstellungen über „Informationsdichte" und „Informationsraten" beziehen sich de facto mehr auf den extern gesehenen Wachstumsvorgang der Informationsexplosion und Informationsdiffusion als auf den intern ausgerichteten Einwirkungsprozeß der Informationsimplosion und den im Innern ablaufenden Verschmelzungsprozeß der Interpenetration von Technik und Wissen.

schaft etc. sprechen kann, welcher eher als „das ehrwürdige Paradigma der industriellen Entwicklung ... dazu verhelfen könnte, die Rätsel der vor uns liegenden Entwicklungsphase zu lösen"[78].

Zum Verständnis des Informationsfaktors gibt es mehrere *Paradigmen*, für deren Wechsel schwächere und stärkere Kriterien. Man kann vom Kognitionsparadigma der Wissenspsychologie, vom Regelparadigma der Informatik und Künstlichen Intelligenz, vom Steuerungsparadigma der Kybernetik, vom Marktparadigma der Ökonomie, vom Grundrechts- oder Menschenrechtsparadigma der Jurisprudenz ausgehen, die sich für den Informationsbereich mehr oder weniger gut eignen.

Der beste Ansatzpunkt ist die moderne Informationstheorie selbst, genommen als übertragbares Modell für alle Lebens- und Untersuchungsbereiche, deren Problemlagen sich *als Informationsprozesse* abspielen oder sinnvollerweise *informationell uminterpretieren und dadurch besser erklären* lassen. Das wäre wirklich ein Übergang vom X- zum Informationsstadium, auf dem Pfad der erläuterten kognitiv-technischen Entwicklungstendenzen.

Es entspricht diesem starken informationstheoretischen *Identitäts- oder Isomorphiekriterium* „**X als Information**", wenn neuerdings in der Biologie genetische Reproduktionsvorgänge als informationstheoretisch faßbare, möglicherweise gentechnisch manipulierbare Prozesse der Bildung, Weitergabe, Veränderung von Geninformationen aufgefaßt werden. Das ist ein Paradigmawechsel im vollen Sinne des Wortes einer „Durchinformatisierung", im Gegensatz zum Etikettenschwindel modischer Umbenennungen (wie neuestens in der Homöopathie, wenn anstelle kontrollierter klinischer Nachweise informationstheoretische Spekulationen die Wirkungsweise von „Hochpotenzen" plausibel machen sollen). Ein sozialwissenschaftliches Beispiel ist *Hayeks*[79] Vorschlag, das Wirken des Marktes als Informationsprozeß zu verstehen, durch den die „Kenntnisse der Umstände" aller Marktteilnehmer aufgenommen und in unternehmerische Produktionsentscheidungen umgesetzt werden (sofern die dadurch geäußerten Bedürfnisse mit Kaufkraft verbunden sind und den kommerziellen Filter des Marktes passieren). Die Literatur zum Thema Informationsgesellschaft gibt dafür allerdings so gut wie nichts her.

Das vergleichsweise schwache gesellschaftstheoretische *Expansionskriterium* „**X mit immer mehr Information**" bezieht sich auf zumeist vage Größenvorstellungen über das Anwachsen, Ausbreiten, Vorherrschen von Informationen in irgendwelchen Lebens- oder Untersuchungsbereichen. Derartige Annahmen, beispielsweise über die zunehmende Produktion von „Informationen für Märkte" und die Ausbildung von „Märkten für Informationen"[80], würden allerdings nur dann die Konstatierung einer neuartigen Informationsökonomie erlauben, wenn damit die – nach *alter* Wissensordnung durchaus gerechtfertigte – Behauptung verbunden wäre, daß Informationsgüter und Infor-

---

78 *Brandt/Paradigmawechsel*, S. 568.
79 Vgl. *Hayek/Individualismus*, Kap. II und IV.
80 Vgl. *Hopf/Informationen*.

mationsmärkte unter Sonderbedingungen stehen, durch die sich die Informationswirtschaft von der normalen Güterwirtschaft unterscheidet[81].

Wenn nicht, erbringt dieser Ansatz bestenfalls Oberflächenbeschreibungen ohne wissenschaftlichen Erklärungswert. Dazu gehören nach dem heutigen Stand der soziologischen Forschung die meisten Darstellungen von „Informationsgesellschaften", die entweder in diesem Punkt metaphorisch bleiben[82], rein deskriptiv sind (wie in der Empirischen Sozialforschung) oder einfach mit dem ökonomischen Sektorenmodell die nichts erklärende Begründung übernehmen, daß das „Produzieren, Verarbeiten und Verteilen von Information ... zunehmend zum signifikanten Tätigkeits- und Berufsmerkmal der im Dienstleistungssektor Beschäftigten"[83] geworden sei.

Mit den epochalen Neuerungen des Informationszeitalters – der Wissensbasierung „intelligenter" Techniken, der Technisierung „verdateter" Wissensarten, der Algorithmisierung der „maschinellen" Wissensverarbeitung, der Verschmelzung von Technik und Wissen zu Kognitiv-Technischen Komplexen, usf. – hat das nichts zu tun, was einen Quantensprung zu einer neuen Stufe der geistigen und gesellschaftlichen Entwicklung anzeigen könnte. Zumindest wäre hier das Expansionskriterium um den inhaltlichen Aspekt der *kognitiven und sozialen Informatisierung* zu erweitern, durch Berücksichtigung des Technisierungsgrades der Informationsarten und Informationsströme im Geistes- und Gesellschaftsbereich.

Gemäß dem erläuterten Identitätskriterium kann man heutzutage mit Recht von einem innerwissenschaftlichen *disziplinären Wechsel zum Informationsparadigma* sprechen. Da hier, bei aller Herausstellung der Wissensordnungsproblematik, keineswegs die Auffassung vertreten wird, daß damit die anderen Grund- und Nebenordnungen hinfällig würden, soll kein totaler ordnungspolitischer Paradigmawechsel für das Informationszeitalter behauptet werden. Eine *Paradigmaerweiterung an dritter Stelle* – im Sinne der drei erläuterten „maßgeblichen" Ordnungen – genügt. Sie bringt genug Probleme und Aufgaben mit sich.

III. Schlüsselfragen: Rahmenkriterium für die Neuordnung des Wissensfeldes

Um mit dem schwersten Kriterium für einen echten Paradigmawechsel zu beginnen, wäre die Leitfrage an die nicht ausgearbeitete Soziologie einer kaum ausgebildeten Informationsgesellschaft, ob deren typenbildende Neuartigkeit so verstanden werden kann, daß im neuen gesellschaftlichen Rahmen soziale Tatbestände nunmehr, ganz anders und viel besser, *als Informationsprozesse*

---

81 Dazu ausführlich *Spinner/Liberalismus.*
82 So bei *Bell/Gesellschaft.*
83 *Schmoranz/Informationssektor,* S. 5.

aufgefaßt werden können, bei denen sich entscheidende, erklärungsrelevante Aspekte um die Erzeugung, Verarbeitung, Verteilung, Verwertung, Verwendung von Information drehen. Das alles unter der Zusatzbedingung, daß dies erst unter dem Einfluß der modernen Informations- und Kommunikationstechniken so geworden ist, auf die ja mit dem Begriff der „Informationsgesellschaft" *expressis verbis* Bezug genommen werden soll.

Desgleichen hieße die analoge, vom Bundesverfassungsgericht im Volkszählungsurteil vom 15.12.1983 gestellte *juristische Schlüsselfrage* an die Rechtswissenschaft und Rechtspolitik, ob „unter den heutigen und künftigen Bedingungen der automatischen Datenverarbeitung"[84] zumindest einige der hochgradig informationsträchtigen Grundrechte nunmehr wesentlich *als Informationstatbestände* zu verstehen und zu behandeln wären? Beispielsweise derart, daß die freie Entfaltung der Persönlichkeit unter den genannten Bedingungen vor allem „den Schutz des Einzelnen gegen unbegrenzte Erhebung, Speicherung, Verwendung und Weitergabe seiner persönlichen Daten"[85] erfordere, weil im Informationszeitalter vermutlich davon die neue Hauptgefahr ausginge.

Mit Umbenennungen und Umbuchungen altbekannter sozialer, rechtlicher, technischer Realitäten (oder Fiktionen) ist es ebenso wenig getan wie mit dem banalen Hinweis, daß ohne den Informationsfaktor nichts mehr gehe. Das war schon immer so, weil wir Menschen nunmal von Natur aus *Informavores*[86] sind – also Informationsfresser, aber in einem ganz anderen, mehr „symbolischen" Sinne, als Löwen Fleischfresser und Hasen Grasfresser sind. Wir gebrauchen Informationen, aber leben nicht unmittelbar davon, selbst wenn sie gelegentlich für uns lebenswichtig sind. Dasselbe gilt für das Verhältnis von Güter- und Informationsproduktion, die gerade im heutigen Ausmaß nur auf der Basis jener erfolgen kann.

Welche Fragen hier zu stellen wären, liegt auf der Hand, auch wenn nur wenige Beispiel angeführt werden können. Zum Machtproblem kann mit *Carl Schmitt*, auf den entscheidenden Punkt gezielt, gefragt werden: Wer ist in der Informationsgesellschaft souverän – wer die Schaltstellen der politischen Macht, das Kapital der Wirtschaft, die Waffen des Militärs, die Kommunikationsmedien von Presse, Rundfunk, Fernsehen oder die Informationen der Datenbanken hat? Wie war's denn kürzlich in Osteuropa, beim Zusammenbruch der sozialistischen Gesellschaftssysteme?

Mit *Adam Smith* kann die Frage nach dem „Wohlstand der Nationen" ebenfalls neu gestellt werden: Welche Gesellschaft ist heute „reich(er)", die rohstoff- und güterreiche oder die informationsreiche? Zum nationalen und internationalen Recht ist nach dem Stellenwert der kognitiven, also wissens-, meinungs-, glaubens- oder sonstwie informationsbezogenen Grund- oder Menschenrechten zu fragen.

---

84 *Bundesverfassungsgericht/Volkszählungsurteil*, S. 42.
85 *Bundesverfassungsgericht/Volkszählungsurteil*, S. 43.
86 *Miller/Informavores*.

Wenn aber in Anwendung auf diese Tatbestände das interne Kriterium „*X als Information*" zu streng, das externe Kriterium „*X mit immer mehr Information*" zu schwach ist, um darauf ein wissenschaftlich tragfähiges, praktisch brauchbares *Konzept des Informationszeitalters* – als eigenständiger Epoche und neuer Stufe der vorwiegend technikinduzierten, informationskonzentrierten gesellschaftlichen Entwicklung – aufzubauen, liefert das *Rahmenkonzept der Wissensordnung* ein ordnungstheoretisches und ordnungspolitisches Leitkriterium zur Erfassung dessen, was die zunehmende Informatisierung der modernen Welt tatsächlich bewirkt: einen tiefgreifenden Wandel der Wissensordnung und damit einen Beitrag zur Neuordnung der Gesellschaft im gesamten Wissensfeld.

Um dieses in den Griff zu bekommen, müssen die gängigen soziologischen, politologischen, juristischen Thesen zur „Informationsgesellschaft", zum „postindustriellen Zeitalter" und „Postmaterialismus", zum verwalteten Menschen und „verdateten" Bürger usf. über den dritten oder vierten Sektor hinausgreifen. Für die Erfassung der kognitiv-technischen Entwicklungen und die Beurteilung der Problemlagen des Informationszeitalters ist es ja ziemlich unwichtig, ob aus dem stagnierenden Dienstleistungsbereich die stark expandierenden Informationsaktivitäten ausgegliedert oder ob das „Recht auf informationelle Selbstbestimmung" ein neuartiges Grundrecht ist. Viel wichtiger ist, ob damit *inhaltliche*, vor allem aber auch *ordnungspolitische Änderungen* einhergehen – wobei diese langfristig wichtiger sind als jene, weil sie deren Spielraum abstecken.

Was die Wirtschaftsordnung für die Wirtschaft oder die Rechtsordnung für den Rechtsbereich, das ist für eine hochindustrialisierte Gesellschaft des Informationszeitalters die Wissensordnung. Im Gegensatz aber zu den hinlänglich ausgebildeten und untersuchten anderen Teilordnungen der Gesellschaft ist sie ein noch weitgehend unerforschter, ja unbekannter, obgleich ganz zentraler Problembereich, mit dem sich meines Erachtens auch alle einschlägigen Wissenschaften intensiv befassen sollten.

Das ordnungstheoretische *Rahmenkriterium* **„X für die Neuordnung der ‚Welt der Information'"**[87] – d.h. des gesamten Wissensfeldes – zum Eintritt in das Informationszeitalter ist die Schnittstelle von der überkommenen Klassischen zur derzeit entstehenden Modernen, kurz: *von der Alten zur Neuen Wissensordnung*. Das ist der Ort einer weit wichtigeren „Stillen Revolution" als jener des Wertewandels, wo dieser vom Wandel der Wissensordnung abgelöst, verdrängt, ersetzt wird.

Dieses Kriterium greift. Während das Ende der Industriegesellschaft sich nicht abzeichnet, ist die *Abkehr von der Klassischen Wissensordnung* in fast allen gesellschaftlichen Bereichen in vollem Gange – mit Ausnahme des abgekoppelten akademischen Sondermilieus der Theorienwissenschaft und des gegen die technischen Entwicklungen rechtlich weitgehend geschützten Grundrechtskatalogs der Informationsfreiheiten.

---

87 Vgl. *Koch/Welt*.

Neue Bedingungen schaffen neue Problemlagen, zunächst einmal vor allem auch Ungleichheiten, eröffnen oder verschließen Handlungsmöglichkeiten und Lebenschancen. Wenn es in diesem Zusammenhang Aufgabe der wissenschaftlichen Forschung ist

- in den *Natur- und Ingenieurwissenschaften*: Wissen und Technik unter den Anforderungen des Informationszeitalters zum wissenschaftlich-technischen Fortschritt zu verbinden;
- in den *Sozial- und Rechtswissenschaften*: die Spielregeln des menschlichen Zusammenlebens aufgrund der Strukturbedingungen der Gesellschaft zu untersuchen;
- in der *Philosophie* und den benachbarten *Geisteswissenschaften*: die geistigen Grundlagen und kulturellen Herausforderungen dieser Entwicklungen zu thematisieren;
- in den *Folgenforschungen* aller Disziplinen: die Technikfolgen der ersten und auch der zweiten Art in den wissenschaftlichen Erkenntnis- und politischen Gestaltungsprozeß einzubeziehen;

... dann gibt es heutzutage wohl keine Wirklichkeitswissenschaft mehr, die bei voller Wahrnehmung ihrer Aufgaben damit nichts zu tun hätte. Dies gilt uneingeschränkt auch für die hier nur beispielsweise aufgeführten Fragestellungen nach den Bestimmungen und Bedingungen der Wissensordnung.

Es gibt keine Dimension der Wissensordnung ohne anzumeldenden Untersuchungsbedarf für alle genannten – und viele, aus Unkenntnis und vielleicht auch Voreingenommenheit ungenannten – Wissenschaften[88]. Deshalb ist meines Erachtens die Wissensordnung ein weit größeres, interessanteres und fruchtbareres Betätigungsfeld für die ganze Bandbreite der mit dem Wissensstoff und dessen Ordnungsproblematik befaßten Wissenschaften als die „Informationsgesellschaft" und ihre mehr oder weniger ausdifferenzierten „Subsysteme".

IV. Folgenprobleme: Auswirkungen auf die Wissenslage und die Wissensordnung

1. Vier Generationen der Technikfolgenforschung für zwei Arten von Technikfolgen

Alles Handeln, einschließlich des vermeintlichen Nichthandelns durch Unterlassen, hat Folgen, also Auswirkungen in Gestalt von Haupt- und Neben-, Gegen- und Rückwirkungen. Diese Unterteilung hängt vom subjektiven Standpunkt des Akteurs oder Betrachters ab, wobei die Handlungsabsicht meistens

---

[88] Wie im Anhang aufgeführt.

die entscheidende Rolle spielt. Was unbeabsichtigterweise eintritt, wird zu Neben-, Gegen- und ggfs. auch Rückwirkungen erklärt, womit über deren Größe und Gewicht nichts gesagt ist. Die anvisierten, aber möglicherweise verfehlten oder verfälschten Hauptwirkungen können die unwichtigsten sein.

Im folgenden wird eine andere, von subjektiven Gesichtspunkten zugunsten theoretischer Überlegungen weniger abhängige *Folgenklassifikation* vorgeschlagen, insbesondere im Hinblick auf die Technikfolgen.

Die unmittelbaren **Technikfolgen erster Art** sind zum Hauptgegenstand einer umfangreichen, aber im wesentlichen darauf beschränkten *Technikfolgenforschung dreier Generationen* geworden. Die mittelbaren **Technikfolgen zweiter Art** liegen in den mehr indirekten und weniger handgreiflichen, aber deswegen umso tiefergehenden und insgesamt folgenreicheren Aus- und Rückwirkungen auf den ordnungspolitischen Bezugsrahmen des wissenschaftlich-technischen Fortschritts und seiner Folgenproblematik. Mit ihnen hätte sich eine neuartige *Technikgrundlagenforschung der „vierten Generation"* zu befassen, die es aber erst in Ansätzen gibt[89].

Die neuen wissensbasierten Informationstechniken beruhen noch stärker als die alten, ihrerseits schon stark verwissenschaftlichten „mechanischen" Maschinentechniken auf Wissen und immer mehr Wissen. Wissen aller Arten – was eben alles in der Philosophie „Erkenntnisse", in der Informatik „Informationen", in der Psychologie „Kognitionen", im Alltag „Kenntnisse", in der Kybernetik „Nachrichten" heißt – bildet den geistigen Kern der neuen Techniken, mit dem sich die *kognitive Technikgrundlagenforschung* im Hinblick auf die Voraussetzungen und Folgen der Technisierung nicht nur, wie bisher schon, *durch Wissen* (im Prozeß der Verwissenschaftlichung), sondern neuerdings auch *des Wissens selber* (durch „Informatisierung" und Technisierung des kognitiven Feldes) beschäftigt.

Abweichend von und ergänzend zu der

- wirkungsorientierten ingenieurwissenschaftlichen
 Technikfolgenforschung der ersten Generation,
- ethikdominierten philosophisch-humanwissenschaftlichen
 Technikfolgenforschung der zweiten Generation,
- kontextkonzentrierten sozialwissenschaftlichen
 Technikfolgenforschung der dritten Generation,

... will die wissensorientierte **Technikerforschung der vierten Generation** mit ihrem neuen Ansatz in eine Untersuchungslücke der bisherigen Technikbetrachtungen vorstoßen.

Da es für die neue Sichtweise in erster Linie um die Wissensbasis „intelligenter", d.h. hochgradig informationshaltiger und wissensabhängiger Techniken geht, wird die Aufmerksamkeit von den bloßen Technik*folgen* mehr und

---

89 Zu den vier angesprochenen „Generationen" der Technikfolgenforschung vgl. *Spinner/ Technikfolgenforschung*.

mehr auf deren *kognitive Grundlagen* in Gestalt der in moderne Techniken eingebauten und sie kennzeichnenden Wissenselemente hingelenkt, mit denen sich die ganze Palette der heutigen *Wissenswissenschaften* beschäftigt, von der Erkenntnis- und Wissenschaftstheorie bis zu den Informations- und Kognitionswissenschaften.

Wenn Techniken, nach einer altmodischen Redeweise von höchster Aktualität für die heutigen wissensbasierten Techniken, „geronnenen Geist" verkörpern, dann soll dieser selbst nun zum Hauptgegenstand einer inhaltlich verbundenen, interdisziplinär betriebenen **Technikgrundlagen- und Technikfolgenforschung neuer Art** werden, welche erkannt hat, daß dieser „Geist in technischer Gestalt" – als Komplex kognitiv-technischer Artefakte – mit der operativen Funktion von Wissensbasen für intelligente Techniken technisiertes, technisch realisiertes *Wissen* ist, das es zu untersuchen gilt.

Das ist die Aufgabe der 4. TA-Generation, welche deshalb „wissensorientierte Technikgrundlagen- und Technikfolgenforschung" zu machen hat, wie es im *Abschlußbericht der Kommission Forschung Baden-Württemberg 2000* heißt[90]. Von ihr ist diese erweiterte Aufgabenbestimmung des Autors wörtlich übernommen worden, als Forschungsauftrag für diesbezügliche Schwerpunktplanungen im Überschneidungsbereich von Geistes- und Kognitionswissenschaften, Kultur- und Wirtschaftswissenschaften, Informatik sowie Technikfolgenforschung *aller* Generationen. Mehr noch als die von der *Forschungskommission 2000* genannte „technikbezogene sozialwissenschaftliche Grundlagenforschung" könnte eine solche kognitive Technikgrundlagenforschung zur „vierten Säule"[91] der Technikfolgenforschung werden, unter Ausweitung auf wissensorientierte Technikgrundlagenforschung.

Zum *Stand der Forschung* ist zu sagen, daß sich die ausgedehnte Technikfolgenforschung der bisherigen Generationen im wesentlichen auf die Technikfolgen erster Art beschränkt, welche trotz mancher Forschungslücken im Vergleich zu den Technikfolgen zweiter Art vielfach überforscht sind, mit teilweise deutlichen Redundanzen und unnötigen Replikationen in manchen Bereichen der populär gewordenen, politisch forcierten *„Technik und"*-Problematik (Technik und Alltag, Technik und Ethik, usf.). Eine *Umorientierung der Forschungsanstrengungen* auf die unpopulärere, aber nicht weniger wichtige und noch sehr vernachlässigte Technikfolgenproblematik zweiter Art erscheint beim jetzigen Forschungsstand geboten, nicht zuletzt auch unter dem Aspekt der abnehmenden Grenzerträge herkömmlicher Folgenforschung.

2. Technikfolgen erster Art

Im Falle der als Durchbruchstechnik zum Informationszeitalter herausgegriffenen Informations- und Kommunikationstechnologie beeinflussen die unmittelbaren Auswirkungen erster Art hauptsächlich die *faktische Wissenslage* so-

---

90 *Forschungskommission 2000*, S. 185.
91 *Forschungskommission 2000*, S. 129.

wie die *neuen Wissensarten*, während die mittelbaren Konsequenzen zweiter Art die ihr zugrunde liegende *konstitutionelle Wissensordnung* betreffen und ihren derzeitigen tiefgreifenden Wandel bewirken.

Die erste und größte Technikfolge der Informations- und Kommunikationstechniken sind *Informationen, in jeder Menge und Güte und Zusammensetzung*, sowie die technischen Möglichkeiten ihrer elektronischen Speicherung, Verarbeitung, Vervielfältigung und Verbreitung. Daraus ergeben sich u.a. informationelle Überlastungen beim Menschen, informationelle Asymmetrien zwischen Individuen und Organisationen sowie Informationsungleichgewichte im gesamtgesellschaftlichen Bereich zwischen Führungs- und Kontrollinstanzen (zum Beispiel zwischen Regierung und Parlament).

Die folgenreichste Auswirkung aber, welche die neueren Entwicklungen in Verbindung mit dem gesamten naturwissenschaftlich-technischen Fortschritt als primäre Technikfolge erster Art nach sich ziehen, ist die Ausbildung des bereits erwähnten *Kognitiv-Technischen Komplexes*.

Die Aufgipfelung riesiger Informationsberge und die Interpenetration von Wissen und Technik zu Kognitiv-Technischen Komplexen führt auf allen Ebenen, von den kleinsten bis zu den größten „Informavores", zu *neuen Wissens- und Problemlagen* (wie im ersten Abschnitt des nächsten Kapitels aufgeführt).

3. Technikfolgen zweiter Art

Im Verein mit anderen Begleitentwicklungen und Verstärkertendenzen bewirkt das Aufkommen der Informationstechnik und die Entstehung des Kognitiv-Technischen Komplexes einen bereits in Gang gekommenen fundamentalen *Wandel der Wissensordnung*, mit dem weitere Technikfolgen zweiter Art einhergehen.

Die am wenigstens sichtbaren, aber tiefgreifendsten *Technikfolgen zweiter Art* – gemessen an den direkten Technikfolgen erster Art: die *außertechnischen Folgenfolgen* technischer Entwicklungen – liegen im „stillen" Wandel der Wissensordnung, also in der unterschwelligen Veränderung der normativen Leitbestimmungen und faktischen Randbedingungen für die Erzeugung, Verarbeitung, Vernetzung, Verteilung, Verwendung, Verwertung des Wissens *unter den neuen technologischen Bedingungen der elektronischen Datenverarbeitung*[92].

Technikfolgen zweiter Art sind vor allem die noch kaum erforschten Auswirkungen der Informations- und Kommunikationstechniken, einschließlich der von ihnen ausgehenden Technisierungsprozesse des Wissens, auf die *ord-*

---

92 Wie das *Bundesverfassungsgericht* in dem wegweisenden Urteil vom 15.12.1983 zum Volkszählungsgesetz die auslösende Bedingungskonstellation treffend umschreibt und wichtige Folgen aufzeigt, ohne das eigentliche Veränderungsobjekt der „Wissensordnung im Wandel" zu nennen. Die Rückwirkungen auf die Privatsphäre der Persönlichkeitsrechte sind ja „nur" (Technik-, natürlich auch Politik-)Folgen.

nungspolitischen Rahmenbedingungen ihrer selbst und die gesamte „kognitive Verfassung" der Gesellschaft.

Es war vor allem die *kognitiv-technische Entwicklung*, welche die geistig-gesellschaftlichen Strukturen nicht nur der Stillen Revolution des vielzitierten Wertewandels[93] ausgesetzt, sondern einen fundamentalen *Wandel der Wissensordnung* in Gang gebracht hat, von dem das ordnungspolitische Denken in den ansonsten intensiv damit befaßten Fachwissenschaften (Jurisprudenz, Ökonomie, Soziologie) noch kaum Notiz genommen hat[94], mit Ausnahme einiger spektakulärer Einzelfragen (Informationseingriffe, -eigentum, -delikte, -rechte, Datenschutz, u.dgl.).

Wenn man die Neuordnung des gesamten Informations- und Kommunikationsbereichs auf allen Ebenen nicht den dort mächtig, aber keineswegs immer vernünftig wirkenden Kräften unterschiedlichster Art – der Sichtbaren Hand des Staates und des Rechts, der Unsichtbaren Hand des Marktes, der Verlängerten Hand der Technik (die längst keine Eiserne Faust mehr ist, aber nun noch durchschlagender) – überlassen und sich mit der so „naturwüchsig" entstehenden neuen Wissensordnung abfinden will, dann ist die Entstehung, Entwicklung und Gestaltung der kognitiven Verfassung des Informationszeitalters sowie die Wirkungsweise der Technikfolgen zweiter Art eine *Forschungs- und Politikaufgabe ersten Ranges*.

---

93 Dazu *Inglehart/Revolution* und *Inglehart/Umbruch*.
94 Symptomatisch für die Vernachlässigung der Wissensordnungsproblematik im gesamten „ordnungspolitischen Denken" der genannten Fachwissenschaften sind die ganz den Fragen der *Wirtschaftsordnung* (sowie gelegentlich dem Wissen, aber eben als unselbständigem Teil davon!) gewidmeten und dafür höchst verdienstvollen 43 *ORDO*-Bände des „Jahrbuchs für die Ordnung von Wirtschaft und Gesellschaft". Dasselbe gilt praktisch für die gesamte ökonomische Fachliteratur zur Ordnungstheorie und -politik.

Drittes Kapitel:
Zur Lage des Wissensfeldes im Informationszeitalter

I. Neue Wissenslagen auf vier Ebenen

Mit den geschilderten Entwicklungen und sich abzeichnenden Ergebnissen ist insgesamt gesehen eine neue Lage entstanden, auf die wir noch nicht eingestellt sind und anstelle angemessener philosophisch-wissenschaftlicher Konzepte – geistig unvorbereitet, aber moralisch alarmiert – vor allem mit Ethikforschung reagieren. Diese ist jedoch mehr auf den Versuch einer kontrafaktischen ethischen Normierung der technischen Entwicklungen ausgerichtet als auf die Erklärung dessen, was hier *wissensmäßig* vor sich geht und *ordnungspolitisch* zu tun ist[95].

Die zunehmende Informatisierung der Gesellschaft infolge des Eindringens der Informations- und Kommunikationstechniken in alle Lebensbereiche verursacht neue Wissenslagen, die zu einem exponentiellen quantitativen Wissenswachstum („Informationsrevolution") bei gleichzeitiger qualitativer Verschiebung des Wissensschwerpunkts zum Daten- und Regelwissen und dessen konzentrierter Anlagerung bei bestimmten Stellen (vor allem staatlichen Behörden und privatwirtschaftlichen Organisationen, den sogenannten „Datenherren") führt.

Als unmittelbare und mittelbare Technikfolgen, einschließlich Neben-, Rück- und Gegenwirkungen (weil wir darauf bereits reagieren, vor allem im Rechtsbereich), entstehen *neue wissenschaftliche und gesellschaftliche Wissenslagen* auf breiter Front – im einzelnen:

Erstens durch die innere Fusion von Wissen & Technik zum *Kognitiv-Technischen Komplex* aus wissensbasierten, zunehmend auch in den Wissensbestandteilen durchtechnisierten Artefakten.

Zweitens durch die Stille Revolution des damit einhergehenden *Wandels der Wissensordnung*.

Drittens durch die informationstechnisch ermöglichte *lokale Akkumulation besonderen Wissens* von geringer Aggregierungsstufe, aber größter Mengen-

---

95 Zur Kritik dieser verständlichen, aber wissenschaftlich verfehlten und wohl auch politisch vergeblichen moralischen Reaktion vgl. *Spinner/Technikfolgenforschung* und *Spinner/Wissenschaftsethik*; mit Vorschlägen zur Änderung der Fragestellung *Spinner/Wachstum*.

anhäufung und voller Verfügungspräsenz, unter Verschiebung des „kognitiven Schwerpunkts" der Gesellschaft vom wissenschaftlichen Theorienpol zum außerwissenschaftlichen Datenpol, parallel dazu von der Reinen und Angewandten zur Realisierten und Kommerzialisierten Wissenschaft (mit entsprechenden ordnungspolitischen Konsequenzen, als Technikfolgen zweiter Art).

Mit diesen mehr quantitativen Wachstums- und Verteilungsvorgängen gehen tiefgreifende, folgenreiche *qualitative Veränderungen* der Wissenslage unserer Zeit einher, nach Art einer Stillen Revolution, welche im Gegensatz zu jener des Wertewandels noch völlig „still" und weitgehend unerforscht geblieben ist.

Bei den *Technikfolgen erster Art* machen sich die direkten Auswirkungen dieser informationstechnologisch bedingten Prozesse des Größen- und Breitenwachstums bestimmter hochtechnisierter Wissensarten, ihrer einseitigen sozialen Verteilung mit kognitiver Schwerpunktverlagerung *auf vier Ebenen* durch *neue Problemstellungen* bemerkbar, für die Lösungen gefunden werden müssen:

– Auf der untersten gesellschaftlichen *Mikroebene* beim angeblich maßlos überinformierten[96], tatsächlich aber in der Sache eher unter- oder desinformierten Individuum sind es *informationelle Überlastungen* mit zumeist unnützen Informationen, bei gleichzeitiger Unterinformation mit brauchbarem Problemlösungswissen und „Wissensenteignung" durch die partiell hochinformierten Experten[97]. Gleichzeitig ergeben sich aufgrund der unterschiedlichen Inanspruchnahme der Techniken, insbesondere bei den Neuen Medien, *informationelle Unterforderungen* bei den „schwachen" Mediennutzern, infolge der wachsenden Wissenskluft im Verhältnis zu besseren Techniknutzern[98].

– Auf der mittleren gesellschaftlichen *Mesoebene* der größeren Handlungseinheiten kommt es zu *informationellen Asymmetrien*[99] zwischen „informationsreichen" kollektiven Akteuren[100] (Behörden, Betrieben, Verbänden und sonstigen Großorganisationen) und vergleichsweise „informationsarmen" individuellen Akteuren (Einzelpersonen, kleinen Gruppen).

– Auf der obersten gesellschaftlichen *Makroebene* des globalen Informationssystems der Gesellschaft im Verhältnis von Leitinformation/Gegeninformation/Desinformation entstehen *Informationsungleichgewichte* zwischen den staatlichen Führungs- und Kontrollinstanzen (zum Beispiel zwischen Regierung, Verwaltung und Parlament), mit strukturell bedingten

---

96 Vgl. *Steinbuch/Maßlos*.
97 Zum Stand der Forschung vgl. *Waldmann & Weinert/Intelligenz*, Kap. 4.
98 Zum diesbezüglichen Stand der Forschung vgl. *Schenk/Medienwirkungsforschung* und *Saxer/Wissensklassen.*.
99 Vgl. *Coleman/Gesellschaft* sowie *Schiller/Verteilung*.
100 Zur Entstehung und Bedeutung von kollektiven bzw. korporativen „großen" Akteuren in der modernen Gesellschaft vgl. *Coleman/Grundlagen*, insbes. Bd. II.

und durch ein institutionalisiertes Kritikimmunsystem vielfach noch verstärkten „Bestätigungsfehlern" infolge erschwerter Gegeninformation[101].
- Auf der *internationalen Ebene* ist nach weitverbreiteter, allerdings noch wenig ausgearbeiteter Auffassung nichts weniger als eine *neue Weltinformationsordnung* im Entstehen, vor allem als Folge weltweiter Informationsvernetzung, welche dem Kognitiv-Technischen Komplex globale Dimensionen verleiht.
- Auf *allen Ebenen* erwachsen neuartige *informationelle Umwelten* für individuelle und kollektive Akteure, mit teils dramatisierten (wie den „semantischen Umweltverschmutzungen" durch Ideologien, die es immer gegeben hat; oder der sinnlichen Überbelastung des Großstadtmenschen, dessen „sensorisches Register" sich von selbst durch sofortige Löschung entlastet), teils banalisierten oder völlig ignorierten Problemen (wie die deswegen hier betonten Wissens- und Ordnungsprobleme der Kognitiv-Technischen Komplexe).

Zur Debatte stehen, in der angegebenen Reihenfolge der Problemlagen, u.a. Probleme der individuellen Über- und Unterinformation, des Datenschutzes, der informationellen Gewaltenteilung, der politischen Funktionsfähigkeit des Parlaments im elektronischen Zeitalter, der Lernfähigkeit von Gesellschaften, der weltweiten Informationsströme („Free Flow of Information"), dem Kräfteverhältnis von Leit-, Gegen- und Desinformation auf allen Ebenen, der informationellen Umwelt- und Ordnungspolitik.

Diese Fragen zielen auf die Strukturen und Funktionen nicht nur des gesamtgesellschaftlichen, sondern bereits auch des internationalen Informationssystems ab. Hier zeichnet sich der dringend erforderliche, aber noch kaum gemachte Übergang zu den Problemen der *kognitiv-informationellen Verfaßtheit der Gesellschaft* ab, also zu den Fragen ihrer Wissensordnung im allgemeinen und zur Wissenschafts- und Technikverfassung im besonderen.

II. Theoreme zur individuellen und kollektiven Wissenslage

Neben globalen Deutungsmustern zur angeblich aufkommenden „Wissensgesellschaft"[102], oder gar „Wissenschaftsgesellschaft"[103], lassen sich dem derzeitigen Stand der Forschung in einschlägigen Fachwissenschaften – bei genügender Übersicht und gelegentlichem Entgegenkommen durch Interpretationsbemühungen und Formulierungshilfen, denn nicht alles ist so deutlich gesagt wie im folgenden aufgeführt – bestimmte Ansichten oder Aussagen zur

---

101 Zum wissenspsychologischen Stand der Forschung vgl. *Hager & Weißmann/Bestätigungstendenzen.*
102 Vgl. *Bell/Gesellschaft,* passim.
103 So *Kreibich/Wissenschaftsgesellschaft.*

Wissenslage entnehmen, im Hinblick auf die Erzeugung, Verteilung, Verwendung, Auswirkung des Wissens, in und außerhalb des engeren oder weiteren Wissenschaftsbereichs. Wenn man dabei auch größtenteils kaum ohne Einschränkungen von ausformulierten allgemeinen Theorien sprechen kann, so doch von mehr oder weniger spezifizierten Theoremen (oder wenigstens Thesen) über bestimmte Aspekte des Wissensfeldes.

Ohne Anspruch auf Vollständigkeit, Versuch einer systematischen Einordnung und empirischen Überprüfung sind im Hinblick auf Fragestellungen zur Wissenslage im Informationszeitalter erwähnenswert:

(1) Aus der Empirischen Wissenschaftsforschung das sogenannte *Exponentialgesetz* über das freie (d.h. durch keinerlei Restriktionen der Ressourcen eingeschränkte) Wissenschaftswachstum, daran anknüpfende Überlegungen zur *fachwissenschaftlichen Informationskrise*[104] und deren Lösung durch die elitären Kommunikationsstrukturen informeller „Unsichtbarer Kollegien" an der Forschungsfront im Kernbereich der Wissenschaft, in der Hand von Wisseneliten[105].

Dieses Theorem liegt der ersten Wachstumstendenz des geschilderten dreifachen kognitiven Entwicklungsspektrums zugrunde (siehe Zweites Kapitel, Abschnitt I). Für die beiden anderen Wachstumstendenzen des informationellen Faktors (Informationsexplosion und -implosion) gibt es dagegen noch keine gleichermaßen präzisierten oder gar mathematisierten Gesetzeshypothesen mit überprüfbaren Verlaufs- und Wirkungsannahmen.

(2) Aus der Soziologie die *Überproduktionsthese* der nicht zuletzt deswegen „unbewältigten" Sozialwissenschaften, für die wie immer und überall tatsächlich „ein winziger Bruchteil der heutigen Forschung" genügte[106] – wenn man nur, natürlich im voraus, angeben könnte: *welcher* Teil?

(3) Aus der Kybernetik und Informationstheorie die *Überinformationsthese*, welche dem populären Diktum „maßlos informiert!"[107] unterlegt werden muß, wenn man ihm einen außerpolemischen, wissenschaftlich vertretbaren Sinn abgewinnen will.

(4) Aus der Psychopathologie die *Überlastungsthese* aufgrund des rationalerweise mit den individuellen Kapazitäten nicht mehr verarbeitbaren Informationsinputs[108].

---

104 *Weinberg/Großforschung*, S. 74, sieht darin das „zweite Malthussche Dilemma", verstanden als „Ungleichgewicht zwischen der Wachstumsrate der semantischen Stimuli – der Informationen – und dem Maß, in dem die Fähigkeiten der Individuen, darauf zu reagieren, anwachsen."
105 Vgl. dazu die bereits erwähnten Pionierarbeiten von *Price* zur Szientometrie.
106 *Tenbruck/Sozialwissenschaften*, S. 227.
107 Vgl. *Steinbuch/Maßlos*.
108 Vgl. *Miller/Overload* und *Miller/Systems* sowie *Deutsch/Kybernetik*, S. 230ff.

(5) Aus der Psychologie die *Theorie der kognitiven Dissonanz*[109], wie sie neuerdings auf die Feudal-, Industrie-, und Informationsgesellschaft im großen Stil übertragen und dabei wohl etwas überdehnt wird[110].

(6) Aus der Medienwirkungsforschung das *Theorem der wachsenden Wissenskluft* aufgrund neuer Informationssysteme und der steigenden Informationsflut[111].

(7) Aus der aufkommenden Medienökologie die *Unterforderungsthese*, von der insbesondere die Kritik des Fernsehkonsums[112] und der Computerkultur[113] ausgeht.

(8) Aus der rudimentären Theorie der Informationsgesellschaft die *Unterinformationsthese*, derzufolge die Informationsfülle mit einem Wissensmangel einhergehen kann oder sogar erkauft werden muß, weil Informationsmenge und -wichtigkeit einander nicht entsprechen. Desgleichen entsteht Unterinformation auch dann, wenn die entscheidende, aufschlußreiche Information aus der Masse trivialer Informationen nicht selektiert werden kann – in der Hoffnung, daß die „Informationstechnologie ... Ordnung in das Chaos der Informationsüberschwemmung und -verseuchung" bringt und wichtige „Daten ... in vertretbarer Zeit aus dem Informationswust herausfinden" hilft[114].

(9) Aus allgemeinen informationstheoretischen und erkenntnisphilosophischen Quellen die *These der Relevanzlücke* infolge des ungleichen Wettrennens zwischen dem schnellen Pferd „Information" und dem langsamen Pferd „Bedeutung", welches Hürden aus Lärm („noise") und anderen Anhäufungen irrelevanter Informationen überwinden muß, so daß „a lag of meaning behind more information and noise" entsteht[115].

Das ist auch eine Art und Weise von Unterinformation. Während *Theorem 8* einen Wissensmangel bezüglich der relevanten Daten annimmt, besteht nach *Theorem 9* – anstelle oder außerdem – durch Orientierungs- und Erfahrungsverluste, Bedeutungs- und Sinnmängel eine Relevanzlücke. Die intuitiv einleuchtende, aber wissenschaftlich noch unausgearbeitete Idee läuft bei genauerer Analyse vermutlich auf ein wachsendes *Theoriedefizit im Informationsbereich* hinaus. Das klassische Theorienwissen kommt gegenüber dem neuen Daten- und Regelwissen ins Hintertreffen.

(10) Aus der Ökonomie (Wettbewerbstheorie) das *Streuungstheorem des besonderen Wissens* über „die naturbedingte Begrenztheit des Wissens", kraft

---

109 Vgl. *Festinger/Dissonanz*.
110 Meines Erachtens bei *Fritsch/Überleben*.
111 Dazu *Bonfadelli/Wissenskluft, Schenk/Medienwirkungsforschung* und *Saxer/Gleichheit*.
112 Vgl. *Postman/Kindheit* und *Postman/Amüsieren*.
113 Vgl. *Roszak/Denken*.
114 *Naisbitt/Megatrends*, S. 41.
115 *Klapp/Meaning Lag*, S. 59. Eine ähnliche Bedeutungslücke konstatiert *Ropohl/Information*.

derer ein Mensch „nicht mehr wissen *kann* als einen winzigen Teil des Ganzen" und die gesamte „Kenntnis der Umstände, von der wir Gebrauch machen müssen, niemals zusammengefaßt oder als Ganzes existiert, sondern immer nur als zerstreute Stücke unvollkommener und häufig widersprechender Kenntnisse, welche alle die verschiedenen Individuen gesondert besitzen"[116].

Diese angeblich „unbestreitbare intellektuelle Tatsache"[117] ist eine *Annahme* zur *alten*, überkommenen Wissensordnung über die ungefähre *soziale Gleichverteilung des besonderen Wissens im außerwissenschaftlichen Feld*. Das betrifft die „Kenntnisse der Umstände" – im Wortsinne: des Drumherumstehenden in der kleinen Lebenswelt des einzelnen Menschen –, im Gegensatz zum allgemeinen Theorienwissen über die gesetzmäßigen Zusammenhänge, welches anders strukturiert ist und sozial konzentriert sein kann, sei es im Wissenschaftsbereich oder bei sonstigen Wissenseliten. Die Informationstechnik ermöglicht zum erstenmal gewaltige Akkumulationen besonderen Wissens an bestimmten Stellen, insbesondere bei den Sicherheitsdiensten, Sozialversicherungsträgern und anderen „Datenherren" staatlicher Behörden und industrieller Organisationen.

(11) Aus der Wissenschaftstheorie ein *Wirkungstheorem des Wissens* über die kausale Funktion kognitiver Faktoren (Erkenntnisse, Argumente, Theorien, Weltbilder, Informationen schlechthin), die demgemäß unter bestimmten ordnungspolitischen Bedingungen im sozialen Problemlösungsprozeß ihre volle Wirkung als antizipatives Führungswissen (durch Vorausdenken für theoriegeleitete Praxis) und effektives Kontrollmittel (durch Kritik und andere Formen der Gegeninformation) entfalten können[118].

(12) Aus der Gesellschaftstheorie ein *Axialtheorem* über die zentrale Stellung und erstrangige Bedeutung des theoretischen Wissens und seiner wissenschaftlichen Trägerschaft – also der Experten – als neues „axiales Prinzip" der postindustriellen Informationsgesellschaft[119].

(13) Schließlich aus den hier erläuterten Überlegungen zum Wandel der Wissensordnung im Informationszeitalter ein *Schwerpunkttheorem* über die mehrfache Verschiebung des „kognitiven Schwerpunkts" der Gesellschaft auf der Wissensebene vom innerwissenschaftlichen Theorienpol zum außerwissenschaftlichen Datenpol; desgleichen auf der Programmebene zum Steuerungswissen (s. Abb. 2).

---

116 *Hayek/Individualismus*, S. 25 und 103f.; Hervorhebung im Original.
117 *Hayek/Individualismus*, S. 25.
118 Zum Beispiel im Sinne des Modells von „Abwanderung und Widerspruch" (*Hirschman/Abwanderung*) oder eines mehrstufigen Phasenkonzepts des Problemlösens, zum Beispiel für das Zusammenspiel von Wissenschaft und Journalismus (wie konzipiert bei *Spinner/Ethos*, Kap. III und IV).
119 So, wie bereits erwähnt, bei *Bell/Gesellschaft*.

Das ist eine kleine Auswahl von Theoremen zur Wissenslage, die vom Wandel der Wissensordnung nicht unberührt bleiben, sei es, daß sie mit ihm einhergehen oder ihm zuwiderlaufen.

III. Arten und Funktionen, Bereiche und Bestände des Wissens

1. Strukturelle, funktionale und sektorale Gliederungen des Wissensfeldes

Die Wissenslage hängt eng mit den Arten und Eigenschaften des existierenden Wissens zusammen, so daß man bei der Klassifikation und Merkmalsbeschreibung der Wissensbestände sehr detailliert vorgehen müßte, wenn es um eine vollständige Bestandsaufnahme dieser breitgefächerten empirischen Mannigfaltigkeit ginge. Glücklicherweise ist das hier nicht erforderlich, weil für die ordnungspolitische Gestaltung der Wissenslandschaft die *Größenordnung der Bestände* wichtiger ist als die philosophische Eigenart, der wissenschaftliche Erkenntniswert und die logische Feinstruktur der Informationen. Kleinheit, Feinheit und Seltenheit zählen nicht, jedenfalls nicht in der Politik[120].

Ordnungstheoretisch interessant zu sein, genügt nicht, um zum Gegenstand der Ordnungspolitik zu werden. Für die Wissensordnung betreibt deshalb die Polizei ein einflußreicheres Erkenntnisunternehmen als die Philosophie. Das gibt den Sicherheitsdiensten zwar keine Erkenntnisprivilegien, wie der frühere Präsident des Bundeskriminalamtes *Horst Herold* in professionell deformierter Verwechslung von Quantität und Qualität meinte, wohl aber eine eigene, etwas einseitige Wissensordnung für sicherheitsrelevantes Sonderwissen (Näheres dazu im Sechsten Kapital, Abschnitt III7).

Für die vorliegende Lagebeurteilung in ordnungstheoretischer und ordnungspolitischer Absicht brauchen deshalb nur jene Wissensarten berücksichtigt zu werden, die *im großen Stil* – entweder hochkonzentriert an wenigen Stellen oder flächendeckend verstreut – auftreten und allein schon durch ihren quantitativen Anteil am informationellen Volksvermögen als gesellschaftlich gewichtige Wissensbestände den Schwellenwert zur ordnungspolitisch relevanten Größe überschreiten. Dazu gehören alle Wissensarten und -bestände, auf die sich die aufgeführten Theoreme beziehen. Auf die Qualität kommt es, wenn überhaupt, erst in zweiter Linie an. Das ist der *erste Unterschied* zwischen erkenntnistheoretischen und ordnungspolitischen Betrachtungen der Wissenslagen.

Die Wissensbestände der Gesellschaft können *strukturell, funktional* und *sektoral* gegliedert werden. Im ersten Fall werden die Erscheinungsformen

---

120 So, in etwas anderem Zusammenhang, *Douglas/Institutionen*.

des Wissen nach den zugrunde liegenden Erkenntnisstilen und Rationalitätsmustern[121] unterschieden; im zweiten Fall nach den bestimmungsgemäßen (oder auch bestimmungswidrigen) Gebrauchsweisen; im dritten Fall gemäß den gesellschaftlichen Vorkommensbereichen oder sozialen Trägerschaften.

Von der globalen Einteilung in *Allgemeines Wissen* (Theorien, Technologien, Programme im Sinne allgemeinen Regelwissens, u.dgl.) und *Besonderes Wissen* (persönliche Kenntnisse, empirische Befunde, technisierte Daten im Sinne von Einzelangaben über Sachen, Personen, Vorgänge; usf.) abgesehen, wird auf *strukturelle Wissensklassifikationen* verzichtet, die eine Systematik der Erkenntnisstile und Rationalitätsformen erforderten[122].

Die später skizzierte *funktionale Wissensklassifikation* ist zwar ordnungspolitisch durchaus relevant, wird aber von der handfesteren *sektoralen Einteilung* überlagert, weil die ordnungspolitische Regelung der Wissenstatbestände zunächst einmal *bereichsspezifisch* erfolgt, um dann unter Umständen innerhalb der noch zu unterscheidenden Bereichsordnungen nach Bedarf *funktional weiter auszudifferenzieren*. Nicht jede „funktional ausdifferenzierte" Wissensart schafft, braucht und bekommt ihre eigene Ordnung. Aus ordnungspolitischer Perspektive gelten beispielsweise als „wissenschaftlich" jene Wissensarten, die von Wissenschaftlern im Rahmen ihrer wissenschaftlichen Tätigkeit und des eingehegten Wissenschaftsbereichs produziert, gelehrt und publiziert werden. Noch mehr gilt das heutzutage, angesichts fehlender objektiver Funktionsbestimmungen und Qualitätsstandards, für die Kunst. Die äußerste Kunstfreiheit des Art. 5, Abs. III GG ist *de facto* ein Berufs- und Bereichsprivileg, kein funktionaler (Wissens-)Artenschutz. Das ist der *zweite Unterschied* zwischen erkenntnis- oder wissenschaftstheoretischen und ordnungspolitischen Anknüpfungspunkten zur Wissenslage.

Den ordnungspolitischen Betrachtungen zur Gestaltung des gesamten Informationsbereichs wird eine *sektorale Bestandsaufnahme* zugrunde gelegt, ausgehend von der einfachen, nach Bedarf verfeinerbaren Einteilung in *wissenschaftliche* und *außerwissenschaftliche* Wissensarten, Informationsbereiche, Funktionsbestimmungen. Sie deckt sich zwar nicht völlig mit der funktionalen Haupteinteilung in Allgemeines Wissen und Besonderes Wissen, kommt ihr aber für ordnungspolitische Überlegungen nahe genug, um sie in Abb. 2 zu vereinigen. Außer Betracht bleiben dabei, weil nicht ins Bild passend, auf der Seite des Allgemeinen Wissens im wissenschaftlichen Einzugsbereich die allgemeinen, aber unwissenschaftlichen Alltagstheorien in den Köpfen (und in den Händen, als implizit gewußtes Können) der Menschen; auf der anderen Seite des Besonderen Wissens im außerwissenschaftlichen Einzugsbereich das unten aufgeführte wissenschaftliche Erfahrungs- und Datenwissen.

---

121 Zur diesbezüglichen Systematik der Erkenntnisstile und Rationalitätsmuster vgl. *Spinner/Vereinzeln*.

122 Wie ansatzweise entwickelt in *Spinner/Vereinzeln*.

2. Die großen Wissensbestände und Informationssektoren hochindustrialisierter Gesellschaften für wissenschaftliche und außerwissenschaftliche Wissensarten

Der **wissenschaftliche Wissensbestand**[123] umfaßt hauptsächlich vier Wissensarten, die strukturell noch genauer beschrieben werden könnten, worauf hier aus den bereits genannten Gründen verzichtet werden kann:

Erstens universelles oder bereichsspezifisches *Theorienwissen* über allgemeine Zusammenhänge, um die Strukturen der Wirklichkeit zu erfassen und die Gesetzmäßigkeiten des Geschehens zu formulieren. Insoweit moderne Wissenschaft praktisch angewandt, technisch realisiert und kommerziell genutzt wird, gehört das *technische Handlungs- und Herstellungswissen* mit dazu, also die Techniken und Praktiken zur Realisierung der „Erkenntnisse" als technische Artefakte und industrielle Produkte. Denn moderne Technik und Industrie ist nicht nur „wissensbasiert" in ihrer Handlungsgrundlage und Herstellungsweise, sondern „verwissenschaftlicht" in dem weitergehenden Sinne, daß theorieförmige Erkenntnisse in technologischer Transformation den Wissenskern bilden – altmodisch gesagt: den Geist in der Maschine. Es handelt sich dabei, je nach Wissenschaftsform (dazu Fünftes Kapitel, Abschnitt II) um praktiziertes, realisiertes und industrialisiertes Theorienwissen.

Zweitens bereichsspezifisches *Erfahrungs- und Datenwissen* über die konkreten Anfangs- oder Randbedingungen der jeweiligen Problemsituationen, als Komplementärinformation für die wissenschaftlichen Welterklärungen mittels Theorien und die praktischen Weltveränderungen durch Technologien. Hier geht es vor allem um die Anwendungs- und Überprüfungsergebnisse der Theorien. Das sind die empirischen Befunde und statistischen Daten der Fachwissenschaften zu den von ihnen arbeits- und wissensteilig untersuchten, insgesamt betrachtet zumeist relativ kleinen Wirklichkeitsausschnitten. Nachdem dank der EDV die natürlichen Grenzen der menschlichen Speicher- und Verarbeitungsfähigkeit entfallen sind, liegt das wissenschaftliche Datenwissen in den natur- und sozialwissenschaftlichen Informationsbanken in riesigen Mengen vor, als Datenmassen und Massendaten zur beliebigen Verwendung, sofern der Datenschutz nicht entgegensteht.

Drittens allgemeines oder bereichsspezifisches *Regel- oder Steuerungswissen* über die Verfahren zur Erforschung der Wirklichkeit, also zur Erzeugung und Anwendung der wissenschaftlichen Erkenntnisse, einschließlich der Computerprogramme zu ihrer wissenstechnischen Verarbeitung. Nach abnehmender Strenge eingeteilt, handelt es sich bei diesen Regelwerken der Wissenschaft um *Algorithmen* (deterministische Verarbeitungsregeln), *Methodiken* (indeterministische Prüfregeln) und *Heuristiken* (unverbindliche Suchre-

---

123 ... dessen sichtbarer, dokumentierter Bestand mit dem bibliothekarischen Begriff der „Fachinformation" (bzw. Fachkommunikation und -dokumentation) bezeichnet zu werden pflegt, an den sich natürlich auch entsprechend eingeschränkte ordnungspolitische Überlegungen anknüpfen lassen, wie zum Beispiel bei *Lenk/Fachinformationsversorgung*.

geln), einschließlich diesbezüglichen Proto- und Metawissens aus Philosophie, Logik, Wissenschaftstheorie und Wissenspsychologie („Metakognitionen").

Zum qualitativ weniger gepflegten, inhaltlich schwächer ausdifferenzierten, aber quantitativ größeren **außerwissenschaftlichen Wissensbestand** zählen, gesehen im Hinblick auf quantitative Umfänglichkeit und vitale Bedeutung:

Erstens die persönlichen *Kenntnisse* der „Umstände" jedes Einzelnen in seiner „Lebenswelt", d.h. der in ihm selbst und der unmittelbaren Umgebung liegenden lokalen und situativen Randbedingungen, an denen er sein Handeln im gegebenen Kontext – der „Lage" – normalerweise ausrichtet. Für das wirtschaftliche Handeln sind das beispielsweise die individuellen Präferenzen und verfügbaren Ressourcen, wie sie als Nachfrage vom Markt aufgenommen und auf der Angebotsseite in Produktionsentscheidungen umgesetzt werden. Zu diesen Kenntnissen kommt das *Können*, zumeist in der unsichtbaren Gestalt impliziten Wissens.

Damit untrennbar verbunden sind die subjektiven und intersubjektiven *Meinungen* der Menschen, als Individuen, Gruppen oder Gesellschaften. Das betrifft den Bereich der Meinungsäußerungen, Glaubensbekenntnisse, Urteilsabgaben zunächst von Privatleuten. Im politischen Raum wird daraus unter Umständen eine „Öffentliche Meinung".

Soweit derartige Kenntnisse in eigener Sache und Lage oder die persönlichen Meinungen datenmäßig erfaßt sind, handelt es sich in der Regel um *personenbezogene Daten* im Sinne des Datenschutzes, auf die juristisch das Recht auf informationelle Selbstbestimmung anwendbar ist. Darin liegt ihre hochaktuell gewordene ordnungspolitische Bedeutung.

Zweitens die *empirischen Befunde*, als Insgesamt des geschichtlichen und gegenwärtigen Erfahrungswissens im „Gedächtnis" oder „Gehirn" der Gesellschaft – gespeicherte Erinnerungen, gemachte Erfahrungen, neue Ideen und Informationen –, wobei hier wissenschaftliche und außerwissenschaftliche Erfahrungsbestände im Zuge der Verwissenschaftlichung des Alltags- und Erfahrungswissens inhaltlich ineinander fließen.

Drittens die in Wort, Bild oder Ton von den Massenmedien vermittelten, recherchierten oder erzeugten *Nachrichten* (über „Tatsachen") und *Fiktionen* (als „frei erfundene" interessante Unterhaltungsinformation, „Infotainment" genannt). Es handelt sich hier, im Gegensatz zu den bereits genannten Wissensarten, um technisch vermittelte Informationen, die in Datenform gespeichert und verbreitet werden. Für die einen sind außerwissenschaftliche Erkenntniseinrichtungen – vom Journalismus bis zu den Sicherheitsdiensten, auch wenn diese ihre Nachrichten nicht öffentlich zugänglich machen –, für die anderen die Unterhaltungsindustrien zuständig.

Viertens die bürokratischen *Akten* über rechtliche oder faktische „Vorgänge", gespeichert in den Karteien oder Dateien staatlicher Behörden, privater Betriebe und gemischter Verbände.

Soziale Trägerschaften für diese außerwissenschaftlichen Wissensarten sind individuelle (Kenntnisse, Meinungen) oder kollektive Akteure (Registrier-

und Kontrollwissen in Akten, Medieninformationen). Ordnungspolitisch relevant sind sie alle in dem Sinne, daß es für sie mehr oder weniger ausgebildete *bereichsspezifische Wissensordnungen* gibt. Im ersten Fall ist es allerdings mehr die Wirtschaftsordnung des Marktes, der die Kenntnisse der Einzelnen aufnimmt und weitergibt – jedoch nur insoweit, als sie mit Kaufkraft ausgestattet sind und in Nachfrage nach Gütern (oder Wissen) „übersetzt" werden.

Von dieser sektoralen Wissensklassifikation kann man zur **funktionalen Gliederung** überleiten, indem die Wissensbestände in folgenden Hauptkategorien zusammengefaßt werden, welche Bereich und Funktion zu einer ungefähren Deckung bringen.

Für die **wissenschaftlichen Bestände** sind das

– das *generalisierte Theorienwissen* der wissenschaftlichen Theorien;
– das *praktizierte Theorienwissen* der verwissenschaftlichten Praxis;
– das *realisierte Theorienwissen* der wissensbasierten Technologien;
– das *kommerzialisierte Theorienwissen* der wissensnutzenden Industrien.
– das *instrumentelle Steuerungswissen* der proto- und metawissenschaftlichen Verfahrensregelungen sowie der wissenstechnischen Programme (Heuristiken, Methodiken, Algorithmen).

Die **außerwissenschaftlichen Wissensbestände** von ordnungspolitisch relevanter Größenordnung fallen im wesentlichen unter folgende Funktionskategorien:

Erstens das *Alltagswissen* der individuellen Akteure, bestehend aus Kenntnissen, Können und Meinungen zur Orientierung des Menschen in der Welt zwecks einer mehr oder weniger wissensgeleiteten Lebensgestaltung. Inhaltlich betrachtet, handelt es sich hier um *persönliches Erfahrungswissen* und *subjektive Meinungsurteile*, die natürlich mit anderen „geteilt" und somit intersubjektiv sein mögen.

Zweitens das *Aktenwissen* der kollektiven Akteure (Großorganisationen, Behörden, Betriebe, „Dienste" aller Schattierungen), mit den Statistischen Ämtern, Sozialversicherungseinrichtungen und Staatlichen Sicherheitsdiensten als sozusagen hochalpinen Informationsbergen, deren Inneres größtenteils verschlossen bleibt und deren Gipfel meist vom Nebel des Unwissens verhüllt sind (meist auch für die informationell überlasteten Datenherren und ihre Rechenknechte[124]). Soweit dafür technische Trägersysteme eingesetzt werden,

---

124 Die nach Aussage eines Eingeweihten nicht wissen, was sie „eigentlich wissen", also in ihrem Informationsbestand haben. Zu dieser zeitgemäßen Denkfigur des *umgedrehten Sokrates* vgl. Cobler/Herold, S. 36.

Entgegen *Herolds* Vision wird daran auch die EDV nicht viel ändern, weil der Minimumsektor nicht die – allerdings dramatisch verbesserte – Informationsspeicherung und Datenverarbeitung im wissenstechnischen Sinne ist, sondern im außertechnischen natürlichen und menschlichen Bereich liegt: von der Wirklichkeitserkenntnis und Informationseingabe über das theoriegeleitete (und intelligenzbegrenzte) Auswerten bis zur praktischen Anwendung. Dafür gilt immer noch die ursprüngliche sokratische Erfahrung, derzufolge wir uns mit wachsendem Wissen nur noch mehr bewußt werden, wie wenig wir wissen. So ist es *bürokratisches Datenwissen* primär zu Registrier- und Kontrollzwecken dessen, was damit „aktenkundig" gemacht ist und so – oder so nicht – sein soll. Nach dem Datenschutzrecht wird es in statistisches und personenbezogenes Datenwissen unterteilt.

Drittens die *Medieninformationen*, also *Nachrichten* einerseits und *Unterhaltungsinformation* („Infotainment") andererseits, zur Print- und Bildinformation über erkundete oder erfundene Vorgänge. Da sie von den hochtechnisierten Kommunikationssystemen der modernen Massenmedien noch stärker an diesbezügliche Trägersysteme gebunden sind, handelt es sich hier weitgehend um *ereignisbezogenes Datenwissen*.

Zusammenfassend gesagt, führt die **sektorale Klassifikation** im ersten Schritt zur Unterscheidung der wissenschaftlichen und außerwissenschaftlichen Wissensarten; im zweiten Schritt zur Unterteilung der letzteren in Alltags-, Akten-, und Medieninformation (siehe Abb. 2).

Von „*Datenwissen*" soll hier gesprochen werden, wenn irgendeine der genannten Wissensarten zwei zusätzliche Bedingungen erfüllt, denen zufolge es sich

– inhaltlich betrachtet, um *Einzelangaben* über bestimmte Objekte, Ereignisse oder Vorgänge handelt;
– informationstechnisch betrachtet, um *technisierte Informationen*, d.h. an technische Trägersysteme und Verarbeitungsverfahren gebundenes Wissen handelt.

Das ist nicht ganz im Einklang mit dem erweiterten, zumeist nur an die zweite Bedingung geknüpften Datenbegriff der Informatik, wohl aber mit jenem des § 1 des *Bundesdatenschutzgesetzes* vom 20. Dezember 1990. Danach sind *personenbezogene Daten* „Einzelangaben über persönliche oder sachliche Verhältnisse einer bestimmten oder bestimmbaren natürlichen Person." Ohne diesen Personbezug erzeugt die Erfüllung der genannten Bedingungen *statistische Daten*.

Dieser Begriff des *Datenwissens* ist von den genannten Wissensarten intensional (begriffsinhaltlich) unabhängig, extensional (im Begriffsumfang) weitgehend deckungsgleich mit dem erwähnten Aktenwissen, aber zunehmend auch mit der Medieninformation und anderen, hochtechnisierten Wissensarten.

---

gesehen, steht *Sokrates* auch im Informationszeitalter noch fest auf den Füßen. *Herolds Traum* vom umgedrehten Sokrates ist ausgeträumt, bevor das Informationszeitalter richtig begonnen hat. Man verwechselt nicht ungestraft Verdatung mit Verwissenschaftlichung und Datenmenge mit Wissensgüte. Um daran etwas zu ändern, müßte die Wissensordnung für sicherheitsrelevantes Geheimwissen erst einmal *Qualitätszonen des Wissens* einrichten (dazu ausführlicher im Sechsten Kapitel, Abschnitte III und IV sowie Ausblick).

Abbildung 2: Ordnungspolitische Aufgliederung des Wissensfeldes – Arten, Sektoren, Bestände des Wissens und Verschiebungen des kognitiven Schwerpunkts

WISSENSARTEN

ALLGEMEINES WISSEN

Reine Wissenschaft der THEORIE	Angewandte Wissenschaft der PRAXIS	Realisierte Wissenschaft der TECHNIK	Kommerzialisierte Wissenschaft der INDUSTRIE	Proto- und Meta-Wissenschaft PROGRAMME
		neuzeitliche Wissenschaftsformen		
nicht person-, zweck-, zeit-, raumgebunden; "uninteressierte" Erkenntnisse	kontextbezogen; handlungs-orientiertes implizites Wissen und praktisches Können	zweckbezogen; "interessiertes" Wissen; finalisiert, herstellungs-orientiert	Wissen als Produktivkraft und mit Eigentums-rechten verwertungs-orientierte Ware	explizites Regelwissen: Algorithmen, Methodiken, Heuristiken

BESONDERES WISSEN

persönliche Kenntnisse subjektive Meinungen	empirische Befunde	technisierte Daten
		ereignisbezogene Daten
	personenbezogene Daten	Nachrichten und Unterhaltungsinformationen der Massenmedien
statistische Daten		
anonymisierte Einzeldaten, aggregierte Massendaten	konzentriert an wenigen Stellen (bei "Datenherren")	

Bestände überwiegend im wissenschaftlichen Sektor

generalisiertes Theorienwissen	praktiziertes Theorienwissen	realisiertes Theorienwissen	industrialisiertes Theorienwissen	instrumentelles Steuerungswissen

Bestände überwiegend im außerwiss. Sektor

verstreutes Alltagswissen	akkumuliertes Erfahrungswissen	wiss. und außerwiss. Datenwissen

dreifache Verschiebung des kognitiven Schwerpunkts zum Steuerungs- und Datenpol sowie zum außerwissenschaftlichen Sektor

3. Funktionen des Wissens

Mit dem Aufkommen der neuen Wissenslagen geht zunächst eine funktionale Ausdifferenzierung der informationellen Tatbestände und Tätigkeiten einher, im Zusammenhang mit der mehrfachen Transformation der modernen Wissenschaft (dazu später) und der zunehmenden Informatisierung der Gesellschaft.

Näher betrachtet, ergibt das bereits beim jetzigen Stand der Entwicklung einen breitgefächerten *Funktionskatalog* der wissenschaftlichen und außerwissenschaftlichen Informationsaktivitäten.

Wissen, im dem eingangs erläuterten Sinne, dient in der heutigen Funktionsbreite von „Information" zum

– theoretischen,
– praktischen,
– technischen,
– wirtschaftlichen,
– massenkommunikativen,
– journalistischen,
– bürokratischen,
– persönlichen Gebrauch als

(1) *Erkenntnis* (in der Reinen Wissenschaft der Theorie: als generalisiertes Theorienwissen für „uninteressierte", zweckfreie wissenschaftliche Forschung, Lehre, Publikation);

(2) *Praxeologie* (in der Angewandten Wissenschaft der Praxis: als praktiziertes Theorienwissen der verwissenschaftlichten Praxis, d.h. zweckgerichtetes praktisches Handlungswissen);

(3) *Technologie* (in der Realisierten Wissenschaft der Technik: als realisiertes Theorienwissen, d.h. technisches Herstellungswissen für wissenshaltige Artefakte);

(4) *Produktivkraft* (in der Wirtschaft: als ökonomische Ressource kommerzialisierter Wissensgüter und Informationsmärkte);

(5) *Steuerungsinstrument* (in der Wissenschaft, Technik und Wirtschaft: als theoriebasierte Regelungssysteme der Kybernetik, Informatik, Künstlichen Intelligenz sowie als Proto- und Metawissen schlechthin);

(6) *Konsumgut und Unterhaltungsmittel* (in den unterhaltenden Medien: Wissen als Ware, in Gestalt publizierter Print-, Bild- und Toninformation zum Zwecke des „Infotainment");

(7) *Nachrichtenträger und Mitteilungsmittel* (in den journalistischen Medien, für außerwissenschaftliche Erkenntnis und Kommunikation von „Tatsachenberichten");

(8) *Kontrollmittel* (in der Verwaltung: als bürokratisches Dienst- und Herrschaftswissen, zunehmend auf Datenbasis der informationstechnisch gespeicherten „Akten");

(9) *Kontextinformation* (im Alltag: als Kenntnisse der Umstände und sonstige Lageinformation über den Nahbereich des Menschen in seiner „Lebenswelt", einschließlich seiner selbst);

(10) *Meinungsurteil* (im Privat- und Öffentlichkeitsbereich: als intuitive „Alltagstheorien" zum Tagesgeschehen und damit verbundene persönliche, privatisierte oder publizierte Meinungsäußerung gemäß informationellen Freiheitsrechten).

Im wesentlichen handelt es sich bei den ersten fünf Optionen um wissenschaftliche, bei den restlichen fünf um nichtwissenschaftliche Gebrauchsweisen, mit Grenzfällen im Überschneidungsbereich beider Funktionskreise.

Über die dem Funktionskatalog zugrunde liegenden *Entwicklungstendenzen* läßt sich, grob zusammenfassend, folgendes anmerken:

Funktionen 1 und 2 entsprechen dem klassischen, der Universitätswissenschaft des 19. Jahrhunderts als Forschungskonzept auferlegten **Theoretisierungsprogramm** des menschlichen Wissens und dem darauf aufbauenden **Verwissenschaftlichungsprogramm** für die theoriegeleitete Praxis.

Funktionen 3 bis 7 ergeben sich aus den späteren, in diesen Punkten gegengerichteten **Technisierungs-, Informatisierungs- und Kommerzialisierungsprogrammen** des aufkommenden Informationszeitalters.

Funktion 10 liegt, sozusagen als außerwissenschaftlicher Ableger der Akademischen Wissensordnung für Freie Forschung & Lehre, ein bis heute nachwirkendes, erst durch die wissensbezogenen Freiheitsrechte demokratischer Verfassungen (Glaubens-, Meinungs-, Veröffentlichungs-, Vereinigungs- und Versammlungsfreiheit) gewährleistetes **Privatisierungsprogramm** des Alltagswissens höchstpersönlicher Meinungen, Urteile, Kenntnisse, Kommunikationen zugrunde. Es reicht vom liberalen Modell bürgerlicher Öffentlichkeit[125] bis zu den „kognitiven", d.h. wissens- und glaubensbezogenen Menschenrechten unserer Zeit.

Nebenbei, falls man diese Funktion – oder Fehlfunktion – vermissen sollte: In allen Verwendungen kann Wissen unter bestimmten Bedingungen (Monopolisierung, u.a.) ein *Machtmittel* zur unmittelbaren Machtausübung werden. Dies wäre ein spezieller Unterfall, der in allen aufgeführten Fällen enthalten

---

125   Im Sinne von *Habermas/Strukturwandel*.

ist, sozusagen als degenerativer Grenzfall, der beim Dienst- und Herrschaftswissen zum Normalfall werden kann[126].

Mit diesen sektoralen Klassifikationen und zusätzlichen Funktionsbestimmungen der Wissenbestände ist das gesamte gesellschaftliche Informationsfeld so weit aufgegliedert, daß dessen alte und neue Ordnungsverhältnisse untersucht werden können. Wie gesagt, hat nicht jede Wissensart eine eigene Wissensordnung. Aber wo es diese gibt, läßt sich nun regional lokalisieren (als Bereichsregelung für abgrenzbare Sondermilieus) und meistens auch funktional spezifizieren (als Wissensordnung für bestimmte Wissensarten oder -bestände).

---

126 Eine systematische Analyse der Beziehungen zwischen Wissen und Macht, anhand geschichtlicher Fallstudien, bringt *Spinner/Macht*.

Viertes Kapitel:
Zur Entstehung der Klassischen Wissensordnung in der neuzeitlichen Wissenschafts- und Gesellschaftsverfassung

I. Fragen zum Aufbau und Wandel der Klassischen Wissensordnung

Die Untersuchung des Entstehungs- und Wandlungsprozesses der Klassischen Wissensordnung soll Antworten auf folgende Fragen geben:

(1) *Welches sind die maßgeblichen Bestimmungen* und wesentlichen Bestandteile der Klassischen Wissensordnung?

Nicht die einzige, aber die kompakteste Antwort darauf kann gegeben werden[127] mit der ordnungspolitisch reinterpretierenden Rekonstruktion der *Humboldt*schen *‚Ideen von 1809'*, zur Organisation – besser: Konstitution, im Sinne einer Wissenschaftsverfassung – der reformierten „modernen" Universität und erneuerten „okzidentalen" Theorienwissenschaft.

(2) *Welche dieser Komponenten* werden durch den wissenschaftlich-technischen Fortschritt sowie die darauf bezogenen wissenschafts-, technologie- und wirtschaftspolitischen Maßnahmen geändert? Und wie wirken sich diese Änderungen auf die Binnenordnung der Wissenschaft aus – also die eigentliche Wissenschaftsverfassung – sowie auf die gesamtgesellschaftliche Wissensordnung mit ihren überwiegend außerwissenschaftlichen Bereichsordnungen?

Die Antwort besteht in einem Vergleich zwischen den alten, „klassischen" und den neuen, „nichtklassischen" Bestimmungen und Bedingungen für die Ordnung des Wissens, in und außerhalb der Wissenschaft.

(3) *Wo liegen die inner- oder außerwissenschaftlichen Ursachen* für den gegenwärtigen Wandel der Wissensordnung?

(4) *Welche Auswirkungen* haben diese Entwicklungen, insbesondere aber keineswegs nur im Sinne der bereits erläuterten Technikfolgen zweiter Art?

(5) *Was können Wissenschaft und Politik ihnen künftig entgegensetzen*, an ordnungstheoretischen Analysen zum Verständnis und an ordnungspolitischen

---

127 Ohne hier im einzelnen zu wiederholen, was an anderer Stelle ausführlicher dazu gesagt worden ist; siehe *Spinner/System Althoff*.

Maßnahmen zur Gestaltung der Neuen Wissensordnung (die auch ohne konstruktive Beiträge neuartig sein wird, dann eben „naturwüchsig" und willkürlich statt wohlbedacht und mitgestaltet)?

Diese Fragen umreißen den im Anhang skizzierten Themenkatalog und Untersuchungsbedarf zum Thema Wissensordnung, zur Vorbereitung der unerläßlichen Zusammenarbeit einer Vielzahl einschlägig interessierter, aber zumeist noch nicht ausdrücklich damit befaßter und dazu verbundener Wissenschaften.

II. Drei geschichtliche Institutionalisierungsformen der Klassischen Wissensordnung

Es gibt in der neuzeitlichen (westeuropäischen) Geschichte *zwei Entwicklungslinien*, die – auf eigenen Wegen in unterschiedlichen Bereichen, aber mit familienähnlichen Leitprinzipien und funktional äquivalenten Strukturierungen – zur Institutionalisierung von wesentlichen Bestandteilen der Klassischen Wissensordnung geführt haben. Institutionengeschichtlich vereinfacht, könnte man vom *deutschen* und vom *englisch-französischen Weg* sprechen. Dieser zielt auf Forschungsfreiheiten, der jener auf Meinungsfreiheiten ab.

Unter rigoroser Vereinfachung und mit philosophischer Ermessensfreiheit im Umgang mit den historischen Tatsachen und rechtlichen Tatbeständen kann man drei historisch realisierte, systematisch rekonstruierbare Institutionalisierungsformen der Klassischen Wissensordnung unterscheiden:

Erstens die Vorform des *Liberalen Modells* der Öffentlichen Meinung, mit teils bereits deutlich erkennbaren ordnungspolitischen Ansätzen.

Zweitens die Vollform des *Humboldtschen Universitätsmodells*, mit – in der Theorie, unbeschadet der praktischen Abstriche – dem nahezu vollständigen Aufbau der Klassischen Wissensordnung für Freie Forschung & Lehre.

Drittens die Spätform des *demokratischen Modells für freie Meinung und informationelle Persönlichkeitsrechte* „unter den Bedingungen der automatischen Datenverarbeitung"[128], mit Modifikationen der Klassischen Wissensordnung für das Informationszeitalter.

Zusammen genommen, läßt sich daraus die Architektur der Klassischen Wissensordnung im *ordnungstheoretischen Grundriß* bilden, während die ordnungspolitische Ausgestaltung im akademischen Sondermilieu der Wissenschaft doch erheblich von derjenigen des bürgerlichen Normalmilieus abweicht.

---

128 *Bundesverfassungsgericht/Volkszählungsurteil* vom 15.12.1983, S. 45.

1. Ansätze zur Klassischen Wissensordnung im bürgerlichen Diskussionsmilieu: Zur Gesellschaftsverfassung der liberalen Meinungsfreiheiten

Mit den im 18. Jahrhundert – zuerst in England, dann in Frankreich – entstehenden Institutionen der Öffentlichkeit zeichnet sich ein ordnungspolitischer Rahmen für allgemeines „Räsonieren" ab, d.h. für die von persönlichen Vorurteilen, wirtschaftlichen Interessenlagen, sozialer Rangstellung, ideologischer Parteilichkeit, politischer Manipulierung durch die Obrigkeit *emanzipierte Meinung* von Privatleuten, die sich zu einem „Publikum" versammeln.

Das von *Habermas*[129] überstilisierte *Modell der liberalen Öffentlichkeit*, in kontrafaktischer Absicht philosophisch auskonstruiert zum Idealtypus des herrschaftsfreien Diskurses für unverzerrte Kommunikation, läßt sich ordnungstheoretisch so rekonstruieren – kongenial, obgleich nicht ohne Akzentverschiebungen und Umdeutungen[130] –, daß es als *Vorform der Klassischen Wissensordnung* mit bemerkenswerten Strukturanalogien erscheint, unbeschadet der empirischen Unabhängigkeit beider.

Umformuliert vom Einheitsvokabular des deutschen Idealismus (Einheit von Vernunft und Geschichte, Forschung und Lehre, Erkenntnis und Interesse, u.dgl.) auf die Unterscheidungsterminologie ausgebildeter spezifischer Ordnungsstrukturen, kann das Modell der liberalen Öffentlichkeit ebenso wie die Klassische Wissensordnung durch eine Reihe von *„nicht-natürlichen Auseinanderhaltungen"* gekennzeichnet werden. Das ist bewußt vorsichtig gesagt, weil es sich dabei, historisch gesehen, mehr um nachträgliche ordnungstheoretische Unterscheidungen als tatsächliche Trennungen (oder Abkopplungen, wie *Habermas* heute sagt) handelt. Das hängt mit der Überstilisierung und Unterrealisierung des Modells zusammen, wodurch ein Ordnungsvergleich jedoch keineswegs ausgeschlossen wird.

Um den bemerkenswerten ordnungspolitischen Überschneidungsbereich zwischen diesem Öffentlichkeitsmodell und der Klassischen Wissensordnung zu verdeutlichen, benutzt die folgende Kurzdarstellung so weit wie möglich bereits das Beschreibungsschema für die Wissensordnung, wobei lediglich die Reihenfolge umgedreht ist. Das ermöglicht einen direkten Vergleich der Themen und Topoi.

(1) Was für die Wissenschaftsverfassung die *Trennung von Wissenschaft und Staat*, das ist – ordnungspolitisch gesehen – für die Gesellschaftsverfassung die Unterscheidung von Gesellschaft und Staat, d.h. von privater Meinungsäußerung und staatlicher Machtausübung. Dieses Leitprinzip des Öffentlichkeitsmodells zielt letztlich auf die **Trennung von Meinung und Macht** ab, wie unvollkommen (beim „unaufgeklärten" Bürger, der sich keineswegs nur

---

129 Vgl. im folgenden insbesondere *Habermas/Strukturwandel*.
130 Das gilt insbesondere für die bei *Habermas/Strukturwandel*, S. 97f. aufgeführten „institutionellen Kriterien", die als aufschlußreiche, aber unzulängliche Stellvertreter für fundamentalere „konstitutionelle" Ordnungsprinzipien aufzufassen sind.

von „allgemeinen" Interessen leiten läßt) und unwillkommen (beim „unrationalen" Staat, der auf die Meinungskontrolle über die Bürger nicht völlig verzichten will) auch immer.

Mit der Entstehung der bürgerlichen Öffentlichkeit erfolgt eine Verschiebung der Trennungslinie. Während die „private Sphäre" der bürgerlichen Gesellschaft den persönlichen Intimbereich, die Kleinfamilie und Verwandtschaftsgruppe mehr und mehr überschreitet, wird der „öffentliche Bereich" des Staates tendenziell auf die Ausübung hoheitlicher Gewalt eingeschränkt. Nunmehr gehört die Öffentliche Meinung zu diesem *erweiterten, staatsfreien und machtneutralisierten Privatbereich,* weil sie ja als „Öffentlichkeit von Privatleuten"[131] ordnungstheoretisch definiert ist. Deshalb zählt noch bei *Kant* die Publizität zum „privaten Gebrauch" der Vernunft[132].

(2) Der *Trennung von Theorie und Praxis* in der Wissenschaftsverfassung entspricht in der liberalen Gesellschaftsverfassung für die bürgerliche Öffentlichkeit die **Trennung von Räsonnement und Politik** (oder von liberaler Diskussion und politischer Dezision), die durch jene ja einer rationalisierenden Machtkontrolle unterzogen werden soll. Als ohnmächtige Konfrontation von Autorität mit Publizität ist diese Ungleichung von einer demokratischen Kontrolle der Machthaber allerdings noch weit entfernt, welche, frei nach *Kant,* das „freie" Räsonnieren nur so weit gestatten, als es die Macht nicht beeinträchtigt.

Auf dieser Linie liegt die durchgängige *Virtualisierung der Handlungszwänge* im Modell der herrschaftsfreien Diskussion. Räsonieren dürfen heißt, jedenfalls in diesem Rahmen, „theoretisieren" müssen! In der Praxis, spätestens dann, wenn es zum Handeln kommt, wird gehorcht. So will es die alte Ordnung, der Macht wie der Öffentlichen Meinung.

(3) Auf eine *Trennung von Ideen und Interessen* läuft die **Abtrennung der Argumentation vom sozialen Kontext** hinaus, bei gleichzeitiger Anbindung der Öffentlichen Meinung an das Allgemeine. Nach diesem Prinzip hat sich das Publikum mit dem über partikulare Interessiertheiten hinausgehenden „Allgemeinen" kritisch zu beschäftigen und dabei „keiner Autorität außer der des Arguments"[133] zu unterwerfen. Die postulierte Uninteressiertheit der insofern gleichberechtigt Beteiligten ergibt sich aus der *Virtualisierung der sozialen Ränge,* von der möglichst „abzusehen"[134] ist, obgleich sie dadurch keineswegs annulliert werden.

Gesteigert und abgesichert wird diese *Trennung von Meinung und Interesse,* wenn im radikalisierten liberalen Gesellschaftsmodell der absoluten Meinungsfreiheit diese mit der „Unberührtheitsthese" verteidigt wird, derzufolge das bloße Haben einer Meinung über etwas die Interessen anderer unberührt

---

131 *Habermas/Strukturwandel,* S. 90 et passim.
132 Dazu *Eder/Geschichte,* S. 131ff.
133 *Habermas/Strukturwandel,* S. 104; zur Beschäftigung mit dem „Allgemeinen" S. 97.
134 Vgl. *Habermas/Strukturwandel,* S. 97.

läßt, weil Meinungsäußerungen – modern gesagt – Aussagen sind, aber keine Eingriffe mit Interessenverletzungen, gegen die es Abwehrrechte des Staates oder Bürgers gäbe[135].

(4) Desgleichen wird die *Trennung von Erkenntnis und Eigentum* stillschweigend zur **Nichtkongruenz von Mein und Meinung** verschärft, wenn *J. St. Mill* schreibt: „Ja, wäre eine Meinung persönliches Eigentum, das nur für ihren Besitzer wertvoll wäre, in deren Genuß beeinträchtigt zu werden nur eine einfache Rechtsverletzung darstellte ..."[136]

Daraus ergibt sich, daß Meinungen spätestens mit ihrer Äußerung nicht mehr im ausschließlichen Privateigentum ihrer – sich meistens selbst enteignenden – Exbesitzer und Beeinträchtigungen der Meinungsfreiheit keine Verletzungen gewöhnlicher Rechte sind, sondern Verstöße gegen Prinzipien der Wissensordnung.

Von dieser Sicht hat sich die Rechtsordnung in entscheidenden Punkten abgekehrt, bahnbrechend mit der extensiv ausgelegten Lehre von den Informationseingriffen[137], im Einklang mit der neueren Rechtsprechung über Persönlichkeitsrechte und Datenschutz, die u.a. mit dem Recht auf informationelle Selbstbestimmung teils nachgezogen hat, teils sogar weit vorgeprescht ist.

Wie groß ansonsten die Übereinstimmungen sein mögen, so handelt es sich doch lediglich um strukturelle Analogien, nicht um inhaltliche Kongruenzen. Es gibt auch gravierende Unterschiede zwischen dem liberalen Meinungsmodell und dem Wissenschaftsmodell der Klassischen Wissensordnung. Während es jenem zum Beispiel um die zu diesem Zweck in eine erweiterte und weit geöffnete (ausgenommen für Kinder und nicht eingebürgerte Ausländer, ursprünglich auch Frauen) Privatsphäre angesiedelte Kultivierung von Laienurteilen geht, zielt die Wissenschaftsverfassung – insofern gegenläufig – auf die Förderung von Expertenurteilen ab, welche als Beiträge zum „Wissenskommunismus" (*Robert K. Merton*) der Forschungsgemeinschaft geschlossener Kompetenzkreise entprivatisiert werden.

2. Ausbau der Klassischen Wissensordnung im akademischen Sondermilieu: Zur Wissenschaftsverfassung der Gelehrtenrepublik für Forschungsfreiheiten

Was im 18. Jahrhundert die bürgerliche Wissensordnung für Meinungsfreiheiten andeutet, allenfalls umreißt, wird im 19. Jahrhundert mit der akademischen Wissenschaftsverfassung für Forschungsfreiheiten zur *kognitiven Grundmatrix* für die wissensbezogene Verfaßtheit der modernen Gesellschaft

---

135 So sinngemäß *Mill/Freiheit*.
136 *Mill/Freiheit*, S. 25f.
137 Zum Stand der Überlegungen vgl. *Rogall/Informationseingriff*.

auskonstruiert, ordnungstheoretisch jedenfalls. Die Verfassungswirklichkeit steht auch hier auf einem anderen Blatt.

Als *Arbeitshypothesen* zum Ausbau der Klassischen Wissensordnung im akademischen Sondermilieu Freier Forschung & Lehre[138] werden sechs Annahmen gemacht:

Erstens, daß es in Europa ein gemeinsames *Grundmodell der „westlichen" Universität* gibt, als Idee und Institution, unbeschadet der großen Bandbreite ihrer realisierten Varianten.

Zweitens, daß dieses Grundmodell der modernen, aus heutiger Sicht fast schon alteuropäischen Universität auf die *Humboldt*schen ‚*Ideen von 1809'* zur reformierten Universität zurückgeht, ohne allerdings darauf beschränkt zu sein.

Drittens, daß diesem Grundmodell seinerseits eine *Wissensordnung* zugrunde liegt, welche die fundamentalen Bestimmungen, internen Regulierungen und externen Randbedingungen für den Umgang mit Wissen spezifiziert, wie sie sich zunächst in der *Wissenschaftsverfassung des akademisch-universitären Sondermilieus* für praxisfremde, technikfeindliche Theorienwissenschaft niederschlagen.

Von der Angewandten Wissenschaft einer theoriengeleiteten Praxis und von der Realisierten Wissenschaft wissenschaftsbasierter Technik ist noch lange nicht die Rede, noch weniger von außerwissenschaftlichen Wissensarten oder außeruniversitären Forschungsunternehmen. Deshalb steht die Erzeugung, Verbesserung, Veröffentlichung und Bewertung von Theorien nach „rein wissenschaftlichen" Maßstäben noch völlig im Mittelpunkt der Aufmerksamkeit, zulasten der Verwendung, Verwertung und Verteilung dieser Wissensart in der Gesellschaft.

Was später hier als „alte" oder „klassische" Wissensordnung beschrieben wird, bildet den Bezugsrahmen für das Selbstverständnis, den Erkenntnisstil, die Forschungsaufgabe der sogenannten *Reinen Wissenschaft* im institutionellen Rahmen einer Universität modernen Typs. Dieser ist von Anfang an mit voller Absicht den funktionalen Erfordernissen für die Erzeugung und Weiterentwicklung *wissenschaftlicher* Erkenntnis im akademischen Sondermilieu angepaßt, bewußt abgehoben von den Anwendungsbedingungen der Praxis und vielfach entgegengesetzt zu den Realisierungsbedingungen der Technik und den Verwertungserfordernissen der Wirtschaft.

Viertens, daß die im dafür günstigen Sondermilieu der *Humboldt*schen Universität aufwachsende *Gelehrtenrepublik* als approximative soziale Realisierung der Klassischen Wissensordnung angesehen werden kann. Unbeschadet einiger offensichtlicher Abweichungen, verkörpert diese „geistige" Republik in nichtrepublikanischer politischer Umgebung den bemerkenswertesten Versuch der deutschen Geschichte zu einer konstitutionellen Revolution im Bereich des „höheren" Bildungswesens (der Hochschulen) und des hier verorte-

---

138 Näheres, mit genauerer Argumentation und weiterführenden Literaturangaben, bei *Spinner/System Althoff* sowie *Spinner/University*.

ten wissenschaftlichen Expertenwissens. Beim „niedrigen" Erziehungswesen (der Schulen) sowie bei dem Laienwissen der Öffentlichen Meinung ist kein derartiger voller, frühzeitiger Erfolg der Ordnungspolitik zu verzeichnen, im Gegensatz zu England und Frankreich.

Fünftens, daß im Zuge der nicht zuletzt mit dem sogenannten ‚*System Althoff*' einsetzenden Weiterentwicklung der Verhältnisse auf der konstitutionellen Ebene eine Stille Revolution stattfindet, welche einen fundamentalen *Wandel der Wissensordnung* mit sich bringt.

Dieser setzte hier bereits um die Jahrhundertwende ein, während er im außerwissenschaftlichen Bereich bis zur heutigen Informationsrevolution auf sich warten ließ. Von den wissenschaftlich-technischen Entwicklungen im allgemeinen abgesehen, sind vor allem das Auswachsen der Wissenschaft zum „Großbetrieb"[139] zu Zeiten *Althoffs* sowie das Aufkommen der Informationstechnik heute die treibenden Kräfte, welche durch Einführung „nicht-klassischer" Bedingungen die überkommene Wissensordnung weit stärker unterminieren, als es gewöhnliche Verstöße dagegen je tun könnten, welche es in der Geschichte natürlich immer gegeben hat.

Sechstens, daß das Erkenntnisunternehmen der wissenschaftlichen Forschung ebenso wie die soziale Institution Universität im Zuge ihrer Umorientierung von nichttechnischen auf technisierte Wissensarten einem *Strukturwandel* unterliegt. Einerseits ist das eine erkenntnistheoretische Schwerpunktverlagerung vom Theorienwissen zum Daten- und Regelwissen; andererseits eine wissenschaftspolitische Schwerpunktverlagerung von der Reinen Wissenschaft der *Theorie* zur Angewandten Wissenschaft der zunehmend verwissenschaftlichten *Praxis*, zur Realisierten Wissenschaft der *Technik* und zur Kommerzialisierten Wissenschaft der *Industrie*.

Die ordnungspolitische Exterritorialisierung der Universitätswissenschaft und Gelehrtenrepublik innerhalb des akademischen Sondermilieus wird konzipiert durch die ‚Ideen von 1809' und im neuen ‚westlichen' Universitätstyp institutionalisiert, ohne damit schon voll ausgebildet und restlos verwirklicht zu sein.

Seit *Humboldts* Organisationsdenkschrift von 1809 ist es üblich, im Stile der Identitätsphilosophie des deutschen Idealismus die „Idee" – und, mit den vielbeklagten Abstrichen, auch die Institution – der Universität durch die dreifache *Einheit* von erstens Forschung und Lehre, zweitens Lehrenden und Lernenden sowie drittens der Wissenschaft(en) selber zu charakterisieren.

Im Gegensatz dazu werden im folgenden das geistige und soziale Sondermilieu der Universität, als Idee und Institution, im gesamtgesellschaftlichen Koordinatensystem; desgleichen die Sonderstellung der institutionalisierten Wissenschaft im allgemeinen Wissensbereich durch eine Reihe von *Trennungen* dessen beschrieben, was in den Gemengelagen des sogenannten wirklichen Leben miteinander verbunden ist und manche Mißgeburt erzeugt (wie zum Beispiel Ideologien oder machtgewordenes Wissen). Was natürlicher-

---

139 *Harnack/Großbetrieb*.

weise zusammengehört und ohne besondere Vorkehrungen längst zusammengewachsen wäre, wird voneinander abgekoppelt und eigenständig bis zur Erstklassigkeit[140] kultiviert, bei Gefahr des Luxurierens ins Leere.

Den inzwischen deutlich gewordenen, für pluralistische Gesellschaften moderner westlicher Prägung kennzeichnenden *Nichtidentitäten* (von Staat und Gesellschaft, Regierung und Staat, Recht und Gerechtigkeit, Mehrheit und Wahrheit, u.dgl.) werden jene hinzugefügt, die für den neuen Universitätstyp und die erneuerte Wissenschaftsform ebenso konstitutiv sind, im Sinne von sie ermöglichenden *ordnungspolitischen Extraregelungen*. Erst dadurch wird beiden ein politisch, rechtlich, gesellschaftlich und epistemologisch weitgehend exterritorialisierter Status eingeräumt, mit einem hohen Grad von sozialer Autonomie und fachlicher Normsetzungskompetenz – immer abzüglich der empirischen Friktionen infolge von „Reibungen der Realität", welche sich aber weniger aus der Wissensordnung als aus ihren Realisierungsdefiziten ergeben.

Abweichend von der ansonsten geltenden Rechts-, Wirtschafts- und Gesellschaftsordnung werden durch die Klassische Wissensordnung *ordnungspolitische Extraregelungen für den engeren Wissenschaftsbereich* eingeführt, am weitestgehenden verwirklicht für die Reine Theorienwissenschaft im akademischen Sondermilieu Freier Forschung & Lehre.

Das geschieht durch die vier **Großen Separationen**, welche insgesamt den Kernbestandteil der Klassischen Wissensordnung bilden und die kognitive Ausgangsmatrix für alle familienähnlichen oder gegenläufigen Weiterentwicklungen liefern[141]:

---

140 Vgl. *Beyerchen/Excellence*.

141 Um die Vergleichsmöglichkeiten zu erleichtern, werden die vier konstitutiven Leitbestimmungen der Klassischen und die spiegelbildlichen Gegenbestimmungen der Neuen Wissensordnung im folgenden mit I bis IV durchnumeriert und durch „a" oder „b" gekennzeichnet. Die a-Positionen bezeichnen die *Großen Separationen* (Abkopplungen, Extraregelungen) der Alten Wissensordnung, die b-Positionen die *Großen Fusionen* (Verschmelzungen, Renormalisierungen) der Neuen Wissensordnung (siehe Abb. 3.1 und 3.2).

Die 4a überlagernde, den Wandel der Wissensordnung „durchlaufende" Gegentrennung des Forschers von den Betriebsmitteln aufgrund der hier in den Wissensbereich mit dem *ökonomischen Realitätsprinzip* intervenierenden Staats- und Wirtschaftsordnung wird der Vierer-Grundmatrix für die Alte und Neue Wissensordnung nicht als Zusatzposition eingegliedert, sondern als *transitorischer Posten* (wie man in der Sprache der Bilanzbuchhaltung Beträge zur Übertragung auf den nächsten Abrechnungszeitraum nennt) angehängt, um die exponierte Stellung einer paradoxerweise *entscheidenden Randbedingung* sichtbar zu machen, die – im wörtlichen und übertragenen Sinne – mit durchschlagender Macht von der Peripherie ins Zentrum rückstrahlt und alles andere beeinflußt.

Es handelt sich also nicht um die fünfte der ordnungspolitischen Leitbestimmungen, sondern um eine praktische Bedingung, welche die genannten Leitbestimmungen an die Normalität der Rechts- und Wirtschaftsordnung für die üblichen Verhältnisse in der modernen, bürgerlichen wie sozialistischen Gesellschaft in vielem wieder angleicht. Deswegen sind Wissenschaftler, ordnungspolitisch gesehen, keine Unternehmer, auch wenn sie sich im Erkenntnisprozeß der „schöpferischen Zerstörung" (dazu *Schumpeter/Kapitalismus*) unter gedachten Verhältnissen noch so unternehmerisch gebärden.

(Ia) Die *Abkopplung der Ideenwirtschaft* von der normalen Güterwirtschaft durch weitgehende Aufhebung der strengen Eigentumsordnung exklusiver Verfügungsbefugnisse (Ausschlußrechte) über „Wissensgüter", um durch **Trennung von Erkenntnis und Eigentum** das Wissen spätestens mit seiner Veröffentlichung in das Gemeineigentum der Forschungsgemeinschaft zu überführen, mit freiem Zugang und zum vollen Gebrauch für jedermann, der zur Wissensteilnahme befähigt ist (also für die Wissenschaft genügend motiviert, talentiert und vorgebildet).

Dem Wissenschaftler verbleibt nur der für die Erzeugung und Verbreitung von Ideen eher förderliche als hinderliche *Eigentumsrest* des Rechts auf Namensnennung (durch Zitierung). Darüber hinaus erhält er Reputation im Fach, als symbolisches Entgelt für die dadurch sozial anerkannte Originalität der Erstentdeckung oder Ersterfindung. Der dadurch ermöglichte *Wissenskommunismus*[142] der Forschungsgemeinschaft ist eine Ausnahmeregelung für die kapitalistischen als auch die ehemals kommunistischen Gesellschaftsordnungen.

Diese Selbstexpropriation der Wissenschaftler erfolgt durch *Entprivatisierung des „herrenlos" gemachten Wissens*, welches seinen privaten Ursprung als höchstpersönliche Erfindung oder Entdeckung eines realen, konstruierten oder fingierten Autors abstreift. Für entprivatisierte wissenschaftliche Erkenntnis gilt *Mills Diktum* noch mehr als für die private Meinung: Ja, wäre eine Meinung – hier: eine Erkenntnis – persönliches Eigentum, das nur für ihren Besitzer wertvoll ist ... Aber Erkenntnisse werden für ihren Schöpfer erst wertvoll, wenn er ihren Alleinbesitz aufgibt und andere zu Mitwissern macht, deren Verbesserungen der Wissenslage rückläufig auch ihm zugute kommen. Das gilt allerdings nur unter den Bedingungen einer funktionierenden Wissensordnung mit klassischen Regelungen.

(IIa) Die *Abkopplung der Wissensfrage* von der „unsachlichen" außerwissenschaftlichen Interessenlage der Erzeuger, um durch institutionelle **Trennung von Ideen und Interessen** alle sachfremden materiellen (nichtkognitiven) oder ideologischen („interessierten") Einflüsse von außen auf die Ergebnisse auszuschalten und die „uninteressierte", ungehinderte, unverzerrte wissen-

---

Das macht die Extraregelungen im Ergebnis etwas weniger ‚extra', wie die deutsche Universitätsgeschichte mit vielen einschlägigen „Fällen" belegt , von den „Göttinger Sieben" im Absolutismus über das *„System Althoff"* im Wilhelminismus bis zu den wissenschaftspolitisch höchst verschiedenen, aber ordnungspolitisch vergleichbaren Fällen *Brückner* und *Bossle* in der Gegenwart. Die Säulen der Klassischen Wissensordnung wachsen keineswegs in den Himmel des philosophische Idealismus, dem sie zwar *ideell* verbunden sind, aber *materiell* am anderen Ende der Ordnungsleiter geerdet werden. Die Klassische Wissensordnung ist nicht die absolute ordnungspolitische Ausnahme, sondern lediglich etwas mehr oder weniger *Extraordinäres unter den allgemeinen Strukturbedingungen geschichtlicher Tradition und gesellschaftlicher Normalität.* In der Welt des Wissens gibt es keinen Staat im Staate, wohl aber relativ große staatsfreie Bereiche für politische entlastete Gestaltungsmöglichkeiten und Verhaltensweisen.

142 Zu diesem „Wissenskommunismus" im nichtpolitischen Sinne vgl. *Merton/Sociology*, S. 273ff.

schaftliche Erforschung der „Wahrheit" zu gewährleisten. (Die gleichzeitige Abkopplung von der Interessenlage der Verwender ist mitgemeint, aber weniger rigoros durchgeführt. Hier liegt heute das größere praktische Problem, an das man ursprünglich – verständlicherweise bei der Schaffung einer Institution, die mit der Verwendung und Verwertung nichts zu tun haben soll – nicht gedacht hat.)

Die zur Ausschaltung von Parteilichkeit und Vermeidung von Ideologien vorgenommene zweite Abkopplung erfordert die *Universalisierung der wissenschaftlichen Geltungsansprüche:* was „objektiv", gemäß „sachlichen" Standards, gilt oder nicht gilt, tut dies immer und überall für jedermann, ohne Ansehen der Person, Nation, Religion, Rasse, etc.

(IIIa) Die *Abkopplung der Wissenschaft* von den außerwissenschaftlichen Vorbedingungen und Folgen der wissenschaftlichen Forschung, um durch **Trennung von Theorie und Praxis** die Wissenschaftler von Entscheidungs- und Handlungszwang einschließlich rechtlicher, finanzieller, ethischer Folgehaftung freizustellen.

Nebenbei bemerkt: Diese *politische Entlastung* wird oft fälschlicherweise, in apologetischer oder anklagender Absicht, mit der vielzitierten, aber so nicht realisierten „Entpolitisierung" der Wissenschaft verwechselt[143].

Die zu Unrecht heute vielgescholtene Trennung von Theorie und Praxis schafft im Sinne des Ideals griechisch-abendländischer Wissenschaft einen Freiraum für Forschung und (obzwar merklich weniger, wegen ihrer größeren Nähe zur Erziehung) Lehre, unbelastet durch die Notwendigkeit zu irgendeiner anderen Handlungsweise außer dem rein symbolischen Verhalten des Denkens, Sprechens, Schreibens, allenfalls einschließlich des „Forschungshandelns" im Laboratorium. So kann das wissenschaftliche Denken bei technischen oder gesellschaftlichen Entwicklungen theoretisch „in Führung gehen", ohne sie politisch zu dominieren[144]. Dies erlaubt eine ungehinderte Kultivierung der Erstklassigkeit, ermöglicht die Ausbildung darauf bezogener Kompetenz und beschränkt die Verantwortlichkeit des Wissenschaftlers auf die Qualität (Neuheit, Geltung, Erklärungskraft, etc.) des erzeugten Wissens, unter Ausblendung der außerwissenschaftlichen Folgen der innerwissenschaftlichen Forschung.

Mit dieser *Entlastung* von Handlungszwang und Folgehaftung wird durch die Wissensordnung Forschungsfreiheit gewährleistet – und ein beachtliches Forscherprivileg eingeräumt –, so daß in der Wissenschaft *die Möglichkeit zu*

---

143 Zur Klarstellung vgl. den Anhang I in *Spinner/Popper*, S. 541ff. zur „Bedeutung der modernen Wissenschaftstheorie für die Wissenschaft und die Gesellschaft, das Individuum und den Staat".

144 Zu dieser theoretischen „Führung durch Wissen" unter vorgedachten Verhältnissen, ohne Inanspruchnahme der tatsächlichen Führung unter realen Bedingungen, vgl. *Spinner/Ethos*, Kap. III.

erkennen weiter gehen kann als die Notwendigkeit zu handeln. Das ist die Umkehrung des Normalfalls im sogenannten wirklichen Leben[145].

(IVa) Die *Abkopplung des wissenschaftlichen Sonderbereichs* vom „normalen" gesellschaftlichen Umfeld, in dem diese Extraregelungen nicht gelten, um durch **Trennung von Wissenschaft und Staat** (früher: der Kirche, heute eher der Wirtschaft) einen staatsfreien, eingriffsgeschützten, selbststeuernden Bereich autonomer Wissenschaft zu schaffen.

Das Ergebnis ist eine ordnungspolitisch intendierte, in der Verfassungswirklichkeit allerdings nie erreichte *Exterritorialisierung des wissenschaftlichen Sondermilieus* für eine sich selbst steuernde, radikal autonome Wissenschaft. Denn so weit ist es in der deutschen Universitätsgeschichte schon deswegen nicht gekommen, weil eine von *Max Weber* unnachahmlich geschilderte ökonomische Randbedingung der vollen Freiheit der Wissenschaft und Unabhängigkeit des Forschers entgegensteht. „Diese entscheidende ökonomische Grundlage: die ‚Trennung' des Arbeiters von den Betriebsmitteln: den Produktionsmitteln in der Wirtschaft, den Kriegsmitteln im Heer, den sachlichen Verwaltungsmitteln in der öffentlichen Verwaltung, den Forschungsmitteln im Universitätsinstitut und Laboratorium, den Geldmitteln bei allen von ihnen, ist dem modernen macht- und kulturpolitischen und militärischen Staatsbetrieb und der kapitalistischen Privatwirtschaft als entscheidende Grundlage gemeinsam."[146]

Praktisch wird also die vierte konstitutionelle Abkopplung der Wissensordnung von einer fünften faktischen **Gegentrennung des Forschers von den Betriebsmitteln** aus der insoweit vorrangigen Staats- und Wirtschaftsordnung überlagert und dadurch so weit begrenzt, als diese nicht durch besondere Vorkehrungen, insbesondere verfassungsrechtliche Gewährleistungen der institutionellen (aber eben nicht ökonomischen) Unabhängigkeit und parteipolitischen (aber nicht administrativen) Staatsfreiheit neutralisiert ist.

Korrekterweise, im Hinblick auf die empirischen Randbedingungen für die realexistierende Wissenschaft als Beruf (von Forschern, die keine selbständigen Unternehmer sind) und Betrieb (für die Produktion Öffentlicher Güter im Rahmen der kapitalistischen Wirtschaftsordnung) muß man also zur Beschreibung der klassischen Ausgangssituation unter den wirklichen Verhältnissen – im Gegensatz zu den gedachten und gewünschten – die *Vier-plus-eins-Formel* verwenden. Zu den vier ordnungsgemäßen konstitutionellen Trennungen kommt die ordnungsbegrenzende, unter Umständen ordnungssprengende fünfte *Kontraregelung aus dem Geist der kapitalistischen Wirtschaftsordnung* und des in Deutschland bestehenden Staatskapitalismus der Universitäten. Das ist ein vergifteter Pfeil im Köcher des interventionistischen Staates,

---

145   Für das eher *Gehlens Diktum* gilt, demzufolge die Notwendigkeit zum Handeln weiter geht als die Möglichkeit zum Erkennen, um sich voll rational „nach Wissenslage" verhalten zu können (Näheres in *Spinner/Gehlen*).
146   *Weber/Politische Schriften*, S. 322; Hervorhebung im Original.

auf den er bei Verletzung der politischen Enthaltsamkeit in der akademischen Lehre und außeruniversitären Öffentlichkeit jederzeit zurückgreifen kann.

Was *Max Weber* mit diesem Hinweis auf das ökonomische Realitätsprinzip als Kritik des wissenschaftlichen „Beamtentums" vorgebracht hat, trifft im Rahmen der kapitalistischen Wirtschaftsordnung natürlich auch auf das „Angestelltentum" der Industriewissenschaft zu, welches wegen geringerer Absicherung der außeruniversitären, nichtstaatlichen Wissenschaft als Beruf & Betrieb eher schlechter gestellt ist. Was hier ironisch als „ökonomische Randbedingung" apostrophiert wird, ist in Wirklichkeit eine historisch durchlaufende Kategorie; im praktischen Ergebnis sogar eine auf die Gestaltung der beschriebenen Grundverhältnisse durchschlagende Existenzbedingung moderner Wissenschaft. Für den Forscher ist seine Trennung von den Forschungsmitteln ein nicht ablehnbares Angebot, dessen Annahme ihm in der deutschen Universitätsverfassung durch anderweitige Privilegien – politische Zugeständnisse ausgenommen, im Kaiserreich wie in der Demokratie – des Staates erleichtert wird.

Im großen und ganzen gesehen, ist dies die einzige Eigentümlichkeit der überkommenden Wissenschaftsverfassung, welche *vom Wandel der Wissensordnung gänzlich unberührt* bleibt. Inzwischen hat das Aufkommen des wissenschaftlichen Großbetriebs das von der fünften Bedingung aus eigener, besser: ererbter Kraft entbundene „freie Gelehrtentum" auf großbürgerlicher Subsistenzbasis bis auf unbedeutende Reste im außeruniversitären Bereich zum Verschwinden gebracht. Die von der Klassischen Wissensordnung nicht vorgesehene und mit ihren ansonsten wirksamen Mitteln nur begrenzt heilbare fünfte Abkopplung der unablehnbaren Art gilt weiter.

Der Forscher muß mit dieser *Ordnungsanomalie* in der ansonsten „klassisch" verfaßten Universität ebenso leben wie im außerwissenschaftlichen Bereich der Journalist mit seinem Betriebsmittelbesitzer, dem Verleger. Sie ist das fünfte Rad am Wagen, der ohne dieses nicht fährt. Die Wissenschaftsphilosophie lebt, theologisch gesprochen, außerweltlich im ungebrochenen Mythos, wenn die davon keine Notiz nimmt. Für die Wissensordnungen dieser Welt, ob alt oder neu, gilt der gebrochene Mythos mit seinen offen gelegten *Konditionen der fünften Art*. Auch bei den Geschäftsbedingungen für Wissenschaft als Beruf & Betrieb sollte man das Kleingedruckte sorgfältig lesen und das Ungedruckte nicht übersehen.

Von dieser alles andere als nebensächlichen *Zusatzbedingung für Nonprofit-Erkenntnisunternehmen* abgesehen, setzt die hauptsächlich für die Universitätswissenschaft gedachte und völlig auf das akademische Sondermilieu zugeschnittene Wissenschaftsverfassung die Leitbestimmungen und Rahmenbedingungen für ein **Theoretisierungsprogramm des menschlichen Wissens**. Dieses war für die „Reine", d.h. zweckfreie und praxisferne Wissenschaft griechisch-abendländischer Prägung lange Zeit maßgeblich, bis es von dem *Technisierungs-* und *Kommerzialisierungsprogramm* abgelöst wurde, ohne jedoch völlig verdrängt zu werden. In der Akademischen Bereichsordnung lebt sie, mit einige Abstrichen, bis heute fort.

3. Umbau der Klassischen Wissensordnung im demokratischen Rechtsstaat: Zu den Wissensfreiheiten im Informationszeitalter

Mit den – zeitgemäß fortgeschriebenen – kognitiven Grundrechten und den darauf beruhenden Wissensfreiheiten im weitesten Sinne (Glaubens-, Meinungs-, Wissenschafts-, Presse-, Versammlungsfreiheit, usf.) sind wesentliche Teile der Klassischen Wissensordnung in das Grundgesetz der Bundesrepublik Deutschland eingegangen, bei der verfassungsrechtlichen Gestaltung sowohl des Privat- und Öffentlichkeitsbereichs für Freie Meinung & Äußerung als auch des Wissenschaftsbereichs für Freie Forschung & Lehre. Während in diesem die klassischen Bestimmungen fast nahtlos fortgeschrieben wurden, einschließlich der von Anfang an eingebauten Anomalien (vor allem im Verhältnis von Wissenschaft und Staat, deren Trennung genau so „hinkt" wie hinsichtlich der Kirche), kam es bei jenem neuerdings in wichtigen Punkten zu einer Abkehr, die auf einen *Teilumbau der Klassischen Wissensordnung* hinausläuft.

Diese Abkehr – zunächst nur in Einzelpunkten, aber mit grundsätzlicher Bedeutung – ist nicht zu verwechseln mit den vielen rechtlichen Ausnahmen und faktischen Abweichungen von der Klassischen Wissensordnung, wie es sie aus guten Gründen und schlechten Bedingungen immer gegeben hat. Ob man dabei vom Standpunkt der Klassischen Wissensordnung aus das Urheber- und Patentrecht zu den Ausnahmeregelungen zählt, oder es aus der Sicht der Wirtschaftsordnung für eine „Eigentumsmarktgesellschaft"[147] zum Normalfall erklärt, ist ebenso wenig entscheidend wie die Einschätzung der offenkundigen Tatsache, daß auch Wissenschaftler ihre „Verfassung" nicht immer unterm Arm tragen, von den Wissenschaftsbürokraten und -politikern ganz zu schweigen. *Max Weber* hat dieser differenten Verfassungswirklichkeit den bleibenden Namen *„System Althoff"* gegeben[148].

Mit der gegenwärtigen Abkehr von der Klassischen Wissensordnung ist etwas anderes gemeint, nämlich ein unterschwelliger Umbau der Wissensordnung im verfassungsrechtlichen Kernbereich der wissensbezogenen Grund- und Menschenrechte, *pars pro toto* angeführt durch das vielleicht nicht juristisch, wohl aber ordnungspolitisch neue *Recht auf informationelle Selbstbestimmung*.

Wenn damit, auch wenn *de jure* vielleicht ganz anders verstanden, dem Betroffenen als sozusagen rechtmäßigem Besitzer „seiner" personenbezogenen Daten *de facto* eine eigentumsähnliche Ausschlußbefugnis gegenüber Dritten eingeräumt wird, dann wäre es eine Abkehr von den klassischen Bestimmungen in einer zentralen Grundsatzfrage, welche auf die gesamte Wissensordnung ausstrahlt. Ähnliches gilt für das von Gerichten zuweilen eingeräumte Recht auf unbestrittene „Selbstdefinition" (*Fall Herold/Schwan*), die Repro-

---

147 Zu diesem Begriff vgl. *Macpherson/Besitzindividualismus*.
148 Zu *Webers* Kritik am „*System Althoff*", beides ordnungspolitisch verstanden als Revision der Klassischen Wissensordnung und als Einspruch gegen die diesbezüglichen bürokratischen Maßnahmen, vgl. *Spinner/System Althoff*.

priation bislang nicht eigentumsfähiger Gegenstände oder Tatbestände im Rahmen der Gen- und Informationstechnologie, u.dgl.

Während die juristischen Arbeiten dazu auf breiter Front – von der Gesetzgebung bis zur Rechtswissenschaft – in vollem Gang sind, obgleich zumeist noch ohne Erwähnung der Wissensordnung (so in der bisherigen Datenschutz-Diskussion), lassen die *metajuristischen Betrachtungen* der zumeist ungeschriebenen „Verfassung" der Welt des Wissens noch auf sich warten. Dafür ist mit der Wissensordnung das Streitfeld angegeben und die Kontroverse auf die entscheidenden Punkte gebracht, an der das Überdenken der Positionen im Informationsrecht und Datenschutz ansetzen kann, vor allem im Hinblick auf das unter den Bedingungen des Informationszeitalters Macht gewordene Wissen[149].

Trotz der partiellen Abkehr beim außerwissenschaftlichen Informationsrecht bleibt die *Wissens*ordnung des Grundgesetzes überwiegend „klassisch". Juristisch und philosophisch nicht so interessant, aber praktisch auf breiter Front wirksamer sind die kognitiv-technischen und wirtschaftlichen Entwicklungen, welche die Klassische Wissensordnung realiter *aushebeln*. Sie ändern keinen Buchstaben der Wissensordnung (soweit sie überhaupt gesatzt oder gar juristisch kodifiziert ist), sondern entziehen ihr die Geschäftsgrundlage. Wenn das geschilderte Modell der Liberalen Öffentlichkeit infolge der zunehmenden „Verschränkung des öffentlichen mit dem privaten Bereich unanwendbar"[150] wird, dann gilt *mutatis mutandis* dasselbe für die Alte Wissensordnung bei Wegfall der genannten Trennungen.

III. Aufbau der Klassischen Wissensordnung im systematischen Entwurf

Gerade weil die – ohne Vollständigkeitsanspruch – aufgeführten Vor-, Voll- und Spätinstitutionalisierungsformen weitgehend unabhängig voneinander entstanden sind, ermöglicht die große Übereinstimmung im Überschneidungsbereich der Leitvorstellungen die *Rekonstruktion der Klassischen Wissensordnung im Grundriß*.

Da eine Ordnung nicht nur aus konstitutiven Bestimmungen besteht, müssen diese durch regulative[151] und implementative Bestandteile ergänzt wer-

---

149 Eine systematische Analyse mit Fallstudien liefert *Spinner/Macht*.
150 *Habermas/Strukturwandel*, S. 268.
151 Im Parallelfall der Wirtschaftsordnung wird schon bei *Eucken/Grundsätze* ein zweistöckiger Aufbau aus „konstituierenden" (Kap. XVI) und „regulierenden Prinzipien" (Kap. XVII) vorgeschlagen.
   Auf einen inhaltlichen Ordnungsvergleich von Wirtschafts- und Wissensordnung, mit der Rechtsordnung im Hintergrund, soll hier verzichtet werden, der neben großen formalen und geringeren inhaltlichen Analogien vor allem aufschlußreiche Unterschiede auf allen drei Ebenen zutage fördern könnte, um die These von der Eigenständigkeit der „dritten Ordnung" zu belegen.

den. Die **Architektur der Klassischen Wissensordnung** könnte dann, im dreistöckigen Grundriß, wie folgt aussehen:

(I) Auf der **Konzeptebene** liegen die *konstitutiven Prinzipien*, zu denen nach der vorliegenden Darstellung die vier grundlegenden Abkopplungen gehören. Das sind die Leitbestimmungen der Klassischen Wissensordnung, durch die sie formal definiert und inhaltlich umrissen ist.

(II) Zur **Orientierungsebene** gehören die *regulativen Normen,* welche angeben, woran sich die Beteiligten in ihrem Verhalten auszurichten haben, wenn sie sich im Rahmen dieser Wissensordnung bewegen – je nachdem: können, sollen, wollen, müssen.

Mit der Klassischen Wissensordnung so verbunden, sind zum Beispiel für den Wissenschaftsbereich die moralischen Normen des wissenschaftlichen Ethos[152] und die fachlichen Regeln der wissenschaftlichen Methodik, für den außerwissenschaftlichen Meinungsbereich die entsprechenden Regelungen des Grundgesetzes.

(III) Die **Realisierungsebene** umfaßt die *implementativen Maßnahmen,* welche erforderlich sind, um eine Ordnung tatsächlich herzustellen, also in die Praxis als funktionsfähige, effektive Regelung durch rechtliche, politische, organisatorische Schritte ein- und durchzuführen. Diese Ebene ist stark bereichsabhängig und einzelfallbezogen, so daß die Ergebnisse weit streuen dürften.

Wie kann man beispielsweise Wissenschaftler für die Forschung hoch motivieren, daß sie hart arbeiten, aber gleichzeitig für den konkreten Ausgang ihrer Forschungsprozesse ohne Motivationseinbuße so „desinteressieren", daß sie sich „sachlich" verhalten und jedes Ergebnis in Kauf nehmen? Ist relativ späte, aber unkorrigierbare Dauereinstellung mit Festbesoldung auf hohem Gratifikationsniveau (Berufung auf Lehrstühle im deutschen, „tenure" im amerikanischen Universitätssystem) eine effektive Lösung, um Wissenschaftler „immer im Forschen"[153] zu halten? War früher das fürstliche Mäzenatentum oder ist heute die Leistungshonorierung eine bessere Lösung? Und wie steht es mit wissenschaftlichem Unternehmertum, mit Angebots- oder Nachfrageorientierung für einen Supermarkt der Ideen, in Analogie zum Gütermarkt?[154]

---

152 Unausgesprochen, aber unübersehbar ist das „wissenschaftliche Ethos" der funktionalistischen Wissenschaftssoziologie (dazu *Merton/Sociology*) im Verhältnis von regulativen Normen für konstitutive Prinzipien auf die Klassische Wissensordnung zugeschnitten.

153 Wie es *Wilhelm von Humboldt* in der Organisationsdenkschrift von 1809 verlangt (zitiert nach *Humboldt/Werke* III, S. 256).

154 Für eine grundsätzliche Gleichbehandlung des „Marktes der Güter" und des „Marktes der Ideen" plädiert *Coase/Market*; für Leistungsprämierung statt Festbesoldung *Tullock/Organization* – beide ohne Rücksicht auf evtl. Unstimmigkeiten im Verhältnis zur Rahmenordnung, sei es die Wissensordnung oder die Wirtschaftsordnung. Das gilt erst recht für *Paul Feyerabends* Empfehlung eines „Supermarkts der Ideen" in *Feyerabend/Märchen*.

Abbildung 3.1: Alte und Neue Wissensordnung im Vergleich:
Die Klassische („Alte") Wissensordnung,
insbesondere der universitären Wissenschaftsverfassung

institutionelle Abkopplungen des Wissen(schaft)sbereichs	vier GROSSE SEPARATIONEN als ordnungspolit. Sonderregelungen der Wissenschaftsverfassung i.e.S.	innerwissenschaftliche Realisierungen in der (Universitäts-) Wissenschaft	außerwissenschaftliche Annäherungen in der Gesellschaft
(Ia) der **Ideenwelt** von der Güterwirtschaft	**TRENNUNG VON ERKENNTNIS UND EIGENTUM** durch ENTPRIVATISIERUNG des "herrenlosen" Wissens	"**Wissenskommunismus**" der Forschungsgemeinschaft	Information als "freies", "öffentliches" **Gemeingut**
(IIa) der **Erkenntnisfrage** von externen (nichtkognitiven) Interessenlagen	**TRENNUNG VON IDEEN UND INTERESSEN** durch UNIVERSALISIERUNG der "objektiven" Geltung	zweckfreie, "uninteressierte" (Grundlagen-) Forschung	**Ausschaltung** oder "**Einklammerung**" partikularer **Interessenlagen** aus der Urteilsbildung durch richterliche Unabhängigkeit; Schiedsrichter, neutrale "Dritte"
(IIIa) der innerwiss. **Forschung** (teils auch der Lehre) von außerwiss. Voraussetzungen und Folgen	**TRENNUNG VON THEORIE UND PRAXIS** durch ENTLASTUNG vom "alltäglichen" Handlungszwang	griechisch-abendländische **Theorienwissenschaft**	**Handlungsentlastung** des "hypothetischen" oder "symbolischen" **Verhaltens** in Sprache, Spiel, Schule, Kunst, u.ä.
(IVa) des akademisch-universitären **Sondermilieus** vom gesellschaftlichen Umfeld	**TRENNUNG VON WISSENSCHAFT UND STAAT** (früher: Kirche, heute Wirtschaft) durch EXTERRITORIALISIERUNG der "autonomen" Wissenschaft	autonome **Gelehrtenrepublik**; Humboldtsche **Universität**; Freie **Forschung & Lehre** gemäß Art. 5 III GG	rechtlich geschützte **Privatsphäre**; demokratische **Informationsfreiheiten** und "kognitive" **Staatsbürger-** oder **Menschenrechte**: Meinungs-, Glaubens-, Urteils-, Pressefreiheit

Abbildung 3.2: Alte und Neue Wissensordnung im Vergleich: Weichenstellungen zur Modernen („Neuen") Wissensordnung unter den „nichtklassischen" Bedingungen des Informationszeitalters

postklassische GEGENTENDENZEN zur institutionellen An- oder Verbindung	vier GROSSE FUSIONEN zur Renormalisierung des Wissensbereichs	moderne Realisierungen
(Ib) der Ideenwelt mit der Güterwirtschaft durch KOMMERZIALISIERUNG des Wissen(schaft)sbereichs	(zu Ib) VERBINDUNG VON ERKENNTNIS UND EIGENTUM durch uneingeschränkte Verfügungsrechte an "geistigen Gütern", mit Ausschlußbefugnis gegenüber Dritten	(zu Ib) Informations-Volleigentum; Quasi-Eigentum an den "eigenen Daten" kraft Rechts auf informationelle Selbstbestimmung; Urheber- und Patentrechte; Repropriation bislang nicht eigentumsfähiger Gegenstände
(IIb) der Erkenntnisfrage mit externen, partikularen Interessenlagen durch FINALISIERUNG, d. h. Zweckbindungen aller Art	(zu IIb) IDEEN/INTERESSEN-VERSCHMELZUNG durch Zweckbindungen an wirtschaftliche, gesellschaftliche, nationale etc. Interessenlagen	(zu IIb) wissensbasierte technische Artefakte; Kognitiv-Technischer Komplex; Technologie als Science-plus-Purpose.
(IIIb) des Wissens mit dem Handeln durch PRAKTIZIERUNG und TECHNISIERUNG	(zu IIIb) THEORIE/PRAXIS-VERBUND in der verwissenschaftlichten Praxis, Technik, Industrie	(zu IIIb) Transformationsformen der Wissenschaft: Angewandte Wissenschaft der PRAXIS; Realisierte Wissenschaft der TECHNIK; Kommerzialisierte Wissenschaft der INDUSTRIE
(IVb) der wissenschaftlichen Eigenwelt mit der gesellschaftlichen Umwelt durch POLITISIERUNG ("Durchstaatlichung") und INDUSTRIALISIERUNG oder sonstige "Gleichschaltung" auf nationaler und internationaler Ebene	(zu IVb) WISSENSCHAFT/STAAT/POLITIK-INTERPENETRATIONEN, z. B. im Zuge staatlicher Forschungs- und industrieller Technologiepolitik	(zu IVb) "Staatskapitalismus" der (deutschen) Universitäten; Privatkapitalismus der industriellen Technik, staatlich geförderte Großforschung und Hochtechnik

Die konstitutiven, regulativen und implementativen Komponenten müssen gut aufeinander abgestimmt sein, um eine funktionierende Wissensordnung aufzubauen. So erfordert die „konstitutive" Trennung von Ideen und Interessen nach den Normen des wissenschaftlichen Ethos eine „regulative" Orientierung an universalistischen Werten und bringt – als *eine* Realisierungsmöglichkeit[155] – „implementativ" die Einführung des Beamtenrechts, um „Sachlichkeit" zu gewährleisten. Desgleichen ist die Ausrichtung des wissenschaftlichen Erkenntnisfortschritts auf Wahrheitskurs durch die Methodik von Versuch & Irrtum nicht konstitutiv, sondern regulativ. Wissensorientiert ist jedes Neugierwesen, ob Mensch oder Tier; fortschrittlich ist auch der schöpferische Unternehmer[156]; wahrheitsintendiert der recherchierende Journalist – alles ohne wissenschaftliche Methodik. Der Erkenntnisstil der Wissenschaft kann bei diesen Regulativen verfehlt werden, weil Wahrheit und Falschheit aus der Anwendung *derselben* Methoden resultieren, die im Gegensatz zu den Algorithmen der Wissensverarbeitungstechniken indeterministisch sind.

Das vorliegende Positionspapier befaßt sich nur mit der Konzeptebene, für die es einen Klärungsversuch nach dem Zwischenstand der bisherigen Untersuchungen und jetzigen Überlegungen bringt. Diese sind für das Konzept der Klassischen Wissensordnung in der Abb. 3.1 zusammengefaßt. Die Rekonstruktion des gesamten Grundrisses im Sinne der skizzierten Architektur ist eine Aufgabe für die Zukunft.

---

155 Dazu *Spinner/Ethos*, Kap. II.
156 Im Sinne von *Schumpeter/Kapitalismus*.

Fünftes Kapitel:
Zur Transformation der Wissenschaft und zum Wandel der Wissensordnung

I. Vom aufkommenden Großbetrieb der Wissenschaft am Beginn des 20. Jahrhunderts zum ausgebildeten Kognitiv-Technischen Komplex des Informationszeitalters

Die empirische Realität der realexistierenden Wissenschaft in allen noch zu erläuternden modernen Daseinsformen, die mit dem Gewicht einer neuen Größenordnung auf die Klassische Wissensordnung zurückwirkt, davon stark abweichende „nichtklassische Verhältnisse" schafft und diverse wissenschaftspolitische „Systeme" hervorbringt, ist hauptsächlich das Ergebnis folgender Entwicklungen:

(1) Einerseits des seit der naturwissenschaftlichen Revolution der Neuzeit anhaltenden *exponentiellen Wissenschaftswachstums*[157], welches zur Entstehung des *Großbetriebs der Wissenschaft* geführt hat[158]. Das ist eine internationale Entwicklung des überdurchschnittlichen Anwachsens der R&D-Einrichtungen in den modernen Industriegesellschaften, bis zur neuen Quantität und Qualität von Großforschungsinstitutionen[159] und Hochtechnikanlagen[160].

(2) Andererseits, damit eng zusammenhängend und zumindest teilweise eine direkte Reaktion darauf, die neue Rolle des aktive Forschungspolitik betreibenden *interventionistischen Staates*, für die das ‚*System Althoff*' in vielem

---

157 Darüber informieren die Pionierarbeiten von *Derek J. de Solla Price* (siehe Literaturverzeichnis) einschließlich der umfangreichen Folgestudien, mit denen sich die empirisch-quantitative Wissenschaftsforschung der *Szientometrie* etabliert hat; dazu *Breithecker-Amend/Big Science*.

158 Das Stichwort lieferte schon früh *Harnack/Großbetrieb* mit dem Titel einer Gelegenheitsäußerung von 1905 zum deutsch-amerikanischen Professorenaustausch. Zur Entwicklung des wissenschaftlichen „Großbetriebs" im 19. Jahrhundert *Schiera/Laboratorium*, Kap. 7; im Hinblick auf die Entstehung Technischer Hochschulen *Gundler/Technische Bildung*, Kap. 2 und 4; zu den Weiterentwicklungen im 20. Jahrhundert, vor allem im außeruniversitären aber nichtindustriellen Forschungsbereich, einschlägige Beiträge in *Brocke/Wissenschaftsgeschichte* sowie *Vierhaus & Brocke/Forschung*.

159 Zur heutigen Großforschung *Weinberg/Großforschung*; zur Entstehungsgeschichte *Ritter/Großforschung*.

160 Damit verglichen, ist die nur größenmäßig imponierende Entwicklung von der Elite- zur Massenuniversität im wesentlichen eine Mengenstrategie ohne Qualitätssprung, für die staatliche Wissenschafts- und Beschäftigungspolitik eine Ausbildungs-Tonnenideologie; vgl. in diesem Zusammenhang *Wingolf/Expansion*.

bahnbrechend war[161]. Der mitwachsende Bedarf der groß – und dadurch vor allem: teuer! – gewordenen Wissenschaft und Technik bringt den Staat ins Spiel, der mit seinem überlegenen Ressourcenpotential und der damit arbeitenden Wissenschaftsadministration nun aktive, fördernde und lenkende *Wissenschaftspolitik* betreiben kann, welche über die traditionelle Personalpolitik weit hinausgeht.

Das gibt den „staatskapitalistischen" deutschen Universitäten ihre moderne Institutsform, die einem eingreifenden *‚System Althoff'* sehr entgegenkommt. Dasselbe gilt, *mutatis mutandis,* für die Labors der Industriewissenschaft, welche noch mehr vom privatwirtschaftlichen Kapital und seinen Gebern abhängen. Wenn kein deutscher Sonderweg, so ist es doch eine ursprünglich preußische Entwicklung zu einer auf Theorie begrenzten Liberalität sowie zu einer auf Wissenschaft und Technik eingeschränkten Modernität.

(3) Zu diesen beiden Entwicklungen, aufgipfelnd zum heutigen Informationsberg, kommt neuerdings die bereits erwähnte Ausbildung des *Kognitiv-Technischen Komplexes*, hervorgegangen aus der Verschmelzung von Wissen und Technik bei den modernen „wissensbasierten" Systemtechniken, in der „sichtbaren Hand"[162] korporativer Akteure[163] des Staates oder wirtschaftlicher Großorganisationen.

(4) Als Erkenntnisunternehmen hält die Wissenschaft damit Schritt durch die eigene Weiterentwicklung im Zuge einer ganzen *Serie neuzeitlicher Transformationen*, welche einen Bogen schlagen von der „Geburt der ‚kleinen' Wissenschaft" in der griechischen Antike bis zur wissenschaftlichen Großforschung, Groß- und Hochtechnik des Informationszeitalters.

Das sind die auslösenden Kräfte für das heutige *Technisierungs- und Kommerzialisierungsprogramm.*

II. Vier Erscheinungsformen der modernen Wissenschaft

Wissenschaft, wie sie heute als solche weltweit anerkannt und durchgeführt wird, gibt es in vier ideen- und institutionengeschichtlich ausgebildeten Erscheinungsformen: als Theorie, Praxis, Technik, Industrie (siehe Abb.2 u. 4).

Ausgehend von der *Reinen Wissenschaft* der **Theorie** und seit Mitte des 19. Jahrhunderts übergegangen zur *Angewandten Wissenschaft* einer mehr oder

---

161 Zum *‚System Althoff'* vgl. die ausführlichen Darstellungen in *Brocke/Wissenschaftsgeschichte*; zur historischen Beschreibung dieses „Systems" insbesondere den Beitrag des Herausgebers; zur ordnungspolitischen Einordnung den Beitrag des Verfassers; zu den Beziehungen zwischen deutscher Universität und preußischem Staat *McClelland/State.*
162 Für die amerikanische Wirtschaft vgl. *Chandler/Visible Hand*; zur Sichtbaren Hand des Rechts *Mestmäcker/Recht*, S. 137ff.
163 Zur Entstehung dieser neuen Art von Akteuren und zur Verselbständigung ihrer korporativen Macht – vor allem auch über die *Kognitiv-Technischen Komplexe* – vgl. *Coleman/Macht* und *Vanberg/Markt.*

weniger verwissenschaftlichten **Praxis**, treffen die genannten Entwicklungen beider Seiten in der *Realisierten Wissenschaft* der **Technik** zusammen, d.h. in den Kognitiv-Technischen Artefakten unserer Zeit.

Zusammen mit der *Kommerzialisierten Wissenschaft* der **Industrie**[164] – genauer: der industriellen Forschung und Produktion – sind das die im Zuge der sukzessiven Transformation der Wissenschaft seit der naturwissenschaftlichen Revolution ausgebildeten, weitgehend auch institutionell und professionell verselbständigten *vier historischen Erscheinungsformen der modernen Wissenschaft*. Zusammen genommen, bilden sie das heutige Orchester der Wissenschaft. Ideengeschichtlich gesehen, haben die vier Wissenschaftsformen gemeinsame Wurzeln. Die theoretischen Komponenten gehen auf die griechisch-abendländische Wissenschaftsidee zurück, die praktischen Komponenten auf das Programm der „Weltrationalisierung" des abendländischen Rationalismus[165].

Im Einklang mit den vorherrschenden Auffassungen werden die moderne Technik, im Gegensatz dazu auch die moderne Industrie als eigenständige Wissenschaftsformen betrachtet. Keine Wissenschaftsform kann eine andere völlig ersetzen oder verdrängen, obgleich es zu erheblichen Gewichtsverlagerungen in der angegebenen Reihenfolge gekommen ist. Der Übergang von der praxisfreien Theorienwissenschaft zur verwissenschaftlichten Praxiswissenschaft – die nicht als Theorie der Praxis zu verstehen ist, sondern als praktizierte Theorie – steht am Anfang dieser *Transformation in Permanenz*. Einige Wissenschaften waren von Anfang an angewandte Praxis, weil ihre Vertreter immer „handeln" mußten (wie die Mediziner, Juristen und Ingenieure); andere sind es früher oder später geworden; manche bis heute nicht.

In der Technik ist die Theorie „künstliche" Realität geworden, als „vollendete Tatsachen"[166] in der Bandbreite von einzelnen Artefakten bis zu den Kognitiv-Technischen Komplexen unserer Zeit. Von der Industrieforschung und der industriellen Technik ganz abgesehen, bildet die moderne Industrie eine kommerzialisierte Wissenschaft eigener Art, gerade auch im Hinblick auf die Verlagerung der wissenschaftlichen Ideen- und Güterproduktion in den Einzugsbereich der *Wirtschafts*ordnung. Wesentliche Bestandteile oder Konsequenzen der Wissensordnung wandern mit, wie zum Beispiel einige der eingangs erläuterten Sondereigenschaften des Wissens oder manche höheren Freiheitsgrade der Wissensordnung.

Zum *Stand der Forschung* ist zu sagen: Von wissenschaftsphilosophischen (fast ausschließlich zur ersten Erscheinungsform), wissenschaftssoziologischen und wissenschaftshistorischen Darstellungen mit thematisch stark eingeschränkten Fragestellungen abgesehen, gibt es noch kaum

---

164 Vgl. *Hack & Hack/Wirklichkeit.*
165 Im Sinne *Max Webers*, wie zusammenfassend erläutert in *Weber/Religionssoziologie I*, S. 1ff., 237ff. und 536ff.
166 Vgl. *Hack/Tatsachen.*

- *systematische Vergleichsstudien* zum beschriebenen Spektrum der Erscheinungsformen heutiger Wissenschaft;
- *ordnungstheoretische und ordnungspolitische Betrachtungen* über den Zusammenhang zwischen Wissenschaftsentwicklungen einerseits, dem Aufbau und Wandel der Wissensordnung(en) andererseits.

Bei diesem Stand der Forschung können lediglich vorsichtige Tendenzhypothesen aufgestellt werden, zum Zwecke weiterer Präzisierung und Überprüfung:

Wie es der ungefähren geschichtlichen Reihenfolge ihrer Entstehung entspricht, stehen die beiden ersten Erscheinungsformen der *Klassischen Wissensordnung* des 19. Jahrhunderts näher, auch wenn das kontroverse Theorie/Praxis-Verhältnis ihren Rahmen bereits zu sprengen beginnt[167]. Die beiden anderen Wissenschaftsformen der Technik und Industrie stehen bereits auf der anderen Seite des Rubikon, indem sie zur *Neuen Wissensordnung* des Informationszeitalters hinführen. Kausal relevant dafür – als Ursache oder Wirkung, bleibt noch zu klären – ist, zusammen mit anderen Faktoren, die Ausbildung Kognitiv-Technischer Komplexe größten Ausmaßes, im Soge des naturwissenschaftlich-technischen Fortschritts und im Schoße der Industrie.

Damit sind im Zusammenhang mit den wichtigsten Entwicklungstendenzen im kognitiv/technisch/wirtschaftlichen Bereich – nach dem klassischen *Theoretisierungsprogramm* des menschlichen Wissens das heutige *Technisierungsprogramm*, verbunden mit einer zunehmenden *Industrialisierung der Wissensproduktion* sowie *Kommerzialisierung der „Wissensgüter"* und *Informationsmärkte* – die postklassischen Transformationsformen der Wissenschaft genannt, deren ideengeschichtliche Abfolge und fortdauerndes Zusammenspiel diese *Interpenetration von Technik & Wissen* in Gestalt Kognitiv-Technischer Artefakte bewirkte.

III. Die neuen, nichtklassischen Bedingungen und ihre ordnungspolitischen Konsequenzen

Für die Entstehung „nichtklassischer" Bedingungen sind viele Faktoren verantwortlich, aber keiner bringt die modernen *Gegentendenzen* zur Verschränkung und Verschmelzung des ordnungspolitisch Abgekoppelten so auf einen gemeinsamen Nenner für das Informationszeitalter wie der *Kognitiv-Technische Komplex*. In ihm ist musterhaft wiedervereinigt, was im Rahmen der Klassischen Wissensordnung – zumindest für das Theorienwissen der Reinen

---

[167] In der deutschen Universitätsentwicklung virulent geworden mit der von Frankreich herkommenden Einrichtung polytechnischer Schulen, vor allem aber mit der Gründung *Technischer Hochschulen*. Zu Karlsruhe vgl. *Hoepke/Friedericiana*; zu Aachen *Düwell/Gründung*; zu Braunschweig *Gundler/Technische Bildung*.

Abbildung 4: Ordnungspolitische Transformationen des
Wissenschaftsbereiches – vier moderne Wissenschaftsformen
im Wandel der Wissensordnung

Wissenschaftsformen \ klassische Abkopplungen	Reine Wissenschaft der THEORIE	Angewandte Wissenschaft der verwissenschaftlichten PRAXIS	Realisierte Wissenschaft der TECHNIK	Kommerzialisierte Wissenschaft der INDUSTRIE	nichtklassische Tendenzen
(Ia) Trennung von Erkenntnis und Eigentum	JA	JA	JA, mit Ausnahme rechtlicher Sonderregelungen (Patente u. dgl.)	NEIN	Kommerzialisierung mit Volleigentum auch an Immaterialgütern
(IIa) Trennung von Ideen und Interessen	JA	JA, mit Einschränkungen	NEIN	NEIN	Finalisierung der Technik als "Science plus purpose"
(IIIa) Trennung von Theorie und Praxis	JA	NEIN	NEIN	NEIN, u.U. mit Verzögerung	beschleunigte Anwendung, zunehmende Realisierung technischer Artefakte
(IVa) Trennung von Wissenschaft und Staat	bedingt, für das "unpolitische", aber "durchstaatlichte" akademische Sondermilieu	JA	JA, aber nicht von der Wirtschaft	JA, aber nicht von der Wirtschaft	Durchstaatlichung des öffentlichen, Ökonomisierung des privatwirtschaftlichen Wissenschaftssektors
Trennung des Wissenschaftlers von den Betriebsmitteln (als ökonomische Randbedingung)	JA, ausgenommen Restbestände des Freien Gelehrtentums	JA/NEIN, je nach (un-)selbständiger sozialer Stellung	JA/NEIN, je nach (un-)selbständiger sozialer Stellung	JA	zunehmende Ressourcenabhängigkeit der Großforschung und Hochtechnik

Wissenschaft im akademischen Sondermilieu – getrennt war und auch nach der Verfassung für die Freie Forschung & Lehre (GG Art. 5, Abs. I) sowie für die demokratische Meinungsfreiheit im außerwissenschaftlichen Bereich (GG Art. 5, Abs. III) getrennt bleiben sollte.

Von den unmittelbaren Technikfolgen erster Art abgesehen, die in diesem Zusammenhang auch nicht vernachlässigt werden dürfen, führt die zunehmende Technisierung des Wissens im Zuge eines umfassenden Informatisierungsprozesses tendenziell, vielfach auch schon aktuell, zum *Wegfall der Geschäftsgrundlage für die Klassische Wissensordnung*, soweit nicht wirksame Gegenvorkehrungen getroffen werden. Dabei geht es nicht bloß um den gelegentlich immer schon und nun vermehrt feststellbaren Bruch ihrer Bestimmungen, sondern um deren dadurch bewirkte Dysfunktionalität oder völlige Funktionslosigkeit. Es wird ihnen einfach der Boden unter den Füßen weggezogen, so daß sie weiterhin „gelten" mögen, aber nicht mehr „greifen". Die Klassische Wissensordnung wird durch diese Entwicklungen, militärstrategisch gesagt, ausflankiert und läuft nur noch im Leerlauf weiter.

Was folgt daraus für die künftige Wissensordnung?

Für die oben herausgearbeiteten klassischen Leitbestimmungen hat der Technisierungsprozeß, nachhaltig verstärkt durch die gleichzeitige Kommerzialisierungstendenz, zur Konsequenz, daß die vier konstitutiven Prinzipien im wachsenden Realisierungsbereich der sich formierenden Kognitiv-Technischen Komplexe aller Art nicht nur an faktischer Bedeutung, sondern auch *an ordnungspolitischer Relevanz verlieren*. Das geschieht keineswegs restlos und überall, aber doch für so umfangreiche Wissensbereiche (wie im Sechsten Kapitel aufgeführt), daß schon aus diesem Grunde von einem **Wandel der Wissensordnung** auf breiter Basis gesprochen werden kann.

Die vier **Großen Separationen** (s. Abb. 3.1) gelten *realiter* allenfalls noch, und auch hier nur mit Abstrichen, im Refugium des akademischen Sondermilieus, praktisch also für die Reine Wissenschaft innerhalb der Universität und im (kaum noch bestehenden) freien Gelehrtentum. Dazu kommen noch bestimmte außerwissenschaftliche Alltagsbereiche, die entweder vom Technisierungsprozeß noch nicht erfaßt oder in die bereits verfassungsrechtlichen Gegenvorkehrungen eingebaut sind (zum Beispiel durch die Datenschutz-Gesetzgebung).

Im Vergleich zur Alten Wissensordnung mit ihrer klassischen Wissenschaftsverfassung und, zumeist auf den Meinungsbereich eingegrenzt, liberalen Gesellschaftsverfassung gelten für die *Neue Wissensordnung des Informationszeitalters* tendenziell gegenläufige, inhaltlich „nichtklassische" Bedingungen gemäß den vier **Großen Fusionen**:

(Ib) Anstelle der Abkopplung des Ideenhaushalts von der normalen Güterwirtschaft, mit stark reduziertem Eigentum für „Wissensgüter", gibt es insbesondere bei den technisierten Wissensarten *de jure* und *de facto*, soweit nicht neugeschaffene Rechtsvorschriften entgegenstehen, fast[168] unbeschränktes und erweiterbares Volleigentum durch kurzgeschlossene **Verbindung von Erkenntnis und Eigentum**.

Damit verbunden ist die *Kommerzialisierung* des Wissens-, zu großen Teilen auch des Wissenschaftsbereichs. Gleichzeitig sind damit die Bedingungen (Monopolisierbarkeit, u.a.) geschaffen für eine zumindest potentielle *Vermachtung des Wissens*, ohne deswegen jedoch die Wissenschaftler viel mächtiger zu machen[169].

Was nach der Alten Wissensordnung, abgesehen von den bekannten Ausnahmeregelungen des Patent-, Urheber- und Persönlichkeitsrechts sowie weitgehend auch noch nach dem Grundgesetz der Bundesrepublik Deutschland, „freies Gemeingut" für den unbeschränkten Gebrauch sein sollte, wird zunehmend ein Gegenstand von Eigentumsansprüchen mit Ausschlußmöglichkeiten gegenüber Dritten. Die Datenschutzdiskussion erfaßt nur den sichtbarsten Teilaspekt dieser „Stillen Revolution" im kognitiven Kernbereich der modernen Gesellschaft.

(IIb) Statt der Abkopplung von Ideen- und Interessenlage entstehen **Ideen/Interessen-Verbindungen**, die bis zur Kernverschmelzung gehen können, mit ungefiltertem Einfluß der letzteren auf die ersteren.

Diesem *Finalisierungsprozeß*[170] der zunehmenden Einbindung in nichtkognitive, wissensfremde und wissenschaftsexterne „Interessiertheiten" ist mit der dafür gar nicht geeichten Ideologiekritik nicht mehr beizukommen, die nur auf die mangelnde Uninteressiertheit des Ideenerzeugers infolge seiner sozialen und materiellen „Seinsgebundenheit"[171] abstellt. Was nötig wäre, sind theoretische Ordnungsanalysen von der hier ansatzweise versuchten Art sowie praktische Ordnungspolitik. Beides steht noch ganz am Anfang, kann aber nun in Kenntnis der neuen Problemlagen weitergeführt werden.

(IIIb) Statt der Abkopplung der Wissenschaft von außerwissenschaftlichen Vorbedingungen und Folgen durch die Entlastung (und Entmachtung!) der Erkenntnistätigkeit erfolgt die Wissensarbeit unter den neuen Bedingungen im voll belasteten, kurzgeschlossenen **Theorie/Praxis-Verbund**, ohne freien Vorlauf des Theorienwissens und dadurch eingeräumter Bedenkzeit – mit al-

---

168 Mit einigen Einschränkungen der durch Paragraph 903 BGB eingeräumten ausschließlichen und unbeschränkten Nutzungsrechte „nach Belieben" und Ausschlußbefugnisse gegenüber Dritten: u.a., wie bisher schon, durch zeitliche Limitierung von Urheber- und Patentrechten, sowie hinsichtlich der Vererbungsmöglichkeiten. Nach dem Recht auf informationelle Selbstbestimmung kann man zwar grundsätzlich den Umgang mit den „eigenen Daten" (mit-)bestimmen, als ob man ihr Eigentümer wäre, diese(s) aber keineswegs vererben.
169 Dazu ausführlicher *Spinner/Macht*.
170 Zur Finalisierungsthese *Böhme et al./Starnberger Studien I*; zum Stand der Diskussion *Eberlein & Dietrich/Finalisierung* und *Mocek/Neugier*.
171 Vgl. *Mannheim/Ideologie*, passim.

len Möglichkeiten der hier einschaltbaren Reflexion – für dessen praktische Anwendung und technische Realisierung.

Getragen wird diese Verschränkung von Theorie und Praxis zunächst von der zunehmenden Praktizierung, Realisierung und Technisierung des Wissens in allen Anwendungsbereichen der Wissenschaft.

(IVb) Anstelle des bislang weitgehend abgekoppelten wissenschaftlichen Sonderbereichs aufgrund der Trennung von Wissenschaft und Staat entsteht ein sozusagen *renormalisierter Technikbereich der Realisierten Wissenschaft*, in den der nunmehr interventionistische moderne Staat durch externe Ressourcenallokation und „interessierte", „finalisierte" Technologiepolitik jederzeit eingreifen kann. Das führt zu **Wissenschaft/Staat/Wirtschaft-Interpenetrationen**. Entsprechendes gilt für die kommerzialisierte Industriewissenschaft mit der Wirtschaft anstelle des Staates, die im eigenen Wirkungsbereich gar nicht im formellen Sinne zu „intervenieren" braucht. Denn sie ist schon mittendrin.

Geblieben, ja ausgeweitet und verstärkt, ist die **Trennung des Forschers von den Produktions- und Verbreitungsmitteln des Wissenschaftsbetriebs**, der ihm noch weniger als zuvor gehört, je mehr er ihn im Beruf braucht. Aber nun ist es keine Anomalie mehr, sondern normaler Alltag und buchstäblich ganz in Ordnung.

Damit sind die Extraregelungen der Klassischen Wissensordnung weitgehend aufgehoben, insbesondere im Bereich der Großforschung und -technik der *Science-plus-Purpose*, wie man die Technologie genannt hat[172]. Zur Disposition gestellt sind damit die Desinteressiertheit der Reinen Wissenschaft, die Zweckfreiheit der Forschung (mit Ausnahme der Grundlagenforschung), der Gemeinbesitz an den veröffentlichten Ergebnissen, u.a.

Diese Befunde zu den Großen Fusionen des Informationszeitalters, im Gegenbild zu den damit aufgehobenen Separationen der vorangehenden Epoche, sind in der Abb. 3.2 zusammengefaßt. Daran können die weiteren Überlegungen anknüpfen.

IV. *Die bleibenden Fragen zur künftigen Wissensordnung*

Die hier getroffene Unterscheidung zwischen „klassischen" und „nichtklassischen" ordnungspolitischen Bestimmungen ist *konstatierend* vorgenommen worden und keineswegs polemisch gemeint gewesen. Es geht nicht darum, beispielsweise die Technisierung oder Kommerzialisierung bestimmter Informationsarten oder Wissensbereiche pauschal zu bewerten oder gar von vornherein zu verwerfen. *Nichts soll explizit oder implizit vorentschieden, aber*

---

[172] *Dorf/Technology*, S. 1.

auch nichts nivelliert werden für die Ordnungspolitik des Informationszeitalters. Aber alles soll als Problem gesehen werden, welches so oder so gelöst werden muß.

Die *wissenschaftliche, rechtliche, technische, moralische Beurteilung* all dessen, was die Arbeiten zum Thema „Wissensordnung" zutage fördern können, steht den Beobachtern, Beteiligten und Betroffenen frei. Forschungsergebnisse können dazu Hilfestellungen bieten. Zum Beispiel wäre bei der Beurteilung der Klassischen Wissensordnung und ihrer modernen Abarten oder Abweichungen zu bedenken, daß erstere ein wichtiger und damals völlig richtiger Versuch zur *Exterritorialisierung des Wissenschaftssektors* war, um in nichtrepublikanischer politischer Umwelt eine „Gelehrtenrepublik" mit unüblichen Wissensfreiheiten einzurichten. Dazu bedurfte es eines sozialen und politischen Sondermilieus, weil die Funktionsimperative der Wissenschaft für sie selbst lebenswichtig sind, aber nicht mächtig genug zur Aushebelung der gesellschaftlichen Normalbedingungen für das außerwissenschaftliche Leben auf freier Wildbahn.

Die Frage ist, ob das in einer demokratischen Umwelt, die Freie Forschung & Lehre hegt und pflegt, *so überhaupt noch erforderlich ist?* Dafür spricht allerdings, daß auch unter demokratischen Verhältnissen staatliche Versuche zur Einschränkung der Wissenschaftsfreiheit keineswegs ausgeschlossen sind – wenn nicht zur Politisierung der Wissenschaft, so doch zur Pädagogisierung, vor allem im geistes-, sozial- und kulturwissenschaftlichen Bereich.

Da der Wandel der Wissensordnung im Gang, aber nicht abgeschlossen ist, die Kenntnisse der Problemlagen lückenhaft und die Möglichkeiten der Voraussicht begrenzt sind, ist größte Zurückhaltung in der Beurteilung der eingetretenen oder sich abzeichnenden Entwicklungen angebracht. Die Alte Wissensordnung ist durch sie vielfach überholt worden, die Neue Wissensordnung in voller Ausbildung noch nicht absehbar.

Kann die Klassische Wissensordnung überall dort, wo ihr durch den wissenschaftlich-technischen Fortschritt und die Transformation der Wissenschaft der Boden unter den Füßen weggezogen worden ist, durch keine kontrafaktische normative Stabilisierung geschichtlich überholter Bestimmungen im Stile des utopischen Denkens wiederhergestellt werden, so werden damit ihre überaus wichtigen und, richtig verstanden, *weiterführenden zentralen Fragestellungen* noch lange nicht überflüssig.

Ob auf klassische oder auf moderne Weise, die im Ersten Kapitel aufgezeigten Grundverhältnisse des Wissens zum Haben, Wollen, Handeln und Können müssen *unter allen Bedingungen* geklärt werden, denn die großen Bezugsgrößen des Rechts, der Gesellschaft, des Alltags und der Politik bleiben auch im Wandel der Wissensordnung bestehen.

Die Wissensordnung ist die dritte Ordnung, nicht mehr und nicht weniger, welche sich in die anderen Ordnungen „einpassen" muß. Dafür sorgen das rechtliche Legalitäts- und das ökonomische Realitätsprinzip. Einpassung heißt nicht bedingungslose Anpassung, sondern verlangt *neue Problemlösungen unter den geänderten Bedingungen des Informationszeitalters.*

Die Anschlußrationalität wird gewahrt, indem die klassischen Fragestellungen aufgegriffen werden, ohne ihre Antworten zu übernehmen, soweit sie überholt sind. Unbeschadet der kontrovers diskutierbaren Möglichkeit eines in Teilbereichen fortbestehenden Wissenskommunismus im Informationszeitalter bleibt die Frage der *Beziehungen zwischen Erkenntnis und Eigentum* zu regeln, in der allgemeinsten Bedeutung einer Regelung der Nutzungsrechte und Ausschlußbefugnisse. Die Welt des Wissens ist für das Eigentumsrecht der bürgerlichen Gesellschaft des „Besitzindividualismus"[173] sozusagen Afrika, mit Kolonialreichen, Schutzgebieten und weißen Flecken.

Dasselbe gilt für das *Verhältnis von Ideen und Interessen*. Mit der Finalisierung der Technik und der Kommerzialisierung der industrialisierten Wissensarten ist die Frage ja nicht belanglos, sondern im Gegenteil viel wichtiger geworden, wie man beispielsweise wenigsten die Erzeugung wissenschaftlicher Erkenntnisse durch „freie" Forschung, die Verwaltung des Aktenwissens durch „sachliche" Bürokratie, die Beurteilung von Technikfolgen durch „unabhängige" Gutachten, die Veröffentlichung von Nachrichten durch eine nicht „eingebundene" Presse je nach Gefährdungsgrad so staatsfrei, wirtschaftsfrei, gruppeninteressefrei wie nur irgend möglich halten kann. Entscheidend für jede neue Lösung des Ideen/Interessenproblems ist die Berücksichtigung der Gewichtsverlagerung in der Interessensphäre von den persönlichen Absichten der evtl. „interessierten" Wissenserzeuger auf die ökonomischen Zwecksetzungen der Wissensweiterverarbeiter und -verwender, die gegenüber jenen durch das ökonomische Realitätsprinzip verstärkt werden.

Und seit es nicht mehr genügt, das Gute zu beabsichtigen und die tatsächlichen Folgen dem lieben Gott zu überantworten, der die Welt ja so geschaffen habe, daß unser Wollen diese Wirkungen zeitigt, ist das *folgenbewußte Vorausdenken* umso dringlicher geboten. Deshalb ist zu überlegen, wie man auch in Zeiten der schnelleren Umsetzung theoretischer Erkenntnisse in technische Realisationen der Theorie einen *zeitlichen Vorlauf gegenüber der Praxis* einräumen kann, von der die Ideen heutzutage viel schneller eingeholt werden als früher.

Keine dieser Fragestellungen ist unter den geschilderten neuen Bedingungen des Informationszeitalters unwichtig oder gar sinnlos geworden. Aber die Antworten werden schwieriger. Unmöglich dürfen sie nicht werden, weil sie gelöst werden müssen, bewußt durch vernünftige und wohlinformierte Überlegungen oder naturwüchsig durch den blinden Gang der Dinge und unser konkludentes Handeln. Damit es nicht dazu kommen muß, sollen mit diesen Ausführungen zur Wissensordnungsproblematik die konzeptuellen Mittel und analytischen Denkansätze für eine problemgerechte Wissensordnungspolitik zur Verfügung gestellt werden.

---

173 *Macpherson/Besitzindividualismus.*

Sechstes Kapitel:
Zur neuen Wissensordnung des Informationszeitalters

I. Arbeitshypothesen zum Wandel der Wissensordnung

Die bisherigen Überlegungen lassen sich in einer **Globalthese** zusammenfassen, mit der die erforderliche Ursachen- und Folgendiskussion aber erst eröffnet wird:

- Teils schon der bereits im 19. Jahrhundert einsetzende Übergang von der Reinen Wissenschaft der *Theorie* zur Angewandten Wissenschaft der *Praxis* und Realisierten Wissenschaft der *Technik*;
- dazu der im 20. Jahrhundert voll einsetzende Bürokratisierungs-, Technisierungs-, Informatisierungs- und Kommerzialisierungsprozeß auch der bislang davon ausgenommenen Wissensbereiche, flankiert von hier nicht diskutierten geistigen, sozialen und kulturellen Entwicklungen in der Gegenwart,

schaffen nicht nur neue Erkenntnisstile, Wissensarten, Wissenslagen im wissenschaftlichen und außerwissenschaftlichen Bereich, sondern bewirken einen tiefgreifenden *Wandel der Wissensordnung*, den wir erst allmählich in seinen Auswirkungen erkennen und auf den wir bislang nur reagieren, zum Beispiel mit darauf gar nicht geeichter Technikfolgenforschung oder mit einer viel zu eng angesetzten Datenschutzdiskussion. Es kommt darauf an, dem Wandel der Wissensordnung auf breiter Front mit angemessenen und ausgearbeiteten philosophischen, politischen und auch technischen Konzepten schöpferisch zu begegnen, im Hinblick auf die erforderlichen Ordnungsmaßnahmen.

Im Schnittpunkt dieser Entwicklungen liegt die hier erläuterte Wissensordnung, in der sich die Kernproblematik bündelt, die Einzelprobleme lokalisieren und – wenn überhaupt –, dann hier lösen lassen. Das mindeste, was man mit aller Vorsicht zugunsten dieses Konzepts sagen kann, ist die Erwartung, daß im ordnungspolitischen Rahmen – gemäß der bereits skizzierten dreigeschossigen Architektur mit konstitutiven, regulativen und implementativen Bauteilen – die komplexen Problemlagen ordnungstheoretisch durchsystematisiert, interdisziplinär bearbeitet und öffentlich diskutiert werden können.

Als Zwischenergebnis können für die Weiterarbeit folgende **Arbeitshypothesen** aufgestellt werden:

(1) *Technisierung und/oder Kommerzialisierung größerer Informationsbereiche schaffen neue Bedingungen, aber noch keine neue Wissensordnung.*
Die Technik – allen voran die Informations- und Kommunikationsstechniken, gefolgt und teils überholt von den Biotechniken – führt zwar zum weitgehenden Wegfall der Geschäftsgrundlage für die überkommene Wissensordnung, nicht aber zu ihrem wohlgeordneten Neuaufbau. Die enorm gesteigerten Möglichkeiten und unbestreitbaren Errungenschaften der modernen Wissenstechniken sind nicht die Lösung, sondern das Problem, dessen umfassende Regelung noch aussteht.

(2) *Was sich beim jetzigen Stand der Dinge daraus ergeben hat, ist eine sozusagen naturwüchsige[174] Wissens-Unordnung, die für die Zukunft erst zu gestalten ist: rechtlich, wirtschaftlich, technisch, politisch, vor allem aber ordnungsmäßig!*
Das gilt nicht nur für die sogenannte Weltinformationsordnung, welche beim bisherigen Stand der Dinge eine „naturwüchsige" militärisch-politische *Macht*ordnung ist und ohne weltweite Ordnungspolitik im hier gemeinten Sinne nie etwas anderes sein wird. Die Frage ist, ob angesichts der hier noch völlig fehlenden Abkopplungen von der politischen, ökonomischen und militärischen „Überordnung" der Staatsräson mit ihren Macht- und Sicherheitsinteressen die internationale Weltinformationsordnung je die Sonderstellung von intranationalen, regionalen, kulturellen Wissensordnungen erreichen kann.
Die Aufgabe der Neuordnung bleibt bis jetzt dem – teilweise vorbildlichen, in herausgegriffenen Einzelfragen zum Beispiel des Datenschutzes – Rechtsdenken überlassen und somit ordnungspolitisches Flickwerk, wenn man an die vielen nicht rechtsförmig darstellbaren und lösbaren Probleme denkt. Auch das ansonsten hochentwickelte ordnungspolitische Denken der Ökonomie hat sich im Hinblick auf den Informationssektor bislang nur der Wettbewerbsordnung auf Wissensmärkten angenommen und die weitere, wichtigere Wissensordnung sträflich vernachlässigt.

(3) *Im Rahmen der gesamten Gesellschaftsordnung verdient heutzutage die Wissensordnung dieselbe Aufmerksamkeit in Wissenschaft, Politik und Publikum wie alle anderen Teilordnungen.*
So wenig Wissen lediglich ein Gut ist wie andere Güter auch, so wenig ist die Wissensordnung ein Bestandteil oder Ausfluß der Wirtschaftsordnung – mit weitgehender Ausnahme des vollkommerzialisierten Bereichs der Massenkommunikation.

---

174 Von „Naturwüchsigkeit" kann hier natürlich nur gesprochen werden, wenn man – über die „zweite Natur" (*Arnold Gehlen*) der Kultur hinausgehend – in der Technik unsere „dritte Natur" sieht (dazu *Spinner/Naturen*).

Dasselbe gilt im Verhältnis zur Rechtsordnung und zu den sonstigen Teilordnungen der Gesellschaft. Neben allen anderen Ordnungen gewinnt die Wissensordnung zunehmend an Bedeutung, auch für die Kulturpolitik.

Das ändert nichts an den durch das rechtliche Legalitäts- und durch das ökonomische Realitätsprinzip geschaffenen *Machtverhältnissen* zwischen den drei Ordnungen. Diese praktische Abhängigkeit der Wissensordnung steht ihrer theoretischen Eigenständigkeit nur dann entgegen, wenn man einen Krieg der Ordnungen versuchte. Besser sind verbundene Bemühungen um die Weiterentwicklung aller drei Ordnungen, die allerdings zur Verdrängungskonkurrenz in Teilbereichen führen kann. Das sind die Zentren der künftigen Konflikte um die ordnungspolitischen Weichenstellungen.

II. Gegentendenzen zur Alten und Entwicklungslinien zur Neuen Wissensordnung

Auch dort, wo sie einst unangefochten gegolten haben mögen wie im akademischen Sondermilieu – was natürlich nicht heißen soll: uneingeschränkt, ohne Ausnahmen und Abweichungen –, sind die klassischen Regelungen durch die neueren Entwicklungen unter Druck gekommen. Der naturwissenschaftlich-technische Fortschritt hat *Technikfolgen zweiter Art*, welche die Verhältnisse in Richtung auf nichtklassische Verhältnisse verändern und deren bereichsspezifische Gestaltung wesentlich mitbestimmen. Dabei zeichnen sich Entwicklungslinien ab, die nicht nur vom bisherigen Zustand weit wegführen, sondern neue Verhältnisse schaffen, wenn keine anderen Vorkehrungen getroffen werden.

Dafür dürfte es in manchen Bereichen mit vollendeten Tatsachen[175] schon zu spät sein. So ist das Telefongeheimnis des „in den Wind gesprochenen Wortes" vom wissenstechnischen Fortschritt aus den Angeln gehoben worden, auch wo es rechtlich weiterhin vorgeschrieben sein mag. Technisch ist es längst ausgehebelt.

Damit soll, nebenbei bemerkt, keinem Technikdeterminismus das Wort geredet, sondern lediglich auf die mit der modernen Technik besonders stark verbundene *normative Kraft des Faktischen* hingewiesen werden. Das ist die Regelungspotenz der Technikfolgen, die nicht aus Normen fließt, sondern sich aus den Tatsachen ergibt. Die großen technischen Entwicklungslinien sind nicht unvermeidbar, aber, einmal mit allen Folgen eingetreten, im Prinzip *unumkehrbar*. So sind Auto, Telefon, Fernsehen, Atombomben unabschaffbar *geworden* – übrigens hauptsächlich als Folge des zugrunde liegenden Wis-

---

175 Zu den in manchen Bereichen „vollendeten Tatsachen" vgl. *Hack/Tatsachen*, wobei anzumerken ist, daß vollendete Tatsachen meist nicht die Lösungen der Probleme sind, sondern allenfalls die Problemstellungen, oft deren Verkennung oder Vermeidung.

sens, weil man *dieses* nicht mehr aus der Welt schaffen kann[176]. Das ist einer der Gründe für die geforderte wissensorientierte Technikgrundlagen- und Technikfolgenforschung (siehe Zweites Kapitel, Abschnitt IV1).

Es gibt viele Wege in die Zukunft, aber keinen zurück in die Vergangenheit, von kontrafaktisch stabilisierten rückwärtsgewandten Utopien abgesehen. Wenn wir die Alte Wissensordnung (wieder) haben wollen, müssen wir sie erhalten, wo sie noch besteht, oder neu schaffen. Der Versuche, den *status quo ante* wieder herzustellen oder wenigstens den *status quo* festzuhalten, wäre „das illusionärste aller Ziele"[177].

Unverändertes Wieder-Holen ist unmöglich, und sei es auch nur, weil sich die Randbedingungen dieser Welt weiterentwickelt haben. Das gilt vermutlich nicht weniger für die zentralen Bestimmungen der Wissensordnung, die eben mitlaufen oder untergehen, wenn man den Dingen einfach ihren Lauf läßt. Wichtig für die Gestaltung der neuen Ordnung ist, daß die alte kognitive Matrix dafür als ideen- und institutionengeschichtliche Vorlage verfügbar bleibt, an der man die Entwicklungsprozesse und Gestaltungsmaßnahmen ausrichten kann.

Die Alte Wissensordnung verändert sich laufend. Darüber hinaus muß sie gestaltet werden und kann sie sogar untergehen. Aber sie darf unter keinen Umständen vergessen werden, wenn die Neue Wissensordnung *mehr* werden soll als eine ungestaltete Mischung aus Ordnungsrelikten der Alten Wissensordnung und allerlei Technikfolgen, einschließlich punktueller politischer Interventionen aus aktuellen Anlässen.

Als maßgebliche, weitgehend autonome Einflußfaktoren sind im Hinblick auf die sich daraus ergebenden Technikfolgen erster und zweiter Art, getrennt oder verbunden, hier zu nennen:

- die **Technisierung des Wissens** (oder „Informatisierung" im wissenstechnischen Sinne), mit der elektronischen Datenverarbeitung als Vorreitertechnik, deren Auswirkungen über die Speicherung, Verarbeitung, Vernetzung, Verwaltung längst auf die anderen Schwerpunkte der Wissensordnungsproblematik ausstrahlen[178], darunter immer noch am wenigsten auf die Wissenserzeugung;
- die **Kommerzialisierung von Wissensgütern**, insbesondere im außerwissenschaftlichen Bereich;
- die **Globalisierung der Informationsströme**, im nationalen und internationalen Rahmen, insbesondere im Geschäftsleben und bei den Massenmedien;

---

176 Daß die Produkte des menschlichen Geistes – die Ideen und Theorien also – als Bestandteile der „dritten Welt" beständiger sind als die materiellen Objekte (der „ersten Welt") und die mentalen Tatbestände (der „zweiten Welt"), wird von *Popper/Knowledge*, Kap. 4, betont. Das technische Wissen würde sogar die selbst kaum machbare Abschaffung der technischen Artefakte überleben.
177 *Riesman/Masse*, S. 318.
178 Zu den Weiterungen vgl. die damalige Pionierstudie *Nora & Minc/Informatisierung*.

– teilweise als Reaktion darauf, aber im Endeffekt eher verstärkend, die **Privatisierung bestimmter Wissensarten oder Wissensbestände**, einerseits von Datenwissen zur Abschirmung der „höchstpersönlichen" Privatsphäre gegen Informationseingriffe als *erweitertes Persönlichkeitsrecht*, andererseits von kommerzialisierbaren, geldwerten Wissensgütern zwecks Ausdehnung der Nutzungsmöglichkeiten als *erweitertes Eigentumsrecht*.

Im Trend der neuen Entwicklungen liegt nicht nur, beispielsweise, die Patentierung von Organismen oder der Handel mit menschlichen Organen. Auch das vom Bundesverfassungsgericht wenn nicht geschaffene so doch explizit ausgesprochene und inhaltlich ausgedehnte *Recht auf informationelle Selbstbestimmung* läuft meines Erachtens, ohne die Dinge beim Namen zu nennen, *de facto* auf die Einräumung eigentumsähnlicher Ausschlußbefugnisse bezüglich der „eigenen" Daten hinaus, abgemildert durch natürliche Grenzen (keine Vererbbarkeit) und praktische Schwierigkeiten (geringe Überschaubarkeit und beschränkte Kontrollierbarkeit).

Wie immer man diese Entwicklungen und Errungenschaften beurteilen mag, so entsprechen sie sicherlich nicht der Klassischen Wissensordnung, die weder Informationseingriffe und Abwehrrechte gegen bloßes *„Wissen über, von, für, zu"* kennt noch ökonomisch verwertbares Informationseigentum, welches über die metaphorische Bedeutung der „geistigen Eigentümerschaft" oder „Werkherrschaft"[179] hinausginge.

Die praktische Bedeutung der damit ausgelösten ordnungspolitischen Technikfolgen zweiter Art läßt sich u.a. daran erkennen, was allen vier Entwicklungen gemeinsam ist und zum Beispiel Kommerzialisierung und Privatisierung zumindest in diesem Punkt auf einen gemeinsamen, ziemlich kleinen Nenner bringt. Das ist die weitgehende *Entbindung von wissenschaftlichen Richtigkeits- und Gütekriterien für qualifiziertes Wissen*, sei es aus Respekt vor der freien Meinung des Bürgers oder mit Rücksicht auf die Rechtsposition des Wissensbesitzers. Weder für die technische Verarbeitung durch den Computer oder für die öffentliche Kommunikation durch Medien noch für den privaten Gebrauch als freie Meinung oder die wirtschaftliche Verwertung durch den Markt muß Wissen wahr, wichtig, sinnvoll, überprüft oder sonstwie qualifiziert sein.

Zur alten, im akademisch-erzieherischen Bereich der Reinen Wissenschaft und Allgemeinen Bildung eingegrenzt fortlaufenden Theoretisierung des menschlichen Wissens nach griechisch-abendländischem Wissenschaftsprogramm[180] sind damit gegenläufige Entwicklungen auf breiter Front hinzugekommen, die neue Regelungen teils als implizite Neuordnung in den Technikfolgen zweiter Art mit sich führen, teils als ordnungspolitische Reaktion und bewußte Gestaltungsmaßnahme zwingend erforderlich machen.

---

179   Im Sinne von *Hirsch/Werkherrschaft*; dazu auch *Bosse/Autorschaft*.
180   Zur früheren, heute weitgehend verlorenen Führungsrolle der Philologien im Rahmen der *Humboldt*schen Universität vgl. die aufschlußreiche Autorenstudie *Horstmann/Theoria*.

Bereichsspezifische Regelungen werden bereits mit den ersten Übergängen von der Theorie zur Praxis und Technik erforderlich, also mit dem Schritt vom „uninteressierten" klassischen Bildungswissen – wozu vor allem das Theorienwissen der Reinen Wissenschaft gehört – zum zielgerichteten Handlungswissen für die Praxis und zum zweckbezogenen Herstellungswissen der Technik. Hinsichtlich seiner nichtklassischen Ordnungsverhältnisse nahe kommt letzterem das kommerzialisierte Wissen der Informationsgüter und -märkte, also Wissen als Produktivkraft und Konsummittel.

Insgesamt betrachtet, handelt es sich hier teils um bereichsspezifische Technikfolgen und Reaktionen darauf – wie beim Datenschutz, der bereits wieder sorgfältig eingehegt wird –, teils um „durchlaufende" Kategorien, welche auf alle Bereiche ausgreifen und ihre Neuordnung präjudizieren, wenn ihnen nicht entgegen gewirkt wird. Hier zeichnet sich bereits der *ordnungspolitische Pluralismus* der neuen Verhältnisse ab, mit unterschiedlichen Bereichsordnungen für gesonderte Wissensbereiche, die sich mit den größeren Informationssektoren der Gesellschaft ungefähr decken.

III. Die acht kognitiv-informationellen Ordnungsbereiche der Neuen Wissensordnung und ihre spezifischen Bereichsordnungen

Nach vorherrschender Ansicht der modernen Soziologie sind hochentwickelte Gesellschaften, unbeschadet mancher Restbestände aus älteren Schichtungen, *funktional* gegliedert: nicht in statische Gegenstands- oder Positionsbereiche, sondern dynamisch in Funktionsbereiche, gekennzeichnet durch institutionalisierte Optionen für bestimmte Problemstellungen und Problemlösungen, einschließlich der jeweiligen nichtdominanten funktionalen Alternativen und Äquivalente. Das ist beispielsweise die „große" Option einer kapitalistischen Wirtschaft für den Markt, in ungleicher Koexistenz mit „kleinen" Alternativen oder auch größeren Abweichungen, von der privaten Tauschwirtschaft bis zum bürokratischen Staatskapitalismus.

Diesem funktionalistischen Gesellschaftsmodell der Theorie sozialer Systeme und ausdifferenzierter Subsysteme entspricht die – ordnungspolitisch gesehen – *sektoral* eingeteilte Welt des Wissens nur bedingt. Wenn also im folgenden von *„Bereichsordnungen"* gesprochen wird, sind damit die jeweiligen ordnungspolitischen Regelungen für die großen Wissensbestände bzw. Informationssektoren der Gesellschaft gemeint, ohne funktionale Vorentscheidung über deren „bestimmungsgemäßen" richtigen Gebrauch. Fast alle Wissensarten sind vielfältig verwendbar („multifunktional" in der Sprache des soziologischen Funktionalismus), ohne deswegen immer ihre Bereichszugehörigkeit und Ordnungsmatrix zu ändern.

So können die gleichen Daten innerhalb desselben Informationsbereichs „desinteressiert" oder „interessiert" erhoben und ausgewertet werden. Ersteres fiele, für sich allein gesehen, unter die Klassische Wissensordnung, letzteres unter die Technologische oder Ökonomische Wissensordnung[181]. Derartige Fluktuationen des Gebrauchs oder gar nur der Absicht ändern nichts an der Maßgeblichkeit der sektoralen Gliederung in größere Bereiche, deren vorherrschende Wissensordnungen im Umgang mit den Wissensbeständen durchaus einigen Funktionsspielraum einräumen. Nicht zuletzt wegen dieser Flexibilität ist ja das *Ordnungskonzept* dem Systemkonzept vorgezogen worden.

Der Wandel der Wissensordnung und die Neuordnung der davon *unterschiedlich* betroffenen Wissensbereiche sind längst im vollen Gange, nach einem vielzitierten aber nie genau formulierten „Gesetz der ungleichen Entwicklung". Das bereits jetzt konstatierbare Ergebnis ist ein *ordnungspolitischer Pluralismus* von (mindestens) acht Bereichsordnungen, aus denen sich die **Neue Wissensordnung des Informationszeitalters** zusammensetzt. Die folgende Zwischenbilanz (siehe Abb. 5) zeigt ein spannungsreiches Nebeneinander teils komplementärer, teils konkurrierender Regelungen.

Ob sie zu einer einheitlichen, umfassenden gesamtgesellschaftlichen oder gar weltweiten Informationsordnung aus einem Guß weiterentwickelt werden kann (und sollte!), ist eine offene Frage, die sich beim gegenwärtigen Stand der Dinge nicht stellt (dazu Abschnitt IV dieses Kapitels). Die seit dem Golfkrieg in der Presse herumgeisternde „Neue Weltordnung" gibt es nicht. Und wenn es sie gäbe, wäre es eine *Macht-*, keine Informationsordnung – allerdings mit erheblichen, vermutlich unguten Auswirkungen auf diese. Das hat sich bei der Golfkriegs-Berichterstattung zur Genüge gezeigt, die der Neuen Internationalen Informationsordnung des „Freien Informationsflusses" in keiner Weise entsprach.

Die neuen Bereichsordnungen entstehen aus der – entwicklungsgemäß gewachsenen oder durch Eingriffe bewerkstelligten – Aufhebung von mindestens einer der vier klassischen Sonderregelungen. Nicht dieses Ergebnis, sondern das Gegenteil wäre heutzutage ein Ausnahmefall. Ohne wirksame Vorkehrungen wächst auch hier zusammen, was ohne sie „im wirklichen Leben" zusammen gehört, ob wir es für richtig halten oder nicht. Das ist zwar „natürlich", wäre aber nicht gut für manche Wissensbereiche, denen die „künstlichen Trennungen" angemessener zu sein scheinen.

Die vier Abkopplungen der Klassischen Wissensordnung bilden zwar eine **kognitive Matrix** aus verbundenen, aufeinander abgestimmten Regelungen, jedoch keine Paketlösung in dem Sinne, daß es bei ihrer Aufhebung immer um „alles oder nichts" ginge. Sie hängen praktisch mehr oder weniger eng zusammen, so daß es bei der Aufhebung einer Abkopplung zumeist nicht bleibt.

Die Unterscheidung von eigenständigen Bereichsordnungen ist theoretisch sinnvoll und praktisch bedeutsam, schließt aber Überschneidungen und flie-

---

181 Das Bundesverfassungsgericht hat mit seinem Urteil vom 15.12.83 zum Volkszählungsgesetz ordnungspolitische Verwirrungen angerichtet, die von der Datenschutzdiskussion bis heute nicht ausgeräumt worden sind (dazu kritisch *Spinner/Macht*).

Abbildung 5: Bereichsordnungen der Neuen Wissensordnung

Bereichsordnungen	Schwerpunkt	Wissensart	Wissenschaftsform	Institutionalisierung	Paradigma	Leitwert
I. Akademische Wissensordnung	Wissenserzeugung und -veröffentlichung	Theorienwissen	Reine Wissenschaft der THEORIE	Universität	wiss. Ethos wiss. Methode	Erkenntnisfortschritt
II. Archivarisch-Bibliothekarische Wissensordnung	Wissensverwahrung	Reliktmengen aller Wissensarten	Angewandte Wissenschaft der PRAXIS (Archiv- und Bibliotheks- und Quellenkunde; Geschichtswissenschaft	Archive, Bibliotheken	Nationalsammlungen, Staatsarchive	vollständige, verlustfreie Reliktakkumulation, ohne inhaltliche "Nachbesserung"
III. Verfassungsrechtliche Wissensordnung	Wissensäußerung	subjektive Meinungen, persönliche Kenntnisse	außerwissenschaftlicher Bereich	Öffentliche Meinung	Grund- und Menschenrechte für wissensbezogene Freiheiten	freie Entfaltung der Persönlichkeit
IV. Ökonomische Wissensordnung	Wissensverwertung als Produktivkraft und Handelsware	Produktions- und Marktwissen	Kommerzialisierte Wissenschaft der INDUSTRIE; Angewandte Wiss. der PRAXIS	Wirtschaftsbetriebe	Wettbewerbsordnung der "freien Konkurrenz"	Rentabilität
V. Technologische Wissensordnung	Wissensrealisierung in Artefakten	technisches Herstellungswissen	Realisierte Wiss. der TECHNIK	Kognitiv-Technische Komplexe (KTK)	Artefakte (Maschinen, Geräte)	optimale technische Lösung
VI. Bürokratische Wissensordnung	Wissensverwaltung ("Herrschaft durch Wissen")	Aktenwissen, Regelwissen	außerwissenschaftlicher Bereich	staatliche und privatwirtschaftliche Bürokratien	abendländische "rationale" Bürokratie	sachliche ("ohne Liebe und Haß") Beamtenverwaltung
VII. Militärisch-Polizeiliche Wissensordnung	Wissensausnutzung und -abschottung	Geheimwissen, Machtwissen	nach außen geschlossener wissenschaftlicher Sonderbereich	Militärwesen, Sicherheitsdienste, Polizei, Rüstungsforschung	duale Systeme (militärisch: Generalstab/Truppenkommando; zivil: Polizei- und Gerichtswesen)	Nationale bzw. Innere Sicherheit
VIII. Nationale/Internationale Informationsordnung	Wissensverbreitung	Unterhaltungswissen, Nachrichten, Geschäftsverkehr	außerwissenschaftlicher Bereich	Mediennetze	Free Flow of Information	weltweite, unbeschränkte Informationsfreiheit

ßende Übergänge nicht aus. Umso wichtiger ist ihre klare analytische Beschreibung in den unterscheidenden Bestimmungen, wie im folgenden versucht. Beim gegenwärtigen Stand der Diskussion kann die Zwischenbilanz nur ein Panorama aus größerer Höhe sein, als Wanderkarte für eingehendere Erkundungen in jedem Bereich.

Das Ergebnis sind ebenso unbefriedigende wie – hoffe ich – hilfreiche *Kurzbeschreibungen*, deren „Ordnungsprofile" als Steckbrief gelesen werden sollten: „Gesucht wird ..."

Abb. 5 bringt eine Zusammenstellung der Hauptpunkte zu den acht Bereichsordnungen, aus denen der Ordnungspluralismus der Neuen Wissensordnung(en) des Informationszeitalters sich im wesentlichen zusammensetzt (mit Erweiterungsmöglichkeiten).

Die dazu gemachten „Bemerkungen" sind ergänzende oder erläuternde Kommentare, welche nur Bruchstücke dessen wiedergeben können und lediglich andeuten sollen, was darüber in der Fachliteratur zu finden ist. Sie sind so zu lesen: „Zur Diskussion gestellt wird folgendes, damit es im einzelnen untersucht werden kann." (Dazu dienen die mit dem vorliegenden Band begonnenen „Studien zur Wissensordnung".)

1. Die Akademische Wissensordnung für Freie Forschung & Lehre

a) Ordnungsprofil der Akademischen Wissensordnung

– **Schwerpunkt**: Wissenserzeugung (durch Forschung) und Wissensverbreitung (durch Veröffentlichung).
– **Wissensart**: Theorienwissen, mit Erfahrungswissen als Gegeninformation („Außenkriterium" für die Überprüfung).
– **Wissenschaftsform**: Reine Wissenschaft der Theorie.
– **Ordnungsparameter**: uneingeschränkte Verfügbarkeit zur Verbesserung, Verbreitung, Widerlegung, ohne Beeinträchtigung durch wissenschaftsfremde Interessen, Handlungsbelastung und Machtpositionen („Wissenskommunismus" der Forschungsgemeinschaft, d.h. der Experten im Fach).
– **Leitwert**: wissenschaftlicher Erkenntnisfortschritt, in Richtung auf möglichst allgemeines, genaues und geprüftes Theorienwissen; Wahrheitsorientierung.
– **Maßnahmen**: Forschungsimperativ; Einrichtung sozialer Sondermilieus („Gelehrtenrepublik", Gewährleistung „Freier Forschung & Lehre", Nonprofit-Institutionen).
– **Modalitäten**: klassische Abkopplungen, höchste Qualitätsstandards (mit Eintrittsschranken für nicht ausreichend Talentierte, Motivierte, Vorgebildete, also Laien und Dilettanten).
– **Milieu**: akademisches, teils auch industrielles Sondermilieu (Universitäten, Laboratorien, etc.) zur Kultivierung von Erstklassigkeit im handlungsentlasteten Kontext (gehegt, gepflegt, geschützt, hochsubventioniert).
– **Träger**: Experten (Gelehrte, Forscher).

- **Institutionalisierung**: Universität, teils auch Industrie (für Grundlagenforschung).
- **Paradigma**: moralisch als wissenschaftliches Ethos, fachlich als wissenschaftliche Methode, politisch als wissenschaftliche Beratung (durch unabhängige Wissensinstitutionen) konzipiert und realisiert.
- **Fehlentwicklungen**: Überlagerung durch die Ökonomische und Technologische Wissensordnung; Selbstaufgabe der „Uninteressiertheit" sowie der Staats- und Wirtschaftsfreiheit im Zuge steigender Ressourcenabhängigkeit; Verlust der intellektuellen und institutionellen Unabhängigkeit der Wissenschaft; keine „mitwachsende" Folgenverantwortung trotz zunehmender Folgenmitverursachung und -beeinflußbarkeit.

b) Bemerkungen zur Akademischen Wissensordnung

In der *Akademischen Wissensordnung* der universitären, mit Abstrichen auch der außeruniversitären Wissenschaftsverfassung lebt die Klassische Wissensordnung fort: zeitgemäß fortgeschrieben, den heutigen Anforderungen mehr oder weniger genügend, immer noch behaftet mit dem Geburtsfehler der *„hinkenden" Trennung von Wissenschaft und Staat*, zu dem im Informationszeitalter die *hinkende Trennung von der Wirtschaft* kommen mag.

Davon abgesehen, ist es ein vergleichsweise gelungener Versuch, die funktionalen Trennungen der Klassischen Wissensordnung für die *Produktion und Publikation wissenschaftlicher Erkenntnisse* aufrecht zu erhalten, soweit dies unter den heutigen Verhältnissen noch möglich ist. Für die Verwendung und Verwertung gilt dies weniger.

Der größte Vorzug der Akademischen Wissensordnung ist die den ganzen Wissenschaftsbereich abdeckende *Infrastruktur der Kritik zur systematischen Fehlerkorrektur*, wie sie in dieser Breite und Effizienz in keinem anderen Wissensbereich zu finden ist. Dadurch ist die Wissenschaft zu dem vermutlich wissensehrlichsten und kritikoffensten Erkenntnisbereich unserer Gesellschaft geworden, mit dem geringsten Ausmaß an Lüge, Täuschung und bewußter Desinformation und den vergleichsweise besten Bedingungen für die Chancengleichheit von Gegeninformation.

Daß der Grund dafür nicht in der größeren Wahrheitsliebe, Unvoreingenommenheit oder Fairneß der Wissenschaftler liegt, sondern in den geringeren Erfolgschancen für Wissenskriminalität[182] und informationelles Fehlverhalten[183], streicht die Einzigartigkeit der Akademischen Wissensordnung noch mehr hervor. Sie ist allerdings an ein *Sondermilieu* gebunden, dessen

---

182 Spektakuläre Ausnahmen (Beispiele bei *Broad & Wade/Betrug*) bestätigen eher die Regel und zeigen allenfalls, daß es gelegentlich länger dauern kann, bis es zur Aufdeckung und Korrektur kommt.

183 Die „Ökonomie der Lüge" (*Tullock/Politics*, Kap. IX) ist in der Wissenschaft ungünstiger als in der Werbung oder in der Politik. Den Hinweis auf *Gordon Tullocks* vergleichende Erfolgskalkulation des Lügens in verschiedenen Lebensbereichen verdanke ich dem Soziologen *Hans Gerd Schütte*.

Binnenordnung durch die geschilderte Entwicklung immer mehr unter Druck gerät.

Dank ihrer Wissensordnung und Infrastruktur der Kritik wird die Wissenschaft mit dem informationellen Fluch aller wohletablierten Institutionen – dem *Bestätigungsfehler* – besser fertig als andere Einrichtungen. Diese Vorzüge sind allerdings in zweifacher Hinsicht eng begrenzt: zum einen sektoral auf das Betätigungsfeld der wertfreien Erkenntnis; zum anderen funktional auf deren Erzeugung und Veröffentlichung. Jeder Schritt darüber hinaus in Richtung auf Weltanschauungsfragen, Anwendungsprobleme oder Beratungsaufgaben führt zu deutlichen Abstrichen, die bis zum Umschlag ins Gegenteil gehen können.

Inhaltlich betrachtet, entspricht die Akademische Wissensordnung der zwecks Fortschreibung des *Theoretisierungsprogramms* den heutigen Verhältnissen – mehr schlecht als recht, wie viele Kritiker der heutigen Universitätsverhältnisse meinen – angepaßten *Klassischen Wissensordnung*, gekennzeichnet durch die vier beschriebenen Abkopplungen der kognitiven Ausgangsmatrix. Diese werden einerseits auf ihren ordnungspolitischen Barwert heruntediskontiert durch das ökonomische Realitätsprinzip der Trennung von den Betriebsmitteln; andererseits nachhaltig gestärkt durch die verfassungsrechtlich eingeräumte Wissenschaftsfreiheit, welche neben individuellen Freiheiten auch institutionelle Garantien einschließt. Institutionell gesehen, ist die Akademische Wissensordnung im universitären, teils auch im industriellen Bereich aufrechterhalten oder neugeschaffen durch die staatliche Einrichtung und rechtliche Absicherung Freier Forschung & Lehre im Sinne von Art. 5, Abs. III des Grundgesetzes der Bundesrepublik Deutschland, in ähnlicher Weise in den meisten Staaten der westlichen Welt[184].

Obwohl die verfassungsmäßigen Forschungs-, Lehr- und Verbreitungsrechte der Wissenschaft schlechthin eingeräumt werden, wo und wie immer sie institutionell „verortet" sein mag, handelt es sich *de facto* im wesentlichen um eine *Bereichsordnung für die Reine Wissenschaft* des hochtheoretisierten Wissensbereichs, d.h. für *Bildungs- und Fachwissen* (unter zunehmender Schwerpunktverlagerung zugunsten des letzteren). Dafür ist das akademisch-universitäre Sondermilieu ein geeignetes Realisierungsfeld, obgleich auch hier die „Reibungen der Realität" manche Abstriche bewirken.

Die neuen, nichtklassischen Bedingungen dringen, von innen und außen, auch in das akademische Sondermilieu ein und lassen die tradierte Wissenschaftsverfassung nicht unberührt. Der Weg zu einer – wie man vorsichtig sagen könnte – **Neoklassischen Akademischen Wissensordnung** ist mit einer Serie von Alternativen gepflastert, die Weichenstellungen für die weitere Entwicklung bedeuten.

---

184 Zum diesbezüglichen europäischen Rechtsvergleich, mit Ausnahme Osteuropas, siehe *Gross/Autonomie*.

Als Folge des wissenschaftlichen Großbetriebs, der staatlichen Wissenschaftspolitik, der Drittmittel- und Auftragsforschung wird auch die Universitätsforschung mit *Orientierungsdilemmas* konfrontiert, die denjenigen der Industrieforschung in vielem vergleichbar sind. Einige dieser *Alternativen für aktuelle Weichenstellungen* sind:

– für die Universität: *traditionelle Gelehrtenrepublik* oder *moderne Forschungsgemeinschaft*?
– für den Professor: *akademischer Lehrer & Forscher* in „Einsamkeit und Freiheit"[185] oder *Wissenschaftsmanager*?
– für das wissenschaftliche Rollenverständnis: *Kosmopolit* oder *Lokaler*?
– für die Forschungsprodukte: *Gemeingut* zum freien Gebrauch für jedermann („Wissenskommunismus") oder *Privateigentum* (des Autors, Verlegers, Auftraggebers, Staates) mit Ausschlußwirkung gegenüber Dritten?
– für die professionelle Bindung: *internationale Weltwissenschaft* oder *nationale Gelehrtenpolitik*[186]?
– für die Koordination der wissenschaftlichen Aktivitäten aller Beteiligten: *Markt* mit offenem Zugang und freiem Wettbewerb oder *Hierarchien* mit bürokratischer Zentralisierung?
– für die Wissenschaft als Beruf: *Berufung* oder *Job*?
– für die Wissenschaftsverwaltung: *akademische Selbstverwaltung* oder *staatliche Fremdverwaltung* durch eine außeruniversitäre Ministerialbürokratie?
– für die Zielsetzung und Verhaltensstrategie: *wissenschaftlicher Erkenntnisfortschritt* oder *bürokratische Budgetmaximierung*?
– für die Verbreitung der Forschungsergebnisse: *freier Wissensfluß* oder *Geheimhaltung*?
– für die Wissenschaftsverfassung: *Klassische Wissensordnung* oder Neue Ökonomische, Technologische, teils auch Militärische *Bereichsordnungen*[187]?

Das sind Weichenstellungen für die weitere Entwicklung, die darüber entscheidet, ob die Akademische Wissensordnung sich gegenüber den anderen Bereichsordnungen behaupten kann.

---

185 Zur heutigen Beurteilung dieser *Humboldt*schen Metapher für das idealistische Ambiente der Akademischen Wissensordnung vgl. *Schubring/Einsamkeit*.
186 Zum Abgleiten der kosmopolitischen Gelehrtenrepublik in die nationalistische Gelehrtenpolitik, unter dem Einfluß der „Ideen von 1914" oder gar der „Ideen von 1933", vgl. *Spinner/System Althoff*; speziell an der Universität Heidelberg zwischen 1914 und 1935 *Jansen/Professoren*; zur heutigen akademischen Politik vgl. *Brown/Politics*.
187 ... wobei keine auf einen „Supermarkt der Ideen" hinausliefe, wie bei *Feyerabend/Märchen* unter völliger Mißachtung der Wissensordnungsproblematik als postmoderne Utopie beschrieben.

2. Die Archivarisch-Bibliothekarische Wissensordnung für verwahrtes Dokumentarwissen

a) Ordnungsprofil der Archivarisch-Bibliothekarischen Wissensordnung
- **Schwerpunkt**: Wissensverwahrung.
- **Wissensart**: Archivwissen sowie als verwahrungsbedürftige Dokumente behandelte Reliktmengen des Wissens aus den anderen Bereichsordnungen, vornehmlich in Gestalt von Schriftgut.
- **Wissenschaftsform**: teils Angewandte Wissenschaft der Archivkunde; teils Reine Wissenschaft der Historie; zunehmend auch Realisierte Wissenschaft der Speichertechnik.
- **Ordnungsparameter**: Verwahrung, zur historischen Verfügung ohne Informationsverlust und Inhaltsveränderung.
- **Leitwert**: Vollständigkeit, Ewigkeit und Wiedergaberichtigkeit (die mit der inhaltlichen Richtigkeit einer Information nichts zu tun hat), im Dienste der informationellen Bestandswahrung durch Sammlung „fremden" statt eigenproduzierten Wissens aller Arten und Bereiche.
- **Maßnahmen**: Archivierung, Klassifizierung[188], Musealisierung der Wissensbestände, insbesondere von den beiden Hauptproduzenten des schriftlichen Wissensreliktmaterials „für alle Ewigkeit", der Wissenschaft einerseits (Publikationen in Fachbibliotheken) und Verwaltung andererseits (Dokumente über „aktenkundig gemachte" Verwaltungsvorgänge).
- **Modalitäten**: Verwahrungsprinzip, mit den drei Dokumentationsaufgaben der größtmöglichen Vollständigkeit, Vergessensfreiheit und Verfügbarkeit, nur notfalls durchbrochen durch Vernichtungsaktionen („Kassation").
- **Milieu**: wissensbezogene statt politischer oder administrativer Organisationskultur, mit Dienstleistungsfunktionen für die Wissenschaft und Gedächtnisfunktionen für die Gesellschaft.
- **Träger**: Verwahrungspersonal (Archivare, zunehmend professionelle Historiker).
- **Institutionalisierung**: „Orgware"-Einrichtungen[189] zur Verwahrung und Verfügung großer Wissensreliktmengen, vornehmlich im wissenschaftlichen und staatlichen Feld der Wissensorganisation.
- **Paradigma**: Nationalarchive und -bibliotheken, historische Museen.
- **Fehlentwicklungen**: reine Mengenorientierung, überzogener Vollständigkeitsdrang, Überlastung mit Schriftgutmüll.

---

188 Das ist die *buchstäbliche* „Wissensordnung" der Bibliotheken (dazu *Dahlberg/Wissensordnung*), die mit der „überbibliothekarischen", den Umgang mit Wissen regelnden statt dieses einordnenden Wissensordnung als dritter Grundordnung nicht verwechselt werden sollte. Was hier als „Archivarisch-Bibliothekarische Wissensordnung" bezeichnet wird, ist eine *Bereichsordnung* im größeren Rahmen dieser kognitiven Grundordnung, keine Archiv- oder Bibliotheksordnung. Zur „Ordnung" des Archivguts unter dem Aspekt der Verwahrung und Verwaltung vgl. *Franz/Archivkunde*.

189 Zum Orgware-Konzept für Informationssysteme vgl. *Steinmüller/Informationstechnologie*, Teil III, insbes. S. 364ff.

b) Bemerkungen zur Archivarisch-Bibliothekarischen Wissensordnung

Es ist ein Zugeständnis an die enormen Restmengen des Wissens und die veränderten Mentalitäten der Moderne, dem Archiv-, Bibliotheks- und Dokumentationswesen eine eigene Bereichsordnung zuzubilligen, die weit weniger im Licht der Aufmerksamkeit[190] steht als andere Bereichsordnungen. Infolge des überproportionalen „Reliktmengenwachstums" (*Hermann Lübbe*), als Nebenwirkung der erläuterten kognitiven Wachstumsprozesse und als Technikfolge der Kultur- und Speichertechniken[191], ist nicht gerade heimlich, aber still und leise ein Informationsberg aufgeschossen, zu dessen Überdachung sich eine eigenständige Architektur entwickelt hat, die äußerlich an den kleinen Fensterschlitzen erkennbar ist.

Obwohl in der modernen Gestalt räumlich und personell immer wissenschaftsnäher angesiedelt – zum Beispiel als Universitätsbibliotheken und Facharchive, betrieben von wissenschaftlich ausgebildeten Wissensadministratoren – und ordnungspolitisch der klassischen Wissenschaftsverfassung nahestehend, deren Wissensfreiheiten von der Wissenserzeugung auf die Wissensverwahrung übertragen werden, bleibt ein großer Unterschied bestehen: im Gegensatz zur Akademischen Wissensordnung kennt die Archivarisch-Bibliothekarische Wissensordnung *keinen auf inhaltlichen Erkenntnisfortschritt abzielenden Forschungsimperativ*. Soweit in eigener Regie Forschungsaufgaben übernommen werden – nicht zu verwechseln mit der Benutzung des Archivwissens für die innerwissenschaftliche historische Forschung –, handelt es sich um wissenskonservierende statt erkenntnisverbessernde Forschung.

Dieser *Vorrang der dokumentarischen Verwahrungsfunktion*[192], in Verbindung mit sich nach außen verschließender[193] oder öffnender Verfügbarkeit des Verwahrten, kennzeichnet die Archivarisch-Bibliothekarische Wissensordnung. In ihrem Rahmen sind Forschung und Fortschritt etwas anderes als unter der Herrschaft der Akademischen Wissensordnung. Forschung heißt Su-

---

190 Zwar nicht wie hier als ein wichtiger, aber unterschätzter – weil „stiller" und vornehmlich „dienender" – Teil der Neuen Wissensordnung, ansonsten aber in voller Bedeutung und zunehmender Verselbständigung ausführlich gewürdigt in *Lübbe/Zeit*, Kap. 4. Anknüpfend einerseits an die geschilderten kognitiven Wachstumsprozesse der Informationsexplosion und -implosion sowie die Bildung Kognitiv-Technischer Komplexe, andererseits an die allgemeine kulturelle Beschleunigung, Verzeitlichung der Geschichte (Temporalisierung, Historisierung) und Vergegenwärtigung des Vergangenen, diskutiert *Lübbe* die Restmengenproblematik des immer stärker wachsenden und schneller veraltenden, aber zählebigen Archiv- und Aktenwissens.
    Zur grundlegenden und weiterführenden Diskussion vgl. *Wersig/Information* und *Capurro/Fachinformation*.
191 Aus der umfänglichen Literatur zu den Technikfolgen der Schrifteinführung vgl. *Goody/Schrift* (insbes. Kap. 3 über den „Staat, das Büro und das Archiv" sowie Kap. 4 über den „Buchstaben des Gesetzes"), *Havelock/Schriftlichkeit* und *Havelock/Muse*, *Ong/Oralität*.
192 Zur institutionellen Verselbständigung des dominant gewordenen Verwahrungsinteresses vgl. *Lübbe/Zeit*, S. 164ff.
193 Verwahrung mit Verschließung im mittelalterlichen Bibliothekswesen wird eindrucksvoll geschildert in *Eco/Name*.

chen[194], Sammeln, Verwahren von Vorgegebenem, möglichst schriftlich Fixiertem. Fortschritt bedeutet additive Vervollständigung[195] und summarische Verwahrung der Sammlungen, unter den Nebenbedingungen der Verlustvermeidung statt Verbesserung und Wahrung der Ausgangsfassung mit unangetasteter „Authentizität". Zum *V-Syndrom* der verwahrenden Bereichsordnung gehören angesichts der beständigen Vermehrung der Akten und Vergrößerung der Archive immer mehr auch die Veraltung und Verstaubung, aber immer weniger die Vernichtung[196]

Während der Forschungsimperativ der Akademischen Wissensordnung auf die bestmögliche Lösung am – nie erreichten – Ende des Erkenntniswegs abzielt, will der *Verwahrungsimperativ* der Archivarisch-Bibliothekarischen Wissensordnung die erstbeste Lösung am Anfang (und den jeweiligen Etappen) des Fortschrittsprozesses im kognitiven Gedächtnis behalten, und zwar möglichst vollständig am Ort präsent, tunlichst jederzeit und für jedermann frei verfügbar. Weil dieser Unterschied zwischen wissenschaftlichem Forschungsimperativ und archivarischem Verwahrungsauftrag so groß ist und durch die institutionelle, personelle, kulturelle Nähe so leicht verwischt wird, erscheint es berechtigt und geboten, beide Bereichsordnungen gesondert aufzuführen.

3. Die Verfassungsrechtliche Wissensordnung des Grundgesetzes für freie Meinung sowie wissensbezogene Persönlichkeits- und sonstige Informationsrechte

a) Ordnungsprofil der verfassungsrechtlichen Wissensordnung

– **Schwerpunkt**: Wissensäußerung.
– **Wissensart**: Alltagswissen (Auffassungen und Beurteilungen, „Weltbild mit Stellungnahme").
– **Wissenschaftsform**: keine, da außerwissenschaftlicher Bereich.
– **Ordnungsparameter**: freie Verfügbarkeit über die eigene sowie freie Verwendbarkeit anderer Meinungen, beides ohne Machtbezug.
– **Leitwert**: Meinungsfreiheit, als möglichst unbeschränkte Äußerungsfreiheit.
– **Maßnahmen**: Schutz der Meinungsfreiheit; keine Abwehrrechte gegen andere Erkundigungen und Auffassungen („Kritik").

---

194 Zum „Information Retrieval" des Suchens und Auffindens in (Computer-) Speichern vgl. *Capurro/Fachinformation*, Teil III.
195 Das ist eine Spielart des an anderer Stelle (vgl. *Spinner/Vereinzeln*, S. 40ff) beschriebenen „vorwissenschaftlichen" Additiven Erkenntnisstils, wie er vor der Geburt der griechisch-abendländischen Wissenschaft in der babylonischen „Listenwissenschaft" praktiziert wurde und im Informationszeitalter als „Datenwissenschaft" in weit größerem Umfang wieder auflebt.
196 Zum Kassationsproblem der freiwilligen, ordnungsgemäßen Aktenvernichtung vgl. *Lübbe/Zeit*, S. 167.

- **Modalitäten**: Verzicht auf homogenisierende Qualitätsanforderungen und inhaltliche Nachbesserungen („jede Meinung gilt, jede Stimme zählt"; „soviel Menschen, soviel Meinungen"), keine Eintrittsschranken und Begründungspflichten.
- **Milieu**: Alltag überall in der Gesellschaft.
- **Träger**: Bürger, also Laien.
- **Institutionalisierung**: geschützte Privatsphäre, Öffentliche Meinung.
- **Paradigma**: wissensbezogene demokratische Grundrechte (Meinungs-, Glaubens-, Informationsfreiheit); Diskursmodell („herrschaftsfreie Diskussion", mit Abstrichen infolge der von seinen Befürwortern auferlegten Begründungspflichten).
- **Fehlentwicklungen**: Herausnahme „höchstpersönlicher" und „herrenloser" Wissensbestände aus der Verfassungsrechtlichen Wissensordnung frei zugänglicher Meinungen und Erkenntnisse, durch Ausdehnung der Persönlichkeits- und Eigentumsrechte.

b) Bemerkungen zur verfassungsrechtlichen Wissensordnung

Die *Verfassungsrechtliche Wissensordnung* enthält die juristischen und metajuristisch-politischen Regelungen für demokratische Informationsfreiheiten – der Meinung, des Glaubens, der Veröffentlichung, etc. – als Teil allgemeiner *Persönlichkeits- und Freiheitsrechte*.

Im supranationalen Recht entwickeln sich diese „kognitiven", d.h. wissens-, meinungs-, glaubensbezogenen Freiheiten tendenziell zu *universellen Menschenrechten*, für deren Gewährleistung es allerdings noch keine weltweite Infrastruktur gibt. Außerdem wäre das, streng genommen, kein Verfassungs-, sondern (internationales) Vertragsrecht.

Die Verfassungsrechtliche Wissensordnung ist bereits im nationalen Einzugsbereich des Grundgesetzes der Bundesrepublik außerordentlich vielfältig und wegen der teils gegensätzlichen Wertpositionen (Wahrheitssuche, Ehrenschutz, Persönlichkeitsentfaltung, etc.) konfliktreich[197]. Wird dadurch doch „geistiges Eigentum" gleichzeitig eingeführt (durch Urheber- und Patentrecht) und ausgeschlossen oder eingeschränkt (für wissenschaftliche Erkenntnisse, geäußerte Meinungen, publizierte Nachrichten, u. dgl.)[198].

Neuerdings erfolgt in diesem Ordnungsbereich eine *Reprivatisierung subjektiver Informationen* (Kenntnisse, Meinungen, Überzeugungen, Urteile), im Rahmen einer um „sensitive" Daten erweiterten und deshalb besonders geschützten kognitiven Privatsphäre und persönlichen Urteilsbildung über eigene und fremde Angelegenheiten, weitgehend ohne Rücksicht auf Richtigkeit und sonstige inhaltlichen Qualitäten. Das schließt grundsätzlich auch die öffentlichen Äußerungs- und Verbreitungsmöglichkeiten ein. Insbesondere sind dafür die Gütekriterien für wissenschaftlich akzeptable Erkenntnisse, vielfach

---

197 Dazu *Brosette/Wahrheit*.
198 Aus der Fülle einschlägiger Literatur vgl. zum Beispiel *Brosette/Wahrheit* und *Moltke/Urheberrecht*.

auch Richtigkeitserfordernisse (Wahrheit, Wahrhaftigkeit, Objektivität, Nachprüfbarkeit) aufgehoben, weil bloße Meinungsäußerungen keinem Wahrheitspostulat und Laien im Alltag keinem „Forschungsimperativ" unterliegen. Meistens genügt der Anschein der Wahrhaftigkeit. Grundsätzlich darf man auch falsche oder dumme Meinungen haben sowie – mit den bekannten Einschränkungen durch die juristisch eng definierten Tatbestände der Beleidigung, üblen Nachrede, etc. –, öffentlich vertreten und publizistisch verbreiten.

So werden die in *demokratischen Wahlen* geheim, also ungeprüft abgegebenen Stimmen *gezählt*, nicht gewogen. Erkenntnistheoretisch gesehen, macht die Verfassungsrechtliche Wissensordnung aus derartigen Voten ein Zwitterwesen, wie es nach der Akademischen Wissensordnung undenkbar wäre: unqualifizierte, trotzdem nicht widerlegbare, möglicherweise falsche Mutmaßungen über die erwartete künftige Bewährung von Politikern. Die auf das Verfahren gesetzte Hoffnung, daß sich das Qualifizierungsmoment unter normalen Umständen auf der Ebene der Gewählten von selbst einstellt, erfüllt sich nicht immer.

Das Fehlen einer wirksamen *Infrastruktur zur beständigen Wissenskorrektur und verbessernden Weiterentwicklung* unterscheidet nicht nur die Verfassungsrechtliche Wissensordnung von der Akademischen (trotz sonstiger Familienähnlichkeiten), sondern mehr oder weniger alle anderen Bereichsordnungen. Ordnungspolitische Regelungen, die auf eine systematische Förderung des menschlichen „Erkenntnisfortschritts" abheben, sind die große Ausnahme. Auch die wahrheitsfähigen Wissensarten sind größtenteils nicht wahrheitsbedürftig, um als informationelle „Medien" kognitiv, kommunikativ, kritisch zu wirken.

Das geht zuweilen bis zur gerichtlich eingeräumten Unbestreitbarkeit von *Selbstdefinitionen*, als Ausfluß der freien Entfaltung der Person und des Schutzes der Persönlichkeitsrechte. Das liefe darauf hinaus, über sich selbst und eigene Verlautbarungen unwiderlegbare Vermutungen aufzustellen, einschließlich falscher.

Unbeschadet dieser ordnungspolitisch problematischen Abkehr von den klassischen Regelungen ist für die Verfassungsrechtliche Wissensordnung die **Trennung von Wissen und Staat** für das gesamte Informationsspektrum der subjektiven Meinung, des religiösen Glaubens, der Presse, etc. maßgeblich. Trotz gelegentlichen Rückschlägen „hinkt" die Trennung von Wissen und Staat unter dem Grundgesetz weniger als diejenige der Wissenschaft vom Staat, vor allem wegen der unterschiedlichen Ressourcenabhängigkeit. Die „Staatsfreiheit" gerade der staatlichen Informationseinrichtungen nach Maßgabe des Öffentlichen Rechts bleibt aber weiterhin ein unbefriedigend gelösten Ordnungsproblem, vor allem angesichts des die Medienordnungen von innen aushöhlenden Parteieneinflusses in den Entscheidungsgremien.

4. Die Ökonomische Wissensordnung für kommerzialisierte Wissensgüter und Informationsmärkte

a) Ordnungsprofil der Ökonomischen Wissensordnung

- **Schwerpunkt**: Wissenserzeugung, -nutzung und -verwertung (als Produktivkraft, Entscheidungshilfe und Handelsware).
- **Wissensart**: praktizierbares und realisierbares Theorienwissen (für die Güterproduktion) und Erfahrungswissen (über Nutzungsmöglichkeiten und Gewinngelegenheiten am Markt[199]).
- **Wissenschaftsform**: Kommerzialisierte Wissenschaft der *Industrie*.
- **Ordnungsparameter**: exklusive Verfügbarkeit zur Verwertung; Interessenbezug (mit Verschiebung zur Verwender- statt Erzeugerseite); Verhaltensorientierung.
- **Leitwert**: Rentabilität.
- **Maßnahmen**: Eigentumsregelungen („property rights" im weitesten Sinne, als wirtschaftliche Nutzungs- und Ausschlußbefugnisse); Aufhebung aller klassischen Abkopplungen, mit Ausnahme der hier zumeist noch stärkeren Trennung von Wissenschaft und Staat.
- **Modalitäten**: hinreichende Qualitätsanforderungen, Eintrittsschranken für Mitbewerber (mit Kapital statt Kompetenz als Eintrittsbarriere).
- **Milieu**: Wirtschaft, insbesondere deren Vierter Sektor.
- **Träger**: Unternehmer, Manager, Kaufleute, Techniker.
- **Institutionalisierung**: rationaler Betriebskapitalismus (im Sinne *Max Webers*), moderne Unternehmung und Märkte[200].
- **Paradigma**: Marktwirtschaft, mit Güter- und Ideenmarkt (letztere mit Abstrichen hinsichtlich seiner geringeren Verbreitung und eingeschränkten Funktionsfähigkeit).
- **Fehlentwicklungen**: Preiswettbewerb statt Qualitätswettbewerb des Wissens, mit Übertragung des sog. *Greshamschen Gesetzes* („schlechtes Geld verdrängt gutes") auf den Wissensbereich (im „Supermarkt der Ideen"); Privatisierung der „internalisierten" Gewinne, Externalisierung der „sozialisierten" Verluste.

b) Bemerkungen zur Ökonomischen Wissensordnung

In der *Ökonomischen Wissensordnung* wird die Trennung von Erkenntnis und Eigentum aufgehoben, um eine *Markt- oder Planwirtschaft* für Ideen einzuführen, die nunmehr (Informations-)Güter sind wie andere auch. Auslösend dafür ist die *Kommerzialisierung* von „Wissensgütern", mit definierten und zum Zwecke ihrer ökonomischen Nutzung ausgeübten *Eigentumsrechten*.

---

199 Dazu die bahnbrechenden Arbeiten von *Hayek/Individualismus* (insbes. Kap. II und IV) und *Hayek/Studien* (insbes. S. 249ff). Sie werden weiterentwickelt zu einer wissensbezogenen Theorie des „findigen Unternehmers" bei *Kirzner/Wettbewerb* und *Kirzner/Unternehmer*.
200 Dazu *Williamson/Institutionen*.

Der Klassischen Wissensordnung entspräche die Behandlung von Wissen als „Öffentliches Gut" im wirtschaftswissenschaftlichen Sinne bzw. als „herrenloses Gemeineigentum" im juristischen Sinne. Die Wissenschaftssoziologie spricht in diesem Zusammenhang, ökonomisch und juristisch gleichermaßen unverbindlich, vom „Wissenskommunismus" der Forschungsgemeinschaft[201].

Wissen wird dadurch zur „Ware"[202], für die sich nationale oder internationale Informationsmärkte bilden können[203]. Die wirtschaftspolitische Bedeutung von Informationsgütern und Informationsmärkten ist in den hochindustrialisierten Ländern inzwischen so gestiegen, daß der kommerzialisierte Informationsbereich zum *Vierten Sektor* der Volkswirtschaft verselbständigt worden ist[204].

Die Fusion von Erkenntnis und Eigentum erfaßt den gesamten Bereich der Wirtschaft, so daß die Ökonomische Wissensordnung insofern der „normalen" Wirtschaftsordnung für andere Güter entspricht. Da im Gegensatz zu Ideen Techniken heutzutage kaum als „herrenlose ‚öffentliche' Güter" in die Welt gesetzt werden, ist der Bereich der industriellen Technik vollständig und jener der nichtindustriellen Technik weitgehend angeglichen.

Für die *Massenmedien* gibt es in den westlichen Demokratien zumeist als *duale Ordnung* eine Mischung aus ökonomischen und verfassungsrechtlichen Elementen, mit mehr klassischen Regelungen auf dem öffentlich-rechtlichen und modernen, d.h. kommerzialisierten Randbedingungen auf dem privatwirtschaftlichen Betätigungsfeld der Anbieter[205].

Da die Ökonomische Wissensordnung im wesentlichen auf eine **Wirtschaftsordnung des Wissens** hinausläuft, praktisch also mit der vorherrschenden Wirtschaftsordnung weitgehend übereinstimmt, kann man zur Analyse und Gestaltung auf die umfangreiche Fachliteratur zurückgreifen. Von der Verfassungsrechtlichen Wissensordnung abgesehen, ist die Ökonomische Wissensordnung das am besten ausgearbeitete Teilkonzept der Neuen Wissensordnung. Dafür haben die Wirtschaftswissenschaften ein wohlassortiertes wissenschaftliches Instrumentarium entwickelt, wie es für keine andere Bereichsordnung bislang zur Verfügung steht.

---

201 Im nicht-technischen, genauer: unpolitischen Sinne, wie *Merton/Sociology*, S. 273, ausdrücklich betont, womit verschleiert wird, daß es sich dabei um eine Angelegenheit der Politischen Ökonomie handelt.
202 Dazu *Gibbons & Wittrock/Science*, *Dickson/New Politics*, Kap. 2 und *Nelkin/Science*.
203 Vgl. *Kunz/Funktionsfähigkeit*.
204 Zur „Wissensindustrie" in den USA vgl. *Rubin & Huber/Knowledge Industry*.
205 Vgl. *Mestmäcker/Rundfunkordnung*.

5. Die Technologische Wissensordnung für technisches Herstellungs- und praktisches Handlungswissen

a) Ordnungsprofil der Technologischen Wissensordnung

- **Schwerpunkt**: Wissenserzeugung und -realisierung als Artefakte.
- **Wissensart**: realisiertes Theorienwissen als technisches Herstellungswissen.
- **Wissenschaftsform**: Realisierte Wissenschaft der *Technik*.
- **Ordnungsparameter**: Verfügung durch Aneignung von Anfang an; Interessenbezug zur Verwenderseite (Technik als finalisierte „science plus purpose").
- **Leitwert**: technische Perfektion als Ziel des wissenschaftlich-technischen Fortschritts; Zweckorientierung und Sachdominanz[206].
- **Maßnahmen**: schrittweise Verbesserung im Trial-and-Error-Verfahren.
- **Modalitäten**: hohe Qualitätsanforderungen für das Bestreben nach der technisch besten Lösung; Realisierungstendenz zum „Machen des Machbaren".
- **Milieu**: Wissenschaft, Wirtschaft.
- **Träger**: Ingenieure, Manager, Praktiker.
- **Institutionalisierung**: Technikeinrichtungen in Wissenschaft und Wirtschaft.
- **Paradigma**: Kognitiv-Technischer Komplex als vorläufiger Endstufe einer Generationenfolge von Technikfamilien (Werkzeug, Maschine, Computer, etc.).
- **Fehlentwicklungen**: Verlust der ordnungspolitischen Steuerungsfähigkeit von nicht „fehlerfreundlichen" Großtechniken, die nicht mehr „nach Versuch & Irrtum" funktionieren, weil Fehler zu irreparablen Katastrophen führen können; Machbarkeit und Mächtigkeit der Techniken ohne ausreichende Wissensgrundlagen; Undurchdringlichkeit der Kognitiv-Technischen Komplexbildungen; ethische Kompensation statt kognitiver Kontrolle der Technikfolgen.

b) Bemerkungen zur Technologischen Wissensordnung

Die *Technologische Wissensordnung* ist die Folge der aufgehobenen Trennung von Theorie und Praxis, soweit sie im technischen Bereich je bestanden hat. Das war bei den handgeführten Werkzeugtechniken wohl nie der Fall, im Gegensatz zur modernen, auf der Realisierung von Theorienwissen beruhenden verwissenschaftlichten Technik. Der erste Schritt zur institutionellen Aufhebung der klassischen Trennungen setzt im 19. Jahrhundert ein, zunächst beim Hochschul- und Bildungswesen mit der Einrichtung von *Technischen Hochschulen* und *Fachschulen*, die im Verhältnis von Theorie und Praxis,

---

[206] Wobei die Sachdominanz auch auf den sozialen Kontext der Techniken „ausstrahlt"; dazu *Linde/Sachdominanz*.

Bildung und Ausbildung, Grundlagen- und Anwendungs-, später auch Auftragsforschung gegenläufige, gemessen an der klassischen Abkopplungsmatrix ordnungswidrige Überbrückungsfunktionen ausübten[207].

Diese Entwicklung hat sich auf breiter Front im außeruniversitären Bereich der verwissenschaftlichten Praxis und industriellen Technik fortgesetzt. In den Kognitiv-Technischen Komplexen aus technisiertem Wissen und wissensbasierten Techniken sind Theorie und Praxis nicht nur äußerlich verbunden, im Sinne einer aufgehobenen Trennung, sondern *voll fusioniert*. Damit entfallen alle an diese Trennung geknüpften Konsequenzen, zum Beispiel die mit der Praxis und Technik vom „reinen Theoretiker" abgeschnittene Folgenhaftung.

Für Praktiker und Techniker stellt sich die *Verantwortungsfrage* anders[208], ohne daß dies bislang in die Technologische Wissensordnung eingearbeitet worden wäre. Stattdessen ist sie mit dem politischen Auftrag zur umfassenden *Technikfolgenforschung* zunächst einmal an die Akademische Wissensordnung zurückverwiesen worden. Damit aber ist sie von allen praktischen Einwirkungshebeln abgeschnitten, mit voraussehbarer Wirkungslosigkeit der auf die Ebene „wissenschaftlicher Beratung der Politik" (und Technik) verlagerten theoretischen Lösungsvorschläge anstelle ordnungspolitischer Regelungen.

Die Technologische Wissensordnung als solche ist sowenig eine *Technokratie* wie die Akademische Wissensordnung eine Szientokratie, obgleich beides unter Umständen sich daraus ergeben kann. Das hängt weniger von der Ordnungs- als von der Machtpolitik in und außerhalb dieser Bereiche ab. Ansonsten bestehen, aus den bereits genannten Gründen, zwischen beiden Bereichsordnungen fließende Übergänge, bei der ungebrochenen Fortschrittsorientierung wie bei der abgeschnittenen Folgenverantwortung.

Gemessen an der heutigen Bedeutung der Technik, hat die Technologische Wissensordnung noch nicht die erforderliche Aufmerksamkeit erhalten, weder in der Wissenschaft noch in der Politik. Alarmierende Schlagworte, die ordnungspolitische Assoziationen wecken – von der „Technokratie" über den „Atomstaat" bis zur „Risikogesellschaft" –, verschleiern den Mangel an ordnungstheoretischer Analyse und ordnungspolitischer Gestaltung des technologischen Wissenssektors.

Daß die Ausarbeitung der Technologischen Wissensordnung hinter dem technischen Fortschritt zurückgeblieben ist, hat mehrere Gründe. Ein Grund liegt in der jahrzehntelangen *Stagnation der Technikphilosophie*, die – im deutschen Sprachgebiet – seit *Gehlens* Anthropologie der Technik[209] keinen großen Deutungsentwurf mehr vorgebracht hat[210]. Ein anderer Grund liegt in

---

207 Vgl. *Albrecht/Technische Bildung, Gundler/Technische Bildung, Rebe/Nutzen.*
208 Zur neu gestellten Verantwortungsfrage für moderne Techniken vgl. *Lenk & Maring/ Technikverantwortung.*
209 Dazu *Spinner/Gehlen.*
210 Von *Heideggers* „planetarischer" Technikmetaphysik vielleicht abgesehen, die aber allenfalls „seinsgeschichtlich" statt ordnungspolitisch aufschlußreich ist.

der praktisch vielleicht berechtigten, aber technikphilosophisch kaum weiterführenden *Konzentration auf Risikoprobleme und Ethikaushilfen*, die in eine ordnungspolitische Sackgasse führen[211]. Das trägt weder zur Verstehbarkeit noch zur Steuerbarkeit der Techniken viel bei. Die systematische Technikphilosophie hat mit der problembewußten, aber konzeptarmen Technikhistoriographie[212] nicht Schritt gehalten.

So ist die praktisch bedeutsamste Bereichsordnung, von deren Gestaltung die künftigen wissenschaftlichen, technischen und politischen Entwicklungen wesentlich abhängen, bislang *inhaltlich unterbestimmt* geblieben, ordnungstheoretisch wie ordnungspolitisch. Eine Ausnahme bilden lediglich die rein rechtlichen Regelungsversuche. In der Diskussion läuft das darauf hinaus, daß die Technologische Wissensordnung entweder als Abkömmling der Akademischen Wissensordnung behandelt wird [213] oder als auf den technischen Bereich verpflanzte Wirtschaftsordnung. Ansonsten herrschen in den heutigen Technikdarstellungen die bereits kritisierten Blockauffassungen (siehe Erstes Kapitel, Abschnitt II4) vom vermeintlich „nahtlosen Gewebe"[214] der Gemengelage aus Wissenschaft, Technik, Wirtschaft und Staat vor.

Das Gewebe des Kognitiv-Technischen Komplexes hat durchaus Schnittstellen, mit Nähten und Rissen, die ordnungspolitisch behandlungsfähig und -bedürftig sind. Hier ist nachdrücklich zu wiederholen, was bereits über die bleibenden Fragestellungen gesagt worden ist (im Fünften Kapitel, Abschnitt IV): Die Ordnungsprobleme der „entfesselten"[215], also eigendynamisch gewordenen Technik im Verhältnis zum menschlichen Haben, Wollen, Handeln, Können müssen im Rahmen der Technologischen Wissensordnung gelöst werden, insbesondere im Hinblick auf die Verfügungsbefugnisse, Interessenlagen, Handlungsmöglichkeiten, Machtpotentiale.

---

211 Zur Änderung der Fragestellung, als Ausweg aus der Sackgasse, vgl. *Spinner/Wachstum* und *Spinner/Wissenschaftsethik*.
212 Als jüngster, bemerkenswerter Beitrag vgl. *Popitz/Epochen*.
213 So z.B., wenn bei *Boorstin/Republic* in scheinbarer Analogie zur traditionellen Gelehrtenrepublik von einer „Republik der Technologie" sowie im konstitutionellen Sinne von der „politischen Technologie" nach Art einer Technikverfassung die Rede ist.
214 Zum „seamless web" vgl. *Bijker & Hughes & Pinch/Technological Systems*, General Introduction et passim.
215 Zum gängigen Technikstichwort des „entfesselten Prometheus" vgl. *Landes/Prometheus*.

6. Die Bürokratische Wissensordnung für verwaltetes Daten- und Aktenwissen

a) Ordnungsprofil der Bürokratischen Wissensordnung
- **Schwerpunkt**: Wissensverwaltung („Herrschaft durch Wissen").
- **Wissensart**: Aktenwissen (Dienst- und Fachwissen).
- **Wissenschaftsform**: größtenteils außerwissenschaftlicher Umgang mit besonderem Wissen; ergänzend Angewandte Wissenschaft der *Praxis*.
- **Ordnungsparameter**: amtliche oder sonstwie offizielle, zuständigkeitsgeregelte Verfügung über bürokratische Wissensbestände; Machtbezug des Wissens.
- **Leitwert**: Unbestechlichkeit, Sachlichkeit („ohne Liebe und Haß").
- **Maßnahmen**: Amtsverschwiegenheit und Aktengeheimnis; dagegen neuerdings Aktenöffentlichkeit sowie rechtlicher und technischer Datenschutz.
- **Modalitäten**: Zuständigkeitsregelung, Dienstweg, Aktenprinzip (Schriftlichkeit), Bearbeitung nach Vorschrift.
- **Milieu**: hierarchische Organisationskultur, im staatlichen Bereich mit strenger Kompetenzregelung und Laufbahnprinzip.
- **Träger**: Beamte (im Sinne eines Funktionstyps, also einschließlich der Angestellten mit gleicher Funktion, im staatlichen und außerstaatlichen Verwaltungsbereich).
- **Institutionalisierung**: staatliche und privatwirtschaftliche Verwaltungseinrichtungen.
- **Paradigma**: abendländische „rationale Bürokratie" (im Sinne *Max Webers*).
- **Fehlentwicklungen**: Inputorientierung (zum Beispiel Budgetmaximierung) statt Outputorientierung auf Ergebnisse für Ziele; Selbstbezüglichkeit statt Außenkriterien, unter Verlust der Lernfähigkeit; ideenarme, konzeptionslose, auf bloße Machterhaltung ausgerichtete Wissensverwaltung in extrem hierarchisierten Bürokratien, deren sprichwörtlich geringe Effizienz durch die Tendenz zur Verdoppelung („Duplizierung", wobei mehrere Stellen unkoordiniert dasselbe machen, jedoch ohne qualitätssteigernden Leistungswettbewerb) noch vergrößert wird.

b) Bemerkungen zur Bürokratischen Wissensordnung

Die *Bürokratische Wissensordnung* für den verwaltungsmäßigen Umgang mit Aktenwissen steht im Spannungsfeld zwischen behördlichem Amtsgeheimnis und demokratischer Aktenöffentlichkeit[216]. In zeitlicher Verkehrung der Fronten steht aber die neue Regelung offener, bürgernaher Bürokratien der Alten Wissensordnung für herrschaftsfreies, machtverdünntes Wissen näher als das traditionelle Amtsgeheimnis einer obrigkeitsstaatlichen Verwaltung.

---

216 Vgl. *Schwan/Amtsgeheimnis*.

Umfassende *„Systemkonzepte"* für die landesweite Verwaltung größerer Regionen, in der Bundesrepublik angeführt vom „Landessystemkonzept Baden-Württemberg"[217], haben die Gestaltung der Bürokratischen Wissensordnung in den achtziger Jahren zu einem zentralen Gegenstand der öffentlichen Auseinandersetzung um die Stellung der Verwaltung in der Demokratie gemacht. Ausgedehnt auf die noch kontroversere Wissensordnung für das Aktenwissen der Sicherheitsdienste (dazu im folgenden Abschnitt), hat die *Datenschutzdiskussion* zwar einerseits Problemstellungen wesentlich erweitert und vertieft, andererseits aber auch auf rein rechtliche Regelungen verengt, deren Unzulänglichkeiten erst allmählich erkannt werden.

Dazu gehören auch, wie im Zusammenhang mit dem Volkszählungsurteil des Bundesverfassungsgerichts vom 15.12.1983 bereits erwähnt, Unvereinbarkeiten mit dem „Geist" der Klassischen Wissensordnung, an dem sich die heutige Verfassungsrechtliche Wissensordnung (siehe oben) immer noch grundsätzlich orientiert. Ordnungspolitisch gesehen, läßt sich der ausgedehnte Datenschutz mit dem Recht auf informationelle Selbstbestimmung nur schwer in der kognitiven Matrix der Klassischen Wissensordnung unterbringen. Noch mehr gilt das für wissensbezogene Selbstdefinitionsrechte, um personenbezogene Selbstbild-Hypothesen in eigener Sache vor kritischer Gegeninformation zu schützen.

7. Die Militärisch-Polizeiliche Wissensordnung für sicherheitsrelevantes Sonderwissen

a) Ordnungsprofil der Militärisch-Polizeilichen Wissensordnung

- **Schwerpunkt**: Wissenserhebung, -speicherung, -anwendung unter strenger Zugangsbeschränkung auf geschlossene „sicherheitsdienstliche" Personenkreise.
- **Wissensart**: Geheimwissen aller Arten, vornehmlich Datenwissen; technisches Herstellungswissen für Waffen und militärisches Handlungswissen zur Kriegführung.
- **Wissenschaftsform**: teils außerwissenschaftliche Wissensaktivitäten, teils Angewandte Wissenschaft der *Praxis* (verwissenschaftlichte Kriegführung) und Realisierte Wissenschaft der Technik (polizeiliche Exekutivtechnik, militärische Waffentechnik).
- **Ordnungsparameter**: exklusive Verfügung durch extreme Wissensmonopolisierung, als Pendant zum „staatlichen Monopol physischer Gewaltsamkeit" (*Max Weber*) nach innen und außen.
- **Leitwert**: Nationale bzw. Innere Sicherheit.
- **Maßnahmen**: Geheimhaltung, insbesondere auch durch physisch-technische Abschottung statt rechtlicher Verbotsregelungen und ordnungspolitischer Vorkehrungen.

---

217 Dazu *Reinermann/Landessystemkonzept.*

- **Modalitäten**: höchste Sicherheitsanforderungen, mit schweren rechtlichen Sanktionen.
- **Milieu**: Nach außen abgeschottetes militärisch-geheimdienstliches bzw. zivil-geheimdienstliches und polizeiliches Sondermilieu.
- **Träger**: Militär, Polizei, Sicherheitsdienste.
- **Institutionalisierung**: Militäreinrichtungen, Geheimdienste, Polizei.
- **Paradigma**: im militärischen Bereich das preußische, international maßgeblich gewordene duale System der getrennten, aber einander beigeordneten zwei Kompetenzen (Generalstab mit Beratungsaufgabe, Truppenführung mit Kommandogewalt); kein funktional äquivalentes ziviles Paradigma.
- **Fehlentwicklungen**: informationelle Degeneration durch Hypertrophie des Sicherheitsdenkens, ohne Aufnahmefähigkeit für Gegeninformation und Distanz zur eigenen Desinformation (Beispiel Staatssicherheit der ehemaligen DDR).

b) Bemerkungen zur Militärisch-Polizeilichen Wissensordnung

Die Welt des Wissens ist voller Geheimnisse, die früher oder später keine mehr sind. Damit sind aber nicht die ungelösten „Rätsel des Universums" gemeint, sondern die an allen möglichen Stellen versteckten Informationen, von den „in meinem Busen" verborgenen Gedanken, für die sich normalerweise keiner interessiert (so daß man sie dem Leser durch Veröffentlichung aufdrängen muß) über die „Datenschatten" in irgendwelchen Informationsspeichern bis zu den großen Staatsgeheimnissen. Was nicht alles geheim gehalten wird, oft völlig unnötig (wie die sogenannten Trivialdaten) und zum eigenen oder fremden Schaden! Banken haben Bankgeheimnisse, Beamte Dienstgeheimnisse, Pfarrer Beichtgeheimnisse, Betriebe Fabrikationsgeheimnisse, Bürger Steuergeheimnisse, Börsianer Insiderwissen[218]. In Klöstern gibt es Schweigegebote und in Behörden Amtsverschwiegenheit.

Geheimdienste haben es schon im Namen, was sie auch nicht zu besseren Geheimnisträgern macht, von ihren anderen Aufgaben ganz zu schweigen, bei denen sie oft aus übertriebener Geheimhaltung scheitern, weil sie damit das Entstehen von *kognitiven Qualitätszonen* (dazu später im Ausblick) verhindern und Lernen aus aufgewiesenen Fehlern unmöglich machen. Die Sonne bringt's mitnichten an den Tag, allenfalls der Mitwisser und dessen Gegeninformation. Wer etwas geheimhält, bleibt darauf sitzen und geht u. U. daran zugrunde[219], wenn es nicht rechtzeitig „geoutet" wird, wie man heute sagt.

---

218 Fallanalysen liefern *Benda/Steuergeheimnis* oder *Hauck/Wirtschaftsgeheimnisse*. Zur Geheimhaltungsproblematik im allgemeinen *Bok/Secrets*. Zur ordnungstheoretischen Analyse des Insiderproblems, wie üblich im Rahmen der Wirtschafts- und Rechtsordnung statt der Wissensordnung, vgl. *Oberender & Daumann/Insidergeschäfte*.

219 Ein schönes literarisches Beispiel aus dem mittelalterlichen Klosterleben bringt *Eco/Name*. Eine genauere Rekonstruktion der impliziten Wissensordnung des Mittelalters wäre

Mit *Zensur* wird erzwungene Wissensunterdrückung, mit Folter gewaltsame Informationsbeschaffung betrieben, beides gleichermaßen schlecht, wissensmäßig beurteilt[220].

Das alles hat, will, braucht keine eigene Wissensordnung. Anders zu beurteilen ist der *Ausbau der Militärisch-Polizeilichen Wissensordnung* in den westlichen Demokratien der Nachkriegszeit, vor allem als Folge des Kalten Krieges zwischen der „Freien Welt" und dem „Ostblock". Diese ordnungspolitisch beachtenswerte Entwicklung ist eng verbunden mit dem *Aufstieg der Sicherheit zu einem zentralen gesellschaftlichen Wert*, der zu drei neueren **Sicherheitsdoktrinen** führte:

Erstens im Rahmen der Wirtschaftsordnung des „sozial" gewordenen Kapitalismus zur *Lehre vom Wohlfahrtsstaat* als neuem Garanten materieller Versorgungssicherheit.

Zweitens im internationalen Rahmen zur militärischen *Doktrin der Nationalen Sicherheit*.

Drittens im nationalen Rahmen zur *Doktrin der Inneren Sicherheit* einer „streitbar" gewordenen Demokratie, gegen deren Auswüchse („Radikalen-Erlaß", u.a.) sich die Bürgerrechts- und Datenschutzbewegung wandte[221].

Wegen ihres umfänglichen Regelungseinflusses, der vielfach weit in die anderen Bereichsordnungen hineinwirkt[222], darf in der Liste der erwähnenswerten Bereichsordnungen die Militärisch-Polizeiliche Geheimhaltungsordnung für sicherheitsrelevantes Sonderwissen aller Art (einschließlich des zugehörigen Technik- und Industrieanteils, der Staats- und Amtsgeheimnisse sowie der „Erkenntnisse" von Polizeistellen und Sicherheitsdiensten) nicht fehlen, obwohl man ihren ordnungspolitischen Charakter bezweifeln kann. Denn *Geheimhaltung* besagt unumwunden, daß man das Ziel mit ordnungspolitischen Vorkehrungen nicht erreichen zu können glaubt, aus welchen Gründen auch immer. So gesehen, ist die Schließung der Wissensbeziehungen nach innen oder, im vorliegenden Fall insbesondere, nach außen (gegenüber

---

von großem Interesse nicht nur für den hier angesprochenen Fall verbotener Bücher, sondern auch im Hinblick auf andersartige Regelungen der Wahrheitsfrage und des Wertes von Originalität, des Kopierens und Fälschens (dazu mit aufschlußreichen Hintergrundinformationen zur ungeschriebenen Wissensordnung des Mittelalters *Thum/Wahrheit*) angesichts des noch nicht ausgebildeten Copyrights (zu dessen späterer Entstehung im Gefolge der Französischen Revolution vgl. *Hesse/Authorship* und *Chartier/Ordre*, Kap. II).

220 Leider ist die bekannte Ineffizienz dieser Einrichtungen *als Informationsmanipulationsunternehmen* kein Grund für ihre Abschaffung, weil die Machterhaltung oder Persönlichkeitsvernichtung – die wahre Funktion der Folter (dazu *Reemtsma/Folter*) – den „Bestätigungsfehler" der selbstmanipulierten Information zumeist aufwiegt. Nicht so allerdings bei der Staatssicherheit in der ehemaligen DDR. Man desinformiert sich auf Dauer nicht ungestraft.

221 Dazu, aus der Publikationsflut herausgegriffen, *Bull/Datenschutz* und *Hohmann/Freiheitssicherung*.

222 ... auch in die Akademische Wissensordnung, deren Bestimmungen für die Rüstungsforschung weitgehend aufgehoben sind. Im weiteren Zusammenhang zur gesamten Menschenrechtsproblematik für Wissenschaftler *Ziman et al./World of Science*.

Unbefugten, Nichteingeweihten) das Gegenteil von Ordnungspolitik, weil man alle derartigen Lösungen für unmöglich oder untauglich, jedenfalls nicht für „sicher" genug hält.

Es handelt sich also weniger um eine „Ordnung", mit eigenständigen ordnungspolitischen Regelungen, als um ein Bündel von Geheimhaltungsvorkehrungen und Sicherungsmaßnahmen, die auch im Rechtsstaat in erster Linie nach ihrer Wirksamkeit bemessen werden (und allenfalls in zweiter Linie nach ihrer „Ordnungsverträglichkeit"). Das ist vor allem eine Frage der Zweckmäßigkeit und Durchsetzbarkeit, die von Parallelaktionen der Gegenseite (Spionage, Desinformation, etc.) oder Kontrolleinrichtungen der eigenen Öffentlichkeit (Presse, Journalismus) nach Kräften beschnitten wird. Man kann dabei auch zum eigenen Schaden übertreiben, wie der Untergang der DDR zeigt, die nicht zuletzt an der eigenen, durch den gigantischen Bestätigungsfehler ihrer Militärisch-Polizeilichen Wissensordnung verursachten Lernunfähigkeit gescheitert ist[223].

Das gesamte unter rechtlichem, vor allem aber faktischem Verschluß gehaltene sicherheitsrelevante Sonderwissen[224] – welches auch zur Sicherung von ansonsten offenen Ordnungsformen dienen kann, einschließlich bestimmter Wissensordnungen – darf nicht wegen durchaus berechtigter Zweifel an der ordnungspolitischen Qualität aus der Diskussion herausgelassen werden. Dagegen sprechen auch die machtpolitische Brisanz und ordnungspolitische Peinlichkeit dieses gerade deswegen abgesonderten Wissens, welches in keine kognitive Matrix zu passen scheint[225]. Als technisches, administratives, mili-

---

223 Zur kontraproduktiven Übersicherungspraxis einer konspirativen Geheimhaltung von allem und jedem in der ehemaligen DDR vgl. *Schuller/DDR*.

224 Vgl. zum Beispiel *Wiesel & Gerster/Informationssystem*; dazu auch *Steinmüller/Geheimbereich*.

225 Deshalb berührt es den Betrachter so merkwürdig, wenn sich *Horst Herold*, Präsident des Bundeskriminalamtes von 1971 bis 1981, beständig der *ordnungspolitischen Kategorienvermischung* bedient, um die Neuartigkeit der polizeilichen Aufgaben und Möglichkeiten im Zeitalter der elektronischen Datenverarbeitung zu beschreiben. Anleihen bei der Akademischen Wissensordnung sind deutlich erkennbar in der Zuschreibung eines wissenschaftsähnlichen Forschungsimperativs für das „forschende Fahnden", ja sogar eines „einzigartigen Erkenntnisprivilegs" der Polizei (*Herold/Wandel*, S. 134) sowie in der Attitüde des lediglich analysierenden und prognostizierenden Wissenschaftlers, der wie ein Vertreter der Reinen Wissenschaft „überhaupt keinen Einfluß auf die Dinge" habe (*Cobler/Herold*, S. 36). Auch die Inanspruchnahme einer Infrastruktur der Kritik zur wahrheitsorientierten, wirklichkeitsgeleiteten Selbstkorrektur fehlt nicht, ohne jede Führung und Hierarchie fast wie in der Gelehrtenrepublik: „Hierarchische Wissensvorbehalte und -einflußnahmen fallen weg. Führungs- und weisungsfrei optimiert sich das System (der polizeilichen Datenerhebung und -verarbeitung; H. S.) zunehmend selbst aufgrund der Fakten" (*Herold/Sicherheit*, S. 252).

Nicht ins Bild der *wissenschaftsverwandten Polizeiarbeit* und ihrer unbürokratischen Wissensordnung für die forschende Durchdringung der „in Akten, Sammlungen, Karteien riesig angehäuften ... Erkenntnisbestände" (*Herold/Wandel*, S. 134) paßt der typische Rückfall in das eingreifende Rollenverständnis des operationsbereiten Arztes bei der Beschreibung der „gesellschaftssanitären" Funktion der Polizei (vgl. *Cobler/Herold*, S. 36).

tärisches, politisches und diplomatisches Geheimwissen in den Wissensspeichern von Regierungsstellen, Wehreinrichtungen und Sicherheitsdiensten lenkt es die Aufmerksamkeit des ordnungspolitischen Denkens schon deshalb auf sich, weil es sich ihm zu entziehen sucht.

Wie die Wettbewerbsordnung ihr Augenmerk auf Monopole und Kartelle richten muß, so die Wissensordnung auf solche „ungeordneten" Wissensbereiche. Schließlich tragen sie wesentlich zur Entstehung *asymmetrischer Wissenslagen* in der Gesellschaft bei, mit denen sich die Ordnungspolitik befassen muß. Außerdem handelt es sich hier um wichtige, für den sogenannten Ernstfall sogar überlebenswichtige *Leitinformation* (und, als gewohnheitsmäßig praktiziertes Normalverhalten der Wissensträgerstellen, auch *Desinformation*), die sich in besonders starkem Maße gegenüber korrigierender *Gegeninformation* abschottet. Deren beeinträchtigte Korrekturfunktion ist das *ungelöste Ordnungsproblem des Geheimwissens*, nicht die „Unterbewertung des Faktors Information" oder die Verkennung „der Handlungsrelevanz des Informationseingriffs"[226].

8. Die Nationale/Internationale Informationsordnung für den innerstaatlichen bzw. grenzüberschreitenden Informationsfluß

a) Ordnungsprofil der Nationalen/Internationalen Informationsordnung

- **Schwerpunkt**: Wissensverbreitung und Erfahrungsaustausch durch interkulturelle Kommunikation, vornehmlich mit Hilfe technischer Vermittlungssysteme (Individual- und Massenmedien); nationaler oder internationaler Datentransfer.

Und massiv gegen die ungeschriebenen Regeln der Akademischen Wissensordnung verstößt *Herold*, wenn er gegen wissenschaftliche Kritik – gleichgültig, ob richtig oder falsch – Ehrenschutz in Anspruch nimmt und (erfolgreich; vgl. *Schwan/Widerruf*) auf Widerruf klagt, statt Gegenargumente vorzubringen und auf das wissenschaftliche Urteil „uninteressierter" Dritter zu vertrauen, die man über den eigenen Standpunkt informiert, ohne ihre Urteile zu präjudizieren.

Der Wissenschaftler hat für seinen Beruf eine wohldurchdachte und verfassungsrechtlich gewährleistete Wissensordnung, aber weder eine „Ehre" noch ein „Selbstdefinitionsrecht" als vermeintlich authentischer Interpret seiner selbst (wie es *Herold* vom Landgericht Hamburg mit dem Urteil vom 16.2.1990 befremdlicherweise gegen *Eggert Schwan* zugesprochen worden ist), die nach Art der persönlichkeitsrechtlichen Intim- oder Privatsphäre gegen Informationseingriffe zu schützen wären. Zusammen mit dem ansonsten lobenswerten Volkszählungsurteil des Bundesverfassungsgerichts vom 15.12.1983 tragen diese und weitere alarmierende Tatbestände aus jüngster Zeit (wie die neuerliche Inanspruchnahme des presserechtlichen Instituts der „Gegendarstellung" als Mittel der wissenschaftlichen Auseinandersetzung oder die Patentierungsversuche für Geninformationen) zur *systematischen Kategorienvermischung* bei, die ordnungspolitische Analysen dringend erforderlich machen, damit nicht noch mehr Schaden angerichtet wird.

226 Busch et al./Polizei, S. 223.

- **Wissensart**: Medienwissen (Nachrichten, Unterhaltung, Werbung).
- **Wissenschaftsform**: als überwiegend außerwissenschaftliche Wissensaktivität keine eigene Wissenschaftsform; ausgerichtet auf eine diskriminierungsfreie neoklassische Wissensordnung für weltweit wichtiges Wissen als Kulturgut, aber praktisch überlagert von der Kommerzialisierten und Realisierten Wissenschaft der zu globalen Netzwerken verbundenen Medienindustrie und Kommunikationstechnik.
- **Ordnungsparameter**: freie Verfügbarkeit über veröffentlichte Nachrichten, kommerziell eingeschränkte Verfügbarkeit über Unterhaltungsinformation (Wissen als Ware) im Rahmen einer „Neuen Weltordnung für Information und Kommunikation".
- **Leitwert**: Aktualität („News"), Unterhaltung. („Infotainment"), Kritik (Nachrichten, vielfach als externe Gegeninformation zur staatlich praktizierten Desinformation, insofern nicht unbeschränkt und unbestritten); Herstellung einer internationalen Öffentlichkeit für Probleme von weltweiter Bedeutung; *Free Flow of Information.*
- **Maßnahmen**: Schnelligkeit, Öffentlichkeit, Aktualisierung, Skandalisierung.
- **Modalitäten**: mäßige Qualitätsstandards, wegen Kurzlebigkeit kaum Verbesserungseffekte; Nachfrageorientierung; Machtbezug.
- **Milieu**: Massenmedien, Kultur- und Nachrichtenindustrie.
- **Träger**: Journalisten, Künstler, Schriftsteller, Entertainer.
- **Institutionalisierung**: Druck-, Hör- und Bildmedien.
- **Paradigma**: Zeitung, Buch, Television.
- **Fehlentwicklungen**: Freier Informationsfluß nur für Unterhaltung, Werbung, Sport; staatliche Maßnahmen (von autoritären Regimen) und kulturelle Widerstände (nationalistischer Bewegungen, fundamentalistischer Religionen, etc.) gegen das Eindringen von „Fremdwissen"; nivellierender oder qualitätsverschlechternder Wettbewerb um Einschaltungs- und Verbreitungsquoten; im nationalen Bereich vielfach Überlagerung durch die Militärisch-Polizeiliche Wissensordnung (Dominanz des Machtbezugs, Verlust der „Staatsfreiheit"); im internationalen Bereich durch die Ökonomische Wissensordnung (Dominanz der Verwertungsinteressen sowie der parteipolitischen und privatwirtschaftlichen Werbungspraktiken).

b) Bemerkungen zur Nationalen/Internationalen Informationsordnung

Die Frage einer neuen *Weltinformationspolitik* wird im Hinblick auf eine Geopolitik der Information[227], die informationelle Chancengleichheit der Dritten Welt sowie die Menschenrechte schlechthin auf nationaler und internationaler Ebene seit längerem ausführlich diskutiert. Bereits im Frühstadium

---

227 Dazu, aber nicht mehr auf dem neuesten Stand, *Smith/Geopolitics.*

hat sich die UNESCO eingeschaltet[228], gefolgt von anderen internationalen Organisationen und unterstützt von den blockfreien Nationen der Dritten Welt, deren informationelle Abhängigkeit von großen Industrieländern der Ersten Welt noch größer ist als die wirtschaftliche.

Unter den gegenwärtigen Bedingungen ist die **Wissenslage der Länder** im internationalen Maßstab infolge der wirtschaftlichen Aufwendigkeit und politischen Aufdringlichkeit weltweiter Kommunikationsnetze ein *Abbild oder Ausfluß der politischen Machtverhältnisse und des wirtschaftlichen Entwicklungsstandes*. Sich davon zu befreien, wie es jede Diktatur durch staatliche Informationsmonopole und Zensurmaßnahmen versucht, ist nur um den Preis der informationellen Isolierung möglich. Das aber bedeutet Verlust an Innovationsfreiheit und Kreativitätspotential, was längerfristig wiederum nicht ohne Folgen für die wirtschaftliche Entwicklung bleibt.

Denn ebenso wie die Sachtechnik oder die Güterwirtschaft, so sind auch die Kommunikationstechnik und die Informationswirtschaft der Massenmedien stark *ressourcenabhängig*. Für die Technik braucht man kostspieliges *Know how*, für die Wirtschaft Kapital, für die Massenkommunikation Weltraumeinrichtungen. Von all dem haben einige Länder viel, andere wenig.

Die voraussehbare Folge der Forderung nach „Freiem Informationsfluß" war der Einbahn-Informationsfluß von den Industrieländern in die Entwicklungsländer, mit Abstrichen auch innerhalb der ersteren von den Vereinigten Staaten nach Europa, als informationeller Ausfluß und genaues Abbild der ökonomischen Stärkeverhältnisse. Das ergab die gegenwärtige *asymmetrische Hegemonialität* der Weltwirtschaftsordnung als Weltinformationsordnung, die ebenso wie jene eine *Machtordnung* ist, beherrscht vor allem von den anglo-amerikanischen globalen Kommunikationsnetzwerken für Nachrichten, Unterhaltung und Werbung. Der Zusammenbruch der Zweiten Welt des kommunistischen Blocks hat diese Asymmetrie zwischen Erster und Dritter Welt eher noch verstärkt, durch den Wegfall eines wenn auch schwächeren (und schlechteren) Gegengewichts.

Hier finden heutzutage die *Ausgrenzungen großen Stils* statt (zum Beispiel von Osteuropa aus Westeuropa, von Afrika aus Gesamteuropa). Man bedenke, daß selbst eine mit *Know how*, Kapital und Satelliteneinrichtungen vergleichsweise gut ausgestattete Industriegesellschaft wie Deutschland nicht imstande war, sich bei der Berichterstattung über den Golfkrieg der weltweiten Mediendominanz eines amerikanischen „Netzwerks" mit temporärem Nachrichtenmonopol zu entziehen.

Angesichts dieser Entwicklungen und der fehlenden Exekutivgewalt der sie tragenden internationalen Organisationen, zumal jener mit kulturellem Auftrag, nimmt es nicht wunder, daß sich der Schwerpunkt der Diskussion seit den 80er Jahren *vom freien, grenzüberschreitenden Informationsfluß* wegverlagert hat, den wir weitgehend erreicht haben: im wissenschaftlichen Verkehr

---

228 Vgl. *Nordenstreng/Declaration*; desgleichen der *für* die UNESCO, nicht von ihr, verfaßte Bericht der *MacBride-Kommission* (deutsche Fassung *MacBride/Stimmen*).

mit Ausnahme der allerdings umfangreichen militärischen Verschlußsachen; im wirtschaftlichen Verkehr, soweit dessen Informationsströme überhaupt frei fließen und öffentlich werden können; in der Massenkommunikation für Unterhaltung, Werbung und Popkultur; paradoxerweise am wenigsten für Wissen als übernationales Kulturgut, seitdem dagegen allenthalben traditionale, regionale und religiöse Widerstände mobilisiert werden.

Die Diskussion der 90er Jahre konzentriert sich auf Fragen der interkulturellen Ausgewogenheit, nationalen und regionalen Chancengleichheit, intra- und internationalen Pluralität[229]. Hier erfolgen, für die Bereichsordnungen und für die Neue Wissensordnung insgesamt – bis jetzt weniger durch bewußte Gestaltung als durch die normative Kraft des Technischen, Wirtschaftlichen und Politischen im Gefolge des technischen Fortschritts, der industriellen Massenproduktion und der medialen Massenkommunikation – Weichenstellungen für die künftige Entwicklung im Sinne von globalen Technikfolgen der zweiten Art.

Diese „naturwüchsigen" Prozesse sind allerdings von den wünschbaren *Weichenstellungen für eine Internationale Informationsordnung* noch weit entfernt: Freie Forschung, Lehre und Veröffentlichung für die „wissenschaftliche Internationale" in institutioneller Unabhängigkeit; freier Informationsfluß insbesondere für die journalistische Berichterstattung einer weltweit freien Presse; informationelle Chancengleichheit für alle Völker; kognitiv-kulturelle Menschenrechte für jedermann.

Soweit es allerdings eine Internationale Informationsordnung bereits gibt, beschränkt sie sich auf den grenzenlosen Informationsfluß – mehr Bild und Ton als Wort – der Geschäftswelt, Unterhaltungsmedien, Werbekampagnen und Public Relations. Dazu kommt, mit erheblich größeren politischen Beschränkungen, der grenzüberschreitende Nachrichtenverkehr der internationalen Netzwerke. Ansonsten macht man überall mit der Informationsordnung heute dieselbe Erfahrung wie in den 70er Jahren mit der kompensatorischen Erziehung: Der freie Informationsfluß kann die strukturbedingten Unterschiede in Gestalt von institutionellen Abhängigkeiten und informationalen Asymmetrien nicht kompensieren, sondern wird sie grundsätzlich reproduzieren, unter Umständen sogar verstärken.

Mit diesen Ungleichgewichten der Internationalen Informationsordnung verglichen, sind die *Ungereimtheiten der Nationalen Medienordnung* gering, von der nicht erfüllten Qualitätsverbesserung durch den – hauptsächlich um Werbeeinnahmen geführten – Wettbewerb zwischen staatlichen und privatwirtschaftlichen Sendern bis zur nicht verringerten Wissenskluft zwischen Benutzern von alten und neuen Medien[230].

Auf die duale ordnungspolitische Verfaßtheit des nationalen Mediensektors, mit öffentlich-rechtlichen und privatwirtschaftlichen Regelungen, ist im Zusammenhang mit der Ökonomischen Wissensordnung bereits hingewiesen

---

229 Zu den neuen Fragestellungen *Rust/Mediengesellschaft*.
230 Vgl. *Saxer/Wissensklassen* und *Schenk/Medienwirkungen*, S. 135ff.

worden. Wo die Weltinformationsordnung wohlmeinende Deklaration geblieben ist, gibt es auf der nationalstaatlichen Ebene immerhin einige wirksam gewordene Direktiven, deren Ansätze und Auswirkungen im Rahmen der Neuen Wissensordnung zur Diskussion gestellt werden können[231].

IV. Zum Ordnungspluralismus des Informationszeitalters: Keine Gesamtordnung für die „Welt des Wissens", aber familienähnliche Sonderregelungen für „Wissen aller Arten, in jeder Menge und Güte"

In seinem unveröffentlichten Beitrag für die vom Verfasser im Oktober 1992 durchgeführte Arbeitstagung der *Werner-Reimers-Tagung* über „Grundfragen der wissenschaftlichen und gesamtgesellschaftlichen Wissensordnung"[232] hat der Berliner Datenschutzbeauftragte *Hansjürgen Garstka* das rechtswissenschaftliche und rechtspolitische Jahrhundertunternehmen eines *„Informationsgesetzbuches"* skizziert, um „die Relation zwischen Welt, Informationsordnung und Informationstechnik" einheitlich zu regeln. Wenn das primäre Datenschutz-Anliegen einer „Wissensordnung der Informationsverarbeitung" durch Einbeziehung der anderen Schwerpunkte der gesamten Wissensordnungsproblematik ausgedehnt würde, wie hier eingangs definiert, liefe das auf ein umfassendes *IGB für das Informationszeitalter* hinaus, als späte Ergänzung zum deutschen BGB (Bürgerliches Gesetzbuch von 1896).

Der Allgemeine Teil dieses IGB wäre nach *Garstka* erst zu entwickeln, wofür die Datenschutzgesetzgebung „fruchtbar" sein dürfte, die aber „nur als Teil einer übergreifenden Regelung verstanden werden" könne. Der Besondere Teil würde sich dann wohl u.a. mit den hier beschriebenen Bereichsordnungen zu befassen haben.

Allein schon zum Schwerpunktthema „Datenverarbeitung" müßte dieses IGB gemäß *Garstkas* im folgenden wörtlich wiederholter Aufzählung der regelungsbedürftigen verarbeitungsbezogenen Tatbestände als „Komponenten" enthalten:

– Recht des Informationszuganges (Informationsrecht)
– Recht der Informationsrestriktion (Datenschutzrecht);
– Recht des Einsatzes der Informationstechnik (IuK-Recht);
– Recht der Transformation in Entscheidungsprozessen (z.B. Statistikrecht);
– Recht der historischen Verwertung der Information (Archivrecht);
– evtl. auch Recht der Informationsgenerierung (Urheberschaft, Forschung, mediale Verbreitung).

---

231 Zur Neuordnung der Rundfunklandschaft vgl. zum Beispiel *Mestmäcker/Rundfunkordnung*.
232 Der Tagungsband mit allen Beiträgen wird demnächst in der vorliegenden Reihe erscheinen. Im folgenden wird der Beitrag von *Hansjürgen Garstka* nach der vervielfältigten Vortragsfassung *Garstka/Wissensordnung* zitiert bzw. referiert.

Von den enormen juristischen Schwierigkeiten eines solchen Vorhabens ganz abgesehen[233], ist angesichts der in diesem Regelungskatalog noch fehlenden Punkte der vorliegenden Darstellung – die selbst von jeglicher Vollständigkeit und Endgültigkeit noch weit entfernt ist – zu fragen, ob eine thematisch umfassende, prinzipiell einheitliche, in sich stimmige Gesamtlösung „aus einem Guß" und „auf einen Schlag" beim gegenwärtigen Stand der Entwicklungen und Überlegungen überhaupt denkbar erscheint.

Eine solche *IGB-Gesamtregelung* müßte gelten (zumindest hinsichtlich des Allgemeinen Teils der grundsätzlichen Regelungen, um sie im Besonderen Teil spezifizieren zu können):

– für alle Schwerpunkte der Wissensordnungsproblematik, von der Wissenserzeugung bis zur Wissensverbreitung und Wissensverwahrung;
– für alle Wissensarten, vom wissenschaftlichen Theorienwissen bis zum alltäglichen Handlungswissen, von jedermanns Trivialwissen bis zum außeralltäglichen Sonderwissen;
– für alle Wissensbestände, im wissenschaftlichen und außerwissenschaftlichen Einzugsbereich;
– für alle Gebrauchsweisen des Wissens, als Erkenntnis, Ware, Kulturgut, etc.;
– für alle großen gesellschaftlichen Informationsbereiche der Neuen Wissensordnung.

Eine solche *Gesamtordnung*, als Rechtsrahmen der Wissensordnung und Dach für alle Bereichsordnungen, ist beim gegenwärtigen Stand der Diskussion nicht in Sicht. Gemessen an den hier ausgeführten ordnungstheoretischen Überlegungen sowie an den hier nur am Rande andiskutierten ordnungspolitischen Anforderungen ist ein allgemeines Informationsgesetz, unabhängig von seiner juristischen Konstruierbarkeit und politischen Durchsetzbarkeit, auch künftig kaum vorstellbar, vermutlich gar *nicht nötig und nützlich*.

Trotzdem müssen wir m.E. bei dem geschilderten philosophisch unausgegorenen und praktisch unbefriedigenden Ordnungspluralismus der Neuen Wissensordnung(en) nicht stehen bleiben. Der Wandel der Wissensordnung ist im vollen Gange, also eingeleitet aber nicht abgeschlossen.

Zusammenfassend betrachtet, eröffnet die vorliegende Darstellung des **nachklassischen Ordnungspluralismus** weiterführende, noch unausgeschöpfte Möglichkeiten zur einheitlicheren Durchsystematisierung der verwirrenden Problemvielfalt. Das ermöglicht die Zurückführung mehrerer Bereichsordnungen mit familienähnlichen Problemlagen auf *bereichsübergreifende Grundregelungen* zwar nicht für die ganze Welt des Wissens, aber doch für relativ wenige, thematisch große Wissensfelder.

Im Hinblick auf den jeweiligen Generalnenner der Ordnungsprobleme lassen sich die acht Bereichsordnungen dahingehend zunächst unterscheiden, so-

---

[233] Skeptisch zur Vorstellung vom „großen Wurf" eines umfassenden Informationsrechts mit einheitlichem Ansatz *Eberle/Informationsrecht*.

dann *zu größeren Wissenszonen mit grundsätzlichen Problemkreisen* bündeln, ob sie darauf ausgerichtet sind, den Wissensstoff vorrangig
– beständig zu verbessern;
– unberührt zu belassen;
– ungehindert zu verbreiten.

Dementsprechend sind zu unterscheiden, ohne damit eine Rangordnung einzuführen:

Erstens **Qualitätszonen des Wissens**, die Verbesserungen der Wissenslage erstreben, zumindest ermöglichen. Das sind die Betätigungsfelder der verbessernden Vernunft, für die das menschlichen Wissen aus „Welthypothesen" zur Wirklichkeitserkenntnis besteht. Gemessen an einigermaßen anspruchsvollen – zum Beispiel wissenschaftlichen – Qualitätsstandards sind derartige Wissensstände nie abgeschlossen ist, sondern endlos fortschrittsfähig und verbesserungsbedürftig, sei es durch systematische Bemühungen oder auf eher beiläufige, spontane Weise. In solchen Qualitätszonen bleibt das Wissen nicht „wie es ist", sozusagen naturbelassen, sondern gilt als nachbesserungsbedürftig im Hinblick auf die offene Wissenslage und unsichere Wahrheitsfrage der menschlichen Wirklichkeitserkenntnis.

Forschung ist ein Unternehmen zur Erzeugung qualifizierten Wissens. Aber es muß nicht immer Wissenschaft sein, nicht einmal unbedingt Expertenarbeit. Wissensverbesserungen können auch ohne fachwissenschaftlichen Forschungsimperativ und wissenschaftstheoretischen „Methodenzwang"[234] erfolgen, wie zum Beispiel im Handwerk oder im gewöhnlichen Leben. Kennzeichnend für derartige Qualitätsfelder sind überdurchschnittlich angehobene *Gütekriterien* für akzeptables Wissen, Wertvorstellungen von erstrebenswertem Erkenntnisfortschritt sowie mehr oder weniger ausgebaute Infrastrukturen zur Pflege des Wissensbestandes, der nicht „naturbelassen" wird. In dieser Hinsicht repräsentiert heutzutage die *Wissenschaft* die am stärksten geförderte Qualitätszone des Wissens, welche „ordnungstheoretisch gesehen so angelegt (ist), daß ein Minimum an Regelkompetenz garantiert werden kann, Beiträge oberhalb dieses Schwellenwertes prämiert zu werden pflegen, und die Qualität von Leistungen auf einer Skala plaziert wird, die nach oben offen ist"[235].

Ganz anders beschaffen sind, zweitens, jene **Schutzzonen des Wissens**, in denen das vorhandene Wissen so genommen und belassen wird, wie es eben ist, nach innen so frei wie möglich, nach außen so abgeschirmt wie nötig sowohl gegen wohlmeinende „Verbesserungsversuche" als auch gegen Unterdrückungsmaßnahmen. Die Gründe für einen solchen *Verzicht auf jegliche Qualifizierung des Wissens* können sehr verschieden sein.

Bei den um das bürgerliche Rechtssubjekt der *Person* als „freien Entfaltungsspielraum" angelegten Schutzraum nicht nur gegen physische, sondern

---

234 Im freilich sehr überzogenen Sinn von *Feyerabend/Methodenzwang*.
235 *Schütte/Experten*, S. 277.

zunehmend auch gegen *informationelle Eingriffe*[236] ist es die Achtung vor der freien Meinung des Einzelnen, die dazu führt, dessen Urteil als unantastbar anzusehen und ohne Kritik oder sonstige inhaltliche „Nachbesserung" zur Kenntnis zu nehmen. Das gilt zum Beispiel innerhalb bestimmter strafrechtlicher Grenzen für subjektive Wertungen über kontroverse Tatbestände oder innerhalb formaler Entscheidungsprozeduren bei politischen Wahlen. Votum ist Votum und bedarf keiner Qualifizierung oder Rechtfertigung.

Nicht nur bei Geschmacks- und Werturteilen sind *externe Qualifizierungsversuche* unangebracht. Dazu kommen objektive Unmöglichkeiten, weil Gedanken – noch, wie lange noch? – frei und Meinungen privat sind oder weil Geheimwissen unzugänglich ist, obgleich es sehr unzulänglich ist und deshalb höchst verbesserungsbedürftig wäre.

Im zweiten Problemfall geht es also darum, Wissensfelder gegen unberechtigte Einsichtnahme, informationelle Eingriffe, unwillkommene Einflußnahmen u.dgl. abzuschirmen.

Schließlich gibt es noch, drittens, **Verbreitungszonen des Wissens**, innerhalb derer das Wissen möglichst ungehindert „fließen" soll, ohne Qualitätsschranken und Schutzzonen. Das gilt zum Beispiel für Nachrichten, heutzutage mehr noch für Unterhaltungsinformationen.

Die Akademische und die Technologische Wissensordnung schaffen *Qualitätszonen des Wissens*, die durch die geschilderten Interpenetrationsprozesse von Wissen(schaft) und Technik eng miteinander verbunden sind und sich im Informationszeitalter immer stärker überschneiden werden. Kleinere Qualitätszonen, mit mehr oder weniger abgesenkten Schwellenwerten, gibt es auch im Geltungsbereich der Ökonomischen (für die Wissenschaftsform der Industrie), der Bürokratischen (für die „höhere", juristisch geschulte und teils wissenschaftlich beratene Administration) und der Militärischen Wissensordnungen. Hier können Wissenskulturen ohne Rücksicht auf Schutzvorkehrungen und Verbreitungsgrenzen luxurieren, auf staatlicher Subventionsbasis oder privatwirtschaftlicher Investitionsbasis.

Absichtliche *Schutzzonen für abgeschirmtes „höchstpersönliches" Wissen* werden in wachsendem Umfang durch die Verfassungsrechtliche Wissensordnung errichtet, seit längerem durch die Vergrößerung des Entfaltungsspielraums der Persönlichkeit und neuerdings durch Ausdehnung des Datenschutzes in Richtung auf weitgehende „informationelle Selbstbestimmung". Das sind Schutzzonen vornehmlich für die freie Meinungsbildung und -äußerung. Auf dem Gegenteil von eingeräumten Freiheits- und Entfaltungsrechten beruhen die rechtlich abgesicherten oder physisch abgeschotteten Schutzzonen der Bürokratischen, vor allem aber der Militärisch-Polizeilichen Wissensordnung.

---

[236] Zu dem vor allem durch die Datenschutzdiskussion auf den Informationstatbestände übertragenen „Eingriffsparadigma" und den kontrovers diskutierten Informationseingriffen vgl. *Rogall/Informationseingriff*.

Verbreitungszonen für den „freien Informationsfluß" sind, zumal nach dem Zusammenbruch des Eisernen Vorhangs im West/Ost-Konflikt, unter der Herrschaft der Ökonomischen Wissensordnung und der Internationalen Informationsordnung für den Geschäftsverkehr und die Medienverbünde im Wachsen, aber noch lange nicht für alle Wissensarten weltweit geschaffen. Bei allem, was über bloße Unterhaltung und reinen Kommerz hinausgeht, ist die Diskrepanz zwischen Ordnungstheorie und Ordnungspolitik hier am größten.

Immerhin eröffnen sich da noch kaum untersuchte Möglichkeiten, die Neue Wissensordnung systematischer, einheitlicher und wohl auch einsichtiger aufzubauen, als es der aufgezeigte postklassische Ordnungspluralismus bis jetzt gemacht hat. Die Richtschnur dafür wäre das **Gebot der einheitlichen Regelung für die drei eigenständigen Wissenszonen** zur Wahrung ihrer spezifischen Wertpositionen, unter Vermeidung der gegenwärtigen Einebnung der Grenzen und Vermischung der Ordnungsprinzipien:

(1) Ordnungspolitischer Leitwert für die Qualitätszonen ist die *Veränderungsfreiheit allen Wissens*, ohne fundamentalistische Vorbehalte und protektionistische Ausschlußbefugnisse gegenüber Informationseingriffen in die gegebene Wissenslage.

(2) Für die Schutzzonen gilt der gegengerichtete Leitwert der *Beeinträchtigungsfreiheit der eigenen Position*, also des Eingriffsverbots in den inneren Wissenskreis, zum Beispiel der höchstpersönlichen „freien Meinung" oder informationellen Selbstdefinition.

(3) Für die Verbreitungszonen gilt *Verkehrsfreiheit der Informationsströme*, einschließlich Gegeninformation, mit Chancengleichheit für beide Seiten (zu denen als dritter Informationsstrom das kognitive Hurenkind der Desinformation kommt).

Da die Welt nie so geordnet ist – oder, in diesem Zusammenhang schlimmer noch, stärker und anders geordnet ist, im Sinne buchstäblicher Ordnungen anstelle ordnungspolitischer Regelungen –, wie die Ordnungstheorie es vorsieht, gibt es natürlich auch *„gemischt geordnete" Bereiche*, in denen sich die drei Zonen überschneiden. So ist zum Beispiel die Archivarisch-Bibliothekarische Wissensordnung Qualitätszone für die Quellensicherung historischen Wissens, Schutzzone gegenüber Vergeßlichkeit und Vernichtung, Verbreitungszone zur Verfügbarmachung.

Die Freiheit zum Verändern „fremden" Wissens ohne entgegenstehende Eigentumsrechte, die Freiheit vor Informationseingriffen in die „eigene" Meinung und das selbstbezogene Wissen, die Freiheit zum Verbreiten des Wissens – das sind die **drei Großen Freiheiten der „Welt des Wissens"**, aus denen alle anderen wissensbezogenen Freiheiten abgeleitet sind, von der Forschungs- und Lehrfreiheit (als Veränderungsfreiheit gegenüber dem tradierten

Wissen) über die bürgerlichen Meinungsfreiheiten (als persönlichkeitsrechtliche bzw. politische Variante der Beeinträchtigungsfreiheit) bis zur Pressefreiheit und dem freien Informationsfluß.

Um diesen Dreierkatalog der *maßgeblichen Wissensfreiheiten*, als Vorgaben für die Neue Wissensordnung, ist der bekanntere Katalog der vier großen Verkehrsfreiheiten (Personen, Waren, Dienstleistungen, Kapital) aus der Rechts- und Wirtschaftsordnung der Europäischen Gemeinschaft für den gemeinsamen Binnenmarkt zu ergänzen. Zusammen ergäbe das eine gute Ordnung für das europäische Haus, mit Raum für alle Wissenszonen, aber ohne dunkle Hinterzimmer.

Im Hinblick auf die drei Wissensfreiheiten können nun abschließend *die Bereichsordnungen auf die Wissenszonen aufgeteilt* werden, sowohl hinsichtlich der gegebenen als auch der als gute Zukunftsoptionen erwägenswerten, als Bausteine zu einer grundlegend erneuerten „Neuen Wissensordnung" meines Erachtens erstrebenswerten Ordnungsverhältnisse. Abb. 6 faßt diese laufenden Überlegungen zusammen, mit denen das Tor zur ordnungspolitischen Neugestaltung des gesamten Wissensfeldes im Informationszeitalter geöffnet wird, ohne die klassischen Leitbestimmungen völlig aus dem Auge zu verlieren.

Festschreiben läßt sich auf Dauer nichts davon, wohl aber manches auch unter den neuen Bedingungen wissensordnungskonform fortschreiben, anderes durch „funktionale Äquivalente" – wie die Soziologen sagen – ordnungspolitisch mehr oder weniger ausgleichen, unter Umständen sogar erheblich verbessern. Denn was „klassisch" ist, muß nicht in allem bestens sein, vor allem nicht für alle Zukunft gutgeheißen werden.

Abbildung 6: Wissenszonen für die Bereichsordnungen der Neuen Wissensordnung

Bereichsordnungen	Wissenszonen			
	Qualitätszone	Schutzzone	Verbreitungszone	Zukunftsoptionen
1. Akademische Bereichsordnung	in höchstem Maße: für wissenschaftlichen Erkenntnissfortschritt in "Sondermilieus"	NEIN, ausgenommen Rüstungsforschung	für publizierte Forschungsergebnisse in der "wiss. Internationalen" sowie Wissen als Kulturgut	Wahrung des Qualitätsniveaus sowie der Unabhängigkeit des wiss. Wissens (Staats- und Wirtschaftsfreiheit)
2. Archivarisch-Bibliothekarische Bereichsordnung	NEIN	gegen Vergeßlichkeit, Veränderung, Vernichtung von Dokumentarmaterial	für verfügbar gemachtes Verwahrungsmaterial in geöffneten Archiven	Auswahl des Verwahrungswürdigen aus der Reliktmenge des "toten" Wissens
3. Verfassungsrechtliche Bereichsordnung	NEIN	für privates Wissen sowie Staatsgeheimnisse	für geäußerte private sowie publizierte ("Öffentliche") Meinungen	Vorkehrungen gegen die "Vermachtung" des Wissens; Schutzzonen kleinhalten, informationelle Chancengleichheit

4. Ökonomische Bereichsordnung	NEIN, ausgenommen innerbetriebliches Produktions- und Anwendungswissen	für gesetzlich geschütztes Wissen und Betriebsgeheimnisse	für Werbung sowie Wissen als Ware	"interne" Qualitätszonen für die Kommerzialisierte Wissenschaft der Industrie
5. Technologische Bereichsordnung	JA, für Ingenieurwissen	für technische Patente sowie Fabrikationsgeheimnisse	für technische Artefakte	Verursacherprinzip für Technikfolgen
6. Bürokratische Bereichsordnung	NEIN	für Amtsgeheimnisse	NEIN (wider Willen durch Spionage)	Aktenöffentlichkeit für Betroffene und externe Gegeninformation
7. Militärisch-Polizeiliche Bereichsordnung	NEIN, ausgenommen Fachwissen über Waffentechniken, polizeiliche Ermittlungen u. dgl.	Abschottung nach außen für sicherheitsrelevantes Sonderwissen	NEIN	Qualitätskriterien für Geheimwissen
8. Nationale / Internationale Bereichsordnung	NEIN, eher gegenläufige Nivellierungstendenzen	bei "gelenkten" Medien für "staatstragende" Informationen	für Nachrichten, Unterhaltung, Werbung	freier Informationsfluß auch für Gegeninformation; "doppelter Pluralismus"; Vorkehrungen gegen staatliche Informationseingriffe und Parteieneinfluß; internationale Chancengleichheit

Ausblick auf unausgearbeitete Lösungsmöglichkeiten

Die Umstellung zunächst des ordnungstheoretischen Denkens, sodann der ordnungspolitischen Maßnahmen vom postklassischen Ordnungspluralismus – der in der Praxis vor allem ein zuweilen bis zum Wirrwarr gesteigerter Ordnungsmischmasch ist – vielfältiger Bereichsordnungen zu einer *neu verfaßten Wissensordnung für klar abgegrenzte Wissenszonen mit eigenständigen Problemstellungen und Lösungsparadigmen* steht für die weiteren Untersuchungen an erster Stelle.

Gegen „gemischte" Regelungen sprechen ordnungspolitische Gründe und geschichtliche Erfahrungen. Demgemäß sind Informationseingriffe für Qualitätszonen ebenso unangebracht wie für Verbreitungszonen. Freier Informationsfluß ist innerhalb von Qualitätszonen unerläßlich, im Verkehr mit anderen Wissenszonen aber nur eingeschränkt sinnvoll. Hier gilt, *mutatis mutandis*, für informationelle Beziehungen, was *Max Weber*[237] über die Schließung sozialer Beziehungen gesagt hat. Sie kann zur Monopolisierung ökonomischer Chancen mißbraucht werden, aber auch der Hochhaltung eines bestimmten Qualitätsniveaus dienen.

Soweit Wissensmonopole auf beiden Seiten vermieden werden, ist die *Trennung von Wissenschaft und Nichtwissenschaft* ordnungspolitisch sinnvoll. Für Qualitätszonen ist jede Nivellierung schädlich, im Binnenbereich ebenso wie zur Außenwelt. Hier müssen Unterschiede gesetzt und praktisch aufrechterhalten werden. Mit der Einführung des Privatfernsehens beispielsweise hat auch der öffentlich-rechtliche Televisionsbereich aufgehört, eine Qualitätszone zu sein, mit Ausnahme allenfalls der Nachrichten- sowie der politischen und kulturellen Magazinsendungen.

Die Eigenarten des Wissensstoffs und die Extraregelungen der Wissensordnung, die auch unter den weitgehend „renormalisierten" neuen Bedingungen nicht völlig untergehen, unterstreichen den **Wert der Freiheit für alle Wissensaktivitäten**. Wo es überhaupt Freiheit gibt, ist sie in der Welt des Wissens am stärksten ausgeprägt. Es gibt keinen freieren Lebensbereich des Men-

---

237 Vgl. *Weber/Wirtschaft I*, S. 23ff.

schen, weil Freiheit für Wissen konstitutiv ist. Deshalb muß sie ordnungspolitisch gewährleistet werden.

Erzwungenes „Wissen" ist wertloses Wissen – auch für den, der es erzwingt, weil er nur zu hören bekommt, was er hören will. Das ist der *Fluch des Sicherheitsstrebens und Rechtfertigungsdenkens*, bei Strafe des Bestätigungsfehlers (der aber, wie Bluthochdruck, zunächst keinen Leidensdruck erzeugt und erst an den umso schlimmeren Spätfolgen erkennbar wird, wenn er irreperabel geworden ist). Unfreiheit bedeutet auf dem Feld des Wissens Unfruchtbarkeit infolge selbstverschuldeter Lernunfähigkeit, unter der Herrschaft der alten oder neuen Ordnungen.

Deshalb bildet der kognitive Leitwert der **Erkenntnisfreiheit in allen Richtungen** – von der Erzeugung über die Verwendung bis zur Verwahrung des Wissens – den obersten Maßstab für den Aufbau einer Neuen Wissensordnung des Informationszeitalters, nicht etwa der altbürgerliche Leitwert des güterförmig-geistigen Eigentums oder der neubürgerliche Leitwert der informationellen Selbstbestimmung (oder gar der privilegierten „Selbstdefinition"). Was für die Wirtschafts- und Rechtsordnung gut ist, muß nicht auch für die Wissensordnung günstig sein. Berechtigten Eigentums- und Selbstbestimmungsansprüchen ist tunlichst auf andere Weise als durch Einschränkungen der Wissensfreiheiten (siehe unten) Rechnung zu tragen.

In die Diskussion gekommen sind neuerdings einige Lösungsansätze, deren Triftigkeit und Tragweite nach den hier zum Abschluß des Buches, aber zur Eröffnung der Diskussion nur umrißhaft formulierbaren Überlegungen zu beurteilen sind. Zur Debatte stehen vor allem ein rechtlicher und ein politischer Lösungsvorschlag, deren ordnungstheoretische Generalisierbarkeit und ordnungspolitische Umsetzbarkeit eingehender zu prüfen wären.

Das Recht auf *informationelle Selbstbestimmung* ist, im Hinblick auf die neuerdings stark betonte Gefahr von Informationseingriffen in selbstbestimmungsreservierte „Privatsphären", ganz auf die erwähnten Schutzzonen abgestellt. Diese kann man zwar noch weiter ausdehnen, aber den Grundgedanken des abzuwehrenden informationellen Eingriffs nicht unbeschränkt generalisieren, ohne die beiden anderen Wissensfreiheiten überproportional einzuschränken.

Wissen ist nicht Handeln. Deshalb sind auch die *Wissensfreiheiten* von anderer Art als die Handlungsfreiheiten. Diese sind nach modernem, auf *Kant* zurückgehendem Verständnis letztlich auf den Gedanken der persönlichen Autonomie ausgerichtet und gipfeln in der Selbstbestimmung freier Menschen. Für das Wissen wäre die völlige „Selbstbestimmung" durch die Wissensträger (Erzeuger, Verarbeiter, Verwender, Verbreiter, etc.) tödlich, weil dadurch die *wissenskonstitutive Verbindung zu korrigierenden nichtmanipulierten „Außenkriterien"* abgeschnitten würde, an denen sich Wissen als solches zu erweisen und möglichst zu qualifizieren hat. Hier liegt die Gefahr der modischen „Selbstreflexion", bei „reflektierenden" individuellen Akteuren wie bei „selbstreferentiellen" sozialen Systemen. Das Programm des Datenschutzes und das Recht auf informationelle Selbstbestimmung sind über enge

Schutzbereiche hinaus *nicht generalisierbar*, ohne die Welt des Wissens in fensterlose Monaden zu parzellieren.

Die neuerlich erhobene Forderung nach *informationeller Gewaltenteilung* greift auf das Erfolgsmodell der modernen Demokratietheorie zurück, ohne konkret herauszuarbeiten, welche „Gewalten" unterschieden und geteilt werden können im Rahmen einer Ordnung, deren Medium nicht Macht ist. Obgleich sogar die Gelehrtenrepublik einem Debattierclub für „herrschaftsfreie Diskussionen" im Sinne *Habermas'* nur wenig gleicht, konstituieren Wissensordnungen im Vergleich zur Staats-, Rechts-, Wirtschaftsordnung stark *machtverdünnte Räume*. Diese sind zwar nicht entpolitisiert, aber doch politisch entlastet[238], jedenfalls im Rahmen der Klassischen Wissensordnung.

Diese hat mit ihren Trennungen für die Wissenschaft die weitestgehende ordnungspolitische Gewaltenteilung eingeführt, nämlich die *Abkopplung des Wissens von allen Gewalten*. (Daß es sich, personell und institutionell gesehen, auch hier um eine oft hinkende Trennung handelt, steht auf einem anderen Blatt.) Informationelle Gewaltenteilung ist nur angebracht, wo zuvor informationelle Gewaltpotentiale entstanden sind, weil die Wissensordnung von anderen Mächten überlagert wird. Das ist in einigen Ordnungsbereichen der Neuen Wissensordnung der Fall, für die das Gewaltenteilungsprinzip eine sinnvolle Regelung *gegen Macht gewordenes Wissen* sein kann[239]. Ansonsten ist das politische Lehrstück der informationelle Gewaltenteilung auf die Welt des Wissens nicht übertragbar.

Wo der rechtliche Ansatz aus dem Geiste des Datenschutzes und das politische Modell aus dem Arsenal der Herrschaftszähmung bei der Übertragung auf informationelle Tatbestände über spezielle Lösungen für manche Wissensbereiche oder -zonen nicht hinauskommen, könnte eine philosophische Idee des aufgeklärten, neoklassischen Liberalismus weiterführen. Allgemeiner anwendbar und in allen genannten Wissenszonen wirksam ist die *Gewährleistung informationeller Chancengleichheit*, sei es im Prozeß der Wissensqualifizierung für Widerlegungen, in Schutzzonen für Kritik an Selbstdefinitionen oder in Verbreitungszonen für Gegeninformation unabhängiger Stellen.

In dem Maße, als es gelingt, diese abstrakte Chancengleichheit zur konkreten „Waffengleichheit" der informationellen Möglichkeiten und Mittel zu verdichten, kann auf informationelle Selbstbestimmung und informationelle Gewaltenteilung verzichtet und die Angelegenheit den Beteiligten überlassen bleiben. Das wäre die **beste Lösung**, auf die zur Neuordnung nach Möglichkeit hinzuarbeiten ist. Informationelle Selbstbestimmung zum Schutze der eigenen Privatsphäre wäre überflüssig, die Entstehung von informationellen Machtpositionen unmöglich.

---

238 Zur Kritik der gerade auf gesellschaftlich höheren Wissensebenen verbreiteten Fehldeutung politischer Entlastung von Handlungszwang und Folgenverantwortung als „Entpolitisierung" der privilegierten Wissenstätigkeiten vgl. *Spinner/Popper*, S. 541ff.
239 Vgl. *Spinner/Macht*.

Solange dies nicht erreicht werden kann, geht es bei der **zweitbesten Lösung** darum, im Hinblick auf größtmögliche Informationsfreiheit durch Ordnungspolitik dreierlei anzustreben und ein viertes zu unterlassen, nämlich

– die Qualitätszonen zu *hegen*;
– die Schutzzonen *klein* zu halten;
– die Verbreitungszonen *groß* zu machen.
– verkehrte Ordnungsverhältnisse aufgrund unpassender Übertragungen von Regelungen auf andere, paradigmenfremde Wissenszonen zu *vermeiden*.

Eine Wissensordnung, die im Hinblick auf die drei großen Wissensfreiheiten informationelle Chancengleichheit gewährleistet, wäre wirklich eine von Grund auf *neue* Wissensordnung für das Informationszeitalter, anstelle des gegenwärtigen Ordnungspluralismus mit dem vielfach zufälligen Nebeneinander von teils klassischen, teils nichtklassischen Regelungen und bestenfalls beschränkter Chancengleichheit in geschlossenen Qualitätszirkeln. Da nichts dafür spricht, daß informationelle Chancengleichheit leichter zu erreichen sein wird als politische, wirtschaftliche oder berufliche, ist eine solche Wissensordnung für die ganze Welt des Wissens noch nicht in Reichweite der Ordnungspolitik, aber vielleicht in ordnungstheoretischer Sicht. In einigen Wissensbereichen ist sie annähernd verwirklicht, in anderen vorstellbar, darüber hinaus erstrebenswert. Informationelle Chancengleichheit erfordert viel, aber verlangt nichts Unmögliches, weder Gleichverteilung des Wissens noch Informationsgleichgewichte. Außerdem ist sie abstufbar für schrittweises Vorgehen.

Um *vom Ausblick zur Ausarbeitung* übergehen zu können, sind mit dem Leitkonzept der Wissensordnung nebst Hilfsgedanken die grundlegenden Ideen und analytischen Instrumente in die Diskussion gebracht worden. Verbesserungsversuche finden hier Anknüpfungspunkte, Gegenvorstellungen Entfaltungsräume. Das mag fürs erste genügen.

Ein solcher Ausblick ist ein uneingelöstes Versprechen, welches nur dann glaubwürdig sein kann, wenn nicht zuviel erwartet wird. Um der „Übergeneralisierung" der tragenden Ideen – als ob alles in der Welt „Information" wäre und nichts über dessen „Ordnung" ginge – einen Riegel vorzuschieben, soll ein kurzer Rückblick auf den Untertitel des ganzen Unternehmens den Schlußpunkt setzen. Nicht aus falscher Bescheidenheit oder gar in der Hoffnung auf Widerspruch und Beförderung ist die Wissensordnung als *dritte* Grundordnung bezeichnet worden. Das war wohlüberlegt und sollte ernst genommen werden.

Es gibt nicht viele Grundordnungen, aber sicherlich mehr als drei. Die Wissensordnung steht nicht an erster Stelle, aber nicht weit darunter. Bei aller Interdependenz der Ordnungen steht die Wissensordnung doch, wie erläutert, gegenständlich (mit dem Wissensstoff) und inhaltlich (mit ihren Ordnungskonzepten) auf eigenen Füßen – aber diese nicht auf jenem festen Boden, bildlich gesprochen, wo die materiellen Ressourcen wachsen und die stärkeren Kräfte herrschen.

Wie unter diesen Umständen die Wissensordnung ihre Sonderstellung nicht nur wahren, sondern rechtsstaatlich absichern und wirtschaftlich fundieren, teils sogar staatlich subventionieren lassen kann, ohne in der Rechts- und Wirtschaftsordnung aufzugehen – das ist heutzutage die *große Frage*, auf die mit den klassischen Idealen (und kontrafaktischen Idealisierungen) der „Staatsfreiheit", „institutionellen Autonomie", „wissenschaftlichen Selbststeuerung", usf. allenfalls Teilantworten gegeben werden können. Jetzt geht es darum, *mit dem faktischen Wandel der Wissensordnung ordnungstheoretisch Schritt zu halten und ihm ordnungspolitisch auch einiges entgegenzusetzen.*

Wohlüberlegt erweist sich, mit dem besseren Überblick des Schlußworts, auch die Wahl des Leitbegriffs der „Wissensordnung" anstelle der geläufigeren Ausdrücke, von der „Datenverkehrsordnung" bis zur „Informationsordnung". Diese sind von vornherein thematisch zu eng angelegt (auf Datenmaterial und Verarbeitungsprozeduren), weitgehend technisch besetzt (durch die Terminologie der Wissenstechniken) und rechtlich längst präjudiziert (vor allem durch das moderne Datenschutzrecht). Vom philosophischen Ballast der traditionellen Vollkommenheitsprädikate des „echten", „sicheren", „begründeten", „(selbst-)reflektierten" Wissens befreit, erweist sich die Redeweise vom „Wissen" und den „Wissensordnungen" als die beste: einerseits *umfassend genug* für „Wissen aller Arten, in jeder Menge und Güte", ohne überdehnt zu sein; andererseits *genau genug* für die kognitive Verfassung der Gesellschaft, oder zumindest dafür spezifizierbar, wie hier versucht.

Ausblick und Rückblick können also dabei bleiben: Die dritte Grundordnung des Informationszeitalters ist die Wissensordnung, nicht mehr und nicht weniger, und auch nichts anderes.

Anhang

*Problemkatalog zur Wissensordnung
für damit befaßte Disziplinen:*
Zum Stand der Diskussion in
ausgewählten Fachwissenschaften
sowie zu den fachübergreifenden Ordnungsaufgaben

Wenn die Wissensordnung als integratives Leitkonzept für interdisziplinäre Untersuchungen „durchlaufender", d.h. die konventionellen Fachgrenzen überschreitender Problemlagen in die Diskussion gebracht werden soll, mag es tendenziell gegenläufig oder gar forschungsstrategisch kontraproduktiv erscheinen, diese „Querschnittsmaterie" in fachspezifische Problemstellungen zerlegen und die Aufgaben auf einzelwissenschaftliche Disziplinen verteilen zu wollen.

Das ist in der Tat so, entbindet aber nicht von der praktischen Notwendigkeit zur *Arbeitsteilung und Schwerpunktbildung.* Das ist berechtigt, wenn die zunächst geteilten Arbeiten wieder zusammengefügt werden, um eine Vorstellung von der Wissensordnung als ganzer zu gewinnen. So und nur so ist die folgende Aufstellung zu verstehen, die durch das integrative Konzept der Wissensordnung zusammen gehalten wird.

In Anknüpfung an die im Haupttext unterschiedenen Aspekte (Schwerpunkte, Dimensionen, Parameter, etc.) der Wissensordnung und Auslöser ihres gegenwärtigen Wandels werden im folgenden einige der damit befaßten Disziplinen, deren Forschungsbeiträge und Untersuchungsaufgaben genannt. Nach Anzahl, Anordnung, Auswirkung *spezifiziert* können die Dimensionen und Determinanten des Wandels der Wissensordnung erst im Fortgang der Untersuchungen werden. Dazu haben *alle* im folgenden aufgeführten Disziplinen wesentlich beizutragen, auch wenn die Forschungen vielfach noch im Anfangsstadium der Suche nach einem brauchbaren „Ansatz" sind. Mit dem Leitgedanken der Wissensordnung soll dafür ein *ausbaufähiges, integrationsstarkes Rahmenkonzept* geliefert werden.

Die Auswahl der Disziplinen ist keine Auszeichnung gegenüber nichtgenannten Fachwissenschaften, ihre Reihenfolge keine Rangordnung. Beginnend mit Philosophie, Wissenschaftslehre und -geschichte, gefolgt von einschlägig tätigen Geistes- und Sozialwissenschaften, soll die Informatik den Übergang zu den technischen „Wissenswissenschaften" einleiten. Dieser wäre im Fortgang der Untersuchungen für die mit Wissenstechniken aller Art und der Bildung von Kognitiv-Technischen Komplexen befaßten Ingenieurwissenschaften (Robotik, u.a.) weiter auszufächern.

Dasselbe gilt für alle mit dem „Informationsstoff" befaßten Naturwissenschaften, von der Biologie über die Gentechnologie bis zur Physik.

Mehr noch als für den im Haupttext unternommenen Konzeptualisierungsversuch der Wissensordnung – durch Bezugnahme auf weichenstellende Abkopplungen sowie die hier ansetzenden wissenschaftlichen Untersuchungen und politischen Gestaltungen – ist für die folgenden fragmentarischen Hinweise auf den Stand der Dinge und die Aufgaben der Zukunft eine ernstgemeinte *Warnung* angebracht:

Die Zusammenstellung ist eine Momentaufnahme des gegenwärtigen Bildes, wie es sich dem subjektiven Blick eines einzigen Autors ohne Allkompetenz für dieses Fächerspektrum bietet. Die Bestandsaufnahme und deren Beurteilung erfolgen in allen Punkten ohne Vollständigkeitsanspruch hinsichtlich der berücksichtigten Disziplinen, vorgeschlagenen Themen, ausgewählten Probleme, angeführten Literatur, etc. *Berichtigungen, Ergänzungen, Zusätze durch die besser informierten Fachvertreter sind vorgesehen und willkommen.* Das gilt insbesondere hinsichtlich der aktuellen Fragestellungen und dringendsten Forschungsanliegen in den von ihnen vertretenen Fächern.

Unter diesen Vorbehalten steht der folgende **Problemkatalog**, der zur Wahrung größtmöglicher Übersichtlichkeit ein einfaches Darstellungsschema für die wichtigsten Angaben und einen auf die Hauptpunkte beschränkten Fragenkatalog benutzt:

- **Themen** (in Stichworten)
- **Empirische Tatbestände** (insbesondere neu aufgekommene)
- **Theoretische Konzepte** (Modelle, Lösungsvorschläge – soweit bereits in der Diskussion)
- **Offene Probleme**
- **Lösungen** (soweit schon verfügbar)
- **Stand der Diskussion**
- **Zukunftsaufgaben**
- **Literatur** (Auswahl spezifischer Beiträge, in die Erläuterungen zu den obigen Punkten mit exemplarisch gemeinten Hinweisen eingearbeitet).

Dieses Darstellungsschema wird mit folgendem **Fragenkatalog** gekreuzt, im Hinblick auf relativ wenige, für das Anlaufstadium der in den meisten Disziplinen erst beginnenden Beschäftigung mit dem Thema aber besonders wichtige Knotenbildungen im Netz der Kreuztabelle:

(1) **Gegenstandsfragen** zu Aspekten der Wissensproblematik, insbesondere mit Beiträgen über:

- *Wissensentwicklungen*, spezifisch wissensimmanenter oder technikinduzierter Art, vor allem im Überschneidungsbereich von Wissen und Technik;
- *Wissenslagen*, im wissenschaft-technischen und außerwissenschaftlichen Bereich;
- *Erkenntnisstile, Wissensarten, Wissenschaftsformen*;

– *Wissensinstitutionen*, von der eingerichteten „Wissenschaft als Beruf & Betrieb" bis zu den vielen nichtwissenschaftlichen Erkenntnisunternehmen, beispielsweise der staatlichen und privatwirtschaftlichen Bürokratien (Verwaltungsbehörden, Versicherungsbetrieben, Sicherheitsdiensten, u.dgl.).

(2) **Ordnungsfragen** zur Ordnungsbildung im Wissensbereich, insbesondere zu ordnungstheoretisch oder ordnungspolitisch relevanten Beiträgen über die vier Grundbestimmungen (Separationen/Fusionen) der Wissensordnung:
– zum *Verhältnis von Erkenntnis und Eigentum*;
– zum *Verhältnis von Ideen und Interessen*;
– zum *Verhältnis von Theorie und Praxis*;
– zum *Verhältnis von Wissen(schaft) und Staat*.

(3) **Regelungsfragen** zu den durch die Wissensordnung geregelten oder regelungsbedürftigen Funktionen, gemäß der im Haupttext gegebenen „Arbeitsdefinition" also zu den einzelnen oder verbundenen Wissensaktivitäten der
– *Erzeugung* von wissenschaftlichem oder nichtwissenschaftlichem Wissen;
– *Verarbeitung*, technisch oder untechnisch;
– *Anwendung*, in der Praxis;
– *Verwirklichung*, durch die profanen Artefakte der Technik;
– *Verfügung*, mit oder ohne Rechtstitel;
– *Nutzung*, durch Betroffene, Beteiligte oder Dritte;
– *Verwertung*, als Ressource oder Ware;
– *Verwaltung*, im staatlichen und privatwirtschaftlichen Bereich;
– *Verwahrung*, in Archiven und Bibliotheken;
– *Verteilung*, in der Wissenschaft und Gesellschaft;
– *Verbreitung*, durch Vervielfältigung und nationalen oder internationalen Informationsfluß.

I. Philosophische und fachwissenschaftliche Problemstellungen und Lösungsbeiträge zu aktuellen Fragen der Wissensordnung

1. Philosophie, Wissenschafts- und Technikforschung

Themen: Obgleich das *menschliche Wissen* von Anfang an ein Hauptgegenstand der Philosophie gewesen ist, sind auf der kognitiven Landkarte große weiße Flecken unerforschter Gegenstandsfragen geblieben. Denn im Laufe ihrer Geschichte tatsächlich thematisiert worden ist zumeist nur das „wissenschaftsförmige" Wissen in der wissenschaftlich präsentablen Gestalt von expliziten, logisch rekonstruierbaren *Theorien*, einschließlich der zugehörigen metaphysischen „Ideen" auf der Ebene des philosophischen Argumentationsniveaus.

Dafür hat die Philosophie in Gestalt der *Erkenntnislehre* eine klassische, in Gestalt der *Wissenschaftstheorie* eine moderne eigene Teildisziplin geschaffen. Auch zusammen genommen können beide Disziplinen den Gegenstandsbereich der Wissensordnungsproblematik nicht annähernd abdecken. Das gilt insbesondere für die meisten Wissensarten aus dem breiten Spektrum des *außerwissenschaftlichen Erkenntnissektors*, von deren Artenvielfalt allenfalls das Alltagswissen in die Überlegungen einbezogen wird. Das Datenwissen der außerwissenschaftlichen „Erkenntnisdienste" (Verwaltungsbehörden, Polizei, Geheimdienste, etc.) zum Beispiel ist von der Erkenntnis- und Wissenschaftstheorie noch nicht zu Kenntnis genommen worden.

So kommt in der für Erkenntnisfragen vorgeblich allzuständigen Philosophie vieles zu kurz, was für die gestellten Gegenstands-, Ordnungs- und Regelungsfragen von größter Wichtigkeit ist:

– einerseits fast die gesamten *nichtwissenschaftlichen Wissensarten* überkommener Ausprägung;
– andererseits die *hochtechnisierten Wissensarten* neuester Ausbildung, in und außerhalb der Wissenschaft;
– außerdem die aus der klassischen Theorienwissenschaft durch Transformation herausentwickelten jüngeren *Erscheinungsformen der neuzeitlichen Wissenschaft*, nämlich die Angewandte Wissenschaft der **Praxis**, die Realisierte Wissenschaft der **Technik** und die Kommerzialisierte Wissenschaft der **Industrie**.

Nicht nur wegen dieser thematischen Eingrenzung auf wenige ausgewählte Wissensarten sowie auf eine Wissenschaftsform aus dem philosophischen Nahbereich, also vornehmlich auf sich selbst und die wissenschaftliche Erkenntnis, kommen Philosophie und Wissenschaftstheorie bis heute nicht zur ordnungspolitischen Thematik des Wissensbereichs. Die philosophische Erkenntnislehre befaßt sich, wenn überhaupt, mit der „Ordnung" des Wissens im Denken des individuellen Erkenntnissubjekts oder im Bildungskanon der menschlichen Gattung, aber noch kaum mit *empirischen Wissenslagen, außerwissenschaftlichen Wissensbereichen* und dem *institutionellen Bezugsrahmen* für alle Wissensaktivitäten.

Was davon über die tradierten philosophisch-pädagogischen Wissenstopoi der „Reflexion", „Analyse", „Begründung", „Bildung" u.dgl. hinausgeht, findet auch heute noch vergleichsweise wenig philosophische Aufmerksamkeit. Im Hinblick auf die Probleme der Wissensordnung sind das *sekundäre Wissenstätigkeiten*, deren Auswuchern („Luxurieren" im Sinne *Arnold Gehlens*) wesentlich zur heutigen Verzopfung der philosophischen Erkenntnislehre durch angehängte Reflexionszöpfe beiträgt.

Das größte Hindernis für die Einführung des ordnungspolitischen Denkens in die Philosophie liegt aber in dem mit wenigen Ausnahmen für die gesamte abendländische Philosophiegeschichte kennzeichnenden *Übergewicht der Begründungs- und Reflexionsprogramme* zur Geltungssicherung oder Legitimationsverleihung der Erkenntnis, demgegenüber sich ein *ordnungspolitisches Programm* jenseits von Begründung und Widerlegung problematisierter Geltungsansprüche und erkenntnistheoretischer Güteanforderungen des Wissens nicht einmal ansatzweise entwickeln konnte. Hier hat die Philosophie bis heute das Feld fast völlig anderen Disziplinen überlassen, die Wissensfragen nicht nur im Hinblick auf die Güte des Wissens stellen.

Soweit die Gegenwartsphilosophie überhaupt Ordnungsfragen aufgreift, sind es *sozialphilosophische Probleme der Gesellschaftsordnung.* Die Wissensordnung ist für die Philosophie noch kein Thema. Sie denkt lieber in Gründen als in Ordnungen, obgleich spätestens seit *Foucault* die Frage nach der gesellschaftlichen Ordnung auch des philosophischen Diskurses im Raum steht.

Zur gegenständlichen Verengung der erkenntnistheoretischen Problemstellungen kommt die Verzopfung der darüber gestülpten philosophischen Überbauten oder daran gehängten Begründungsschwänze hinzu, gemäß der vorherrschenden *„dual reasoning"*-Auffassung[1] des Erkenntnisprozesses. Danach besteht dieser aus einem (symbolischen, hypothetischen) Erkenntnisverhalten sowie einem verbalisierenden Begleit- oder Folgekommentar dazu, der die argumentativen Begründungen liefert, welche dessen Ergebnisse erst philosophisch qualifizieren (zum Beispiel als „rational" ausweisen, durch philosophisch vorzeigbare Legitimationstitel).

Die neuere *Empirische Wissenschafts- und Technikforschung* (Szientometrie, Technometrie) thematisiert die Wissenschafts- und Technikentwicklung als kognitiven und institutionellen Wachstumsprozeß. Dabei kam es erfreulich früh, noch vor der öffentlichen Diskussion über den Parallelfall des wirtschaftlichen Wachstums, zur Untersuchung der „Grenzen des Wachstums". Bis zu den ordnungspolitischen Rahmenbedingungen des „freien" oder „gebundenen" wissenschaftlich-technischen Fortschritts ist die Wissenschafts- und Technikforschung aber noch nicht vorgestoßen.

Tatbestände: Zu den eingetretenen oder laufenden Entwicklungen, welche für Philosophie, Wissenschafts- und Technikforschung die Ordnungsproblematik aufwerfen, zählen u.a.

– die neuerliche Technisierung nicht nur *durch* Wissen (als herkömmliche „Verwissenschaftlichung"), sondern auch *des Wissens selber* (als „Verdatung", besser: Informatisierung großer Wissensbereiche), unter Ausbildung neuer, hochtechnisierter Wissensarten;
– die wechselseitige Interpenetration von Technik und Wissen zu *Kognitiv-Technischen Komplexen*;
– das Auswachsen der Wissenschaft zum universitären und industriellen „Großbetrieb" *(Adolf von Harnack)*, der Übergang von der traditionellen Little Science zur modernen *Big Science* sowie der handwerklichen Werkzeugtechnik und neuzeitlichen Maschinentechnik zur neuesten *Hochtechnik;*

---

[1] Was die Erkenntnis- und Wissenschaftstheorie damit praktiziert, wird von ihr bislang nicht thematisiert, sondern außerhalb des philosophischen Kontextes von der modernen Wissenspsychologie (vgl. *Evans/Psychology*, Kap. 12).

- die mehrfache *Transformation der griechisch-abendländischen Wissenschaft*, bis zur heutigen Entfaltung zum Viererfächer der neuzeitlichen Wissenschaftsformen (**Theorie, Praxis, Technik, Industrie**);
- der damit einhergehende *Wandel der Wissensordnung*, den die Philosophie zumindest in seinen Auswirkungen auf die Wissenschaft in ihre Überlegungen einbeziehen sollte.

Konzepte: Die überlieferten philosophischen Konzepte (wie Wissensbegriffe, Begründungsmodelle, Methodenlehren) erweisen sich größtenteils schon für die Gegenstandsfragen als ungeeignet, von den Ordnungs- und Regelungsfragen ganz zu schweigen. Die notwendige *Umorientierung des philosphischen Denkens auf Ordnungsprobleme* und die dazu erforderliche Instrumentierung mit neuen analytischen Konzepten – vom Leitkonzept der Wissensordnung und der Systematik der Erkenntnisstile für die Erfassung verschiedener, auch nichtwissenschaftlicher Wissensarten bis zur Methodik für den Ordnungsvergleich – sind eingeleitet, aber noch nicht weit gediehen.

Probleme: Die vordringlichsten allgemein- oder wissenschaftsphilosophischen Probleme der Gegenstandsfragen liegen im Bereich der Informationsbegriffe und Informationsmessung sowie bei der Entfaltung eines „kognitiven Raums" zur Lokalisierung der Wissensartenvielfalt und Erfassung ihrer Wachstums- und Veränderungsprozesse.

Die Hauptprobleme der Ordnungsfragen konzentrieren sich auf die *Rekonstruktionsmöglichkeiten für Wissensordnungen* und die *Methoden des Ordnungsvergleichs*. Dagegen sollten die Regulierungsprobleme bis auf weiteres denjenigen Disziplinen anheim gestellt werden, in denen das ordnungspolitische Denken seit längerem zuhause ist.

Lösungen: Die Lage in Philosophie und Wissenschaftsforschung ist durch ein eklatantes Mißverhältnis zwischen den vielen Problemen und den wenigen bislang ausgearbeiteten Lösungen für Teilprobleme gekennzeichnet. Dazu hat die *Szientometrie* im Gefolge von *Derek de la Solla Price* die statistischen Gesetzmäßigkeiten für exponentielles bzw. logistisches Wissenschaftswachstums sowie das Unsichtbare Kollegium („Invisible College") als Mini-Ordnungskonzept für die Forschungsgemeinschaft beigetragen, zur Lösung des sogenannten „Zweiten Malthusschen Dilemmas"[2] der Überinformation durch die wissenschaftliche Publikationsflut.

Ordnungspolitisch relevante, obgleich in anderem Zusammenhang entwickelte und ziemlich wirklichkeitsferne Lösungsvorschläge liegen in den neuerlichen *Diskursmodellen* der Hermeneutik (*Jürgen Habermas'* „herrschaftsfreie Diskussion" und „bürgerliche Öffentlichkeit"), Transzendentalpragmatik (*Karl-Otto Apels* „Diskursgemeinschaft") und der angelsächsischen Moral-

---

2   Zu diesem Dilemma des ständigen Anwachsens der kognitiven Komplexität und der semantischen Kontakte zwischen den Menschen im Informationszeitalter, nach dem *Ersten Malthusschen Dilemma* des Bevölkerungswachtums, vgl. *Weinberg/Großforschung*, Kap. I; im weiteren Zusammenhang der entstehenden kognitiven Dissonanzen *Fritsch/ Überleben*, Kap. V.

philosophie (*John Rawls* „Schleier des Nichtwissens" zur Ermöglichung von „Fairneß" – dazu Fachbericht 10/Ethik).
Stand: Von der Szientometrie gut untersucht, teilweise bereits überforscht – letzteres vor allem im Bereich der Vermessung der Fachzeitschriftenpublikationen und darauf bezogener Zitationsanalysen – ist die *Wissenschaftsentwicklung*, empirisch untersucht und mathematisch analysiert als exponentielles Wachstum sowohl des Inputs (Manpower und materielle Ressourcen) als auch des Outputs (Publikationen, Patente). Ebenso wie Philosophie und Wissenschaftstheorie hat auch die Szientometrie die *nichtwissenschaftlichen Wissensarten* völlig vernachlässigt, von ihrer Erzeugung in technisch erweiterter Artenvielfalt bis zur Verwaltung, Verteilung und Verfügung.

Für den innerwissenschaftlichen Bereich ergibt das eine große Untersuchungslücke bei den nicht „wissenschaftsförmigen" Wissensarten, für den außerwissenschaftlichen Bereich eine Fehlanzeige in allen Dimensionen der Wissensordnung. In den philosophischen, wissenschaftstheoretischen und -empirischen Disziplinen wird das ordnungspolitische Denken kaum gepflegt, ausgenommen von einigen Philosophen mit wirtschafts- oder rechtswissenschaftlichem Hintergrund.

Aufgaben: Um die genannten Gegenstands-, Ordnungs- und Regelungsfragen überhaupt sinnvoll stellen zu können, müssen als erstes die *Struktur und Dimensionen der Wissensordnung* genauer ausgearbeitet und der *kognitive Raum* für die „Verortung" der Wissensarten auskonstruiert werden. Das eine erfordert philosophisch-wissenstheoretische (nicht nur wissenschaftstheoretische!) Konzepte, das andere methodische Modelle zu qualitativen und quantitativen *vergleichenden Wissensanalysen* sowie zur Erfassung der *empirischen Wissenslagen*, beides über die gesamte Bandbreite der wissenschaftlichen und gesellschaftlichen Artenvielfalt des Wissens. Darauf kann die Analyse der Technisierungsprozesse des Wissens und der Interpenetration von Wissen und Technik zu Kognitiv-Technischen Komplexen methodisch aufbauen.

Vom Leitkonzept der Wissensordnung selbst abgesehen, umfaßt diese **erste Aufgabenserie** für Philosophie und Wissenschaftsforschung eine Systematik der Erkenntnisstile und Bestandsaufnahme der Wissensarten.

Im Anschluß daran schließt die **zweite Aufgabenserie** alle Probleme zum systematischen Vergleich der Alten und Neuen Wissensordnung(en) in den verschiedenen Wissensbereichen ein.

Untersuchungsfeld der **dritten Aufgabenserie** sind die Ursachen und Auswirkungen des Wandels der Wissensordnung im Informationszeitalter, im Haupttext als ordnungspolitische Technikfolgen zweiter Art bezeichnet.

Literatur: Von Literaturangaben zur allgemeinen, für die Wissensordnung unergiebigen oder zumindest unspezifischen Erkenntnis- und Wissenschaftslehre kann hier abgesehen werden. Zum Wissenschaftswachstum insbesondere *Price/Babylon, Price/Little Science* und *Breithecker-Amend/Big Science*.

Zur Ausbildung des wissenschaftlichen Erkenntnisstils im griechischen Denken *Spinner/Begründung*; zu den dadurch nur vorübergehend in den Hintergrund gedrängten und im Informationszeitalter erneuerten „vorwissenschaftlichen" Erkenntnisstilen *Brunner-Traut/Frühformen*; zu einem ersten Systematisierungsversuch der wissenschaftlichen und außerwissenschaftlichen Erkenntnisstile bzw. Wissensunternehmen *Spinner/Vereinzeln*.

Zur neuzeitlichen Transformation der Wissenschaftsformen durch Technisierung, Industrialisierung und Kommerzialisierung *Hack & Hack/Wirklichkeit*; durch Finalisierung *Böhme et al./Starnberger Studien I* und *Dickert/Naturwissenschaften*.

2. Wissenschafts-, Bildungs- und Universitätsgeschichte

Themen: Hauptgegenstand der historischen Betrachtungen sind die *Wissensinstitutionen*, die man aus ordnungspolitischer Sicht als geschichtliche Realisierungsformen von – größtenteils ungeschriebenen – „Verfassungen" für den Wissensbereich ansehen kann. Ihr geschichtlicher Schwerpunkt liegt im Schul- und Hochschulbereich, mit dem sich die Bildungs- und Universitätsgeschichte ausführlich befaßt hat. Das gilt insbesondere für die ausgiebige Befassung der jüngsten deutschen und amerikanischen Wissenschaftsgeschichte mit dem *Humboldtschen Universitätsmodell*, anhand dessen in den Arbeiten des Verfassers das *Grundmuster der Klassischen Wissensordnung* für das akademische „Sondermilieu"[3] der Reinen Wissenschaft ausgearbeitet worden ist.

Dazu kommt die gleichzeitige intensive Beschäftigung mit den inner- und außeruniversitären Forschungseinrichtungen des *wissenschaftlichen „Großbetriebs"*, dessen Entstehung den ersten Schritt zum Wandel der Wissensordnung bedeutet[4]. Obgleich dabei die institutionen- und sozialgeschichtlichen Perspektiven im Vordergrund der historischen Untersuchungen stehen, liefern sie reichhaltiges Material für ordnungstheoretische Betrachtungen, zum Beispiel:

– zur allmählichen *Aufhebung der Trennung von Theorie und Praxis* durch die Einrichtung *Technischer Hochschulen* und den damit vollzogenen Schritt zur Angewandten Wissenschaft der *Praxis* und zur Realisierten Wissenschaft der *Technik*, dem sich außerhalb des „akademischen Sondermilieus" später der Schritt zur Kommerzialisierten Wissenschaft der *Industrie* anschließen kann;

– zur „hinkenden", von vornherein durch das Band der staatlichen Universitätsaufsicht und Wissenschaftsfinanzierung eingeschränkten *Trennung von Wissenschaft und Staat*;

– zur *Schul-, Hochschul- und Forschungspolitik des modernen Interventionsstaates*, dessen Einflußmöglichkeiten und Eingriffsmaßnahmen im Ausmaß der Ressourcenabhängigkeit der „groß" und teuer werdenden Wissenschaft zunehmen;

---

3 Vgl. *Spinner/Ethos*.
4 Dazu detailliert *Brocke/Wissenschaftsgeschichte* und *Vierhaus & Brocke/Forschung*.

– zu dem durch diese Entwicklungen ausgelösten *Übergang von der Alten zur Neuen Wissensordnung.*

Bei den Ordnungsfragen steht das Verhältnis von Wissenschaft und Staat im Vordergrund, während die Beschäftigung mit Regelungsfragen zumeist weniger auf die „höher" gelegte Wissensordnung als auf die „niedriger" gelagerte, enger gefaßte Schulordnung, also die administrative Ordnung des Schulwesens, bezogen ist.

Tatbestände: Zu den „historischen Tatsachen" unseres Jahrhunderts im Untersuchungsbereich der Wissenschafts- und Bildungsgeschichte zählen vor allem die institutionellen Begleiterscheinungen und Folgen des wissenschaftlich-technischen Fortschritts, wie zum Beispiel die in Wechselwirkung entstandene Zwillingsgeburt des *wissenschaftlichen Großbetriebs* und *interventionistischen Staates* mit ausgedehnten Forschungs- und Entwicklungsaufgaben („F & E" bzw. „R & D", d.h. Research and Development). Dazu kommen in unserer Zeit die ebenso ressourcenabhängigen Ausbildungsfunktionen der *modernen Massenuniversität.*

Neben dem wissenschaftlichen Großbetrieb ist die *moderne Forschungsgemeinschaft* die zweite institutionelle Neuerung im Fortgang der Wissenschaftsentwicklung.

Im weiteren Zusammenhang dieses geschichtlichen Szenariums stehen auch die neuen Erscheinungsformen der Wissenschaft, im Zuge der bereits genannten „geschichtlichen Transformationsserie" **Theorie/Praxis/Technik/Industrie** von der Reinen über die Angewandte zur Realisierten und Kommerzialisierten Wissenschaft.

Konzepte: Im Umkreis ordnungspolitisch relevanter Institutionenneubildung hat die neuere westliche Wissenschaftsgeschichte zwei ursprünglich „preußische" Konzepte zum Gegenstand ihrer Untersuchungen gemacht.

Das historische Ausgangsparadigma für die westliche Institutionengeschichte der „Kleinforschung"[5] im Rahmen der Klassischen Wissensordnung ist das *Humboldtsche Universitätsmodell* mit eingebautem „Forschungsimperativ"[6].

Für die „Großforschung" der modernen *Big Science* liefert das „*System Althoff*"[7] ein bereits zur Neuen Wissensordnung hinführendes Übergangskonzept, welches als patriarchalisches „System" allerdings den heutigen Wissenschaftsformen der Industrieforschung, Groß- und Hochtechniken sowie den Bedingungen des Informationszeitalters nicht mehr gerecht wird, vom Fehlen charismatischer Persönlichkeiten an der Spitze heutiger Wissenschaftsbüro-

---

5   Zur Gegenüberstellung von Kleinforschung („Little Science") und Großforschung („Big Science") vgl. *Price/Little Science.*

6   Dazu die im Literaturverzeichnis genannten Arbeiten von *Roy Steven Turner.*

7   Über den Stand der wissenschaftsgeschichtlichen Forschung informiert umfassend *Brokke/Wissenschaftsgeschichte*; aus ökonomischer Sicht *Vereeck/Economics*; aus philosophischer Sicht auf die zugrunde liegende Wissensordnung und ihren damit einhergehenden Wandel *Spinner/System Althoff.*

kratien (in Ministerien, Förderungseinrichtungen, Wissensinstitutionen sowie dem universitären und industriellen Wissenschaftsbetrieb) ganz zu schweigen.
Probleme: Zu den gegenwärtig drängendsten offenen Problemen mit bildungs- und wissenschaftsgeschichtlichem Hintergrund gehören:

Erstens die verwischte („hinkende") *Trennung von Wissenschaft und Staat* infolge der rapide steigenden Ressourcenabhängigkeit von Forschung und Lehre. Wo die Schule schon immer und die Wissenschaft immer mehr ihre ordnungspolitisch ungemein wichtige „Staatsferne" einbüßen, entsteht zwischen ihnen selbst ein institutioneller Graben. Dieser liegt in der institutionellen *Abtrennung des gesamten Schul- und Fachschulbereichs* (mit Lehre ohne „Forschungsimperativ") *vom Hochschulbereich* (mit „Forschungsimperativ", aber fragwürdig gewordener „Einheit von Forschung und Lehre").

Zweitens das aus dem Gleichgewicht geratene *Verhältnis von Allgemeinbildung gegenüber der Ausbildung*, mit Verlagerung der ersteren auf die Höheren Schulen und Überlastung der Hochschulen mit Ausbildungsfunktionen.

Drittens die *Krise der modernen Massenuniversität*.

Lösungen: Zur Lösung des ersten Problems ist das seit der öffentlichen Kritik *Max Webers* umstrittene *„System Althoff"* wieder in die Diskussion gebracht worden. Für die Lösung der anderen Probleme werden neuerdings ordnungspolitische Maßnahmen befürwortet, die sich am Modell einer liberalen freien *Wirtschafts*ordnung orientieren und inhaltlich eher der Ökonomie zuzurechnen sind. Kennzeichnend dafür ist der „Kurzschluß" von den bildungs- und wissenschaftspolitischen Problemen auf Lösungen nach dem Muster der Wirtschaftsordnung, unter Verleugnung oder Vernachlässigung einer eigenständigen Wissensordnung[8].

Stand: Dank der intensiven Erforschung der deutschen Universitäts- und Wissenschaftsgeschichte des 19. und beginnenden 20. Jahrhunderts gibt es hier eine reiche *historische Materialbasis für ordnungspolitische Sekundäranalysen*. Diesem positiven Bild der Wissenschaftslandschaft stehen leider die *Forschungslücken im nichtwissenschaftlichen Wissensfeld* gegenüber, mit der wichtigen und fast einzigen Ausnahme von Untersuchungen zur Entstehung und Veränderung der „liberalen Öffentlichkeit", bestehend aus publik gemachten privaten Meinungen[9].

Aufgaben: Vordringlich wären historisch fundierte, detailgenau ausgearbeitete Untersuchungen zur Entstehung und Entwicklung der Klassischen Wissensordnung, zum einen im akademischen Sondermilieu des besonders geschützten Wissenschaftsbereichs, zum anderen im gesellschaftlichen Normalmilieu der bürgerlichen Meinungsbildung. Das Schwergewicht wäre im ersten Fall auf das Verhältnis von Theorie und Praxis sowie Wissenschaft und Staat zu legen, im zweiten Fall auf die Herausbildung des „Öffentlichen" vom „Privaten" und die Trennung der Gesellschaft vom Staat. Als Derivat käme die „hi-

---

8   Als neuere Beispiele können genannt werden *Lith/Markt* und *Radnitzky/Universität*.
9   Wegweisend *Habermas/Strukturwandel*; ergänzend für die „proletarische Öffentlichkeit" *Negt & Kluge/Öffentlichkeit*.

storische Transformationsserie" der vier oben genannten Erscheinungsformen neuzeitlicher Wissenschaft hinzu.

Dringend erforderlich ist eine *geschichtliche Rekonstruktion der Wissensordnung und der Wissenschaftsformen* als Ergänzung und Korrektur zu den stilisierten, in manchen Punkten übervereinfachten systematischen Strukturierungskonzepten.

Literatur: Zum „System Althoff" *Brocke/Wissenschaftsgeschichte*; zur staatlich geförderten Entstehung des wissenschaftlichen Großbetriebs in Deutschland *Vierhaus & Brocke/Forschung*; zur „Big Science" im internationalen Maßstab *Price/Babylon*.

Zur Ausbildung der modernen Forschungsgemeinschaft *Fleck/Tatsache* sowie *Kuhn/Revolutionen*.

Zum Verhältnis von Universitäten, Technischen Hochschulen und Industrie *Manegold/Universität*; zum Verhältnis von Universitätswissenschaft und Staat im Deutschen Kaiserreich *McClelland/State*, in der Neuzeit schlechthin *Stichweh/Staat*.

Zum akademisch-universitären Sondermilieu *Spinner/Ethos*; zum Verhältnis von Wissenschaft und bürgerlicher Gesellschaft *Schiera/Laboratorium*; zur wissenschaftlich-gelehrten und außerwissenschaftlich-bürgerlichen Öffentlichkeit *Bruch/Wissenschaft*.

3. Rechtswissenschaften, insbesondere Wissenschafts- und Informationsrecht

Themen: Die Wissensordnung ist ein *metajuristisches* Konzept mit einer Fülle *juristischer Bezüge und Beiträge*, auch wenn diese noch unter anderen Titeln firmieren. Das gilt für das tradierte Urheber- und Patentrecht ebenso wie für das moderne Datenschutz- und Informationsrecht. Dazu kommt für den wissenschaftlichen Bereich das gesamte Hochschul- und Wissenschaftsrecht, für den außerwissenschaftlichen Bereich die „kognitiven", wissens-, glaubens- oder meinungsbezogenen Grundrechte.

Tendenziell erfaßt damit das rechtswissenschaftliche Denken zwar die gesamte Wissensordnung, thematisiert die ordnungspolitischen Probleme allerdings nur insoweit und derartig, als sie „rechtsförmig" gestellt und gelöst werden können. Aber die Wissensordnung umfaßt weit *mehr* als die Rechtsordnung für das Wissensfeld der Gesellschaft und die Problematik des „geistigen Eigentums". Diese bildet allenfalls die sichtbare Spitze des Eisbergs, bestehend vor allem aus den rechtlichen „Geschäftsbedingungen" der Wissenschaft. Nicht vergessen werden darf das Kleingedruckte, vor allem aber das Ungedruckte, welches bei der Wissensordnung als ungeschriebener, unfertiger, insgesamt eher unterverrechtlichter Verfassung – man könnte auch sagen: als *Verfaßtheit ohne Verfassung* – eine besonders große Rolle spielt.

Die trotz aller jüngsten Erweiterungen restriktiv bleibende *Grenze des Rechtsdenkens* wird durch den fachwissenschaftlichen „juristischen Argumentationshaushalt" gezogen, in die jedoch die Wissensordnung – im Gegensatz zur Rechtsordnung, Wirtschaftsordnung und zu anderen Teilordnungen – als explizites Konzept noch nicht aufgenommen worden ist. Das läge in der Konsequenz der gegenwärtigen Entwicklungen vom Datenschutz- zum Informationsrecht und der neuerlichen Forderung nach einem allgemeinen Informationsgesetzbuch, für das die Neue Wissensordnung den passenden Rahmen liefern könnte (dazu das Sechste Kapitel, Abschnitt IV des Haupttextes).

Hauptthema aller juristischen Fragen und Beiträge zur Wissensordnung ist *Wissen* – im weitesten Sinne, wie im Haupttext definiert – *als Rechtsgegenstand*, in zweifacher Hinsicht: einerseits als Zurechnungsobjekt für Nutzungsrechte und Ausschlußbefugnisse nach Art von *wissensbezogenen Eigentumsansprüchen*; andererseits als Bezugspunkt für *wissenshaltige Freiheitsrechte* im Katalog der Grund- und Menschenrechte.

Beides steht in vielfacher Spannung zueinander. Das eine hat mit den *Besonderheiten des „geistigen Eigentums"* zu tun, dessen klassische, obgleich nur sehr partielle Kodifizierungen im Urheber- und Patentrecht niedergelegt sind. Das andere bezieht sich auf die *freie Entfaltung der Persönlichkeit „unter den Bedingungen der elektronischen Datenverarbeitung"*, wie im Volkszählungsurteil vom 15.12.1983 des Bundesverfassungsgerichts für die „informationelle Umwelt" des Informationszeitalters *pars pro toto* formuliert. Das neuere Konzept der *Werkherrschaft* (dazu Näheres im Fachbericht 9/Literaturwissenschaften und Kunst) versucht beides miteinander zu verbinden, ohne das eine oder andere zu verabsolutieren.

Tatbestände: In Deutschland waren es in jüngster Zeit vor allem zwei Entwicklungen, welche die juristische und politische Diskussion dieser Fragen unter breiter Anteilnahme der Öffentlichkeit in Gang gebracht und den „motorisierten Gesetzgeber" (*Carl Schmitt*) angetrieben haben. Das war zum einen die *Sicherheitsgesetzgebung*, als Antwort auf den Terrorismus; zum anderen die *Volkszählung*, welche das Bundesverfassungsgericht zur Formulierung des „Rechts auf informationelle Selbstbestimmung" veranlaßt hat. Beides fließt in der Problematik des Datenschutzes für das Informationszeitalter zusammen.

Zum dritten kam dazu, wiederum *pars pro toto* genannt als ein Beispiel für die „neue Eigentumsproblematik" an hochtechnisiertem Wissen, das *Copyright für informationstechnische Software* und andere Kognitiv-Technischen Komplexe (vom gentechnisch manipuliertem biologischen Material bis zur Bildinformation über „öffentliche" Massenveranstaltungen des modernen Infotainment).

Viertens wäre zu erwähnen, im Hinblick auf die mit dem Ende des Kalten Krieges in den Hintergrund getretene aber keineswegs abgeschaffte Doktrin der „Nationalen Sicherheit", die *rechtliche oder faktische Beschränkung des internationalen Informations(ab)flusses* bei den Wissenschaftsformen der *Technik* und *Industrie*[10].

---

10   Derartige Fragen der äußeren Sicherheit spielen in den USA bis heute eine weit größere, zuweilen absolut vorrangige Rolle als in der Bundesrepublik Deutschland, die bei dem da-

Auf lange Sicht am einflußreichsten dürfte, fünftens, die durch eine zunehmende Technisierung des Wissens ermöglichte *Aufgipfelung von riesigen Informationsbergen* sein, welche die Rechtswissenschaft nicht weniger herausfordern als die Philosophie, Ethik und, keineswegs nur rein technisch, die Informatik[11]. Solche Informationsberge sind nicht nur die Dateien der großen „Datenherren" im staatlichen und privatwirtschaftlichen Bereich, sondern *de facto* auch die bereits erwähnten Kognitiv-Technischen Komplexe neuartiger Zusammensetzung und bislang unbekannter Größenordnung.

Nicht vergessen werden dürfen in diesem Zusammenhang auch die in direkter Abhängigkeit von diesen Entwicklungen (wieder-)aufgelebten *funktionalen Alternativen* zu den kognitiven Freiheits- und Eigentumsrechten. Dazu gehören alle Formen der *außerrechtlichen exklusiven Dispositionsmöglichkeiten über Informationen*, zum Beispiel durch Geheimhaltung, Schaffung technischer Inkompatibilitäten, innerorganiatorische und nationalstaatliche Kanalisierung der Informationsströme. Diese tritt bei den modernen Korporationen immer mehr an die Stelle der für erlaubten Fremdgebrauch offenen und für unerlaubten Mißbrauch exponierteren „klassischen" Vorkehrung durch Verbindung von Publizität mit (un-)wirksamem Rechtsschutz.

Konzepte: Mehr als alle anderen Fachwissenschaften haben die Rechtsinstitutionen – im Verbund von Rechtswissenschaften, Gesetzgebern und Rechtsprechungspraxis – ein beeindruckendes *wissensbezogenes analytisches und rechtspolitisches Instrumentarium* aus juristischen Begrifflichkeiten, rechtlichen Regelungen und rechtspolitischen Maßnahmen geschaffen. Nachteilig sind weniger die unvermeidlichen Lücken als die Unverbundenheit der Bestandteile dieses Mosaiks, in Ermangelung eines integrativen Gesamtkonzepts (wie es u.a. von *Wilhelm Steinmüller* seit längerem gefordert wird).

Im einzelnen sind hier zu nennen, ohne Vollständigkeitsanspruch:

– *wissensorientierte Persönlichkeitsrechte* und *demokratische „Wissensfreiheiten"* (Meinungs-, Glaubens-, Informations-, Pressefreiheit, etc.);
– *Wissenschaftsfreiheit* für „Freie Forschung & Lehre";
– *Datenschutzgesetzgebung*, für personenbezogene Daten und massenstatistisches Datenwissen;
– *Wissensdispositionsrechte* über „geistiges Eigentum", in der Bandbreite zwischen „herrenlosem" Gemeingut und Werkherrschaft, mit mehr oder weniger ausgedehnten juristischen Ausschlußbefugnissen (Copyright, Patent- und Urheberrechte).

Probleme: Alle genannten Konzepte sind Teillösungen, mit vielen Regelungslücken und Regelungsfehlern. Zu den neuralgischen Punkten, die gegen-

---

mit einhergehenden alarmierenden Wandel der offenen Wissensordnung für freien wissenschaftlichen Informationsfluß keine aktive Rolle gespielt hat. Zur fortgeschritteneren Gesetzes- und hochkontroversen Diskussionslage in den USA vgl. *Cheh/Government Control* und *Greenstein/National Security*.

11 Vgl. *Spinner/Informationsberg*.

wärtig im Vordergrund der Diskussion stehen, sind der Datenschutz und die Gewährleistung einer vor „Informationseingriffen" geschützten Privatsphäre („privacy") für den Bürger zu zählen; für Wissenschaftler und Techniker der Schutz ideeller Innovationsleistungen. Das erfordert eine umfassende *Neubestimmung des „geistigen Eigentums"* im Zeitalter der durch leichte technische Reproduzierbarkeit noch „flüchtiger" gewordenen Information.

Die geschilderten Entwicklungen erzeugen oder verschärfen im Wissensbereich viele, teils gänzlich *neue Konfliktsituationen*, wie zum Beispiel zwischen dem Anspruch auf freien Informationsfluß und dem Recht auf informationelle Selbstbestimmung, zwischen Forschungsfreiheit und Folgenverantwortung, zwischen dem Recht auf Wahrheit(serkenntnis) und der Wahrheitsverbreitung als Rechtsverletzung[12]. Desgleichen stehen die journalistische Recherchierarbeit[13], die Pressefreiheit oder der internationale „freie Informationsfluß" in Spannung zur privatwirtschaftlichen Organisation der Presseorgane, die zu internationalen Netzwerken mit teils weltweiten Monopolstellungen ausgewachsen sind, und zu den von vielen Staatsregierungen extensiv ausgelegten Kriterien der „Nationalen Sicherheit".

Lösungen: Zu den tradierten, beschränkt ausbaufähigen juristischen Lösungen zählen das *Patent- und Urheberrecht*, das *Presserecht* sowie die wissensbezogenen *Grundrechte*. Wenn nicht substantiell gänzlich neu, so doch stärker akzentuiert und erweitert sind die Anschlußrechte auf informationelle Selbstbestimmung, Auskunftsrechte gegenüber Behörden sowie die Bestrebungen, die verfassungsmäßigen kognitiven Grundrechte der westlichen Demokratien in den Katalog der universellen Menschenrecht aufzunehmen und damit zum Internationalen Recht zu machen.

Die *Datenschutzdiskussion* hat zu eigenen Lösungsansätzen geführt, die in der Tendenz über den unmittelbaren zweiseitigen Anlaß – den Schutz *vor* Daten bzw. Verdatung sowie den Schutz *der* Daten[14] – hinausweisen in Richtung auf umfassendere informationsphilosophische Klärungsversuche des Verhältnisses von Wissen und Macht, Persönlichkeit und Gesellschaft. Zu nennen sind hier u.a. die *Sphärentheorie* der verschiedenen Sensibilitätsstufen für Informationseingriffe (abgestuft beispielsweise: intim/privat/öffentlich); die *Mosaiktheorie* der Zusammensetzung von belanglosen Informationen zu aufschlußreichen „Persönlichkeitsprofilen", die *Monopoltheorie* der Informationsmassierung bei „Datenherren".

Noch weiter ginge, in Analogie zur pluralistischen Vorstellung eines „Staats der Glaubensfreiheit" (*Hans-Martin Pawlowski*), die noch embryonale Idee eines Staats nicht nur der Wissenschaftsfreiheit, sondern der *allgemeinen Wissensfreiheit und Wissens(chancen)gleichheit* „vor dem Computer".

Stand: Der Stand der weitverzweigten Diskussion in den mit den Regelungsproblemen des Wissensbereichs befaßten rechtswissenschaftlichen Haupt-

---

12 In der persönlichen „Ehre" zum Beispiel; dazu *Brosette/Wahrheit*.
13 Vgl. *Wente/Recherche*.
14 Dazu *Egger/Datenschutz*, S. 62ff.

und Unterdisziplinen läßt sich nicht auf einen kurz zusammenfassenden Nenner bringen. Man muß es hier bei dem Hinweis bewenden lassen, daß das Schwergewicht sich vom Datenschutz auf die *Technikfolgenproblematik* zu verlagern scheint, mit der Gen- und Reproduktionstechnik im derzeitigen Mittelpunkt der Aufmerksamkeit.

Aufgaben: Die Rechtswissenschaften brauchen auf die Rechtsprobleme der Technikfolgen erster, teils auch zweiter Art nicht erst aufmerksam gemacht zu werden. Das juristische Denken gehört zu den Vorreitern bei ihrer Aufarbeitung, insbesondere in den spektakulären Einzelfragen, welche die öffentliche Diskussion beherrschen.

Zur Integration dieser getrennten Lösungsbeiträge ist ein *informationelles Gesamtkonzept* erforderlich, welches der vielfach geforderten Weiterentwicklung des Datenschutzrechtes zum allgemeinen Informationsrecht eine wissenschaftliche Grundlage zu geben, die Einzelbeiträge zu bündeln und Weichenstellungen für neue Entwicklungen zu machen vermag. So zum Beispiel:

– für die Kontrolle der unter bestimmten Bedingungen *Macht gewordenen Wissensarten*;
– für das Austarieren eines *neuen Gleichgewichts zwischen „großen" und „kleinen" Informationsbesitzern* und für die Ausbalancierung von Informationsrechten des Bürgers und Ausschlußbefugnissen der Informationseigentümer;
– desgleichen für die *Chancengleichheit von Leitinformation und Geneninformation* im öffentlichen Wissensraum;
– für die Schaffung von *Außenkriterien* zu den sonst fensterlosen Monaden des Geheimwissens der Behörden, Dienste, Regierungen;
– für die Verbindung von *freiem Informationszugang* mit dem Schutz der Privatsphäre;
– für die Erfassung der *wissensbezogenen neuen Deliktarten* (Informationseingriff in die Privatsphäre, Lauschangriff, Datenmißbrauch, Softwarediebstahl, Computerkriminalität, etc.);
– für die Gewährleistung der *informationellen Grundversorgung* demokratischer Gesellschaften pluralistischen Zuschnitts mit den zur Aufrechterhaltung ihres Freiheits- und Entwicklungsniveaus notwendigen Informationen nach Art, Menge und Güte.

Dafür wird hier das letztlich metajuristische, aber zu großen Teilen *auch* „rechtsförmig" auszulegende und rechtspolitisch zu gestaltende Konzept der Wissensordnung vorgeschlagen, welches zu diesem Zweck behutsam aber nachdrücklich in den juristischen Argumentationshaushalt einzuführen wäre. „Schnittstellen" zur Herstellung von Anschlußrationalität sind auf breiter Front vorhanden.

Literatur: Zum juristischen „Querschnittsmaterial" des Informationsrechts *Sieber/Informationsrecht*; zur Verbindung mit der Datenschutzdebatte *Bull/Vom Datenschutz*.

Über den Stand des deutschen Wissenschafts- und Hochschulrechts informieren umfassend *Flämig et al./Handbuch* und *Thieme/Hochschulrecht*; im europäischen Rechtsvergleich *Gross/Autonomie*; zu den speziellen Wissensfreiheiten für Wissenschaftler im Kontext der Menschenrechtsdebatte *Ziman et al./World of Science*.

Zur Forschungsfreiheit in den Naturwissenschaften *Dickert/Naturwissenschaften*; zum Wissens- und Wissenschaftstransfer *Schuster/Handbuch*; zum Urheberrecht im wissenschaftlichen Bereich *Moltke/Urheberrecht*.

Zum Recht der journalistischen Recherchierarbeit *Wente/Recherche*; zum Medienrecht *Branahl/Medienrecht*.

Zum „Staat der Glaubensfreiheit" *Pawlowski/Recht*.

4. Ökonomie/Wirtschaftswissenschaften

Themen: Da das durch neuere Denkströmungen (Vertragstheorie, Institutionalismus, Neue Politische Ökonomie, Transaktionskostenansatz. u.a.) wiederbelebte ordnungstheoretische Denken in der Ökonomie zuhause ist und diese die Ordnungspolitik des modernen Staates wesentlich mitbestimmt, geht es hier lediglich um die Hinlenkung der Aufmerksamkeit auf die Fragen der Wissensordnung – nicht anstelle, sondern ergänzend zu denjenigen der Wirtschafts- und Rechtsordnung.

Dabei ist zu prüfen, ob das vielzitierte „ordnungspolitische Denken" in den modernen Wirtschaftswissenschaften der Eigenart des Wissensstoffes und den Besonderheiten des Informationsbereichs so gerecht wird, daß die Eigenständigkeit der Wissensordnung auch dort gewahrt bleibt, wo es sozusagen vollökonomisch um *„Wissen als Ware"* (bzw. als Produktionsfaktor, modern gesagt: als Ressource) geht. Nachrichten zum Beispiel werden heutzutage wie Waren im nationalen und internationalen Rahmen gehandelt, dürfen aber trotzdem nicht wie Privateigentum behandelt werden, wenn ein freier Informationsfluß gewährleistet sein soll.

Aus den Gegenstandsfragen werden die *Sonderbedingungen von Wissensgütern und Wissensmärkten* thematisiert und nach Möglichkeit in das allgemeine ökonomische Grundmodell reintegriert. Dabei spielt neben der klassischen Markt- und Wettbewerbstheorie neuerdings das ökonomisch-juristische Konzept der *Eigentumsrechte* („Property Rights") und dessen Verletzungen (zum Beispiel durch Plagiat, Raubdruck, Softwarediebstahl) eine prominente Rolle. Dasselbe gilt bezüglich des vielzitierten, aber ordnungspolitisch kaum durchgeklärten *„Wettbewerbs der Ideen"* und der diesbezüglichen Wettbewerbsverstöße (zum Beispiel durch Informationsdumping bei Wissensangebot zum Nulltarif oder durch staatliche Subventionierung der Universitätswissenschaft).

Die Ökonomie hat sich wie keine andere Disziplin ausführlich mit mindestens drei der vier konstitutionellen Ordnungsbestimmungen befaßt. Aus ökonomischer Perspektive werden allerdings die Betrachtungen rigoros auf die „eigentlichen" wirtschaftlichen Gegenstände umgelenkt, wie zum Beispiel:

- im Verhältnis von Erkenntnis und Eigentum auf die Eigentumsproblematik von ggfs. „immateriellen" Gütern und Leistungen;
- im Verhältnis von Ideen und Interessen auf die Rolle der letzteren, die im Gegensatz zur Klassischen Wissensordnung nicht eliminiert, sondern in den Wirtschaftsprozeß als zugleich treibende „freie" und regulierende „temperierte" Kräfte einbezogen werden[15];
- im Verhältnis von Wissenschaft und Staat geht es der Ökonomie, verständlicherweise, mehr um das ordnungspolitisch zumindest ebenso problematische Verhältnis von *Wirtschaft* und Staat.

Tatbestände: Jüngster Anlaß für die Hinwendung des ökonomischen Denkens zu den Gegenstands-, Ordnungs- und Regelungsfragen des Wissensfeldes sind die zunehmende *Wissensproduktion* – im Rahmen der kommerzialisierten Wissenschaft der *Industrie* – sowie die Entstehung nationaler und weltweiter *Informationsmärkte*, insbesondere für informationelle Ressourcen, Nachrichten und Unterhaltungsinformation (Infotainment). Damit verbunden sind die Erweiterung des bisherigen Drei-Sektoren-Modells der Volkswirtschaft um den ausdifferenzierten, stark angewachsenen *Vierten (Informations-)Sektor* sowie, auf der wissenschaftlichen Ebene, die Entstehung der *Informationsökonomie*.

Dazu kommt als weiterer geschichtlicher Tatbestand die Auseinanderentwicklung und „Systemkonkurrenz" der Ersten, Zweiten und Dritten Welt. In der Nachkriegszeit des „Kalten Krieges" zwischen westlicher Marktwirtschaft und östlicher Zentralverwaltungswirtschaft ist der diesbezügliche *äußere, hochpolitisierte Systemvergleich* der antagonistischen Wirtschaftsordnungen zu einem Dauerthema des ordnungspolitischen Denkens bis zum Ende der 80er Jahre geworden. An seine Stelle könnte nun der *innere, politisch entspannte Systemvergleich* von Wirtschafts- und Wissensordnung treten.

Konzepte: Den Sonderbedingungen von Wissensgütern und Wissensmärkten versucht die Informationsökonomie mit Konzepten für die Erzeugung von Wissen sowohl als private als auch als Öffentliche Güter („public goods") Rechnung zu tragen. Spezifische Informationskonzepte der Ökonomie sind ferner die Auffassung des *Marktes* als informationssammelnde kataklaktische Ordnungseinrichtung[16] und die Theorie des *findigen Unternehmers*, der durch Ausnutzung von Gelegenheitswissen über Gewinnchancen[17] zum Erfolg kommt. Für das Funktionieren des Wissenswettbewerbs ohne explizit definierte Marktpreise von Bedeutung ist auch das Konzept des *Qualitätswettbewerbs*, im Unterschied zum üblichen Preiswettbewerb.

---

15 Dazu *Hirschman/Leidenschaften*.
16 Dazu bahnbrechend *Hayek/Individualismus*.
17 Vgl. *Kirzner/Wettbewerb*.

Für die Wissensproduktion sieht die Ökonomie zwei Möglichkeiten mit unterschiedlichen ordnungspolitischen Bestimmungen und wirtschaftlichen Bedingungen vor: entweder als *Öffentliche Güter* durch „non-profit"-Unternehmen oder als *Wissensware* wie andere Güter auch. Ersteres gilt vor allem für wissenschaftliche Erkenntnisse im Bereich der Theorienwissenschaft und Grundlagenforschung; letzteres für den außerwissenschaftlichen Informationsbereich der Massenmedien.

Probleme: Zu den offenen Problemen, die im Rahmen des ökonomischen Paradigmas zu lösen sein müßten, zählt die Frage nach der *Funktionsfähigkeit von Wissenschaftsmärkten*, mit Qualitäts- statt Preiskonkurrenz und Reputationsstreben bei den Wissensproduzenten anstelle kommerzieller Gewinnorientierung. Denn das Streben nach sozial, von den Kollegen im „Fach" der disziplinären Forschungsgemeinschaft, anerkannter Originalität unterscheidet den Wissenschaftsmarkt erheblich von einem „Supermarkt der Ideen"[18].

Dahinter verbirgt sich die weiterführende Frage nach der *Übertragbarkeit der Wirtschaftsordnung auf den gesamten Wissens- und Wissenschaftsbereich*. Während die planwirtschaftliche Lösung nach Art einer Zentralverwaltungswirtschaft für die Wissenschaft nicht mehr zu Debatte steht, werden von seiten ökonomisch orientierter Ordnungstheoretiker – darunter insbesondere Vertreter des „Public Choice"-Ansatzes – rein marktwirtschaftliche Lösungen empfohlen[19], die auf eine neue Art von „Modell-Platonismus"[20] hinauslaufen. Der Eigenart des Wissensstoffs, den vielfältigen Sonderbestimmungen und Zusatzbedingungen des Wissenschaftsbereichs und seiner ordnungspolitischen Eigenständigkeit scheint die Annahme einer ausdifferenzierten Wissensordnung eher gerecht zu werden. Dieser Bezugsrahmen bedarf jedoch dringend der *wirtschaftswissenschaftlichen Reformulierung und Überprüfung* hinsichtlich jener Bestandteile, die auch für Wissensaktivitäten „wirtschafts- und wettbewerbsförmig" gestaltbar sind.

Lösungen: Von den klassischen Markt-, Preis-, Wettbewerbslehren abgesehen, hat die Ökonomie für das Wissensfeld relevante Lösungsvorschläge vorgelegt zur Produktion Öffentlicher Güter, zur Rolle der Eigentumsrechte, zur Qualitätskonkurrenz, zur Eigenart der Wissenserzeugung mit ökonomisch erklärbarer Tendenz zum Überangebot[21], zum Funktionieren von (Wissenschafts-)Bürokratien mit Budgetmaximierung statt Gewinnorientierung[22]. Wegweisend, obgleich nicht unmodifiziert auf die Wissensordnung übertragbar, ist die Herausarbeitung der tragenden Pfeiler einer freien Wirtschaftsverfassung (Eigentumsrechte, Vertragsfreiheit und Haftung).

Stand: Die im Zusammenhang mit dem Zusammenbruch des sozialistischen Wirtschaftssystems in der Zweiten und Dritten Welt gefeierte *Renaissance des ordnungspolitischen Denkens* scheint die Tendenz zum „Ökonomischen

---

18 Vgl. *Feyerabend/Märchen*.
19 Vgl. *Tullock/Organization, Bouillon & Radnitzky/Universität, Lith/Markt*.
20 So in anderem Zusammenhang *Albert/Marktsoziologie*, Kap. 7.
21 Einzelheiten bei *Spinner/Liberalismus*.
22 Zur ökonomischen Theorie der Bürokratie vgl. *Lehner/Einführung*, Kap. 4.

Imperialismus" zu verstärken, *alle Ordnungsfragen* letztlich als solche der *Wirtschafts*ordnung zu betrachten und nach der „Ökonomie des Rechts" auch die Wissensordnung in einer All-Ökonomie aufgehen zu lassen, für die alle Bereichsordnungen entweder untaugliche (sozialistische, bürokratische, gemeinwirtschaftliche) Abweichungen oder musterhafte Spezialfälle der Wirtschaftsordnung als universellem Markt – der Güter oder Ideen – sind.

Aufgaben: Vordringlich sind beim gegenwärtigen Stand der Dinge *vergleichende Untersuchungen zur Wirtschafts- und Wissensordnung*, unter Beachtung der Eigenart des Wissenstoffs und relativen Eigenständigkeit des Wissensfeldes. Wissen ist ein *paradoxes Gut*, für das unter bestimmten Umständen – vor allem im Sondermilieu der staatlich gehegten Universitätswissenschaft – „Geben seliger als Nehmen" ist. Das kann bis zur ordnungsbedingten Überproduktion und Angebotsaufdrängung gehen.

Zu den unübersehbaren Analogien zwischen Wirtschafts- und Wissensordnung kommen die *fundamentalen Disanalogien* bei den genannten drei tragenden Pfeilern: „Wissenskommunismus"[23] mit stark reduzierten Eigentumsrechten, privilegierende Haftungsbeschränkungen der „Freien Forschung & Lehre" für die außerwissenschaftlichen Folgen der Forschung, Kontrahierungszwang der akademischen Gelehrtenrepublik mit dem universitären „Betriebsmittelbesitzer" Staat.

Die passende **ökonomische Ergänzungstheorie für eine freie Wissensordnung** im ordnungspolitischen Stile, aber nicht im buchstäblichen Sinne einer freien Wirtschaftsordnung steht noch aus. Dasselbe gilt für eine *Theorie der Wissensteilung*, die hinter der hochentwickelten Theorie der Arbeitsteilung weit zurückgeblieben ist.

Literatur: Im deutschen Sprachgebiet hat das ordnungspolitische Denken der Wirtschaftswissenschaften eigens damit befaßte Publikationsorgane, in denen es allerdings noch kaum um Fragen der Wissensordnung geht, sondern mit abnehmender Beschäftigungsintensivität um die Wirtschaftsordnung, die Rechtsordnung sowie um die Gesellschaftsordnung im allgemeinen. Erwähnenswert sind insbesondere folgende Zeitschriften und Jahrbücher mit Schwerpunkt Ordnungstheorie und Ordnungspolitik:

– *ORDO*, Jahrbuch für die Ordnung von Wirtschaft und Gesellschaft, Bd. 1/1948ff.
– Hamburger Jahrbuch für Wirtschafts- und Gesellschaftspolitik, Bd. 1/1956ff.
– Jahrbuch für Neue Politische Ökonomie, hrsg. von Erik Boettcher, Philipp Herder-Dorneich und Karl-Ernst Schenk, Bd. 1/1982ff.

Zur Nachkriegsentwicklung des ordnungspolitischen Denkens der deutsch-österreichischen Tradition sei auf die im einzelnen nicht aufzählbaren Beiträge in über 40 Bänden von *ORDO* verwiesen. Ausgangspunkt sind die weg-

---

23 Zu diesem „technisch" statt „politisch" zu verstehendem Begriff *Merton/Sociology*, S. 273ff.

weisenden Arbeiten des Begründers der „Freiburger Schule" *Eucken/Grundlagen* und *Eucken/Grundsätze*; zur Würdigung *Ordnung in Freiheit*.

Zur Wirtschaftsordnung, im Zusammenhang mit der Rechts- und Gesellschaftsordnung, aber ohne Berücksichtigung einer eigenständigen Wissensordnung *Hayek/Verfassung* und *Hoppmann/Wirtschaftsordnung*.

Zur Informationsökonomie *Machlup/Knowledge*, *Hopf/Informationen* und *Schmoranz/Informationssektor*; zur Verbindung von Markt und Wettbewerb mit Informationsproblemen und bestimmten Wissensarten *Hayek/Individualismus* und *Kunz/Marktsystem*.

Zur Qualitätskonkurrenz *Abbott/Qualität*; zur Theorie der „Öffentlichen Güter" oder Kollektivgüter *Olson/Logik*.

Zur Relevanz für und evtl. Übertragbarkeit ökonomischer Konzepte auf das Wissensfeld nach dem Erklärungsprogramm der „universellen Ökonomie" *Bartley/Knowledge*, *Radnitzky/Economics* und *Vereeck/Economics*.

5. Soziologie, einschließlich Wissens- und Wissenschaftssoziologie sowie wissensbezogener Sozialphilosophie

Themen: Die ältere Soziologie verband die Annahme informationsprivilegierter „Wissenseliten" in der Massengesellschaft mit dem Aufkommen von neuen *Wissensklassen* anstelle alter Besitzklassen[24]. Die neuere Soziologie thematisiert einige der im Haupttext beschriebenen neuen Wissenslagen als soziale Tatsachen, zum Beispiel als Phänomene *ungleicher Wissensverteilung* zwischen Experten und insofern entmündigten, „wissensenteigneten" Laien[25]. Dazu kommen die *informationellen Asymmetrien* zwischen individuellen und kollektiven Akteuren, im stark ungleichgewichtigen Verhältnis zwischen Personen und Großorganisationen[26].

Unter den Ordnungsfragen hat sich die Wissenssoziologie im Rahmen der traditionellen Ideologieproblematik auf das *Verhältnis von Ideen und Interessen* konzentriert, dafür allerdings anstelle ordnungspolitischer Lösungen eher unrealistische Fiktionen in die Debatte gebracht (wie zum Beispiel von *Karl Mannheim* die „freischwebende Intelligenz" ohne „Seinsbindung" an partikulare Interessenlagen).

Im Gegensatz zu der dadurch revolutionierten Psychologie hat die „kognitive Wende" die Soziologie weit weniger auf breiter Front zum Gegenstand „Wissen" hingeführt oder gar, wie zuweilen behauptet, „das Problem der sozialen Ordnung ... in eine Problem der kognitiven Ordnung umgewandelt"[27]. Insgesamt gesehen, ist die heutige Soziologie nicht wesentlich „kognitiver" geworden als die alte „soziale" Gesellschaftswissenschaft.

---

24 Vgl. *Bell/Gesellschaft* und *Gouldner/Intelligenz*.
25 Vgl. *Beck/Risikogesellschaft*.
26 Dazu *Coleman/Gesellschaft*.
27 *Knorr-Cetina/Challenge*, S. 7.

Tatbestände: Zu den soziologisch relevanten Entwicklungen zählen die vielfachen, durch den wissenschaftlich-technischen Fortschritt und dessen Folgelasten tendenziell begünstigten *Verschränkungen von Ideen- und Interessenlagen* in der Wissenschaft und Gesellschaft. Mit den ideologischen Wirkungen und sozialen Ausschaltungsmöglichkeiten dieser ohne besondere Vorkehrungen überall bestehenden *Seins-, Geld- und Machtgebundenheit* des „interessierten" Denkens befassen sich die Wissens-, Wissenschafts- und teilweise auch die Sozialphilosophie.

Neuere Tatbestände sind auch die zunehmend *organisierten Gruppeninteressen*, die das Verhältnis von Ideen und Interessen noch mehr zu diesen verschieben, zulasten der „reinen" Ideen. Als ordnungspolitische Antwort darauf wird die Gewährleistung hinreichender „Uninteressiertheit" in gesellschaftlich wichtigen Wissensfragen zu einem Hauptproblem der Soziologie (und, in anderer Hinsicht, der Rechts-, Politik- und Publizistikwissenschaften).

Konzepte: Von den älteren Vorstellungen einer „freischwebenden Intelligenz" *(Karl Mannheim)*, „bürgerlichen Öffentlichkeit" *(Jürgen Habermas)* und eigenständiger „Wissenseliten" *(Daniel Bell)* abgesehen, stehen in der modernen Soziologie eher gesamtgesellschaftliche als ordnungspolitische Konzepte zur Diskussion. Dabei handelt es sich zumeist um ordnungspolitisch unspezifische allgemeine Gesellschaftsmodelle der Wissensgesellschaft *(Daniel Bell)*, Wissenschaftsgesellschaft *(Rolf Kreibich)*, Risikogesellschaft *(Ulrich Beck)* oder Asymmetrischen Gesellschaft *(James S. Coleman)*.

Probleme: Die neuen Wissenslagen verändern die traditionellen Problemstellungen und erfordern verbesserte soziologische Lösungen vordringlich für

– die *„neue"* Ideologieproblematik des Informationszeitalters, bei der die interessenbedingte Voreingenommenheit des individuellen Wissenserzeugers in den Hintergrund tritt gegenüber der „finalisierenden" Zweckbindung von seiten der Verwender und Verwerter des Wissens, die sich nicht so leicht wissenssoziologisch neutralisieren und politisch zähmen lassen;

– die *Wissens(um)verteilung* zugunsten kollektiver Akteure, als Ausfluß vielfältiger kognitiver, durch technische Entwicklungen ermöglichter oder verstärkter Privilegierungen und Disprivilegierungen;

– das *Verhältnis von Wissen und Macht*, wobei eine sorgfältige Analyse der Vermachtungsbedingungen der neuen, an technische Trägersysteme gebundenen Wissensarten die alten „Wissen-ist-Macht"-Schlagworte ersetzen sollte;

– die *Offenhaltung der Wissenschaft* als sozialer Institution und „Sondermilieu" für intellektuelle Innovationen, institutionelle Reformen und informationelle Außenkriterien (in Gestalt von Institutionen der Gegeninformation mit Wissenschaftskritik, wie dem Wissenschaftsjournalismus).

Lösungen: Die vorherrschenden soziologischen und sozialphilosophischen Lösungen sind für die Wissensordnungsproblematik sozial zu stark übergeneralisiert (als Gesellschaftsmodelle) oder marginalisiert („freischwebende Intelligenz", „Schleier des Nichtwissens" im fingierten Urzustand), teils auch institutionengeschichtlich überholt („bürgerliche Öffentlichkeit" räsonierender Privatleute). Ordnungspolitisch trag- und ausbaufähig erscheinen sowohl einige traditionelle Lösungen wie die Einführung „neutraler Dritter" (Gerichts- und Schiedsrichtermodell) als auch neuere Lösungsansätze der Wissenschaftssoziologie (Selbststeuerungsmodell) und Kritiktheorie (Kritik als aktive Gegeninformation von außen).

Es geht u.a. um die Wissenschaft als offene (für alle „genügend Motivierten und Talentierten", nach *Robert K. Merton*) oder geschlossene Institution (zwecks Aufrechterhaltung des Qualitätsniveaus oder zur Monopolisierung ökonomischer Chancen[28]). Der traditionelle Lösungsvorschlag dafür ist das *Selbststeuerungsmodell der Wissenschaft*, über das „Medium" Reputation statt Wahrheit. Dem stehen die neueren *Interventions- und Finalisierungsmodelle* entgegen, die entweder den eingreifenden Staat oder die zwecksetzende Wirtschaft ins Spiel bringen. Zur Debatte steht, heute mehr als je zuvor, die Verschränkung von Ideen- und Interessenlagen im Informationszeitalter, anstelle ihrer Trennung im Rahmen der Klassischen Wissensordnung.

Stand: Gegenüber der Wissenschaftssoziologie und Sozialphilosophie sind die Allgemeine Soziologie und die Wissenssoziologie ordnungspolitisch im Rückstand. Bezeichnend für die erstere ist, daß in der aktuellen Diskussion über Wissensprobleme der „Risikogesellschaft" ordnungspolitische Überlegungen – und Lösungsvorschläge aus anderen Disziplinen – kaum zum Zuge kommen. Kennzeichnend dafür ist der fehlende Durchbruch zur neuen Ideologieproblematik des Informationszeitalters, der gegenüber die bisherigen Lösungen nicht mehr greifen.

Aufgaben: Gegenüber der vieldiskutierten Soziologie der Informationsgesellschaft erscheint eine **soziale Grundlegung für die Wissensordnung des Informationszeitalters** vordringlicher. Nach dem Vorbild der funktionalistischen Wissenschaftssoziologie könnte sich die Soziologie stärker mit den Regelungsfragen befassen, indem sie die ordnungspolitischen Grundbestimmungen „sozial durchdekliniert". Wenn früher gefragt wurde: „Wie ist soziale Ordnung möglich?", so ist heute zu fragen: „Wie ist – innerhalb oder außerhalb, als relativ autonomes ‚Sondermilieu' – zur sozialen Gesamtordnung eine spezifische Wissensordnung möglich?", sei es nach alter oder neuer Architektur.

Literatur: Zur postindustriellen „Wissensgesellschaft" *Bell/Gesellschaft*; zur hochtechnischen „Wissenschaftsgesellschaft" *Kreibich/Wissenschaftsgesellschaft*; zur Kritik des Unbegriffs der „Informationsgesellschaft" *Spinner/Informationsgesellschaft*.

Zur Entstehung von kollektiven oder korporativen Akteuren neuer Größenordnung *Coleman/Macht*; zur informationellen Asymmetrie zwischen individuellen (Personen) und kollektiven Akteuren (Großorganisationen) *Coleman/Gesellschaft*; zur Wissensenteignung der Laien durch die Experten *Beck/Risikogesellschaft*.

---

28 Zu diesen zwei inhaltlich höchst unterschiedlichen Motiven zur Schließung sozialer Beziehungen vgl. *Weber/Wirtschaft I*, S. 23f.

Zum Verhältnis von Ideen und Interessen *Weber/Religionssoziologie I* und *Lepsius/Interessen*; zur „freischwebenden Intelligenz" *Mannheim/Ideologie*; zur Intelligenz als neuer Klasse *Gouldner/Intelligenz*.
Zur „kognitiven" Einbettung und Anreicherung der Soziologie *Fischer/ Grundlagen*.

6. Psychologie, insbesondere Wissenspsychologie und Kognitionswissenschaften

Themen: Nach der *kognitiven Revolution* der modernen Psychologie unter Hinwendung „zum Geist"[29] befassen sich die beiden Zwillingszweige der *Wissens- und Problemlösepsychologie* eingehend mit der Psychologie des Denkens, Schließens, Urteilens, Problemlösens angesichts des Zweiten Malthusschen Dilemmas[30] der sich weitenden Schere zwischen informationeller Überlastung und gleichbleibender Verarbeitungskapazität.

Thematisiert werden allerdings fast nur die alten oder neuen Wissenslagen auf der *Mikroebene des Individuums*, allenfalls – von der Kognitiven *Sozialpsychologie* – noch auf der *Mesoebene kleiner Gruppen*, aber so gut wie gar nicht auf der *Makroebene* [31]. Die ordnungspolitischen Rahmenbedingungen individueller Wissenslagen sind kein Thema der Wissenspsychologie. Nicht darum geht es bei den Ordnungsfragen der Psychologie, sondern um die *Anordnung der Kognitionen* im Gedächtnis durch „natürliche" Wissensrepräsentation und um die Unterschiede zur „technischen" Wissensrepräsention durch die Speichermedien des Computers.

Bereits mit Blick auf die technischen Aspekte der Informationsaufnahme, -speicherung und -verarbeitung ist in jüngerer Zeit das Wissen der Natürlichen und Künstlichen Intelligenz zum Gegenstand einer eigens damit befaßten Gruppe von *Kognitionswissenschaften* („Cognitive Sciences") geworden. Sie sind damit zum Verbindungsglied zwischen Psychologie und Informatik geworden.

Tatbestände: Weil beim „Informationsfresser Mensch"[32] der potentielle Wissenshunger weit größer ist als die tatsächlichen Verdauungsmöglichkeiten, kommt es zur *informationellen Überlastung* des Individuums infolge der sich weitenden Schere zwischen gleichbleibender Aufnahme- und Verarbeitungskapazität einerseits, exponentiellem Wissenswachstum, kognitiver Komplexität und „semantischer Umweltverschmutzung" andererseits. Die damit verbundenen Sinnverluste, Relevanzdefizite und Orientierungsbedürfnisse wer-

---

29 Zur kognitiven Wende der modernen Psychologie, insbesondere im Zusammenhang mit der Hypothesentheorie der Wahrnehmung, vgl. *Bruner/Unbekannte*, Kap. 7.
30 Dazu *Weinberg/Großforschung*, Kap. I, sowie *Fachbericht 1/Philosophie*.
31 Mit Ausnahme einiger spekulativer Übertragungen kognitionspsychologischer Mikrotheorien auf gesamtgesellschaftliche, weltgeschichtliche Verhältnisse, wie bei *Fritsch/Überleben*, Kap. 5.
32 Vgl. *Miller/Informavores*.

den von der Psychologie mangels übergreifender Konzepte zur Weiterbehandlung an die Philosophie zurückverwiesen, welche darauf aber zumeist mit Kulturkritik statt Ordnungskonzepten reagiert[33].

Konzepte: Zu den neueren psychologischen Konzepten zur Bewältigung der neuen Wissenslagen zählen sowohl die vergleichsweise einfachen *Urteilsheuristiken* als auch komplexere *mentale Modelle* zur analogen Repräsentation von Weltwissen und übergeordnete *Metakognitionen* als Kognitionen zweiter Ordnung (d.h. über Kognitionen). Dazu kommen die älteren Vorstellungen über *implizites Wissen* und *Learning-by-Doing* angesichts des explizit nicht rekonstruierbaren und intellektuell nicht erlernbaren Tiefenwissens, zum Beispiel für den alltäglichen Sprachgebrauch und das wissenschaftliche Expertenurteil.

Probleme: Erkannte und mittlerweile intensiv erforschte Probleme sind die *Standardfehler* – sowohl des „intuitiven Wissenschaftlers" als auch des „Laien" – beim Urteilen unter Unsicherheit. Ein Beispiel dieser systematischen Verzerrungen der Informationsaufnahme und -verarbeitung ist der Bestätigungsfehler bei Personen und Institutionen, infolge Bevorzugung „positiver" Information und Ausschaltung von „Außenkriterien". Eine weitere psychologische Problemstellung, welche zwar nicht erst im Informationszeitalter aufgekommen ist, sich aber durch dessen informationelle Wachstumsprozesse (siehe Haupttext) enorm verschärft hat, ist die Aufgabe der *Ausfilterung des relevanten Problemlösungswissens* aus der Informationsflut („Quatschexplosion" nach *Gernot Wersig*).

Lösungen: Praktizierte Lösungen sind die *Urteilsheuristiken* und *mentalen Modelle* der Wissenspsychologie, welche aber die bereits erwähnte Grenze des Mikrobereichs nicht überschreiten. Das gilt auch für die neuesten psychologischen Entwürfe von Laienepistemologien und Modellen für komplexes Problemlösen. Bei entsprechender Ausarbeitung können soziale (ökonomische, politologische, kommunikationssoziologische) *Problemlösungsmodelle für das Zusammenspiel von Leit- und Gegeninformation* („Kritik") hier weiterführen.

Stand: Als „untechnische" Schwestern der Kognitions- und Informationswissenschaften gehören die Wissens- und Problemlösepsychologie zum Insgesamt – welches leider noch keinen interdisziplinären Verbund bildet – der modernen *„Wissenswissenschaften"*[34], deren Entwicklung mit dem rasanten Wachstum der Wissenstechniken nur schwer Schritt halten kann. Das Schwergewicht der wissenspsychologischen Forschungen liegt bei der subjektiven Informationsaufnahme und untechnischen menschlichen Wissensverarbeitung und -anwendung, im Hinblick auf die damit verbundenen Fehlleistungen („biases", im Gegensatz zu gewöhnlichen Fehlern und Irrtümern: „mistakes" und „errors"). Mit dem wichtigen Schritt von der *Experten-* zur *Laienepistemologie* in der mittlerweile umfangreichen Novizenforschung werden die

---

33 Vgl. *Lübbe et al./Orientierungswaise.*
34 Programmatisch *Spinner/Informationsberg.*

nichtwissenschaftlichen Denkformen, Wissensarten, Problemlösungsstile thematisiert.

Aber auch die zunehmende Einbeziehung des sozialpsychologischen Kontextes kleiner Gruppen führte bislang *nicht* zur Ausdehnung der Untersuchungen über „soziale Kognitionen" auf umfassendere ordnungspolitische Aspekte. Dasselbe gilt für die Forschungen zur kognitiven Organisation des menschlichen Wissens, zum Beispiel beim Problemlösen. Dem ordnungstheoretischen und -politischen Denken steht der ausgeprägte *psychologische Individualismus* entgegen, welcher durch die kognitive Wende eher noch verstärkt worden ist. So breit und intensiv die gegenständliche Befassung mit dem Wissensthema und psychologischen Wissensfragen ist, einschließlich des sozialpsychologischen Kontextes „kleiner Gruppen", so *rückständig* ist die Aufnahme von Regelungs- und Ordnungsfragen in die psychologische Forschung, die in diesen Punkten sogar hinter den ingenieurwissenschaftlichen Wissenstechnikfächern zurückbleibt.

Aufgaben: Der Aufgabenkatalog der Kognitionswissenschaften im allgemeinen und der Wissenspsychologie im besonderen umfaßt die Untersuchungen der vielfältigen *Wissenslagen des Informationszeitalters*. Wenn es bei der vorherrschenden individual- und sozialpsychologischen Eingrenzung auf das kognitive Verhalten individueller Geister und sozialer Gruppen bleibt, sollten die Fragestellungen wenigstens auf die *Auswirkungen des Wandels der Wissensordnung auf die psychologischen Wissenslagen* ausgedehnt werden.

Literatur: Zum allgemeinen Themenbereich und Stand der Forschung in der Wissens- und Problemlösepsychologie *Mandl & Spada/Wissenspsychologie*; zur Kognitionspsychologie *Anderson/Psychologie* und zur informationstechnisch orientierten Kognitionswissenschaft *Johnson-Laird/Computer*; zum Vergleich und Stand der „psychologischen" und „informationstechnischen" Kognitionsforschung *Gardner/Denken*.

Zur *Bias*-Forschung bei den alltäglichen Urteilsheuristiken, insbesondere zum Bestätigungsfehler *Evans/Bias*; zum weiteren Stand der Forschung *Hussy/Denkpsychologie*. Zum komplexen Problemlösen *Dörner/Organisation* und *Dörner/Logik*. Zur Metakognition und „anderen, noch geheimnisvolleren Mechanismen" *Weinert & Kluwe/Metakognition*.

Zur kognitiven Sozialpsychologie *Frey & Irle/Sozialpsychologie* sowie *Witte/Sozialpsychologie*. Zur Theorie der kognitiven Dissonanz *Festinger/Dissonanz*, zu ihrer Übertragung auf weltgeschichtliche Problemstellungen *Fritsch/Überleben*.

Zur Fehler- und Biasforschung *Reason/Error, Evans/Bias, Hager & Weissmann/Bestätigungstendenzen*. Zu den Urteilsheurismen des Alltagsdenkens unter den Bedingungen der Unsicherheit die Sammlung wegweisender Arbeiten in *Kahnemann et al./Judgment*; zum Entwurf einer „Laienepistemologie" *Kruglanski et al./Laienepistemologie*; zur vergrößerten (und vergröberten) institutionellen Problemlage *Douglas/Institutionen*. Zum Vergleich von Experten und Novizen *Waldmann & Weinert/Intelligenz*.

7. Publizistik-, Kommunikations- und Medienwissenschaften

Themen: Die modernen Kommunikationswissenschaften befassen sich fast ausschließlich mit *nichtwissenschaftlichen Wissensarten* (Nachrichten, Unterhaltungsinformation, zwischenmenschliche Kommunikation, u.dgl.) und den eigens durch „Medien" vermittelten Informationsströmen. Als technische Trägersysteme dienen die modernen *Massenmedien* (Bild-, Print-, Tonmedien), wobei die „Neuen Medien" teilweise allzusehr in den Mittelpunkt der wissenschaftlichen und politischen Aufmerksamkeit gekommen sind, denn die „Alten Medien" haben keineswegs abgedankt und sind für die Wissensordnungsproblematik außerordentlich aufschlußreich.

Der Untersuchungsbereich reicht, gegenständlich gesehen, von der technisch vermittelten interpersonalen Kommunikation bis zu dem über globale Netzwerke laufenden internationalen Informationsfluß.

Die Informationsmedien im engeren Sinne bringen den *Journalismus* in den Mittelpunkt der Aufmerksamkeit, insbesondere bei den tradierten Printmedien, mit denen sich die Publizistikwissenschaft befaßt. Hier spielt die Vermittlung *wissenschaftlicher Informationen* noch eine größere Rolle, mit der sich der Wissenschaftsjournalismus befaßt.

Tatbestände: Vieldiskutierte Tatbestände der neueren Kommunikationsforschung waren u.a. der Strukturwandel der Öffentlichkeit, die Wissensteilung und -umverteilungen (zwischen Experten und Laien, Organisationen und Bürgern, kompetenten und nichtkompetenten Informationsnutzern). Höchst umstritten in wissenschaftlicher und politischer Sicht sind die *Medienwirkungen* vor allem der „neuen" Massenmedien.

Zu den neuen Tatbeständen des Informationszeitalters zählen nicht nur die – schon als empirische Befunde – kontrovers diskutierten *„Wissensklüfte"* (welche an die Stelle der kaum noch behaupteten „Wissensklassen" getreten sind), sondern vor allem auch der privatwirtschaftliche Konzentrationsprozeß der Medieneinrichtungen und deren übernationale Verbindung zu weltweiten „Netzwerken". Die Einführung des Privatfernsehens brachte einen *Kommerzialisierungsschub* im öffentlichen Informationsbereich, mit teils schlagartig eingetretenen (wie beim „gesponsorten" Sport), teils noch gar nicht absehbaren Folgen (Liberalisierung der Informationskultur bei gleichzeitiger Nivellierung; Omnipräsenz der Werbung).

Konzepte: Die Vorstellungen zur nichtwissenschaftlichen, hochtechnischen Kommunikation reichen von Theorien über spezifische Medienwirkungen (Wissensklufthypothese, Theorie der Schweigespirale, etc.) bis zur ordnungspolitischen Gestaltung von Teilbereichen der modernen Massenkommunikation, insbesondere des Nachrichten- und Unterhaltungssektors. Bei den Ordnungsfragen geht es vor allem um das **Verhältnis der Kommunikationsmedien zur Wirtschaft und zum Staat**. Die Regelungsversuche gehen von innerbetrieblichen Redaktionsstatuten über staatliche Rundfunk- oder Televisionsordnungen bis zur Internationalen Informationsordnung für den weltweiten Informationsfluß.

Dazu kommen Versuche zur Konzipierung eines betont *wissensorientierten Journalismus*, als Außenkriterium für die Politik mit dem „öffentlichem Auftrag" zur außerwissenschaftlichen Recherche und außerparlamentarischen Kontrolle. Gesucht für die Neugestaltung der öffentlichen Informationsverhältnisse ist ein *dreigliedriges Konzept für das Zusammenspiel von Leit-, Gegen- und Desinformation* im Zeitalter der gleichzeitigen Über- und Unterinformation.

Probleme: Von den Medienwirkungen im allgemeinen abgesehen, geht es im Nachrichtenbereich um die *Aufgaben der Presse* und die *Rolle des Journalismus*. Problematischer als der „Strukturwandel der Öffentlichkeit" (*Jürgen Habermas*) im überkommenen Spektrum von Repräsentation und Räsonnement dürfte künftig das **Verhältnis von Information, Desinformation und Gegeninformation** in den Massenmedien sein, welches unter den technischen Bedingungen des Informationszeitalters neu geregelt und überhaupt erst gewährleistet werden muß.

Es geht dabei um den „freien Informationsfluß" auf der innerstaatlichen und auf der internationalen Ebene – hier vor allem zwischen Industrieländern und Entwicklungsländern, mit einem die wirtschaftliche Ungleichheit spiegelnden informationellen Ungleichgewicht – im Zeitalter weltweit agierender Nachrichtenagenturen und Netzwerke. Gefordert wird hier eine *informationelle Entkolonialisierung*, die hinter dem bisherigen Ausmaß der politischen und wirtschaftlichen Entkolonialisierung jedenfalls nicht zurückbleiben dürfe.

Lösungen: Als nationale Lösungen werden eine größere *Medienvielfalt*, als internationale Lösung eine neue „*Weltinformationsordnung*" in die Diskussion gebracht. Nachdem die Frage der „Staatsfreiheit" der Medien unter demokratisch-rechtsstaatlichen Bedingungen als grundsätzlich gelöst betrachtet werden kann – obgleich auch in den westlichen Demokratien nicht ohne Abstriche und Gegentendenzen (Pressekonzentration, Parteieninfiltration, Wirtschaftsabhängigkeit) –, wird die „Wirtschaftsfreiheit" des gesamtgesellschaftlichen Informationshaushalts zum größeren Problem, für das eine umfassende Lösung zur Austarierung von Leit- und Gegeninformation sowie Ausschaltung der Desinformation erst gesucht werden muß.

Der Abkopplung von Ideen- und Interessenlage nach der Alten Wissensordnung entsprach im Zeitungswesen die ordnungspolitisch „klassische" **Trennung von Nachricht und Meinung**. Sie wäre für die Neuen Medien des Informationszeitalters neu zu bestimmen, deren Kraftzentrum – und Gefahrenschwerpunkt – im ökonomischen Interessenbereich liegt. Der demagogische Journalist, der das Getrennte vermischt und Informationen unterdrückt oder verfälscht, um mißbräuchlich damit „Politik zu machen", ist ein minder schweres Problem der Neuen Wissensordnung, im Vergleich zu den staatlichen Informationsmonopolen und privatwirtschaftlichen Netzwerken.

Entscheidend dürfte die ordnungspolitische Einsicht sein, daß zum angestrebten *Wissenspluralismus des Informationszeitalters* die rechtsstaatliche Gewährleistung der Wissensfreiheiten nicht genügt. Zur Vielfalt der Meinungen muß die *Vielfalt der Trägersysteme und Verbreitungswege* kommen. Das

Modell der Medienvielfalt erfordert einen **doppelten Pluralismus**, bestehend aus *Meinungsvielfalt plus Institutionenmehrheit*, beides dezentralisiert geordnet nach den Leitwerten der Staatsfreiheit und wirtschaftlichen Unabhängigkeit.

Stand: Der Stand der Diskussion ist durch die derzeitige Konzentrierung der Kommunikationswissenschaften auf die Untersuchung der Medienwirkungen gekennzeichnet. Dahinter bleibt die Behandlung von Ordnungsfragen zurück, von spezifischen Aspekten der genannten Teilordnungen für den Nachrichten- und Unterhaltungsbereich abgesehen.

Im übrigen befindet sich das – stellvertretend genannte – Fächerspektrum seit einiger Zeit in lebhafter Entwicklung. Kennzeichnend dafür ist sowohl die tiefgreifende Umorientierung der tradierten Disziplinen (wie beispielsweise der „Zeitungswissenschaft" zur „Publizistikwissenschaft") als auch die Entstehung neuer Unterdisziplinen (Medienökonomie, -ökologie, -psychologie, u.a.).

Aufgaben: Vordringlich ist weniger der Ausgleich von Wissensklüften und informationellen Asymmetrien als die *ordnungspolitische Neu- oder Umgestaltung* der Leitbestimmungen und Randbedingungen, deren Folge sie sind. Die grenzüberschreitenden Informationsflüsse stehen unter der Dominanz von internationalen Verträgen, wirtschaftlichen Interessenlagen und politischen Verhältnissen, die im internationalen Rahmen der „Weltinformationsordnung" weit weniger Rechtsstaatlichkeit und Wettbewerbsordnung gewährleisten als in den Einzelstaaten mit einigermaßen ausgebildeter Wissensordnung. Dahinter darf die Weltinformationsordnung nicht zurückbleiben, wenn sie einen ungehinderten Informationsfluß von aller Welt in alle Welt gewährleisten will, anstelle des jetzigen, von lediglich organisatorisch internationalisierten Netzwerken der Nachrichten-, Unterhaltungs- und Werbungsinformation beherrschten Zustands der sogenannten Weltkommunikation.

Auch hier gilt, daß die vorherrschende Folgenbetrachtung der Technikeffekte und die darauf bezogene Wirkungsforschung zu kurz greifen, weil die Ursachen außer Reichweite und Grundlagenkonzepte außer Ansatz bleiben.

Das vielfach aus dem Ruder des Rechts und der Demokratie gelaufene Verhältnis von geheimer Leit-, öffentlicher Des- und sachkundiger Gegeninformation muß neu austariert werden. Dies ist nur im ordnungspolitischen Dreieck von Rechts-, Wirtschafts- und Wissensordnung möglich.

Literatur: Zu den Medienwirkungen im allgemeinen und zur Wissenslufthypothese im besonderen *Schenk/Medienwirkungsforschung* und *Saxer/Gleichheit*; zur Massenkommunikationsforschung *Kaase & Schulz/Massenkommunikation*; zur Schweigespirale *Noelle-Neumann/Meinung*; zum Strukturwandel der Öffentlichkeit *Habermas/Strukturwandel*.

Zur Rolle des Journalismus im gesamtgesellschaftlichen Informationsprozeß und zur journalistischen Wissensorientierung *Spinner/Ethos* und *Spinner/Journalismus*; zum Allgemeinjournalismus *Langenbucher/Sensationen*; zum Wissenschaftsjournalismus *Ruß-Mohl/Wissenschaftsjournalismus*; zur klassischen Trennung von Nachricht und Meinung *Schönbach/Trennung*; zum

Verbund von Medien-, Wissenschafts- und allgemeiner Kommunikationsfreiheit *Stock/Medienfreiheit*.

Zur Wissensverteilung im Rahmen der realexistierenden Informationsordnung *Schiller/Verteilung*; zum Konzept des „Free Flow of Information" *Bohrmann et al./Informationsfreiheit* und *Ruß-Mohl/Flow*; zum innerstaatlichen und grenzüberschreitenden „freien" Informationsfluß unter den Bedingungen der Werbeabhängigkeit *Kloepfer & Landbeck/Werbung*. Zur „neuen Weltinformationsordnung" *MacBride/Stimmen*; zur Kritik *Rust/Mediengesellschaft*.

8. Politikwissenschaft

Themen: Wissen ist vor allem im Zusammenhang mit der *Machtproblematik* – immer schon, heute aber unmittelbarer und umfassender – zum Gegenstand politikwissenschaftlicher Überlegungen geworden. Zur Debatte stehen die Bedingungen der Politik im elektronischen Zeitalter – in der „Mediendemokratie" –, angesichts ihrer zunehmenden Informatisierung, die sich mit machtpolitischen Konsequenzen vor allem in zwei Richtungen auswirkt: im *Bürokratiebereich der Administration* und im *Öffentlichkeitsbereich der Massenmedien*.

Spezifisch machtrelevant sind zum einen die neuen Wissenslagen des Informationszeitalters auf der staatlichen und internationalen Ebene (siehe Haupttext, Drittes Kapitel, Abschnitt I). Dabei geht es u.a. um das *Informationsgleichgewicht* zwischen den politischen Gewalten und die Notwendigkeit der *informationellen Gewaltenteilung* in der Demokratie. Machtrelevant in höchstem Maße sind die Möglichkeiten der unmittelbaren „Vermachtung" des Wissens selber, im Zuge seiner technisch ermöglichten oder zumindest erleichterten Konzentrierung an zentraler Stelle, unter Ausschluß von machtkontrollierender Gegeninformation. Noch weit stärker als im wirtschaftlichen, führt das im staatlichen Bereich aus verschiedenen Gründen – Zuständigkeitsmonopole, fehlende Marktbeziehungen, ausgeschlossene Abwanderungsreaktion[35], u.a. – zu jenen *verzerrten Wissenslagen*, die beim Individuum „Bestätigungsfehler" genannt werden.

Tatbestände: Das Informationszeitalter bringt für die Politik vor allem zweierlei. Unter dem Aspekt der Sichtbarkeit ist es die *Medienöffentlichkeit* der modernen Massendemokratien, mit eingebautem Bestätigungsfehler (siehe Fachbericht 6/Psychologie). Ihr stehen, mehr oder weniger unsichtbar im Hintergrund, die *Informationsoligopole und -monopole* der staatlichen und privatwirtschaftlichen Bürokratien in den Händen der Administrationen, Behörden, Dienste, Betriebe, Mediennetzwerke gegenüber.

Zu den politisch relevanten Technikfolgen zweiter Art zählen die informationellen Ungleichgewichte zwischen Parlament und Verwaltung im allgemeinen und innerhalb des Parlaments zwischen Regierungs- und Oppositionspar-

---

35 Im Sinne von *Hirschman/Abwanderung*.

teien im besonderen. Damit geht in der Mediendemokratie eine *Verschiebung der effektiven Kontrollmöglichkeiten* – weniger der Kontrollkompetenzen, die weiterhin bei den „offiziellen" Organen liegen – von den eigentlichen politischen Kontrollorganen auf die nicht nur medienvermittelte, sondern zumeist überhaupt medienerzeugte und massiv medienbeeinflußte „außerparlamentarische" Öffentlichkeit einher.

Konzepte: Vom *klassischen parlamentarischen Diskussionsmodell* und der Annahme einer bürgerlichen Öffentlichkeit über die repräsentativen Vertretungsmodi der Volksmeinung bis zu den *modernen Formen der Öffentlichkeitsarbeit, wissenschaftlichen Beratung der Politik* und *journalistischen Gegeninformation* als kontrollierendem „Außenkriterium" sind die alten politischen Konzepte für den Umgang mit Wissen angesichts der neuen Informationsberge – denen ebenso mächtige Täler entsprechen, um im Bilde zu bleiben – im Schwinden begriffen, ohne daß neue an ihre Stelle getreten wären.

Im Gegensatz zur Datenschutzdiskussion im Recht gibt es noch keine vergleichbare **Informationskontrolldiskussion** in der Politik, um die neuen ordnungspolitischen Gestaltungsaufgaben umfassender zu thematisieren, als es die relativ eng gezogenen Grenzen beispielsweise der regionalen Rundfunkordnung oder des nationalen Presserechts erfordern.

Probleme: Das Hauptproblem der Politikwissenschaften angesichts des Wandels der Wissensordnung besteht, allgemein gesagt, in der Fortschreibung der genannten klassischen Konzepte für das Informationszeitalter. Im Zentrum steht dabei der durch technische Trägersysteme ermöglichte *Konzentrationsprozeß von herrschaftsrelevantem Datenwissen*, welches sich der Überprüfung von außen durch die verfassungsmäßigen Kontrollorgane, erst recht von unten durch die Bürger weitgehend entziehen kann. Das Versagen der eigens dafür geschaffenen Selbstkontroll-Einrichtungen im staatlichen wie wirtschaftlichen Bereich (Parlamente, Ausschüsse, Aufsichtsräte, Gerichte, etc.) wird durch die von der Presse aufgedeckten Skandalfälle mehr unterstrichen als unterbunden. Durch den in die politischen Institutionen eingebauten *gewollten* Bestätigungsfehler der üblichen „Öffentlichkeitsarbeit" werden *kollektive Lernprozesse* auf der sozialen Makroebene (siehe Haupttext, Drittes Kapitel, Abschnitt I) selbst in Demokratien mit freier Presse erheblich erschwert. Auf der internationalen Ebene ohne überstaatliche demokratische Kontrollorgane sind sie praktisch ausgeschlossen, angesichts der tradierten Vorstellungen von Staatsräson und nationaler Souveränität. Zusammen mit anderen informationellen Fehlentwicklungen, die eine unzulängliche Kontrolle der Parteien durch externe Gegeninformation und die abnehmende Problemlösefähigkeit der Politik wegen unzulänglicher Wissensnutzung anzeigen, hat das in jüngster Zeit zur massiven Kritik des „Parteienstaates" geführt.

Lösungen: Nicht einmal Platzhalter für eine künftige Lösung sind die vielen hochtechnologisch klingenden Etiketten nichtexistierender Konzepte (wie die „Kabeldemokratie mit Rückkanal"). Lösungsträchtiger sind Modelle der Leit- und Gegeninformation, im Zusammenspiel von Politik, Öffentlichkeit und Presse.

Stand: Den Schritt zur wissenschaftlichen Analyse und schöpferischen Gestaltung der staatlichen Politik als Ordnungspolitik – nicht anstelle, sondern ergänzend und begrenzend zur vorherrschenden Machtpolitik – hat die Politikwissenschaft bislang nur auf der internationalen Ebene getan, neuerdings im Hinblick auf eine vermeintlich neue „Weltordnung". Daraus hat sich aber noch kein ordnungspolitischer Paradigmenwechsel ergeben.

Aufgaben: Von der allgemeinen Aufgabe einer aktualisierenden Weiterentwicklung der klassischen Demokratievorstellungen abgesehen, geht es konkret um die Ausarbeitung einer *Wissensordnung des politischen Bereichs* mit folgenden normativen Zielvorstellungen:

– *informationelle Außenkriterien* für die Politik, mit ungehindertem Fluß unabhängiger Gegeninformation aus allen Lebensbereichen, insbesondere der Presse, Wissenschaft, Öffentlichkeit;
– *Staatsfreiheit* einer funktional flächendeckenden, aber institutionell dezentralisierten Informationsinfrastruktur, mit der Presse als außerparlamentarischer Kontrolle ohne unmittelbare politische Kompetenz, aber auf hohem Informationsniveau;
– *Wiederherstellung eines Informationschancen-Gleichgewichts* zwischen den großen („Datenherren" in Regierung und Verwaltung) und kleinen Informationsträgern (im Volk, Parlament, etc.) angesichts der quantitativ riesigen, qualitativ eher bescheidenen neuen Informationssysteme („Landessystemkonzepte", u.dgl.).
– auf lokaler Ebene *informationelle Partizipation der Bürger*, sei es durch „reguläre" Wahlveranstaltungen oder durch „irreguläre" Bürgerinitiativen, mit dem Ziel der „Beteiligung von Anfang an" statt lediglich nachträglicher Information;
– auf internationaler Ebene *freier Informationsfluß* nicht nur für die Unterhaltungsinformationen, sondern auch für Nachrichten und Gegeninformation aller Art.

Literatur: Zur Politik im Informations- und Medienzeitalter *Deutsch/Kybernetik* und *Kevenhörster/Politik*; zum Einfluß der Medien *Meyrowitz/Medien*; zu den Informationssystemen der Regierung und Verwaltung *Reinermann/Thesen* und *Steinmüller/Informationstechnologie*.
Zur Parteienkritik *Weizsäcker/Gespräch* und *Arnim/Staat*.
Zu den Aufgaben der Ordnungspolitik nach traditionellem Verständnis im Hinblick auf die „Zähmung des Leviathan" *Dettling/Leviathan*; nach dem Verständnis der neuen Politischen Ökonomie *Lehner/Einführung*. Zum Zusammenhang von Wissen und Macht, im Rahmen der Alten und Neuen Wissensordnung *Spinner/Macht*.

9. Literatur- und Kunstwissenschaften

Themen: Obgleich *literarische Texte* wegen ihres überwiegend fiktionalen Charakters eher „hermeneutisch" als Sinnproblem für die Deutungsarbeit betrachtet werden, denn als Informationsstoff für Wissensordnungen, fallen sie gegenständlich darunter und tragen thematisch außerordentlich viel dazu bei. Man muß die Probleme der modernen Literaturwissenschaften und – ohne hier mehr als beiläufig darauf eingehen zu können – Kunstwissenschaften nur in den ordnungspolitischen Zusammenhang der Alten und Neuen Wissensordnung stellen. Dem steht die enge *Foucault*sche Sichtweise der *Diskursordnungen* im Hinblick die Kontrolle, Selektion, Organisation und Kanalisation der literarischen Produktion[36] etwas entgegen, im Vergleich zu den keineswegs auf die Erzeugungsfrage und die Ausschlußmöglichkeiten beschränkten Wissensordnungen.

Zumindest zwei zentrale Gegenstände der neueren Literaturwissenschaften entstammen dem Themenkatalog der Wissensordnung. Das ist zum einen die Figur des *Autors*, wenn nicht als Wissensproduzent im erkenntnistheoretischen (und juristischen) Sinne, so doch als Literaturproduzent von Texten. Und zum anderen sind es die *Diskurse*, deren geschichtlicher Ablauf, gesellschaftliche Einbettung und vorgegebene „Ordnung" untersucht wird (bahnbrechend von *Michel Foucault*).

Dazu kommt als klassischer ordnungspolitischer Tatbestand von bleibender Bedeutung das Problem der *Literatur- und Kunstfreiheit* angesichts rechtlicher Ausschlußbestimmungen (vom Urheberrecht bis zur verbotenen „Schmähkritik"), wirtschaftlicher Machtpositionen (von den Verwertungsrechten bis zur Ressourcenverfügung, beides typischerweise in der Hand des Verlegers) und staatlicher Repressionen (durch immer wieder auflebenden Zensurmaßnahmen; u. U. auch indirekt durch einseitige Förderungsmaßnahmen). Ein Teilaspekt ist die Frage der *Zitierfreiheit*, die für das sogenannte Großzitat (Übernahme ganzer Werke) durch das (deutsche) Urheberrecht grundsätzlich ausgeschlossen, für das sogenannte Kleinzitat (Übernahme von relativ kleinen Werkteilen) unter bestimmten Vorkehrungen (insbesondere Quellenangabe) aber gestattet ist.

Was die Literatur- und Zitierfreiheit für den Autor, das ist die *Kritikfreiheit* für den Rezensenten, Leser und, selten, Mitbewerber (wie kürzlich im Streitfall *Henscheid gegen Böll*, der gerichtlich zugunsten des letzteren bzw. dessen Erben entschieden worden ist). Zum Umkreis der erweiterten literarischen Kritikfreiheit gehören auch Satire, Ironie, vergleichende Werbung (durch herabsetzende Äußerungen über Mitbewerber) und ähnliche literarische „Stilmittel", denen man sich unter Inanspruchnahme einer laxeren Handhabung des geistigen Eigentums (nach dem Selbstbekenntnis von *Bert Brecht*) im Rahmen einer mehr nach unten als nach oben (in Richtung auf höhere Qualitätsanforderungen) offenen Wissensordnung bedient.

---

36 Vgl. *Foucault/Ordnung*, S. 11.

Tatbestände: Die *Doppelgestalt des Autors* – als autonomer Schöpfer „seiner" Ideen und sozial eingebundener „medialer" Literaturproduzent – ist nicht neu, wird aber von der literaturwissenschaftlichen Postmoderne neu entdeckt, und sei es nur im Hinblick auf ihr allmähliches „Verschwinden". Dazu kommt als untersuchungswürdiger Tatbestand die Materialfülle der vielfältigen literarischen Diskurse und deren Ordnungen, welche vor allem als vielschichtige Aneignungsmodi und Ausschließungssysteme gesehen werden.

Auf seiten des Werkes ist durch die technischen Wiedergabe- und Vervielfältigungsmöglichkeiten eine neue Lage entstanden, mit der „das Hier und Jetzt"[37] des einmalig präsenten Kunstwerks als „Unikat" an Bedeutung ebenso verliert wie die Unterscheidung von Original und Kopie (es sei denn, sie wird durch besondere Maßnahmen – wie die höchstpersönliche, möglichst fälschungssichere Signierung von Kunstwerken – gesichert).

Konzepte: An die Stelle des klassischen Bildungsbürgers ist als Leitfigur der Moderne zunächst die *literarisch-künstlerische Avantgarde* getreten, deren „Ende" in der heutigen Postmoderne konstatiert wird. An seine Stelle treten neuerdings andere Gestalten des literarischen Selbstverständnisses, die aus der Fülle der vorhandenen Materialien auch „unter Verwendung urheberrechtlich geschützter textlicher Versatzstücke" etwas her- oder zusammenstellen, „zu denen halt auch Texturen aller Art gehören"[38]. Urheberrechtliche Vorbehalte, typischerweise in der Hand des verwertenden Verlegers statt des schöpferischen Autors, stehen dieser Montagearbeit des modernen Schriftstellers im Zeitalter der durch elektronische Textverarbeitung enorm erleichterten technischen Reproduzierbarkeit entgegen.

Probleme: Die wichtigsten Probleme entstehen im *Verhältnis von Autor und Werk*, zu dem als Dritter im Bunde der Verleger oder sonstige Vermittler kommt. Außerdem, immer dabei obgleich leicht übersehen und stark unterschätzt, als steinerner Gast der Staat, welcher mit Recht und Macht den Rahmen für die Dreierbeziehungen zwischen Autor, Werk und Vermittlern zum Markt (der „Medien") absteckt.

Zur Debatte steht das alles zunächst im Hinblick auf den *Autor*, sowohl dessen Stellung, Funktion, Selbst- und Fremdverständnis, von der Künstlichkeit der konstruierten Zuschreibungsfigur (für private Eigentumsvorteile und staatliche Sanktionsmaßnahmen) eines Schöpfers „seiner" Ideen und „Werkherren" literarischer Texte bis zum „Tod des Autors" (*Roland Barthes*) im Informationszeitalter. Sinngemäß dasselbe gilt für alle Diskursarten. Eine Fülle von Problemen ist verbunden mit den neuen Bedingungen der Schreibarbeit und Vervielfältigungsmöglichkeit durch viele Medien („Multimedia"), nicht zuletzt in urheberrechtlicher und marktwirtschaftlicher Hinsicht.

Mit dem – theoretisch souveränen, praktisch infolge seiner Trennung von den Betriebsmitteln der Verlage, Medieneinrichtungen, etc. (siehe Haupttext, Viertes Kapitel, Abschnitt II2 sowie Fünftes Kapitel, Abschnitt III) abhängi-

---

37 *Benjamin/Kunstwerk*, S. 11.
38 *Chotjewitz/Plagiatsvorwurf*, S. 339.

gen – Autor kommt auch das literarische oder künstlerische *Werk* in die Diskussion. Anders als in der Wissenschaft, zu der beim heutigen Stand der Fächeraufspaltung und Forschungsspezialisierung einzelne Wissenschaftler „auf den Schultern der Riesen"[39] nur noch relativ kleine „Beiträge" zum Stand des Wissens („body of knowledge") leisten können[40], welche sich in einen Eigenanteil mit Reputationszuschreibung für „sozial anerkannte Originalität" und einen zitierungspflichtigen Fremdanteil von Kollegen aufteilen lassen, ist bei literarischen und künstlerischen Arbeiten die Beziehung des Autors zum Werk *diffuser* geblieben (oder geworden). Sie schwankt zwischen den Polen der hochindividualisierten „Werkherrschaft" und der entindividualisierten Anonymität technisch reproduzierter Massenware, deren Copyright mit den tatsächlichen „Urhebern" nichts mehr zu tun hat.

Unter diesen Voraussetzungen stellt sich das Verhältnis von Autor und Werk zueinander weder als eine eindeutige noch gar als eine natürliche Schöpfer- und Besitzerbeziehung dar. Diese ist im Informationszeitalter noch mehr als bisher vermittelt und vielfach gebrochen. *Brechungen* ergeben sich zum einen aus den juristischen Zuschreibungen eines exklusiven Urheberrechts (vorgeblich für den Autor als „natürlichen Monopolisten" mit angeborenen Rechten, praktisch für den Verleger als gekorenen Monopolisten mit wohlerworbenen Eigentumsrechten), zum anderen aus den gegenteiligen Institutionalisierungen eines „Wissenskommunismus" der herrenlosen Ideen und freien Meinungen, von dem die juristisch schützbaren „Werke" miterfaßt werden, rechtlich durch Freigabe oder widerrechtlich durch Raubdruck, Textdiebstahl, u.dgl.

Lösungen: Das moderne Konzept der *Werkherrschaft* zielt darauf ab, den Zusammenhang von Schöpfer und Werk als Ordnungstatbestand anzuerkennen und als Recht am „geistigen Eigentum" zu institutionalisieren. Andere Lösungsvorschläge gehen – unausgesprochen – in Richtung auf eine *Neue Wissensordnung der Literatur* unter den Bedingungen ihrer weiterhin individuellen, höchstpersönlichen zuschreibbaren Produktion, industriemäßigen technischen Reproduzierbarkeit und unbeschränkten öffentlichen Verfügbarkeit.

Der Kern des ungelösten Problems ist die Frage der **Veränderungsfreiheit durch Dritte**, deren „Informationseingriffen" in ein Werk keine eigentumsähnlichen Ausschlußbefugnisse entgegenstehen dürfen. Unter Inkaufnahme eines Anscheins von Geschlechterchauvinismus spreche ich hier vom *„Witwenproblem"*, welches sich salopp so umschreiben läßt: Ein Autor hinterläßt ein Werk, welches von einem modernen Interpreten umgepolt wird, beispielsweise von einem Theaterregisseur, der aus einer Tragödie ein Musical macht oder aus einer leichten Operette ein hochpolitisches Lehrstück. Das ruft die „Witwe" – nicht als Frau Soundso verstanden, sondern als geschlechtslose Figur im Erbfolgestreit – mit dem Vorwurf des Werkmißbrauchs und einer Unterlassungsklage auf die Szene.

---

39 Zum wissenschaftsgeschichtlichen Hintergrund dieser alten Metapher *Merton/Riesen*.
40 Vgl. *Spinner/Rezensionswesen*.

Die traditionelle Lösung bestünde, zynisch gesagt aber nicht wörtlich gemeint, im altindischen Rechtsinstitut der Witwenverbrennung, einschließlich männlicher Erben. Die moderne Lösung läge in ordnungspolitischen Regelungen, welche die wirtschaftlichen Nutzungsrechte der bürgerlichen Erben strikt trennen von der literarischen und künstlerischen Gestaltungsfreiheit der Kollegen oder Konkurrenten. Das liefe hinaus auf *intellektuelle Verfügbarkeit und inhaltliche Veränderungsmöglichkeit im Rahmen eines neuen Wissenskommunismus* nicht nur der – als solchen gar nicht geschützten – „Ideen", sondern auch der auf technischen Trägersystemen fixierten „Werke", mit denen es das Urheberrecht zu tun hat. Die „Witwe" soll ihren geldwerten Erbvorteil behalten, aber keinerlei Mitwirkungsrechte am Werk bekommen, einschließlich der usurpierten Mitbestimmungsmöglichkeiten über die „Ehre" des Autors, an der sie keinen Anteil hat. Werkherrschaft ist weder feudale Grundherrschaft (mit Ehrenkult) noch moderne Besitzherrschaft (mit Eigentumsrechten und Verfügungsmonopol).

Stand: Beim gegenwärtigen Stand der Diskussion besteht noch keine ausdrückliche Anbindung an die Wissensordnung, obgleich die „Ordnung des Diskurses" sich damit in vielen Zügen stark überschneidet. Das gilt insbesondere für das zumeist fehlkonzipierte literarische Dauerthema des Verhältnisses von Geist und Macht im Rahmen der Alten und Neuen Wissensordnung.

Aufgaben: Kurzfristig geht es darum, explizit zu machen, was von der Literaturwissenschaft *de facto* zur ordnungspolitischen Gestaltung des Redens, Schreibens, Publizierens beigesteuert worden ist. Langfristig müßte ein darauf aufgebautes *Ordnungsmodell für den literarischen Autor, sein Werk und dessen Publikum* entwickelt werden. Das ist dringend erforderlich für *vergleichende Untersuchungen* realisierter Ordnungsoptionen in den großen Gesellschaftsbereichen des Rechts, der Wirtschaft und Wissenschaft, der Kunst und Literatur, usf.

Literatur: Zur (so 1936 noch nicht *expressis verbis* angesprochenen) Technikfolgenproblematik für die literarisch-künstlerische Produktion *Benjamin/Kunstwerk*.

Zur Figur und Funktion des Autors *Foucault/Schriften*. Zur Entstehung des modernen Urheberrechts *Hesse/Authorship* und, mit Korrekturen an *Foucaults* „Strafzuschreibungshypothese", *Chartier/Ordre*; zur Kritik des Verleger- statt Autorenschutzes durch das Urheberrecht *Chotjewitz/Plagiatsvorwurf*.

Zur Urheberfrage an literarischen Werken *Bosse/Autorschaft*, an wissenschaftlichen Werken *Moltke/Urheberrecht*.

Zum Ausschlußsystem von Diskursordnungen *Foucault/Ordnung*. Zum Vergleich mit den diesbezüglichen Verhältnissen im Mittelalter, insbesondere bei der „politischen Publizistik" der Reimpoeten, *Thum/Wahrheit*; zur Hintergrundinformation umfassend *Curtius/Literatur*.

Zu modernen Kunstauffassungen, die viel mit Wahrnehmung und Information zu tun haben, ohne den dafür geltenden Rahmen der Wissensordnung einzubeziehen, sei stellvertretend für die umfangreiche Literatur lediglich

Gombrich/Kunst genannt; im weiteren Zusammenhang *Hauser/Sozialgeschichte*.

10. Ethik, insbesondere Wissenschafts-, Technik- und Informationsethik

Themen: Mit den außerwissenschaftlichen Folgen des wissenschaftlich-technischen Fortschritts ist die Ethik zwar nicht gleichermaßen mitgewachsen, aber in die Diskussion gekommen. Während die klassische Wissenschaftsethik aufgrund ihres Haftungsprivilegs davon noch abstrahierte, will die neuere Technikethik den gestiegenen Risiken durch *erweiterte Verantwortlichkeiten* gerecht werden.

Neuerdings geht es in den ethischen Betrachtungen auch zunehmend um die spezifischen Folgen der Wissenstechniken, mit denen sich die *Informations- und Kommunikationsethik* befaßt. Insgesamt gesehen, ist die Ethik dabei, die Probleme des Informationszeitalters in ihr Betrachtungsspektrum aufzunehmen. Das gilt auch für die ethischen Aspekte der Wissenstechniken.

Tatbestände: Die neuen Tatbestände des Informationszeitalters, an denen sich die ethische Diskussion entzündet, reichen von den befürchteten Auswirkungen der Informationsflut auf das Individuum („semantische Umweltverschmutzung" mit Sinnverlust und Orientierungskrise) bis zu den weltweiten Katastrophenszenarien der Großtechniken. Die Informationsethik befaßt sich verständlicherweise vor allem mit den ethischen Aspekten der zunehmenden Informatisierung aller Lebensbereiche („Verdatung").

Konzepte: Anstelle der folgenaussparenden, diesbezüglich freisprechenden überkommenen Wissenschaftsethik sind als Neuansätze das „Prinzip Verantwortung" (*Hans Jonas*) im allgemeinen, *neue Verantwortungsbegriffe und Ethikkodizes* im besonderen vorgeschlagen worden, zumeist allerdings noch ohne Berücksichtigung der Informationsproblematik.

Probleme: Fragwürdig geworden für die Welt des Wissens ist die überkommene Auffassung, daß die Erforschung der Wahrheit und deren unverfälschte Anwendung etwas unbedingt Gutes seien, so daß sich die ethischen Vorkehrungen auf die *Verhinderung des Mißbrauchs* beschränken könnten – zum Beispiel des Informationsmißbrauchs mit Hilfe der neuen Wissenstechniken und Massenmedien. Damit verbunden ist die Frage, ob die durch die Klassische Wissensordnung vorgenommene, im Grundgesetz der Bundesrepublik Deutschland immer noch grundsätzlich gewährleistete Entlastung der Freien Forschung & Lehre von Handlungszwang und Folgehaftung unter den heutigen Bedingungen noch vertretbar sei? Ihre Berechtigung steht und fällt mit den Großen Abkopplungen der Klassischen Wissensordnung, insbesondere mit der Trennung von Theorie und Praxis.

Lösungen: Die überkommenen, keineswegs durchweg veralteten Lösungen für den Wissenschaftsbereich gehen – stillschweigend, noch kaum problematisiert – von den Leitbestimmungen und Randbedingungen der Klassischen Wissensordnung aus, deren Fortgeltung dabei praktisch unterstellt oder normativ gefordert wird. Das gilt insbesondere für *Mertons* „wissenschaftliches Ethos", konzipiert als *Sonderethik des Wissens* für das akademische Sondermilieu der Reinen Theorienwissenschaft.

Die neuerdings geforderten, inzwischen in verschiedenen Fassungen vorgelegten *Neuen Ethiken*, zumeist ausgerichtet auf irgendein umfassendes „Prinzip Verantwortung", sind Verbesserungsversuche der überkommenen Wissenschafts- und Technikethik, insbesondere durch Einbau „erweiterter" Verantwortungsbegriffe und „umfassender" rechtlicher, sozialer, politischer *Verträglichkeitskriterien*, mit der Gefahr der philosophischen Übergeneralisierung der Ethikkonzepte bis zur völligen inhaltlichen Entleerung und praktischen Wirkungslosigkeit.

Um wirklich *neu* in Ansatz und Lösung zu sein, müßten die Wissenschafts- und Technikethiken in zwei Richtungen grundlegend reorientiert werden:

Erstens durch die *philosophische Änderung der Fragestellung* im Hinblick auf die Steuerbarkeit des naturwissenschaftlich-technischen Fortschritts, wobei die Ethik lediglich eine Steuerungsmöglichkeit wäre, welche nur im Vergleich zu allen anderen Steuerungseinrichtungen – der „Sichtbaren Hand" des Staates und des Rechts, der „Unsichtbaren Hand" des Marktes, u.a. – einer Qualitäts- und Wirkungskontrolle unterzogen werden kann.

Zweitens durch die *ordnungspolitische Umstellung* aller Regelungen, einschließlich der abstraktesten ethischer „Reflexionen", auf die Bestimmungen und Bedingungen der Neuen Wissensordnung, unter denen die klassischen Abkopplungen nur noch ausnahmsweise – in „Sondermilieus" – gelten.

Ohne diese doppelte Umstellung sind die Neuen Ethiken bestenfalls Wegweiser, die den Weg nicht selbst gehen, ihn unter Umständen sogar versperren. Rechtliche Regelungen (Forschungsverbote, Haftungsgebote, etc.) und wirtschaftliche Maßnahmen (Verursacherprinzip, Internalisierung der Folgenkosten in die Wirtschaftsrechnung über „wahre" Marktpreise oder handelbare Lizenzen) dürften, damit verglichen, unter den gegenwärtigen Rahmenbedingungen das größere Lösungspotential beinhalten. Dazu kommt der *de jure* verpflichtende Charakter der Rechtsordnung (bei Gesetzen) oder der *de facto* zwingende Charakter der Wirtschaftsordnung (bei Preisen). Damit ist unter den vorherrschenden Verhältnissen größere Verhaltenswirksamkeit verbunden, im Vergleich zu den kontrafaktisch stabilisierten, aber steuerungsmäßig schwachen ethischen Imperativen, welche unerwünschte technische Entwicklungen weniger aushebeln können als „kompensieren" sollen.

Stand: Der *Rückbezug der ethischen Regulative auf die dafür konstitutiven Bestimmungen der Wissensordnung* ist noch nicht auf breiter Front vorgenommen worden. *Rawls* ist bislang der einzige Vertreter einer allgemeinen Moralphilosophie, der – unter anderer Bezeichnung – den ordnungspolitischen Hintergrund ausdrücklich in die ethischen Überlegungen einbezieht. Mit seinem „Schleier des Nichtwissens" ordnet er die „Gerechtigkeit als Fairneß" in Rahmenbedingungen der Klassischen Wissensordnung ein, ohne diese jedoch im einzelnen zu thematisieren. Dasselbe gilt im Bereich der Wissenschaftsethik für *Mertons* „Wissenskommunismus".

Aufgaben: Vordringlich ist die Arbeit an Ethiken – die schon aus diesem Grunde formal und inhaltlich „neu" sein müßten –, welche den **Zusammenhang von Ordnungs- und Folgenproblematik** erkennen und allen Regelungen zugrunde legen. Die *Zurechenbarkeit von Wissensfolgen* ist in erster Linie eine Frage der Wissensordnung, welche sie unter den klassischen Konstitutiven teils eng begrenzt (auf die „innerwissenschaftlichen" Folgen und die Verantwortlichkeit nur für die Güte des Wissens), teils von vornherein ausschließt (hinsichtlich der außerwissenschaftlichen, nichtkognitiven Folgen). Unter den wesentlich geänderten Bedingungen der Neuen Wissensordnung müssen die außerwissenschaftlichen Folgen der innerwissenschaftlichen Forschung in genau dem Ausmaß – sozusagen *Zug um Zug mit dem laufenden Wandel der Wissensordnung* – in die zu ordnende Materie einbezogen werden, wie die Entwicklung über die klassischen Abkopplungen hinweggeht.

Eine dem gegenwärtigen Wandel der Wissensordnung entsprechende Wissenschafts- und Technikethik müßte dafür Sorge tragen, daß sie im Einklang mit dem naturwissenschaftlich-technischen Fortschritt *mitwächst*, um den wissenschaftlichen Haftungsbereich mit den größeren, risikoreicheren Technikfolgen wieder zur Deckung zu bringen. *Kollektiv- und Organisationsethiken* erweitern den Haftungsbereich in die falsche Richtung, von individuellen auf korporative Akteure, die mit ihrem größeren Finanzkapital besser haften könnten, *wenn sie wollten oder müßten*. Das ist die Frage der angeblichen „größeren Moralfähigkeit" von Organisationen. Eine Vergrößerung der Verantwortungsbereitschaft ist davon nur zu erwarten, wenn dafür die erforderlichen ordnungspolitischen Weichenstellungen erfolgen.

Solange es keine gleichwertigen Wissenschafts- und Technikethiken zur Neuen Wissensordnung gibt, ist angesichts der vorherrschenden Praxis der Externalisierung oder einfach Ignorierung der Technikfolgenkosten vom ökonomischen *Prinzip Verursachung* mehr Steuerungswirkung zu erwarten als von ethischen Verantwortungsprinzipien.

Literatur: Zum „wissenschaftlichen Ethos" in verschiedener Einordnung: als Teil des „sozialen Systems" der neuzeitlichen Wissenschaft *Merton/Sociology*; als „Sonderethik des Wissens" *Spinner/Ethos*; als Bestandteil der Klassischen Wissensordnung *Spinner/Revolution*.

Zur modernen Wissenschafts- und Technikethik *Lenk/Wissenschaft* und *Lenk & Ropohl/Technik*; zu erweiterten Verantwortungs(verteilungs)konzepten *Lenk & Maring/Technikverantwortung*, in Richtung auf umfassende Verträglichkeitsüberlegungen *Meyer-Abich/Wege*, in rechtlicher Hinsicht *Roßnagel/Zerfall*. Zum „Schleier des Nichtwissens" hinsichtlich unserer „besonderen" Interessenlagen *Rawls/Gerechtigkeit*. Zur angeblich höheren Moralfähigkeit von Organisationen *Spinner/Wissen*.

11. Informatik und verwandte Informationswissenschaften
(als repräsentatives Beispiel für moderne Wissenstechniken, zugleich als Übergang zu den nicht weiter berücksichtigten Ingenieurwissenschaften und Informationstechnologien)

Themen: Im Netzwerk der mit dem Gegenstand der Wissensordnung – aber nicht mit dieser selbst – befaßten Wissenschaften bildet die *Informatik* inzwischen wohl den größten Einzelknoten, mit Verzweigungen zu vielen weiteren Disziplinen, von den Kognitionswissenschaften mit herkömmlich psychologischer oder zunehmend wissenstechnischer Ausrichtung bis zur systemorientierten Kybernetik, von den Gehirn- und Neurowissenschaften bis zu den Ingenieurwissenschaften, von den syntaktisch-statistischen, semantischen und pragmatischen Informationstheorien bis zu den Bibliothekswissenschaften mit ihrer buchstäblichen „Wissensordnung" für die Klassifikation von Bücherbeständen.

Das sind die modernen *Informationswissenschaften*, mit der Informatik als ihrem harten Kern. Der darauf aufbauende, gegenständlich bereits vorgezeichnete, wissenschaftsorganisatorisch aber noch ausstehende interdisziplinäre *Forschungsverbund aller „Wissenswissenschaften"*[41] steht noch aus.

Zumeist noch getrennt, bewegen sich die führenden Wissenswissenschaften und Wissenstechniken insbesondere auf folgenden Hauptfeldern gegenwärtiger Forschung und Lehre (sowie Publikation, mit öffentlicher Aufmerksamkeit für Popularisierungen):

(1) Die *Hardware-Informatik* konzentriert sich auf die technisch-ingenieurwissenschaftlichen Aspekte, mit Schwergewicht auf den Problemen der Wissensverarbeitung durch Artefakte (Computer und sonstige EDV-Einrichtungen) und auf der Entwicklung neuer „Computer-Generationen" (für Parallelverarbeitung, etc.).

(2) Darauf bezogen, aber nicht immer „in Phase" dazu arbeitet die *Software-Informatik* an Programmen und Konzepten, neuerdings im Hinblick auf die Wissensrepräsentation durch Einheiten höherer Ordnung (Schemata, Scripts, Frames), die den Weg zur Wissensordnung weisen könnten.

(3) In der *KI-Informatik* werden die Wissenslagen der *Künstlichen Intelligenz* intensiv thematisiert, im weiteren Zusammenhang auch Expertsysteme und computerunterstützte Problemlösungsverfahren. Mit Blick auf die teils abweichenden Ergebnisse der Gehirnforschung zur *Natürlichen Intelligenz* erfolgt dabei eine bemerkenswerte Abkehr von der „klassischen" KI-Forschung zu „nachklassischen" Formen des *Konnektionismus*. Die ordnungspolitischen Konsequenzen dieser Entwicklungen sind schon deshalb nicht überschaubar, weil sie noch kaum problematisiert worden sind.

---

41 Vgl. *Spinner/Informationsberg*.

(4) Erst allmählich im Kommen ist die *Orgware-Informatik*, als Zweig der Angewandten Informatik an der Schnittstelle zu den Organisations- und Kommunikationswissenschaften. Mit dem Orgware-Konzept soll „die Verbindung der Komponenten des Informationssystems untereinander, vor allem zum Menschen, zum Rechner und anderen Geräten, des Systems zu anderen Informationssystemen, zur sonstigen Umwelt"[42] thematisiert werden.

(5) Einen Sonderfall, auf den sich besonders viel fachliche Forschung, staatliche Förderung und industrielle Arbeit konzentrieren, bildet die *Militär-Informatik*, deren abgeschotteter Tätigkeitsbereich von der informationellen Ausspähung fremder Mächte über die kognitive Kartierung der Welt – einschließlich des Weltraums – bis zur elektronischen Kriegführung reicht. Der Golfkrieg hat diesen besonders eng verwobenen Kognitiv-Technischen Komplex aus Geheimwissen, Wissens- und Waffentechniken sowie Machtpolitik öffentlich bewußt, aber nicht für die Öffentlichkeit transparent gemacht.

Tatbestände: Die *Informationstechnik* ist die erste, namengebende Durchbruchstechnik zum Informationszeitalter, zu der inzwischen mit gleichrangiger Wirkung die *Gentechnik* hinzugekommen ist. Die eine hat Informationsfaktoren zum wichtigsten Bestandteil der modernen Hochtechnik, die andere zum zentralen Untersuchungsbestand der Biologie gemacht (dazu der Fachbericht 12/Biologie).

Ausgangspunkt dieser Umwälzung in der Rangordnung der wissenschaftlichen Disziplinen und Techniken war die *elektronische Revolution* (kurz „EDV-Revolution" genannt). Dadurch wird nicht nur die bisherige Technisierung *durch* Wissen im größten Stil weitergeführt, sondern eine umfassende *Technisierung des Wissens selber* eingeleitet. Diese neuartige Wissenstechnikfolge erster Art löst Technikfolgen zweiter Art aus, denen die Umgestaltung der Wissensordnung erst gerecht werden muß.

Das ist der gegenwärtige Übergang vom neuzeitlichen Prozeß der Verwissenschaftlichung zum modernen, „superindustriellen" Prozeß der *Informatisierung* (irreführend „Verdatung" genannt, weil keineswegs auf das Datenwissen beschränkt). Im Zuge dieser Entwicklung entstehen neue, hochtechnisierte Wissensarten – wissenschaftliches Regelwissen, wissenschaftliches und außerwissenschaftliches Datenwissen, metawissenschaftliches Steuerungswissen in Gestalt von Programmen – und Problemlösungsinstrumente (Künstliche Intelligenz, Expertensysteme), beides in bislang unbekannter Größenordnung, wobei jedoch das enorme Mengenwachstum zu Informationsbergen („Informationsexplosion") und das Einsickern oder Eindringen in immer mehr nichtkognitive Tatbestände und Problemlagen („Informationsimplosion") bislang nur selten zu den erhofften Qualitätssprüngen geführt hat.

Das gilt insbesondere für das computerunterstützte oder expertensystemgeführte *Problemlösen*. Verglichen mit menschlichen Experten sind Expertensysteme die eigentlichen „Fachidioten". Gemessen am Gehirn der Natürlichen

---

[42] Steinmüller/Informationstechnologie, S. 364.

Intelligenz sind die meisten Künstlichen Intelligenzen kaum mehr als höchst unkreative Abspielautomaten für Datenverarbeitungsprogramme, allerdings mit höchster Speicherkapazität, Geschwindigkeit, Präzision und formaler Zuverlässigkeit.

Konzepte: Maßgeblich gewordene, weichenstellend gebliebene, zuweilen auch in Sackgassen führende Leitkonzepte der Informatik sind die *Künstliche Intelligenz* und die *wissensbasierten Expertensysteme*. An Bedeutung verloren hat das in den 70er Jahren mit großen Hoffnungen verbundene *General Problem Solver*-Konzept.

Probleme: Offene, kontrovers diskutierte Fragen betreffen die Schwächen der klassischen KI und die Grenzen des Regelparadigmas. Es geht hierbei u.a. um die Programmierbarkeit von menschenähnlichem Problemlösungsverhalten durch deterministische Regelsysteme algorithmischen Charakters.

Lösungen: Richtschnur ist wohl immer noch das *Regelparadigma der klassischen KI*, mit dem verglichen die nichtklassischen Ansätze des neueren Konnektionismus und Parallelismus noch in der Entwicklung sind.

Im Hinblick auf die teils immer noch überlegenen Leistungen der Natürlichen Intelligenz des menschlichen Problemlösers mit massiver Parallelverarbeitung nach implizitem Wissen und nichtdeterministischen Regeln arbeitet die nachklassische, konnektionistische KI-Forschung an einer Umstellung von der Programmierbasis algorithmischer Regelsysteme auf eine *Lernbasis nach Menschenart*.

Stand: Der Stand der Diskussion ist, mit wenigen Ausnahmen, auch dort einseitig technisch ausgerichtet, wo nichttechnische Tatbestände zur Debatte stehen (wie beim Datenschutz oder bei den sozialen Folgen der Informatisierung). Außerhalb des rein Technischen wird von „kritischen" Informatikern allenfalls der Verwaltungsaspekt der Datenverarbeitung problematisiert, noch kaum aber übergreifende Fragen der Wissensordnung.

Aufgaben: Ein realistisches Nahziel besteht in der *systematischen Bestandsaufnahme der technisierten Wissensarten*, an deren Produktion die Informatik wesentlich beteiligt ist. Diese Wissenssystematik, für die sich im Anwendungsbereich der Informatik vergleichende Untersuchungen von Natürlicher und Künstlicher Intelligenz anbieten, müßte allerdings über mittlerweile geläufige Unterscheidungen (Daten und Programme, deklaratives und prozedurales Wissen, u.dgl.) hinausgehen.

Daran könnte sich, mit Hilfe einer solchen Systematik der Erkenntnisstile und Wissensarten, die *Analyse der Kognitiv-Technischen Komplexe* anschließen, vorgenommen im Überschneidungsbereich von Wissen und Technik – also im Kernbereich der Informatik, wo die oben erwähnte Technisierung des Wissens und die Wissensbasierung der Technik zusammentreffen.

Es gibt, grob gesprochen, eine Hardware- und eine Software-Informatik, einschließlich ihrer Verbindung und ihrer Erweiterungen in Richtung auf Künstliche Intelligenz und Organisationsfragen großer Informationssysteme. Aber es gibt noch keine „*Wissenswachstums- und Wissensordnungs-Informatik*", welche die Technikfolgen erster und zweiter Art zur eigenen EDV-Revolution in ihre Überlegungen einbezieht. Die für erforderlich gehaltene „informationspolitische Gesamtkonzeption" (*Wilhelm Steinmüller*) steht noch aus. Das ist ein Fernziel auf dem Wege zur Erforschung und Gestaltung der Neuen Wissensordnung, zu dem die Informatik einen wesentlichen Beitrag leisten kann.

Literatur: Zum Förderungsprogramm einer Fortentwicklung der wirtschaftlichen und technischen Rahmenbedingungen für die Informationstechnik, aber noch ohne Einbeziehung der Wissensordnung *BMFT & BW/Zukunftskonzept*; zur weiten, immer noch zunehmenden Verzweigung der Informationswissenschaften *Machlup & Mansfield/Information*; zu den informationstheoretischen Grundlagen der Informatik *Völz/Grundlagen*.

Zur selbstkritischen Bestandsaufnahme der Informatik *Coy et al./Sichtweisen*; zur Angewandten Informatik, vor allem auch im Hinblick auf die Rolle von Informationssystemen in der modernen Gesellschaft *Steinmüller/Informationstechnologie*; zum Orgware-Ansatz *Fuchs-Kittowski/Systems Design*.

Zur „kognitiven Wende" in der neueren Psychologie und zur Entfaltung der heutigen Kognitionswissenschaften *Gardner/Denken*; zur Wissensrepräsentation in Plänen, Schemata, Netzen, in Ausrichtung auf „Einheiten höherer Ordnung" *Norman & Rumelhart/Strukturen* und *Tergan/Modelle*.

Zur Konzept des „General Problem Solver" *Newell & Simon/Problem Solving*; zum expertensystemgeführten Problemlösen *Puppe/Problemlösungsmethoden*.

Zur Geschichte der Künstlichen Intelligenz *McCorduck/Denkmaschinen*; zur kritischen Betrachtung neuerer Anwendungen und künftiger Aussichten *Irrgang & Klawitter/Künstliche Intelligenz*; zur Verbindung von Informationstechnologie und Gehirnforschung *Gerke/Mensch*.

Zur Verbindung von Informationstechnik, Informationsexplosion und -implosion mit dem Wandel der Wissensordnung *Spinner/Informationstechnik*; zu der nur dem Namen nach gleichen bibliothekarischen Wissensordnung *Dahlberg/Wissensordnung*.

12. Biologie
(als repräsentatives Beispiel für moderne Naturwissenschaften mit starker Informationsorientierung, zugleich als Übergang zu den Gentechnologien)

Themen: Von den sozusagen hauptamtlich damit befaßten Wissenswissenschaften[43] abgesehen, spielt das Thema „Information" in keiner Fachwissenschaft eine größere und revolutionärere Rolle als in der modernen Biologie. Gemäß der neueren Einsicht, daß alles Leben im präzisen Sinne informationshaltig und informationsgesteuert, ja im Kern mit der Entstehung und *Reproduktion „biologischer Information"* zusammenfällt, ist der Informationsbegriff zu einem zentralen Grundbegriff der heutigen Biologie geworden, in

---

43 Zu dieser noch unüblichen Sammelbezeichnung vgl. *Spinner/Informationsberg*.

der ganzen Bandbreite syntaktischer, semantischer und pragmatischer Information. „Eingelagert" ist der Informationsstoff zum einen als konstitutive oder konstruktive Information in die genetische Ausstattung (Chromosomen, Gene), zum anderen als verhaltens(mit)bestimmende Information im Gehirn der Lebewesen.

Insgesamt gesehen, findet im Leben der Organismen ein dreifacher Informationsfluß statt[44]: erstens aus der Umwelt per Evolutionsprozeß in die *Gene*; zweitens aus den Genen über embryologische Prozesse in den *Organismus*; drittens über die Sinnesorgane in das *Gehirn* und von dort – verarbeitet, aber nicht verbraucht – wieder zurück in die Außenwelt, beim Menschen durch sprachliche Kommunikation und sonstige semantische Kontakte insbesondere in die soziale Welt der Mitmenschen. Dabei steuert die genetische Information die Entwicklung des Organismus von der befruchteten und dadurch informationell angereicherten Eizelle bis zum fertigen Organismus. Außerdem werden durch den mit Hilfe des Informationsbegriffs beschriebenen *genetischen Code* im Fortpflanzungsprozeß biologische Übereinstimmungen, aber auch eventuelle Unterschiede zwischen Vorfahren und Nachkommen überzufällig bestimmt.

Im Hinblick auf diese Informationsflüsse, lassen sich gemäß dem jeweiligen Optimierungsgrad drei Phasen des biologischen Selbstorganisationsprozesses unterscheiden[45]:

(1) Phase der *nicht instruierten* präbiotischen Synthese von biologischen Makromolekülen.

(2) Phase der Selbstorganisation von biologischen Makromolekülen zu einem *selbstinstruktiven* Biosynthesezyklus.

(3) Phase der evolutiven Optimierung des Biosynthesezyklus.

Dem entspricht eine dreiphasige Entstehung der syntaktischen, semantischen und pragmatischen biologischen Information.

Durchgängiges Leitthema der molekularen Biologie ist das biologische „Wissen" aus Millionen Jahren der Evolution lebender Organismen, gespeichert in den vielfältigen Ausformungen der überlebenden Arten. Diese verkörpern biologisch realisierte Problemlösungen, wie sie sich in der beständigen Auseinandersetzung mit den jeweiligen Lebensumwelten (Biotopen) herausgebildet haben.

Der Informationsträger für dieses „Wissen" ist bei Pflanze und Tier, beim Einzeller wie beim Vielzeller, die DNS bzw. RNS. Sie stellt einerseits (in der makroskopischen Sicht der Entwicklung des Lebens und der Arten) durch Mutations- und damit Anpassungsfähigkeit das „Kartenspiel" des Lebens selbst dar, welches durch immer neue Durchmischung und stetige Auseinandersetzung mit der Umwelt die mannigfaltigen Spielarten des Lebens hervorbringt. Andererseits liefert die DNS den Bauplan der einzelnen Individuen,

---

44 Sinngemäß nach *Braitenberg/Gehirn*, S. 213.
45 Nach *Küppers/Ursprung*, S. 249ff.

d.h. die Blaupause, nach der sich jede Zelle, jedes Gewebe, jedes Organ eines Lebewesens entwickelt. Das gilt auch für jenes Organ größter kognitiver Komplexität und informationeller Kapazität, dem die höheren Primaten ihr Überleben verdanken: das Gehirn.

Innerhalb dieses weit gesteckten, durch die Biotechnik künftig noch erweiterten Rahmens befaßt sich die Biologie mit dem Informationsthema insbesondere auf den folgenden Arbeitsfeldern:

– DNS als Träger der Erbinformation (Genomanalyse);
– Entstehung von Makromolekülen mit biologischer Information (RNS);
– Morphogenese (Entwicklung des individuellen Körpers aus der „Blaupause" der DNS);
– Nervensystem, insbesondere Gehirn und damit zusammenhängende Bau- und Funktionsfragen (Lernen, Gedächtnis, Intelligenz);
– rhythmische Vorgänge in der Natur (innere Uhr, Bewegungskoordination, Orientierungsverhalten);
– Sozialverhalten und Kommunikation (Sprache und andere symbolische Interaktionsformen).

Tatbestände: Schon bald nach der Entdeckung der DNS (1953 durch *James Watson* und *Francis Crick*) hatte die daran anknüpfende biologische Grundlagenforschung in den 70er und 80er Jahren innerhalb der Molekularbiologie Verfahren entwickelt, mit denen gezielt in das Erbgut von Zellen und Organismen eingegriffen werden konnte. Die *Gentechnik* stieß damit zu neuen Problemstellungen vor, bei denen informationelle Aspekte eine entscheidende Rolle spielen.

Tieren und Pflanzen sollen für den Menschen nutzbare Eigenschaften durch gentechnische Eingriffe erhalten. Darunter fallen die klassischen Züchtungsmerkmale (zum Beispiel Resistenz von Pflanzen gegen klimatische Einflüsse und Schädlinge) ebenso wie der Einsatz von Mikroorganismen zur Produktion von pharmakologisch verwendbaren Stoffen (Insulin, u.a.). Die *Biomedizin* will Erbkrankheiten frühzeitig erkennen und später vielleicht gentechnisch behandeln.

Allerdings ist es der biologischen Grundlagenforschung bis jetzt noch nicht gelungen, unter enzymfreien Bedingungen sich selbst reproduzierende organische Makromoleküle (RNS) aus anorganischen Ausgangsprodukten in vitro herzustellen.

In dem Überschneidungsgebiet der Computertechnik und Biologie konzentrieren sich die Bemühungen der *Künstlichen Intelligenz (KI)* auf die Konzeption von Software- und Rechnersystemen, die sich immer stärker an den in lebenden Organismen realisierten biologischen Lösungen orientieren. Das führte im Rahmen des Konnektionismus zur Konzeption *neuronaler Netze*, unter tendenzieller Wiederannäherung von Künstlicher und Natürlicher Intelligenz.

Auf dem Sektor der Hardwareentwicklung werden die Möglichkeiten biologischer Substrate zur Informationsspeicherung untersucht. Auf diesem Wege könnte ein Computer entstehen, der zur Informationsspeicherung biologische Substrate an Stelle der Siliziumchips benützt („Bio-Computer").

Probleme: Die gegenwärtigen Problemstellungen der Biologie und Biotechnik im Überschneidungsbereich des Lebendigen mit Informationstatbeständen eröffnen neue Perspektiven mit teilweise bereits dramatischen Entwicklungen:

– *Genomanalyse des menschlichen Erbguts* eröffnet nicht nur die Möglichkeiten der Diagnose und evtl. Therapie erblicher Krankheiten, noch bevor diese sich im Körper manifestieren können. Darüber hinaus zeichnen sich bislang unmögliche Eingriffs- und Einflußmöglichkeiten ab. Dazu gehört beispielsweise die Gefahr der gezielten Selektion von Arbeitskräften gemäß informationell „ablesbarer" genetischer Disposition (für bestimmte Krankheiten beispielsweise).

– Die *menschliche DNS* als Speicher selbst der innersten (privaten, intimen, sensibelsten) individuellen Informationen ist nicht länger „Geheimwissen der Natur" und kann nicht mehr unter Verschluß gehalten werden. Routinemäßig durchgeführte Genomkartierungen (anläßlich Krankenhausaufenthalten oder Einstellungsuntersuchungen) würden in kürzester Zeit riesige Datenbestände mit vielen Eingriffsmöglichkeiten und außerordentliche Machtpotentiale schaffen. Zur Regelung der Zugangs-, Verfügungs-, Verwertungsmöglichkeiten dieser u.U. sogar patentierbaren Informationen bedarf es, neben Rechtsvorschriften für den Konfliktfall, einer Wissensordnung, die dafür sorgt, daß Wissen und Macht getrennt bleiben.

– Nach der theoretischen Analyse und empirischen Bestimmung kommt, mit Hilfe der Biotechnik, die *praktische Intervention*. Vom erkennenden Denken zum eingreifenden Handeln ist es nur ein Schritt, der mit der im Haupttext erwähnten Transformation der Wissenschaftsformen regelmäßig, in den Naturwissenschaften fast schon routinemäßig gemacht wird. Das wäre im vorliegenden Fall der Schritt von der Genomanalyse zur gezielten *Genmanipulation*, mit der erhofften oder befürchteten Aussicht zur gentechnischen Modifikation des menschlichen Erbguts, vielleicht einmal bis hin zur partiellen Neuschöpfung des Menschen.

– Die unkontrollierte Freisetzung *gentechnisch veränderter Organismen* (insbesondere Mikroorganismen) könnte zu nicht abschätzbaren Risiken führen (Seuchen, Störungen des ökologischen Gleichgewichts, u.dgl.).

– Die umstrittene, durch eine Entscheidung des amerikanischen Supreme Court bereits grundsätzlich bejahte *Patentierfähigkeit von labormäßig bzw. gentechnisch erzeugten Organismen* (Stichwort „Krebsmaus" in der öffentlichen Diskussion) wäre ein Novum der Rechtsordnung, mit ungeheuren Auswirkungen auf die Wissensordnung.

– Die *internationale Marktlage* (Konkurrenz der Genfabriken, Auslagerung von Forschungsinstituten, vor allem aber von Versuchs- und Produktionsstätten in gentechnisch „aufgeschlossenere" oder auch nur kontrollschwächere Länder) bringt Regierungen und Gesetzgeber in Zugzwang und die Öffentlichkeit unter Konzessionsdruck.

Lösungen: Die Biologie beschäftigt sich in der Grundlagenforschung, angespornt durch die Frage nach der Lebensentstehung, seit einiger Zeit intensiv mit Informationsfragen und Wissenslagen im biologischen Gegenstandsbereich, während die Regelungsfragen eher den zuständigen Fachwissenschaften und der Politik überlassen werden. Fragen nach der Eigenart biologischer Information oder nach der Entstehung, Konstruktion und Vermehrung informationstragender Makromoleküle führen direkt zur biologischen Grundfrage „Was ist Leben?", auf die mit der Theorie der *Hyperzyklen* eine Antwort gegeben wird.

Die neuere, *informationell reinterpretierte Evolutionstheorie* liefert dazu eine breite Palette von Antworten zur Entstehung und Anpassung der Makromoleküle, zu den Vermehrungs- und Veränderungsmechanismen der Informationen (durch Replikation, Mutation, etc.). Im Bereich der praktischen Biologie arbeitet die Verhaltensforschung an der Lösung von Informationsproblemen des tierischen, teils auch menschlichen Organismus. Im Überschneidungsbereich von Biologie und Medizin bewegt sich die biomedizinische Apperatetechnik, mit Auswirkungen auf die Gehirnforschung. Im weiteren Zusammenhang wären, ohne auf ihre Problemstellungen und Lösungsvorschläge einzugehen, die Kybernetik und Bionik zu nennen, im Hinblick auf biologisch relevante Verbindung von Informations- und Technikfragen.
Stand: Die gegenwärtige Diskussion konzentriert sich auf Fragenkomplexe, die in unmittelbarem Zusammenhang mit den neuesten Möglichkeiten der Biologie auf den Gebieten der *Gentechnik* und der *Reproduktionsmedizin* zu sehen sind.

Wie sind die Eigentumsrechte an genmanipulierten Organismen zu regeln? Wird die Verfügungsgewalt in den Händen derjenigen Organisationen konzentriert, welche bereits heute über das notwendige *gentechnische Know how* verfügen? Ohne ordnungspolitische Öffnungsklauseln einer dafür noch nicht geschaffenen Wissensordnung könnte es zur einseitigen, durch Patentrechte abgesicherten Akkumulation dieses Wissens an wenigen Stellen kommen, mehr im Interesse der ökonomischen Verwertung und Verwendung als im Dienste der wissenschaftlichen Vermehrung und Verbreitung.

Die diesbezüglichen Forschungs- und Gestaltungsaufgaben gehen über die vordergründigen Polemiken hinsichtlich rechtlicher Forschungsverbote, politischer Aufsichtsmaßnahmen, ethischer Kontrolleinrichtungen, wirtschaftlicher Produktions- und Verwertungsbeschränkungen weit hinaus, in Richtung auf *Grundsatzfragen der Rechts-, Wirtschafts- und Wissensordnung*. Dazu kommen nicht weniger wichtige Einzelfragen, beispielsweise zur Eignung, Anwendung und Folgenproblematik der Genomanalyse in der pränatalen Diagnostik, in Strafverfahren, im Versicherungswesen, in der Wirtschaft.

Welche Anwendungsmöglichkeiten sind in welchen Einsatzgebieten beim gegenwärtigen oder baldigen Stand des Wissens denkbar, machbar, wünschenswert, strafbar, regelungsbedürftig? Wie verträgt sich eine „genetische Beratung" mit dem subjektiven „Recht auf Nichtwissen"? Man denke beispielsweise an Aufklärungen, unter Umständen wider Willen, über angeborene Krankheiten, die erst im letzten Lebensdrittel unheilbar ausbrechen, aber bereits heute als „biologische Zeitbomben" in den Genen der Betroffenen nachzuweisen sind.

Sind die Entwicklungen im Bereich der Angewandten, Realisierten und Industrialisierten biologischen Wissenschaften, von der reinen Grundlagenforschung bis zur kommerzialisierten Gentechnik, gar gesellschaftlich so relevant, daß sich dafür ein *Recht der Öffentlichkeit auf volle Wissensteilhabe von Anfang an* vertreten läßt? Das ist eine Frage der Wissensordnung, die man rechtlich und wirtschaftlich abklären muß, aber nicht der Rechts- und Wirtschaftsordnung allein überlassen darf, zumal eine Fülle von Anschlußfragen ebenso unbeantwortet sind, von Informationsfragen zu den neuesten Forschungsergebnissen, Diagnosemöglichkeiten oder Therapieansätzen über die ärztliche Versorgung bis zur *genetischen Selbstbestimmung*, in Ausweitung der informationellen Selbstbestimmung.

Aufgaben: Beim gegenwärtigen Stand der wissenschaftlichen Entwicklung und öffentlichen Diskussion steht an erster Stelle die Grundsatzfrage, *welche Ordnungsprobleme man der Rechtsordnung, welche der Wirtschaftsordnung, welche der Wissensordnung zur Regelung überlassen sollte?* Davon wird abhängen, welche weiteren Aufgaben an welche Stelle „anhängig" sind.

Die Entwicklung des Wissensstandes in der Biologie von den *Mendel*schen Züchtungsversuchen bis hin zu den heutigen gentechnischen Laboratorien ist ein Musterbeispiel für den Verschmelzungsprozeß von Wissen und Technik. Daraus sind bereits heute neuartige Kognitiv-Technische Komplexe entstanden, für die es gegenwärtig wenig Rechtsordnung (im noch vielfach „rechtsfreien Raum" der Biotechniken), viel Wirtschaftsordnung (mit kommerziellen Zielen und teilweise ordnungswidrigen Mitteln, wie Geheimhaltung oder Wettbewerbsbehinderungen), aber so gut wie keine Wissensordnung gibt.

Noch mehr als die Nuklear- und Informationstechnik erfordert die Gentechnik ordnungstheoretische Analysen und ordnungspolitische Vorkehrungen, um den sich allenthalben anbahnenden „naturwüchsigen" Verhältnissen wohlüberlegte Regelungen entgegenstellen zu können. Diese können, schon wegen ihres teils laxeren, teils restriktiveren Charakters, nicht nur „rechtsförmig" sein.

Mit der zur Zeit betriebenen *Novellierung des Gentechnikgesetzes* ist es wohl nicht getan, wie immer sie ausfallen mag. Einerseits spielt bei der geforderten „Sicherung des Wirtschaftsstandortes Deutschland" die Neufassung der juristischen, politischen und wirtschaftlichen Rahmenbedingungen für die biotechnische Forschung eine zentrale Rolle. Andererseits besteht auf diesem Feld die derzeit größte Gefahr eines „naturwüchsigen" Wandels der Wissensordnung, als Technikfolge zweiter Art der Realisierten und Kommerzialisierten hochtechnischen Wissenschaftsformen. Ihre Einbindung in eine bewußt gestaltete Neue Wissensordnung ist eine *aktuelle praktische Aufgabe*, welche sich an die obige Grundsatzfrage unmittelbar anschließt.

Bei den sich rasant entwickelnden modernen Biotechniken ist sogar der vielzitierte „motorisierte Gesetzgeber" (*Carl Schmitt*) vielzu langsam, um die

Entwicklung mit Hilfe einer gesatzten juristischen Ordnung vorausschauend steuern zu können. Das ist, wenn überhaupt, nur noch indirekt möglich mit Hilfe einer *außerjuristischen Bedingungskonstellation aus Bestimmungen der Wirtschafts- und Wissensordnung,* die den Boden bereitet für das Gesetzgebungswerk und den Maßnahmenkatalog der Rechtsordnung. Auch das schnellste Recht ist hier Hase, nicht Igel.

Literatur: Zur Entstehung und Funktion (bei der Entstehung des Lebens, u.a.) biologischer Information und zur Stellung des Informationsbegriffs in den modernen Biowissenschaften *Haken & Haken-Krell/Entstehung*; *Küppers/Ursprung*; *Völz/Information,* Bd. II; im weiteren Zusammenhang der Gehirnforschung *Braitenberg/Gehirn*; in Verbindung mit sozialer Information *Csányi/Nature.*

Zur Genomanalyse *BMFT/Genom; Ellermann & Opolka/Genomanalyse; Folberth & Hackl/Informationsbegriff.*

Zur Überführung gentechnischer Forschungsresultate und Eingriffsverfahren in Eigentum oder eigentumsähnliche Rechtsverhältnisse *Adler/Biotechnology.*

Zu damit verbundenen Rechtsfragen und ethischen Grenzziehungen, auch bei der Wissenschaftsfreiheit, *Flämig/Manipulation* und *Hofmann/Biotechnik.* Zu den grundsätzlichen Regelungsaufgaben der Rechtsordnung *Nicklisch/Rechtsfragen.*

13. Technikfolgen- und Umweltforschung

Streng genommen, ist die Technikfolgenforschung keine Fachwissenschaft, sondern eine *Sammelbezeichnung für fachwissenschaftliche Technikfolgenuntersuchungen* durch ein inzwischen breit ausgefächertes Spektrum von „Trägerwissenschaften" der verschiedensten Art, die in ihre Forschungsaufgabe die Folgenfrage einbeziehen, sei es am Rande oder im Mittelpunkt der Aufmerksamkeit. Dieses Spektrum umfaßt die im Haupttext unterschiedenen *vier „Generationen" der heutigen Technikfolgenforschung* mit ihren jeweiligen Problemstellungen, Konzepten und Lösungsvorschlägen.

Themen: Gegenstand der Technikfolgenforschung sind, wie der Name besagt und die Erfahrung belegt, die Folgen von Techniken. In Verbindung mit der Technik kann *Wissen* auf mindestens *fünffache Weise* zum Untersuchungsgegenstand von Folgenbetrachtungen gemacht werden: als *Wissenswachstum,* als *Wissenstechnik,* als *informationelle Umwelt,* als *Kognitiv-Technischer Komplex* und als *Wissensordnung.* In jeder Gestalt hat Wissen Auswirkungen, auch wenn diese bislang nur zögerlich von der Technikfolgenforschung aufgegriffen werden, soweit sie über populäre Vorstellungen (vom „gläsernen Menschen" in der Datenschutzdiskussion bis zur „Informationsgesellschaft" in der Soziologie), modische Metaphern (wie die „semantische Umweltverschmutzung" der Kultur- und Technikphilosophie) und neue Mythen (vom „maßlos informierten" Menschen unserer Zeit beispielsweise) hinausgehen.

(1) Die im Haupttext geschilderten drei *kognitiven Entwicklungen* des Wissenschaftswachstum, der Informationsexplosion und Informationsimplosion verändern die moderne Welt ebenso nachhaltig wie die Bevölkerungs- und die Technikentwicklung, aber öffentlich weniger sichtbar, ethisch weniger alarmierend und politisch weniger bedrängend. Deshalb sind sie längst zum Gegenstand der Wissenschaftsforschung, aber noch kaum der Technikfolgenforschung geworden, die im Gegensatz zu jener beispielsweise vom *Zweiten Malthusschen Dilemma* (der Schere zwischen steigender Wissensmenge, -komplexität und -wirkung einerseits und kaum wachsender kognitiver, emotionaler, politischer Aufnahmefähigkeit und Folgenübersicht) noch kaum Notiz genommen hat.

(2) Bei den *Wissenstechniken* ist das Problembewußtsein für die Folgen inzwischen genügend geweckt, bezieht sich aber immer noch weit mehr auf den Technik- als den Wissensaspekt, soweit man zwischen beiden überhaupt trennen kann. (Das ist zwar kaum möglich, aber trotzdem werden vielfach noch jene Folgen vernachlässigt oder fehlbeurteilt, welche mehr mit diesem als jenem zusammen hängen). Außerdem sind die Folgenforschungen auf dem Feld der Wissenstechniken gegenständlich noch allzusehr eingeengt auf die Auswirkungen der Informations- und Kommunikationstechniken für die konzeptuell ebenso unklare wie politisch überschätzte *„Informationsgesellschaft"*. Der Schwerpunkt liegt zumeist auf dem Produktionssektor und der Arbeitswelt einerseits sowie auf dem Medien- und Unterhaltungsbereich andererseits. Am intensivsten untersucht sind bislang die Auswirkungen der Wissenstechniken auf die persönliche Freiheit und das geistige Eigentum, ohne daß diese bislang von der Technikfolgenforschung aufgegriffen werden. Man überläßt sie lieber der Rechtswissenschaft, obgleich es sich keineswegs nur um juristische Frage des Persönlichkeits-, Datenschutz- und Urheberrechts handelt.

(3) Die Umwelt, welche durch Technikfolgen nachhaltig verändert und vielfach gefährdet wird, besteht nicht nur aus Boden und Luft, Wasser und Wald. Dazu gehören auch die *informationellen Umwelten* des Menschen und der Gesellschaft, die erst zum Gegenstand der Umwelt- und Technikfolgenforschung gemacht werden müssen. Für diese werden sie erst allmählich zum diskussionswürdigen Thema, dessen sich vor allem die geistes- und sozialwissenschaftliche Umweltforschung annehmen sollte[46].

(4) Moderne Technik ist grundsätzlich verwissenschaftlichte Technik und konkret wissensbasiert. Im Gegenzug wird das diesbezügliche Wissen immer mehr technisiert („informatisiert"). Das Ergebnis dieses Kernfusion von Technik und Wissen sind *Kognitiv-Technische Komplexe* in neuer Zusammensetzung und Größenordnung. Mit diesen Techniken wird auch unvermeidlich, in Tateinheit sozusagen, das in sie eingeflossene Wissen zum Gegenstand von Folgenuntersuchungen, allerdings erst allmählich in expliziter Form. Wissens-

---

46 Dafür plädiert, mit konkreten Themenvorschlägen, *Spinner/Umweltforschung*.

tatbestände und Technikfolgen bilden noch kein zusammengewachsenes Untersuchungsfeld, welches mit Hilfe integrativer Konzepte zum Gegenstand wissensbezogener Technikgrundlagen- und Technikfolgenforschung der „vierten Generation" gemacht wird.

(5) Die *Wissensordnung und ihr technikinduzierter Wandel* sind noch kein Thema für die Technikfolgenforschung, obwohl diese gelegentlich von einer „Technikordnung" spricht, womit jedoch mehr die „Technostruktur", der „Technische Staat" oder das „Technikzeitalter" verstanden werden als deren Wissensordnung Die genannten vier gegenständlichen Arbeitsfelder haben es fast ausschließlich mit wissensbedingten und -bezogenen Technikfolgen erster Art zu tun. Ordnungspolitische Technikfolgen zweiter Art werden den für Ordnungsfragen vermeintlich allein zuständigen Rechts- und Wirtschaftswissenschaften überlassen, als wenn davon lediglich die Rechts- und Wirtschaftsordnungen berührt wären.

Tatbestände: Exponentielles Wissenschaftswachstum, außerwissenschaftliche Informationsvermehrung noch größeren Ausmaßes sowie die Verschmelzung von Technik & Wissen zu Kognitiv-Technischen Komplexen neuer Zusammensetzung und Größenordnung führen im Informationszeitalter – unter den Bedingungen des wissenschaftlich-technischen Fortschritts, der industriellen Wissensproduktion, elektronischen Datenverarbeitung und kommerziellen Medienvernetzung – zu *neuen Wissenslagen* und zum gegenwärtigen *Wandel der Wissensordnung*.

Das ist, zusammenfassend gesagt, der gegenwärtige Tatbestand für die Technikfolgenforschung, die dazu vergleichende Untersuchungen zwischen „alten" und „neuen" Problemlagen, Regelungen, Randbedingungen, Auswirkungen machen könnte. Denn im Gegensatz zu den unmittelbaren *Technikfolgen erster Art*, mit denen sich die Technikfolgenforschung ausführlich befaßt, zunehmend auch hinsichtlich der Wissenswirkungen, handelt es sich beim Wandel der Wissensordnung um noch kaum untersuchte, obgleich äußerst einflußreiche *ordnungspolitische Technikfolgen zweiter Art*. Zu ihrer systematischen Verortung und interdisziplinären Untersuchung wird das Konzept der *Wissensordnung* vorgeschlagen.

Untersuchungswürdige neue Tatbestände sind auch die mehr oder weniger vom wissenschaftlich-technischen Fortschritt erfaßten und dem Wandel der Wissensordnung unterliegenden *Bereichsordnungen* für die großen Informationsbereiche der modernen Gesellschaft.

Probleme: Von der Untersuchung der genannten Grundsatzfragen und den vielen ungenannten Einzelfragen zum Aufbau und Wandel der Wissensordnung abgesehen, liegt das gegenwärtige *Selbstordnungs- und Organisationsproblem* der Technikfolgenforschung wohl darin, im eigenen Feld die Voraussetzungen für die Erforschung von wissensbezogenen Technikfolgen erster und zweiter Art erst zu schaffen durch

- Herstellung eines *Forschungsverbunds der „Wissenswissenschaften"* aller *Fachrichtungen*, die sich mit dem informationellen Grundstoff der modernen Welt befassen und das ganze hier (nur unvollständig) abgesteckte philosophisch-fachwissenschaftliche Forschungsspektrum umfassen;
- Erweiterung der auf die Wissenstechniken einseitig ausgerichteten und auf deren Folgen eingeschränkten Technikfolgenforschung durch wissensbezogene *Technikgrundlagenforschung*, die das Wissen in der Technik und dessen Wirkungen untersucht, insbesondere im Hinblick auf Fragen der Wissensordnung;
- Öffnung bislang verschlossener Gebiete der Technikfolgenforschung für *neuartige Beiträge der Geistes- und Sozialwissenschaften*, um die beiderseitige Beschränkung auf die naturwissenschaftlich-technischen (Natur als Umwelt, Technikfolgen erster Art) und philosophisch-sozialwissenschaftlichen Problemstellungen (ethische Reflexionen, sozialwissenschaftliche Begleitforschung, u.dgl.) zu überwinden;
- Einbeziehung der *informationellen Umwelt* in die künftige Umweltforschung;
- Suche nach *forschungspraktischen Überbrückungsmöglichkeiten* der „Zwei Kulturen" bei der Technikfolgen- und Umweltforschung, also zwischen geistes- und sozialwissenschaftlichen Ansätzen einerseits, natur- und ingenieurwissenschaftlichen Positionen andererseits.
- Ermöglichung *interdisziplinärer und multidisziplinärer Arbeiten* im Bereich fachübergreifender „Querschnittsmaterie", zu der die Wissensordnung und die Technikfolgen zweiter Art zählen.

Lösungen: Das Konzept der Wissensordnung ist nicht die Lösung der Ordnungsprobleme im einzelnen, sondern ein ordnungspolitischer Wegweiser, der den Weg nicht selber gehen kann. Das ist eine Aufgabe für die Ordnungstheorie und Ordnungspolitik. Davon ist die Technikfolgenforschung noch weit entfernt. Ob sie Lösungsparadigmen für Technikfolgen erster Art hat, ist in der Wissenschaft kaum weniger als in der Öffentlichkeit heftig umstritten. Für Technikfolgen zweiter Art fehlt hier bereits die Problemstellung.

Dazu müssen, als Ergänzung und Erweiterung der bisherigen Arbeitsgebiete, *neue Forschungsfelder und Arbeitsschwerpunkte für die Technikfolgenforschung der vierten Generation* erschlossen werden, zum Beispiel:

(1) Wissensbezogene Technikfolgenforschung, einschließlich Grundlagenforschung hinsichtlich der Wissensgrundlagen moderner Techniken und der Technikfolgen von Wissenstechniken. Das soll nicht, wie üblich, nur im Hinblick auf die elektronische Datenverarbeitung geschehen, denn das wäre eine doppelt verengte Fragestellung. Es geht weder ausschließlich um das *Daten- und Regel*wissen noch lediglich um die Wissens*verarbeitung*.

(2) Aufbau und – vor allem technikinduzierter – Wandel der Wissensordnung, im wissenschaftlichen und außerwissenschaftlichen Bereich.

(3) Technikfolgen zweiter Art, vor allem im Hinblick auf das Aufkommen neuer Wissensarten und Wissensbereiche, deren ordnungspolitische Gestaltung sowie die Rückwirkungen auf den größeren Rahmen der Wissensordnung, innerhalb dessen sich die Wissenstechniken bewegen.

(4) Systematik der Steuerungsmöglichkeiten des naturwissenschaftlich-technischen Fortschritts sowie Kriterien zur Beurteilung ihrer Qualität, Effizienz, Rechts- und Sozialverträglichkeit, Ordnungskonformität, etc., insbesondere im Hinblick auf die spezifischen Regelungsmöglichkeiten der Wissensordnung (teils in Konkurrenz zur Rechts- und Wirtschaftsordnung);

(5) Informationelle Umwelten, im Rahmen des erweiterten Umweltbegriffs.

Die Erschließung und Bearbeitung der genannten Forschungsfelder erfordert geeignete Leitkonzepte für die Erfassung von Querschnittsmaterie und Untersuchungsmethoden zu ihrer interdisziplinären Bearbeitung durch Forschungsverbünde. Diese Aktivitäten auf den genannten Forschungsfeldern werden konzeptuell verbunden und fachübergreifend geführt, aber keineswegs inhaltlich präjudiziert und uniformiert, durch die *Wissensordnung* als Bezugsrahmen für den Komplex von Wissen und Technik.

Stand: Die Technikfolgenforschung ist seit den 60er Jahren auf breiter Basis in Gang gekommen und mittlerweile auch in kritikbetroffenen Natur- und Technikwissenschaften akzeptiert worden, denen die Folgendiskussion von außen – von der alarmierten Öffentlichkeit und der nachziehenden Politik – aufgedrängt worden ist. Der gegenwärtige Stand ist durch erhebliche *Asymmetrien der Anstrengungen* und *Defizite der Zwischenbilanz* gekennzeichnet:

Erstens durch die unter dem Aspekt des Risikos und der Sicherheit der neuen Techniken forcierte *Folgenorientierung* zulasten der Grundlagenforschung, vor allem hinsichtlich der Wissensgrundlagen der Techniken.

Da das menschliche Wissen nach heutiger Auffassung bleibend mit der Unsicherheit von „Hypothesen" und der Unübersehbarkeit der Auswirkungen verbunden, nach weitverbreiteter Meinung sogar belastet ist, steht die Überbetonung der (nationalen, inneren, technischen) Sicherheit und der wissenschaftlichen Folgenverantwortung den hier gegebenen Empfehlungen tendenziell entgegen. Dieser aus der Erkenntnistheorie wohlbekannte Orientierungskonflikt zwischen Sicherheitsstreben und Wissensförderung ist umso stärker, je mehr im Rahmen der Neuen Wissensordnung die klassische Trennung von Theorie und Praxis entfällt, welche ihn erträglich gemacht hat.

Zweitens durch das *Gefälle* zwischen der Beschäftigung mit – ja schon in dem Bewußtsein von – Technikfolgen *erster* und *zweiter* Art, zulasten der letzteren und damit auch der Ordnungsproblematik, während die ersteren teils bereits „überforscht" erscheinen, mit stark abnehmendem Grenznutzen (wie bei manchen sozialwissenschaftlichen Untersuchungen im Bereich der Alltagstechniken).

Drittens durch den *Rückstand des ordnungspolitischen Denkens* in der Technikfolgenforschung, die dessen Vorarbeiten in den Rechts- und Wirtschaftswissenschaften noch nicht rezipiert[47] und deshalb auch keine eigenen Ordnungsvorstellungen entwickelt hat.

Viertens durch *falsche Fragestellungen*, die immer noch mehr auf die mangels Zukunftwissens sehr eingeschränkte Prognose künftiger Technikfolgen und deren mangels objektiver Bewertungsmaßstäbe wissenschaftlich unmögliche, politisch uneinheitliche Beurteilung abzielen als auf die Frage der *Steuerbarkeit*, insbesondere mit Wissensmitteln und Ordnungsmaßnahmen.

Aufgaben: Innere und äußere Entwicklungen machen eine *Neubestimmung des Aufgabenkatalogs* der Technikfolgenforschung erforderlich. Interne Gründe ergeben sich aus der Einsicht in die weitgehende Fruchtlosigkeit der bisherigen Technikfolgenforschung und die offenkundige Unverbindlichkeit der diesbezüglichen Politikberatung. Dazu kommt der äußere Problemdruck aus den politischen Umwälzungen in Mittel- und Osteuropa, die Umweltschäden größten Ausmaßes ans Licht und die Ordnungspolitik als neue Hoffnung in die Debatte gebracht haben. Diese Erfahrungen legen einen **dreifachen Richtungswechsel der Technikfolgenforschung** nahe:

Zum einen die *Vorverlagerung des Ansatzes* von Folgenerwägungen auf Grundlagenanalysen.

Zum anderen die *Höherlegung der Fragestellungen* auf die Ordnungsebene.

Zum dritten die *Schwerpunktverlagerung* von Folgenprognosen und -bewertungen auf Steuerungsmöglichkeiten und -mechanismen für die kognitiv-technischen Entwicklungsprozesse.

Forschungspraktisch bedeutet das im einzelnen:

– Blickwechsel der Aufmerksamkeit von der ausschließlichen Folgenorientierung auf die Wissensgrundlagen von Techniken im Rahmen einer *wissensorientierten Technikgrundlagen- und Technikfolgenforschung*.

Ansatzpunkt dieser Untersuchungsrichtung sind die Beziehungen zwischen *Wissen und Technik*, im Schnittpunkt der hier zusammenlaufenden Hauptentwicklungen: der zunehmenden Wissensbasierung moderner Techniken (durch weitere Stufen der „Verwissenschaftlichung") auf der einen und der umfassenden Technisierung (durch „Informatisierung", „Verdatung", im Regelbereich Algorithmisierung) des Wissens auf der anderen Seite.

Auf die hier zu Informationsbergen und Großtechniken aufwachsenden *Kognitiv-Technischen Komplexe* sollten von den modernen Geistes-, Wissens- und Technikwissenschaften grundlagenorientierte *Wissensdiagnosen* über die Verbreitung neuer Wissensarten, die Ausbildung wissenstechni-

---

47 Diesbezügliche Aufholversuche stammen bezeichnenderweise zumeist nicht von etablierten Technikfolgenforschern, sondern von Juristen oder Ökonomen und sind verständlicherweise mehr auf die Rechts- und Wirtschaftsordnung als auf die Wissensordnung bezogen. Als Beispiele seien die Arbeiten von *Alexander Roßnagel* und *Adolf Wagner* genannt.

scher Erkenntnisstile und die Entwicklung von Problemlösungsverfahren mit großen Wissensmengen unterschiedlichster Qualität angesetzt werden sollten.
- Änderung der zentralen Fragestellung von der wissenschaftlich unsicheren Prognose und gesellschaftlich kontroversen Bewertung der Technikfolgen auf die *Steuerbarkeit des naturwissenschaftlich-technischen Fortschritts* mit Hilfe des gesamten Arsenals der Einwirkungshebel, von den „Sichtbaren Händen" des Staates und des Rechts über die „Unsichtbare Hand" des Marktes bis zur Ethik, Politik und Öffentlichkeit, im Rahmen der jeweiligen Ordnungen.
- Einbeziehung der *Wissensordnung* als dritter Grundordnung des Informationszeitalters, neben der (ersten) Rechts- und (zweiten) Wirtschaftsordnung, in die gesamten ordnungstheoretischen und ordnungspolitischen Überlegungen. Im Zuge des politischen Umschwungs in Osteuropa und den davon ausgehenden Herausforderungen für den Westen hat diese Entwicklung zu einer Renaissance des ordnungspolitischen Denkens geführt, von der die Technikfolgenforschung profitieren könnte.
- Berücksichtigung der *Technikfolgen zweiter Art*, d.h. der Rückwirkungen des wissenschaftlich-technischen Fortschritts, insbesondere bei den Informations- und Kommunikationstechniken, auf die Rahmenbedingungen für den gesamten Wissens- und Technikbereich der Gesellschaft.
- Öffnung der naturwissenschaftlich-technischen Umweltforschung für diesbezügliche Beiträge der Geistes-, Wissens- und Sozialwissenschaften zur Ordnungsproblematik der informationellen Umwelten, auf der Basis eines *erweiterten Umweltbegriffs*, der sich nicht auf die „natürlichen" und technischen Umwelten beschränkt.

Literatur: Für die zu einem eigenen Informationsberg angewachsene Literatur zur Technikfolgen- und Umweltforschung gilt, daß fast nichts davon auf das Thema „Wissensordnung" bezogen ist, aber fast alles dafür relevant wäre, wenn man es daraufhin auswerten wollte. Jede Auswahl bewegt sich deshalb zwischen grenzloser Ausuferung oder willkürlicher Einschränkung.

Hinführende Funktion mit richtungsweisenden Beiträgen oder Vorschlägen haben u.a. *Spinner/Technikfolgenforschung* (zu den „vier Generationen" und neuen Fragestellungen), *Lenk & Maring/Technikverantwortung* (zur Neuregelung der Folgenverantwortung), *Weinberg/Großforschung* (zum „Zweiten Malthusschen Dilemma"), *Spinner/Wachstum* (zur Systematik der Steuerungsmöglichkeiten), *Spinner/Umweltforschung* (zu dem um „informationelle Umwelten" erweiterten Umweltbegriff sowie darauf bezogene Beiträge der Geistes- und Sozialwissenschaften zur Umweltforschung), *Westphalen/Technikfolgenabschätzung* (als Überblick).

II. Fachübergreifende ordnungstheoretische Untersuchungsziele und ordnungspolitische Gestaltungsaufgaben

Mit der *Wissensteilung* ist es wie mit der Arbeitsteilung. Geteiltes muß am Ende wieder zusammengeführt werden, besser noch, möglichst von sich aus zusammenwachsen, damit ein Ganzes daraus wird. Aus der jüngsten Politik wissen wir, daß nur zusammenwachsen kann, was zusammen gehört.

Das gilt auch für die Wissenschaft. Was im Zuge der Spezialisierungen auf Fachwissenschaften aufgeteilt worden ist, gehört nicht mehr zusammen und wächst infolgedessen auch nie mehr zusammen, trotz der vielbeschworenen „Einheit der Wissenschaft" und „Interdisziplinarität" fachübergreifender Forschung. Das sind Sackgassen der Wissenschaftsentwicklung, ohne Wendeplatz und Gegenverkehr, allenfalls mit Rückwärtsgang zum Schlechteren.

Wie ist unter diesen Bedingungen *fachübergreifende Zusammenarbeit an einem interdisziplinären Projekt zu Querschnittproblemen* möglich? Man kann unschwer die Vertreter verschiedener Fächer zu einer Konferenz zusammenbringen, für Stunden oder Tage. Aber nicht mehr zusammen versammelt, wird nicht mehr zusammen gearbeitet. Das ergibt keine nachhaltige Zusammenarbeit, die sich nicht erzwingen läßt, weder direkt durch verpflichtende Forderungen noch indirekt durch verführerische Angebote.

Fachübergreifende Zusammenarbeit kommt nur zustande, wenn Fachwissenschaftler ein *Eigeninteresse* daran und *Gelegenheit* dazu haben. Das eine ist der Fall, wenn Sie „mit ihrem Latein am Ende", d.h. an die Grenzen ihrer Disziplin, einzelwissenschaftlichen Konzepte und fachinternen Erklärungsmöglichkeiten gestoßen sind *und sich damit nicht abfinden wollen*. Die zweite Bedingung ist erfüllt, wenn sie mit „Querschnittsmaterial" zu tun haben und ihnen zu dessen Erfassung *integrative Konzepte* von hoher Attraktivität und Leistungsfähigkeit für verbundene Forschung verfügbar gemacht werden.

Als geeignete Querschnittskonzepte haben sich in der jüngsten Wissenschaftsgeschichte das Evolutionskonzept der universellen Biologie und das Marktmodell der universellen Ökonomie erwiesen (nicht etwa, wie man im letzteren Fall zunächst annehmen könnte, das Konzept der Wirtschaftsordnung). Was mit dem Konzept der Wissensordnung erfaßt wird, *ist* Querschnittsmaterial aus den genannten Fächern, zu denen noch viele ungenannte Einzelwissenschaften kommen. Ob es genügend attraktiv und voll leistungsfähig ist, werden detaillierte Ausarbeitungen und breit gestreute Anwendungen zeigen müssen, für die hier die Diskussionsgrundlage geschaffen und ein Anstoß gegeben werden soll.

Fachübergreifende Zielsetzungen für den Anfang wären u.a.:
– Ideen- und institutionengeschichtliche Untersuchungen und Fallstudien zur *Entstehung der Klassischen („Alten") Wissensordnung*, einerseits im sozialen Sondermilieu des Universitäts- und Wissenschaftsbereichs; andererseits im außerwissenschaftlichen Bereich der Öffentlichen Meinung und bürgerlichen Wissensfreiheiten.

- *Systematische Analysen zum Aufbau und zur Funktionsweise von Wissensordnungen*, einschließlich Voraussetzungen und Folgen.
- *Vergleichende Darlegungen des Stands der Forschung* in allen einschlägig tätigen Disziplinen, wozu mit der vorliegenden Auswahl von „State of the Art"-Berichten Stichworte geliefert werden sollen.
- *Empirische Überprüfungen der ordnungspolitischen Möglichkeiten und Maßnahmen*, beispielsweise zur Lösung von Technikfolgenproblemen im Rahmen der Wissensordnung, anstelle wissensfremder Lösungen durch die „Sichtbare Hand" des Rechts, die „Unsichtbare Hand" der Wirtschaft oder die „Harte Hand" des technologischen Imperativs.
- *Kritische Betrachtungen gegenwärtiger und kommender Entwicklungen,* im Hinblick auf die ordnungstheoretischen Untersuchungs- und ordnungspolitischen Gestaltungsaufgaben zur Neuen Wissensordnung als Antwort auf die Herausforderungen des Informationszeitalters. Das gilt nicht zuletzt auch im Hinblick auf die Lage in Osteuropa und in der Dritten Welt.
- Vor allem aber und zu allem *interdisziplinäre Anwendungen des Leitkonzepts* auf die verschiedensten Problemsituationen, denen die Involvierung von Wissen & Technik sowie die Interpenetration beider gemeinsam ist.

Damit würden die grundlegenden Voraussetzungen dafür geschaffen, um im Fortgang der Untersuchungen den gegenwärtigen Wandel der Wissensordnung und die laufende Entstehung neuer Bereichsordnungen umfassend zu untersuchen. Da die kognitive Karte der Gesellschaft und die Unterscheidungslinien der großen Informationsbereiche sich mit der Arbeitsteilung der Fachwissenschaften keineswegs decken, ist jetzt zweierlei zu tun: zum einen die *Kenntnisnahme und Auswertung der fachwissenschaftlichen Beiträge*; zum anderen die *Überwindung der Fachgrenzen durch interdisziplinäres ordnungspolitisches Denken*, im Interesse „gegenstandsgerechter" statt fachinterner Problemstellungen und Lösungsvorschläge. Das gilt für die wissenschaftliche Ordnungstheorie ebenso wie für die politische Gestaltung der Ordnungslandschaft.

So könnte die mit der vorliegenden Arbeit allenfalls „angeforschte" Wissensordnung zu den jahrzehntelang in der Wissenschaft und Politik ausgiebig diskutierten anderen maßgeblichen Ordnungen der modernen Gesellschaft aufschließen. Dann wäre sie nicht nur eine vernachlässigte Problematik von größter Bedeutung, sondern wirklich die dritte Grundordnung des Informationszeitalters, als Konzept und Realität.

Kommentiertes Literaturverzeichnis

Zur *Zitier- bzw. Bibliographierweise*: Aus Platzgründen wird zur einheitlichen Benennung der Arbeiten gewählt: verkürzte Quellenangabe durch Kombination der Autorennachnamen mit einem Schlüsselwort des Buchtitels.

Zur *Anlage und Auswahl* des kurzkommentierten Schriftenverzeichnisses:

Die folgende Literaturauswahl soll für die Benutzer lediglich Hinweischarakter und erste Hilfestellung (soweit sie ihrer bedürfen) haben. In diesem Sinne ist sie als Anregung für die selbständige Weitersuche gedacht, mit der Bitte um Ergänzungen und Korrekturen.

Für die *Literaturlage zum „Stand der Forschung im Fach"* gilt hier noch mehr als sonst: Viel zuviel und viel zuwenig zugleich. Der Überinformation zum jeweiligen Thema im allgemeinen steht ein Mangel an relevanter, unmittelbar brauchbarer Literatur für fast jede *spezifische* Problemstellung zur Wissensordnung im einzelnen entgegen. Zur Wirtschaftsordnung, zum Wissenschaftsrecht, zum Datenschutz, zum Urheber- und Patentrecht, zur Universitätsgeschichte, zur neuzeitlichen Wissenschaftstransformation, zu den Wissensfreiheiten, zur Informationsökonomie, sogar zu vermeintlichen Nebensächlichkeiten wie dem Plagiatsproblem beim „großen" und „kleinen" Zitat, desgleichen auch zu den jüngsten, kaum richtig begonnenen Entwicklungen im schnell wachsenden und tiefgreifend veränderten Problembereich „Informatisierung" gibt es – immer schon, ohne Ende und Grenze – mehr Arbeiten, als man in einem Forscherleben von einigen Jahrzehnten verarbeiten kann, selbst wenn man sonst nichts zu tun hätte.

Aber sobald man die Schnittmenge untereinander sowie zur gesamten Wissensordnungsproblematik bildet, muß man Stecknadeln im Heuhaufen suchen, um – sagen wir – herauszufinden, was *J. St. Mills* „On Liberty" von 1859 mit dem Volkszählungsurteil des Bundesverfassungsgerichts vom 15.12.1983 unter dem Gesichtspunkt des in beiden Dokumenten mit keinem Wort erwähnten Informationseigentums zu tun hat, und was das alles mit den hier angeschnittenen Fragen der Wissensordnung und ihrem Wandel? Diesen Zusammenhang muß man erst selber sehen und sich klar machen können, um die Relevanz von evtl. Vor- und Folgearbeiten zu erkennen.

Da hilft keine Literaturdatenbank, nicht einmal die eigene, obgleich sie im Laufe eines Jahrzehnts in dieser Absicht erstellt worden und heute so unfertig ist wie am ersten Tag, wenn auch viel umfänglicher. Mit dem wachsenden Eintragungsbestand wird der Kreis größer, steigen die Wissensanforderungen und vergrößern sich die Lücken.

Die Aufnahme dieser *Bruchteile der Veröffentlichungsmasse* aus ungefähr einem Dutzend einschlägig, aber leider zumeist unzusammenhängend forschender Disziplinen steht unter folgenden Einschränkungen:

– der *unübersehbaren Literaturmenge* in jedem Fach, zu praktisch allen Aspekten der Gesamtproblematik;
– dem *lückenhaften Kenntnisstand* des Verfassers über den Stand des veröffentlichten Wissens in den herangezogenen Disziplinen;
– dem *subjektiven Ermessen* des Verfassers bei der Beurteilung dessen, was er für thematisch einschlägig und wissenschaftlich wichtig hält;
– der *beständigen Ergänzung* der Liste im Zuge der laufenden Untersuchungen und des nicht endenden Veröffentlichungsstroms;
– vor allem aber der *wissenschaftlichen Inkompetenz* für die meisten, mit diesem oder jenem Aspekt der Wissensordnungsproblematik befaßten Fächer, ausgenommen bis zu einem gewissen Grade die voll- oder nebenfachlich „studierten" Disziplinen: *Philosophie* (in ziemlicher Bandbreite), *Wissenschaftstheorie* (sehr intensiv, einschließlich Habilitation), *Ökonomie* (mit doppeltem Abschluß und bleibendem Interesse an Grundfragen der Wirtschaftsordnung und dem Aufkommen der noch viel zuwenig wissensbezogenen Informationsökonomie), *Allgemein- und Wissenschaftssoziologie* (mit Habilitation), *Pädagogik* (einmal und nie wieder, mit einem Rückfall), *Psychologie* (nach persönlichen Vorlieben für bestimmte Schwerpunkte der „kognitiven Wende" bis heute betrieben) und schmalspurjuristisch auch *Rechtswissenschaft* (immerhin hilfreich für das neu erwachte Interesse an Wissenschafts- und Informationsrecht sowie Verfassungsfragen der Rechtsordnung). Dazu kommen die „angelesenen", nach subjektivem Erkenntnisinteresse erarbeiteten Fächer *Kunst- und Literaturwissenschaft, Technikforschung* (zu den Wissens- und Kulturtechniken), *Wissenschafts- und Bildungsgeschichte* (und in Parallelaktion, dafür überraschend aufschlußreich, Militärgeschichte), *Kommunikationsforschung* (Massenmedien, Journalismus) sowie eine Menge wissenschaftlicher Petitessen und persönlicher Marotten.

Während mir zur *Informatik* (EDV, mit Künstlicher Intelligenz, Expertensystemtechnik, etc.) und *Neurologie* (Gehirnforschung) mein offizieller Lehrschwerpunkt keine Brücke, aber doch so etwas wie einen Fußgängersteg für private Exkursionen schlägt, habe ich *Naturwissenschaften* weder förmlich studiert noch in nennenswertem Umfang erarbeitet, obwohl mir das damals in London *Imre Lakatos* dringend nahegelegt hat („Physik wenigstens bis zum Ende des 19. Jahrhunderts"). Die Erfahrung aus Seminaren des *Popper-Kreises* an der University of London (The London School of Economics and Political Science/Department of Philosophy), als naturwissenschaftlich halbgebildeter Philosoph nur dann mitreden zu können, wenn keine wirklichen Fachleute anwesend sind, hat mich glücklicherweise von diesem weitverbreiteten Dilettantismus abgehalten.

Meines Erachtens muß man den Problemen nachgehen, wo immer sie einen hinführen, und dabei Fachgrenzen überschreiten, mit der Gefahr des Einbrechens im Doppelsinne des Wortes. Das voraussehbare Ergebnis dieser ungeschützten Arbeitsweise ist – abgesehen von der sokratischen Einsicht, immer weniger zu wissen, je mehr man kennt –, daß man als Wilderer in fremden Revieren eines Tages vom zuständigen Oberförster erwischt und per Blattschuß erlegt wird.

Etwas dergleichen ist mir bislang nur einmal passiert, dummerweise in einem kritischen Stadium der Wehrlosigkeit gegenüber einem institutionell etablierten und kritikgesicherten Gutachter im Habilitationsverfahren: als ausgerechnet ein Mannheimer Philosoph, der es selber dringend nötig gehabt hätte, einen nicht einmal besonders weiten Ausflug auf „sein" vermeintliches Gelände in einem denkwürdigen Geheimgutachten als „intensive wissenschaftliche Hochstapelei" bezeichnete, sich der Diskussion zur Sache aber nicht stellte. Das hat mich fast die akademische Karriere gekostet, einige Verfahrensbeteiligte aber die Ehre in Gestalt geopferter wissenschaftlicher Maßstäbe und verletzter akademischer Spielregeln. (Da Wissenschaftler heutzutage keinen ausgeprägten Ehrenkult mehr betreiben, wie weiland Ritter oder Offiziere, haben sie hier allerdings nicht viel zu verlieren.) Aber die Katze läßt das Mausen nicht.

Schlußbilanzlich gesehen, war das ein guter Ausgang, der zeigt, daß das Risiko des akademischen Fächerkampfes – damals: zwischen Philosophie und Wissenschaftstheorie; heute viel breiter zwischen einer Philosophie, die nichts ist als Philosophie (wie die *Wittgenstein*sche Fliege im Fliegenglas), einerseits und fächerübergreifender Forschung andererseits (mit der Philosophie als Stechfliege gegen fachinternes Spezialistentum als fensterloser Monade) – für beide Seiten tragbar bleibt. Erfreulicherweise kann man, mit Selbstbewußtsein und Stehvermögen, immer noch darauf vertrauen, daß nichts auf der Strecke bleibt, was wissenschaftlichen Wert hat. Der ortsansäßige umgefallene Kritische Rationalismus gehörte nicht dazu und ist bei nächster Gelegenheit institutionell liquidiert worden.

Abbott/Qualität: Lawrence Abbott, Qualität und Wettbewerb, München und Berlin: Beck, 1958
(zur ökonomischen Theorie des Qualitätswettbewerbs, im Vergleich zu den Bedingungen und Wirkungen des üblichen Preiswettbewerbs).

Adler/Biotechnology: Reid G. Adler, Biotechnology as an Intellectual Property; Science, Vol. 224, No. 4647, 1984, S. 357-363
(zur Überführung von biotechnologischen Forschungsergebnissen in Eigentum, eigentumsähnliche Ausschlußverhältnisse oder sonstige Verschlußhaltung: Patente, Copyrights, Fabrikationsgeheimnisse, Handelsmarken, u.dgl.).

Albert/Marktsoziologie: Hans Albert, Marktsoziologie und Entscheidungslogik, Neuwied am Rhein und Berlin: Luchterhand, 1968
(Aufsätze über „ökonomische Probleme in soziologischer Perspektive", über Markt und Organisation, den „Modellplatonismus" des neoklassischen ökonomischen Denkens, u.a.).

Albert/Freiheit: Hans Albert, Freiheit und Ordnung, Tübingen: Mohr, 1986
(eurozentrische Sicht des europäischen Sonderwegs zu einer freiheitlichen Wirtschafts- und Gesellschaftsordnung, unter Vernachlässigung der Kehrseite der Medaille, insbesondere für die Dritte Welt).

Albrecht/Technische Bildung: Helmuth Albrecht, Technische Bildung zwischen Wissenschaft und Praxis – Die Technische Hochschule Braunschweig 1962-1914, Hildesheim: Olms, 1987
(zur Gründung Technischer Hochschulen und zur Entwicklung des wissenschaftlichen Großbetriebs, am Beispiel der TH Braunschweig).

Alscheid-Schmidt 1991: Petra Alscheid-Schmidt, Die Kritik am internationalen Informationsfluß – Beurteilung der Diskussion anhand wissenschaftlicher Untersuchungsergebnisse, Frankfurt am Main, Bern, New York, Paris: Lang, 1991
(zur von der UNESCO in den 70er und Anfang der 80er Jahren angeregten Diskussion um eine „Neue Weltinformations- und Kommunikationsordnung"; Untersuchungen über die Rolle der Nachrichtenagenturen, Massenmedien, Kommentatoren und Rezipienten).

Anderson/Psychologie: John R. Anderson, Kognitive Psychologie, Heidelberg: Spektrum der Wissenschaft, 1988
(Übersichtsdarstellung zur „Wissenschaft der Kognition").

Arnim/Staat: Hans Herbert von Arnim, Der Staat als Beute, München 1993
(Kritik der politischen Parteien, insbesondere hinsichtlich ihres Finanzgebarens der „überversorgenden" Selbstprivilegierung; unterstreicht die Kontrollfunktion der Presse, Öffentlichkeit und Wissenschaft, mittels externen Einspeisens von unabhängiger Gegeninformation in die staatlich-politischen Informationssysteme).

Backhaus/Mitbestimmung: Jürgen Backhaus, Mitbestimmung im Unternehmen, Göttingen: Vandenhoeck & Ruprecht, 1987
(S. 47ff. zum „neuösterreichischen Ansatz" des ordnungspolitischen Denkens; S. 215ff. über Eigentumsordnungen).

Bärmeier/Staatsfreiheit: Erich Bärmeier, Das Verfassungsprinzip der „Staatsfreiheit", Aus Politik und Zeitgeschichte – Beilage zur Wochenzeitung Das Parlament, B9-10/90 vom 23.2.1990, S. 32-41
(zu der aus Art. 5/I GG abgeleiteten Staatsfreiheit des Rundfunks als zentralem Bestandteil der Rundfunkordnung; desgleichen bei der Parteienfinanzierung und für den Wahlkampf)

Bar-Hillel/Language: Yehoshua Bar-Hillel, Language and Information, Reading, Mass., Palo Alto, London, Don Mills 1964
(zur Theorie der semantischen Information).

Bartley/Knowledge: William Warren Bartley, III, Unfathomed Knowledge, Unmeasured Wealth – On Universities and the Wealth of Nations, La Salle, Illinois: Open Court, 1990
(zur Verbindungsmöglichkeit der Wissenschaftsphilosophie des Kritischen Rationalismus und der Wirtschaftsphilosophie der klassischen Nationalökonomie bzw. neueren universellen Ökonomie, im Hinblick auf die Einordnung von Wissenschaft und Universität in den „Markt der Ideen").

Baumgarten/Zustand: Eduard Baumgarten, Zustand und Zukunft der deutschen Universität, Tübingen: Mohr, 1963
(zum Verhältnis von Universität und Staat nach dem „Modell der absoluten Staatsherrlichkeit" und dem „Modell demokratisch-politischer Spielregeln").

Beck/Risikogesellschaft: Ulrich Beck, Risikogesellschaft, Frankfurt am Main: Suhrkamp, 1986
(Einführung des zum Schlagwort gewordenen Begriffs der „Risikogesellschaft", zu deren Technikfolgen u.a. eine neue Wissensenteignung gehöre: die private Verfügung über die eigenen Wahrnehmungsmittel geht über auf die Experten der Technik).

Becker/Flow: Jörg Becker, Hrsg., Free Flow of Information – Informationen zur Neuen Internationalen Informationsordnung, Frankfurt: Evangelische Publizistik, 1979
(Sammlung wegweisender internationaler und deutscher Dokumente zum Thema; Analysen der Einflußstrukturen bei internationalen Medien und Konzerne auf die Werbung, Kommunikation, etc.).

Becker/Informatisierung: Jörg Becker, Die Informatisierung der Weltgesellschaft, in: Jörg Becker und Wilfried von Below, Andere Aspekte der politischen Kultur – Freundesgabe für Professor Dr. Charlotte Oberfeld zum 65. Geburtstag, Frankfurt am Main: Haag + Herchen, 1980, S. 166-201
(zu den Technik- und Politikfolgen der internationalen Funkverwaltung, des Satellitenfernsehens, transnationalen Datenflusses, u.a.).

Becker/Massenmedien: Jörg Becker, Massenmedien im Nord-Süd-Konflikt, Frankfurt am Main: Campus, 1985
(über den Einfluß der expandierenden Informations- und Kommunikationstechniken auf die Entwicklung in der Dritten Welt).

Beier & Straus/Patentwesen: Friedrich-Karl Beier und Joseph Straus, Das Patentwesen und seine Informationsfunktion – gestern und heute; Gewerblicher Rechtsschutz und Urheberrecht, 1977, S. 282-289
(*Machlups* vier Funktionen des Erfinderschutzes wird als fünfte und wichtigste die Offenbarungs- und Informationsfunktion hinzugefügt).

Beier & Straus/Forschungsergebnisse: Friedrich-Karl Beier, Joseph Straus, Der Schutz wissenschaftlicher Forschungsergebnisse, Weinheim: VCH, 1982
(zum beschränkten urheber- und patentrechtlichen Schutz wissenschaftlicher Forschungsergebnisse, im Hinblick auf wissenschaftliche Erkenntnisse und Entdeckungen sowie technische Erfindungen).

Bell/Gesellschaft: Daniel Bell, Die nachindustrielle Gesellschaft, Frankfurt und New York: Campus, 1975
(soziologischer Klassiker zum Postindustrialismus und zur „Wissensgesellschaft", mit dem Informationsfaktor als neuer Achse, um die sich künftig alles drehen werde).

Benda/Steuergeheimnis: Ernst Benda, Steuergeheimnis – Kann der Bürger darauf noch vertrauen?, in: Steuerberaterkongress-Report 1984, hrsg. von der Bundessteuerberaterkammer, München: Beck, 1984, S. 119-134
(zum Steuergeheimnis als Konkretisierung des Rechts auf informationelle Selbstbestimmung).

Ben-David/Role: Joseph Ben-David, The Scientist's Role in Society, Englewood Cliffs, New Jersey: Prentice-Hall, 1971 (vergleichende Untersuchungen über die Institutionalisierung der Wissenschaft in England, Frankreich und Deutschland).

Ben-David/Growth: Joseph Ben-David, Scientific Growth – Essays on the Social Organization and Ethos of Science, Berkeley, Los Angeles, Oxford: Univ. of California Press, 1991
(Beiträge zur Universitätsforschung und zu den Strukturen des „akademischen Marktes").

Beniger/Control Revolution: James R. Beniger, The Control Revolution, Cambridge, Mass. und London: Harvard Univ. Press. 1986
(zur „neuen Zentralität der Information", als Gut und Dienstleistung, im Hinblick auf wirtschaftliche Dominanz und gesellschaftliche Kontrolle).

Benjamin/Kunstwerk: Walter Benjamin, Das Kunstwerk im Zeitalter seiner technischen Reproduzierbarkeit (1936), Frankfurt am Main 1966
(zu technikübergreifenden Technikfolgen für die modernen Auffassungen vom Kunstwerk; in allen möglichen Zusammenhängen aufgegriffene Dosenöffner-Fragestellung nach „X im Zeitalter seiner technischen Reproduzierbarkeit").

Bergmann/Datenfluß: Michael Bergmann, Auf dem Weg zu einer rechtlichen Regelung des grenzüberschreitenden Datenflusses, in: Harald Hohmann, Hrsg., Freiheitssicherung durch Datenschutz, Frankfurt am Main 1987, S. 205-218
(zum „harten Kern" der 10 Grundprinzipien der OECD und des Europarats für den Umgang mit personenbezogenen Daten).

Beyerchen/Excellence: Alan Beyerchen, On the Stimulation of Excellence in Wilhelmian Science, in: Jack R. Dukes und Joachim Remak, Hrsg., Another Germany – A Reconsideration of the Imperial Era, Boulder und London: Westview Press, 1988, S. 139-168
(zur Kultivierung von Erstklassigkeit im preußischen Wissenschaftssystem).

Bijker & Hughes & Pinch/Technological Systems: Wiebe E. Bijker, Thomas P. Hughes, Trevor J. Pinch, Hrsg., The Social Construction of Technological Systems, Cambridge, Mass. und London: MIT, 1987
(Aufsatzsammlung zu neuen Ansätzen in der Techniksoziologie und Technikgeschichte, u.a. zum „seamless web" der heutigen Verbindung von Technologie und Gesellschaft).

BMFT & BW/Zukunftskonzept: Bundesministerium für Forschung und Technologie, in Verbindung mit dem Bundesministerium für Wirtschaft, Zukunftskonzept Informationstechnik, Bonn, August 1989
(zur Entwicklung der wirtschaftlichen und technischen Rahmenbedingungen für das „Zukunftskonzept Informationstechnik" und zu diesbezüglichen staatlichen Förderungsmaßnahmen; noch ohne Einbeziehung des größeren Rahmens der Wissensordnung).

BMFT/Genom: Bundesminister für Forschung und Technologie, Hrsg., Die Erforschung des menschlichen Genoms – Ethische und soziale Aspekte, Frankfurt und New York: Campus, 1991
(erster Bericht des Arbeitskreises „Genforschung").

Böhme et al./Starnberger Studien I: Gernot Böhme et al., Starnberger Studien, Bd. I, Frankfurt am Main 1978.

Bohrmann et al./Informationsfreiheit: Hans Bohrmann, Josef Hackforth, Hendrik Schmidt, Hrsg., Informationsfreiheit – Free Flow of Information, München: Ölschläger, 1979
(kritische Beiträge zum Konzept des „Free Flow of Information", zum Recht auf Kommunikation und weiteren Problemen der Weltkommunikationspolitik).

Bok/Secrets: Sissela Bok, Secrets – The Ethics of Concealment and Revelation, New York: Pantheon, 1982 (über die mit allen Aspekten der Geheimhaltung von Wissen verschiedenster Art verbundenen Probleme, von der Vertraulichkeit bis zur Offenlegung durch private Konfessionen, journalistische Enthüllungen, Geheimnisverrat, etc.; Kap. 11 zur Rolle der Geheimhaltung in der Wissenschaft).

Bonfadelli/Wissenskluft: Heinz Bonfadelli, Neue Fragestellungen in der Wirkungsforschung – Zur Hypothese der wachsenden Wissenskluft; Rundfunk und Fernsehen, Bd. 28, 1980, S. 173-193.

Boorstin/Republic: Daniel J. Boorstin, The Republic of Technology, New York und London: Harper & Row, 1978
(mißverständliche Redeweise von der neuen „Republik der Technologie", die – vermutlich unbeabsichtigt – an das ältere Modell der „Gelehrtenrepublik" erinnert, ohne diesbezügliche Zusammenhänge aufzuzeigen).

Bosse/Autorschaft: Heinrich Bosse, Autorschaft ist Werkherrschaft – Über die Entstehung des Urheberrechts aus dem Geist der Goethezeit, Paderborn u.a.: Schöningh, 1981
(zur Entstehung des Urheberrechts an literarischen Texten um 1800 und zur Ausbildung der Werkherrschaft des Autors).

Boulding/Economics: Kenneth E. Boulding, The Economics of Knowledge and the Knowledge of Economics; Amercian Economic Review, Vol. 52, 1966, S. 1-13
(Pionieraufsatz zur Informationsökonomie).

Boulding/Beyond: Kenneth E. Boulding, Beyond Economics, Ann Arbor: Univ. of Michigan Press, 1968
(S. 141ff. zum Wissen als „commodity").

Bouillon & Radnitzky/Universität: Hardy Bouillon und Gerard Radnitzky, Hrsg., Die ungewisse Zukunft der Universität, Berlin: Duncker & Humblot, 1991.

Bourdieu/Scientific Field: Pierre Bourdieu, The Specificity of the Scientific Field and the Social Conditions of the Progress of Reason; Social Science Information, Vol. 14, 1975, No. 6, S. 19-47
(über die sozialen Besonderheiten und Bedingungen eines „exceptual social universe" – also eines sozialen Sondermilieus – für jene, die zwar kein „uninteressiertes", wohl aber gegenüber anderen Zwecksetzungen indifferentes „Interesse an Wahrheit" haben, statt, wie üblich, „die Wahrheit, welche ihren Interessen dienlich ist").

Bourdieu/Homo Academicus: Pierre Bourdieu, Homo Academicus, Frankfurt am Main: Suhrkamp, 1988
(Charakterisierung des „wissenschaftlichen Feldes" durch eine spezifische Machtordnung und Verteilung des „symbolischen Kapitals" – anstelle einer Wissensordnung, die weder Macht- noch Marktordnung ist).

Branahl/Medienrecht: Udo Branahl, Medienrecht, Opladen: Westdeutscher Verlag, 1992
(Übersichtsdarstellung der wichtigsten Gebiete des Medienrechts, vom Abbildungs- und Ehrenschutz über das „geistige Eigentum" bis zur Gegendarstellung und Werbung).

Brandt/Paradigmawechsel: Gerhardt Brandt, Vor einem Paradigmawechsel?; Kölner Zeitschrift für Soziologie und Sozialpsychologie, Bd. 37, 1985, S. 568-575.

Braitenberg/Gehirn: Valentin Braitenberg, Was das Gehirn mit Informationen zu tun hat, in: Otto G. Folberth, Clemens Hackl, Hrsg., Der Informationsbegriff in Technik und Wissenschaft, München und Wien: Oldenbourg, 1986, S. 205-216
(zum Informationsfluß über die Sinnesorgane zwischen Umwelt und Gehirn).

Breithecker-Amend/Big Science: Renate Breithecker-Amend, Big Science und das Ende des exponentiellen Wachstums – Zur Wissenschaftsforschung de Solla Prices, Frankfurt am Main, Bern, New York, Paris: Lang, 1988

(Monographie über die Begründung der empirisch-quantitativen Wissenschaftsforschung oder „Szientometrie", die sich vor allem um die Aufstellung von Wachstums- und Verteilungsgesetze in der neuzeitlichen Wissenschaft bemüht).

Brinckmann/Information: Hans Brinckmann, Flüchtige Ware Information – Probleme der Rechtsordnung; Spektrum der Wissenschaft, November 1991, S. 150-159
(über Sondereigenschaften von Informationsgütern).

Broad & Wade/Betrug: William Broad und Nicholas Wade, Betrug und Täuschung in der Wissenschaft, Basel: Birkhäuser, 1984
(über neuere Formen der Wissenschaftskriminalität, unter dem Druck des Konkurrenzkampfes und Erfolgszwangs: „publish or perish", Kampf um Forschungsmittel, Wettrennen um Prioritätsansprüche für sozial anerkannte Originalität, etc.).

Brocke/Wissenschaftsgeschichte: Bernhard vom Brocke, Hrsg., Wissenschaftsgeschichte und Wissenschaftspolitik im Industriezeitalter – Das „System Althoff" in historischer Perspektive, Hildesheim: Lax, 1991
(historische und systematische Analysen zum legendären „System Althoff" der preußischen Wissenschaftsverwaltung und Forschungspolitik im Kaiserreich).

Brosette/Wahrheit: Josef Brosette, Der Wert der Wahrheit im Schatten des Rechts auf informationelle Selbstbestimmung – Ein Beitrag zum zivilrechtlichen Ehren-, Persönlichkeits- und Datenschutz, Berlin: Duncker & Humblot, 1991
(zum „Informationsordnungssystem" des Zivilrechts).

Brown/Politics: William R. Brown, Academic Politics, Alabama: Univ. of Alabama Press, 1982
(zur Wissenschaftspolitik und Politik der Wissenschaft).

Bruch/Wissenschaft: Rüdiger vom Bruch, Wissenschaft, Politik und öffentliche Meinung – Gelehrtenrepublik im Wilhelminischen Deutschland (1890-1914), Husum: Matthiesen, 1980
(zur „öffentlichen" und „gelehrten" Meinung im deutschen Kaiserreich).

Bruner/Unbekannte: Jerome Bruner, Das Unbekannte denken, Stuttgart: Klett-Cotta, 1990
(autobiographische Essays eines Pioniers der „kognitiven Wende" in der modernen Psychologie und Hauptvertreters der Hypothesentheorie der Wahrnehmung).

Brunner-Traut/Frühformen: Emma Brunner-Traut, Frühformen des Erkennens – Am Beispiel Altägyptens, Darmstadt: Wissenschaftlichen Buchgesellschaft, 1990
(zu aspektischen Denk- und Darstellungsweisen in Frühzeit und Gegenwart).

Buchanan/Liberty: James M. Buchanan, Liberty, Market and State – Political Economy in the 1980s, Brighton, Sussex: Harvester, 1986
(Kap. 5/zum Unterschied zwischen Gütermarkt und dem „market of ideas").

Buder & Rehfeld & Seeger/Grundlagen: Marianne Buder, Werner Rehfeld, Thomas Seeger, Hrsg., Grundlagen der praktischen Information und Dokumentation, 3. völlig neu gefaßte Ausgabe, München, London, New York, Paris: Saur, 1990
(Handbuch, mit Beiträgen zur praktischen Informationsarbeit der Fachinformation und Dokumentation).

Bühl/Ordnung: Walter L. Bühl, Die Ordnung des Wissens, Berlin: Duncker & Humblot, 1984
(zur Ordnung des Wissens, nicht zur Wissensordnung!).

Bull/Datenschutz: Hans Peter Bull, Datenschutz oder Die Angst vor dem Computer, München und Zürich: Piper, 1984.

Bull/Grundprobleme: Hans Peter Bull, Die Grundprobleme des Informationsrechts, Zwolle: Tjeenk Willink, 1985.

Bull/Informationsrecht: Hans Peter Bull, Was ist Informationsrecht?, Information und Recht, 1986, S. 287-293

(S. 292 zum Prinzip der informationellen Gewaltenteilung als „notwendiger Ergänzung" der klassischen Gewaltenteilung, „d.h. jede Stelle darf nur diejenigen Informationen erhalten und verarbeiten, die zur rechtmäßigen Erfüllung ihrer Aufgaben erforderlich sind." – Als allgemeine Maxime der Informationspolitik höchst bedenklich, keineswegs nur, weil sie unwissentlich *Hitlers* Geheimhaltungspolitik zur Unterdrückung auch des „inneren" freien Informationsflusses der Dienststellen, Entmündigung des Sachverstandes und letztlich Kritikverunmöglichung kopiert; siehe *Jacobson/Fall Gelb*).

Bull/Vom Datenschutz: Hans Peter Bull, Vom Datenschutz zum Informationsrecht – Hoffnungen und Enttäuschungen, in: Harald Hohmann, Freiheitssicherung durch Datenschutz, Frankfurt am Main 1987, S. 173-204
(S. 180: Um fairen Umgang mit personenbezogenen Daten überall zu gewährleisten, wäre „das zu enge Konzept des ‚Datenschutz'-Rechts durch ein *Informationsrecht* zu ersetzen ...").

Bullinger/Medien: Martin Bullinger, Elektronische Medien als Marktplatz der Meinungen; Archiv des öffentliches Rechts, Bd. 108, 1983, S. 162-215
(zur Kommunikationsstruktur elektronischer Medien, infolge derer es zum „Abschied vom Modell harmonisierender Meinungspflege durch gewaltenaufteilende Presse- und Rundfunkunternehmen" komme").

Bundesverfassungsgericht/Volkszählungsurteil: Urteil vom 15. Dezember 1983 zum Volkszählungsgesetz 1983, in: Entscheidungen des Bundesverfassungsgerichts, Bd. 65, 1984, S. 1-71.

Burkert/Analogie: Herbert Burkert, Einige Anmerkungen zur Analogie Geld – Information, in: Wilhelm Steinmüller, Hrsg., Informationsrecht und Informationspolitik, München und Wien: Oldenbourg, 1976, S. 140-144
(zu den Gemeinsamkeiten, vor allem aber den erheblichen Unterschieden zwischen Eigentum bzw. Geld und Information, im Hinblick auf die Informationskontrolle: beide sind „nicht in dem gleichen Maße standardisierbar, damit nicht gleich universalistisch und damit nicht gleich kontrollierbar", weil Information „auf einer höheren Abstraktionsstufe steht". Außerdem ist beim Geld im Gegensatz zur Information „der gleichzeitige Zugriff auf dieselbe Einheit ausgeschlossen: ein Umstand, der Kontrollmechanismen und -organisation wesentlich vereinfacht.").

Burkert/Ethics: Herbert Burkert, The Ethics of Computing, in: Jacques Berleur et al., Hrsg., The Information Society – Evolving Landscapes, New York: Springer, 1990, S. 4-19
(Problemkatalog zur Informationsethik).

Busch et al./Polizei: Heiner Busch, Albrecht Funk, Udo Kauß, Wolf-Dieter Narr, Falco Werkentin, Die Polizei in der Bundesrepublik, Frankfurt und New York: Campus, 1985
(umfassende Darstellung der Polizeithematik, im Hinblick auf die Entwicklung des staatlichen Gewaltmonopols und die diesbezügliche Rolle der Polizei; für die Wissensordnungsthematik relevant Kap. 8 über „Wissenschaft und Forschung als neue Ressourcen der Polizei" sowie Kommentare zu den polizeilichen Informationssystemen, zur Kriminalstatistik, etc.).

Cahn/Druck: Michael Cahn, Der Druck des Wissens – Geschichte und Medium wissenschaftlicher Publikationen, Berlin: Staatsbibliothek Preußischer Kulturbesitz, 1991
(zu den gesteigerten Technikfolgen der „gedruckten Darstellung" auf die Inhalte des Wissens und das äußere Erscheinen der Wissenschaft: „Materialisierung der Kommunikation", größere Autorität des gedruckten Wissens, Abgeschlossenheit, Verlust der Kontrolle der Konsequenzen durch den Autor, Veröffentlichungsdruck, etc. S. 58: „Der Druck verleiht Nachdruck", im Vergleich zum gesprochenen oder geschriebenen Wort.)

Capurro/Information: Rafael Capurro, Information, München: Sauer, 1978
(zur Etymologie, Philosophie und Ideengeschichte des Informationsbegriffs).
Capurro/Fachinformation: Rafael Capurro, Hermeneutik der Fachinformation, Freiburg und München: Alber, 1986
(zum Begriff der Fachinformation und zur Hermeneutik des Information Retrieval).
Carnap/Syntax: Rudolf Carnap, Logische Syntax der Sprache, Wien: Springer, 1934
(zur Grundlegung der semantischen Informationstheorie).
Carnap/Semantics: Rudolf Carnap, Introduction to Semantics, Cambridge, Mass., 1942
(zur semantischen Informationstheorie).
Cartellieri/Großforschung: Wolfgang Cartellieri, Die Großforschung und der Staat – Gutachten über die zweckmäßige rechtliche und organisatorische Ausgestaltung der Institutionen für die Großforschung, Bd. I: Wesen und Inhalt der Großforschung – Das besondere Verhältnis zum Staat, 1967; Bd. II: Die gegenwärtige Sach- und Rechtslage – Zwei Vorschläge als Fern- und Nahziel, 1969; München: Gersbach & Sohn, 1967 und 1969.
Cassel & Ramb & Thieme/Ordnungspolitik: Dieter Cassel, Bernd-Thomas Ramb, H. Jörg Thieme, Hrsg., Ordnungspolitik, München: Vahlen, 1988
(über Defizite und Neuansätze ordnungstheoretischen und ordnungspolitischen Denkens).
Chandler/Visible Hand: A. D. Chandler, Jr., The Visible Hand, Cambridge, Mass. 1977
(zur Ausbreitung der „Sichtbaren Hand" der direkten Kontrolle, insbesondere im Bereich nichtstaatlicher Bürokratien der „freien Wirtschaft").
Chartier/Ordre: Roger Chartier, L'ordre des Livres, Aix-en-Provence: Alinea, 1992
(über Leser, Autoren und Bibliotheken in Europa vom 14. bis 18. Jahrhundert; Kap. II zur Figur des Autors, in Auseinandersetzung mit *Michel Foucault, Carla Hesse*, u.a.).
Cheh/Government Control: Mary M. Cheh, Government Control of Private Ideas – Striking a Balance Between Scientific Freedom and National Security; Jurimetrics Journal, Vol. 23, 1982, S. 1-32
(über Versuche zur Regierungskontrolle der Information und Beschränkungen des wissenschaftlichen Informationsaustausches, vor allem im Namen der „Nationalen Sicherheit").
Chotjewitz/Plagiatsvorwurf: Peter O. Chotjewitz, Der Plagiatsvorwurf als Eingriff in die Freiheit der Literatur, in: Birgit Dankert, Lothar Zechlin, Hrsg., Literatur vor dem Richter, Baden-Baden: Nomos, 1988, S. 331-342
(Kritik des Urheberrechts, gesehen als Vorwand zum Schutz des Verlegers statt des Autors, der die Freiheit der Textherstellung „unter Verwendung urheberrechtlich geschützter textlicher Versatzstücke" haben soll).
Coase/Market: R. H. Coase, The Market for Goods and the Market for Ideas; The American Economic Review, Vol. 64, 1974, S. 384-391.
(Kritik der vorherrschenden Auffassung, die dem Staat Kompetenz zur Intervention in den Gütermarkt zubilligt, für den Ideenmarkt aber grundsätzlich verneint und streng begrenzt, obwohl auch dieser vielfach staatlich reguliert ist, von der Erziehung bis zu den Medien).
Cobler/Herold: Sebastian Cobler, Herold gegen alle – Gespräch mit dem Präsidenten des Bundeskriminalamtes, Transatlantik, Heft 11, November 1980, S. 29-40
(Interview-Äußerungen des früheren BKA-Präsidenten *Horst Herold* zum selbsterteilten Forschungsauftrag der Polizei und ihrer „gesellschaftssanitären" Aufgabe, um durch volle Anwendung der EDV auf die polizeilichen Datenbestände den unguten gegenwärtigen Zustand abzustellen: „.... wir wissen nicht, was wir eigentlich wissen." Die Polizei sozusagen als *umgedrehter Sokrates*, der weiland – zum EDV – zu wissen glaubte, daß wir „nichts wissen", während der Datengroßbesitzer Polizei eigentlich viel mehr weiß, ohne es zu wissen. Man muß das polizeiliche Informationswesen nur

vom Kopf auf die Füße stellen, also auf das Fundament der EDV, um das nichtgewußte Wissen verfügbar zu machen. Das soll u.a. durch das Informationssystem INPOL geleistet werden; vgl. dazu *Wiesel & Gerster/Informationssystem*).

Coleman/Macht: James S. Coleman, Macht und Gesellschaftsstruktur, Tübingen: Mohr, 1979
(zur Entstehung von kollektiven Akteuren durch Ressourcenzusammenlegung).

Coleman/Gesellschaft: James S. Coleman, Die asymmetrische Gesellschaft, Weinheim und Basel: Beltz, 1986
(zur allseitigen, insbesondere auch informationellen Asymmetrie zwischen individuellen und kollektiven Akteuren in der modernen Gesellschaft).

Coleman/Grundlagen: James S. Coleman, Grundlagen der Sozialtheorie, Bd. I: Handlungen und Handlungssysteme, München: Oldenbourg, 1991; Bd. II: Körperschaften und die moderne Gesellschaft, 1992.

Coy et al./Sichtweisen: Wolfgang Coy et al., Hrsg., Sichtweisen der Informatik, Braunschweig und Wiesbaden: Vieweg, 1992
(kritische Beiträge zur Informatik, im Hinblick auf ihre unzulängliche philosophische und wissenschaftstheoretische Grundlegung; zum Theoriedefizit und zur Technikfolgenproblematik von Wissenstechniken).

Curtius/Literatur: Ernst Robert Curtius, Europäische Literatur und lateinisches Mittelalter (1948), 8. Aufl., Bern und München: Francke, 1973
(Klassiker, mit einer Fülle geistesgeschichtlichen Materials zur Auswertung für vormoderne Wissensordnungen).

Csányi/Nature: Vilmos Csányi, Nature and Origin of Biological and Social Information, in: Klaus Haefner, Hrsg., Evolution of Information Processing Systems, Berlin, Heidelberg, New York: Springer, 1992, S. 257-278
(zur Rolle der Information im Replikationsmodell der Evolution).

Czempiel/Weltpolitik: Ernst-Otto Czempiel, Weltpolitik im Umbruch, München: Beck, 1991
(S. 72ff. zur Neuen Weltordnung).

Daalder & Shils/Universities: Hans Daalder, Edward Shils, Hrsg., Universities, Politicians and Bureaucrats – Europe and the United States, Cambridge, London, u.a.: Cambridge Univ. Press, 1982
(zum Verhältnis von Wissenschaft bzw. Universität zu Staat, Bürokratie und Politik in Deutschland, Frankreich und anderen Ländern).

Dahlberg/Ordnungssystem: I(ngetraut) Dahlberg, Projekt Ordnungssystem der Wissensgebiete, Phase I: Materialsammlung; Abschlußbericht und Printouts, Frankfurt: Deutsche Gesellschaft für Dokumentation e.V., Mai 1973
(zur buchstäblich-bibliothekarischen Ordnung der Wissensbestände).

Dahlberg/Wissensordnung: Ingetraut Dahlberg, Grundlagen universaler Wissensordnung – Probleme und Möglichkeiten eines universalen Klassifikationssystems des Wissens, Pullach bei München: Verlag Dokumentation, 1974
(„Wissensordnung" im Sinne bibliothekarischer Wissens- und Wissenschaftsklassifikation).

Dahlberg/Wissensstrukturen: Wolfgang Dahlberg (als Redaktion des Herausgebers: Gesellschaft für Klassifikation e.V.), Wissensstrukturen und Ordnungsmuster, Frankfurt: Indeks, 1980
(Möglichkeiten und Beispiele fachwissenschaftlicher Wissensklassifikation).

Denninger/Leviathan: Erhard Denninger, Der gebändigte Leviathan, Baden-Baden: Nomos, 1990
(gesammelte Aufsätze zu Rechtsfragen im Umkreis von Technik, Staat, Polizei).

Dettling/Leviathan: Warnfried Dettling, Die Zähmung des Leviathan, Baden-Baden: Nomos, 1980

(Beiträge über „neue Wege der Ordnungspolitik", aber mit der überkommenden Problemstellung der Machtzähmung statt Wissensgestaltung im Informationszeitalter).
Deutsch/Kybernetik: Karl W. Deutsch, Politische Kybernetik, 3., unveränderte Aufl. Freiburg im Breisgau: Rombach, 1969
(zu informationsorientierten kybernetischen Politikkonzepten, als Einstieg in das Zeitalter der Information und Kommunikation).
Deutsch/Informationsgesellschaft: Karl W. Deutsch, Von der Industriegesellschaft zur Informationsgesellschaft, in: Rolf Pfeiffer und Helmut Lindner, Hrsg., Systemtheorie und Kybernetik in Wirtschaft und Verwaltung, Berlin 1982, S. 1-14.
Dickert/Naturwissenschaften: Thomas Dickert, Naturwissenschaften und Forschungsfreiheit, Berlin: Duncker & Humblot, 1991
(zur Finalisierung der Wissenschaft und zur Monopolisierung wissenschaftlicher Forschungsergebnisse im Zusammenhang mit den Wissenschaftsfreiheiten und ihren Einschränkungen oder Gefährdungen; Schutzbereiche der Wissenschaftsfreiheit).
Dickson/New Politics: David Dickson, The New Politics of Science, New York: Pantheon, 1984
(zur Nachkriegs-Wissenschaftsentwicklung in den USA, im Spannungsfeld von Universität, Industrie, Militär und Demokratie; Funktionen des Wissens als Wirtschaftsgut in der Industrie, als Macht für das Militär, in der auswärtigen Politik als „Imperialismus").
Ditfurth/Informationen: Hoimar v. Ditfurth, Hrsg., Informationen über Informationen, Frankfurt am Main: Fischer Taschenbuch, 1971
(Kurzbeiträge zur Informationstheorie).
Dobrov/Organisationstechnologie: Gennadij Michailovic Dobrov, Organisationstechnologie als Gegenstand der Systemanalyse; Wissenschaftliche Zeitschrift der Humboldt-Universität zu Berlin, Mathematisch-Naturwissenschaftliche Reihe, Bd. 28, 1979, S. 613-622 und 675-684
(zur Trilogie von Hardware, Software und Orgware als Grundkomponenten von Informationssystemen).
Dörner/Organisation: Dietrich Dörner, Die kognitive Organisation beim Problemlösen, Bern, Stuttgart, Wien: Huber, 1974
(zur kognitiven Organisation des Wissens beim Problemlösen mit dem Ziel, „den Entwurf größerer Systeme zu versuchen" in Richtung auf eine „kybernetische Theorie der elementaren Informationsverarbeitung beim Denken").
Dörner/Logik: Dietrich Dörner, Zur Logik des Mißlingens, Reinbek bei Hamburg: Rowohlt, 1989
(über „strategisches" Problemlösungsverhalten in komplexen Situationen).
Dorf/Technology: Richard C. Dorf, Technology, Society and Man, San Francisco, Cal.: Boyd & Fraser, 1974
(zur Charakterisierung der Technologie als „science plus purpose").
Douglas/Institutionen: Mary Douglas, Wie Institutionen denken, Frankfurt am Main: Suhrkamp, 1991
(warum Kleinheit bei Institutionen nicht zählt).
Drerup/Erkenntnis: Heiner Drerup, Wissenschaftliche Erkenntnis und gesellschaftliche Praxis, Weinheim: Deutscher Studien Verlag, 1987
(über „Praxisverhältnisse" der Angewandten Wissenschaft; Modelle der Wissensnutzung).
Dretske/Knowledge: Fred I. Dretske, Knowledge and the Flow of Information, Oxford: Blackwell, 1981
(zum Informationsfluß, philosophisch gesehen).

Druey/Fabrikationsgeheimnis: Jean Nicolas Druey, Das Fabrikationsgeheimnis – faktisches Gut oder Rechtsgut?; Zeitschrift für schweizerisches Recht, 1973, S. 451-480
(zum Umgang mit Geschäfts- und Fabrikationsgeheimnissen).
Düwell/Gründung: Kurt Düwell, Gründung und Entwicklung der Rheinisch-Westfälischen Technischen Hochschule Aachen bis zu ihrem Neuaufbau nach dem Zweiten Weltkrieg, in: Hans Martin Klinkenberg, Hrsg., Rheinisch-Westfälische Technische Hochschule Aachen 1870-1970, Stuttgart: Bek, 1970, S. 19-176
(zur Gründung und Entwicklung Technischer Hochschulen am Beispiel Aachen).
Eberle/Informationsrecht: Carl-Eugen Eberle, Informationsrecht – der große Wurf? Zur Notwendigkeit bereichsspezifischer Regelungen, in: Rudolf Wilhelm, Hrsg., Information – Technik – Recht, Darmstadt: Toeche-Mittler, 1993, S. 113-126
(Zweifel am „großen Wurf"; stattdessen bereichsspezifische Regelungen).
Eberlein & Dietrich/Finalisierung: Gerald Eberlein und Norbert Dietrich, Die Finalisierung der Wissenschaften, Freiburg und München 1983
(zur Finalisierungsdebatte in Deutschland).
Eco/Name: Umberto Eco, Der Name der Rose, München: Hanser, 1980
(informativer Bestsellerroman über das Mönchsleben und Bibliothekswesen im Mittelalter sowie die Rolle verbrecherisch verteidigter und detektivisch gebrochener Geheimhaltungsvorkehrungen für philosophisches Geheimwissen mit politischer Relevanz).
Eder/Geschichte: Klaus Eder, Geschichte als Lernprozeß?, Frankfurt am Main: Suhrkamp, 1985.
Egger/Datenschutz: Edeltraud Egger, Datenschutz versus Informationsfreiheit, Wien und München: Oldenbourg 1990
(über verwaltungstechnische und -politische Technikfolgen der Wissenstechniken, eingebettet in eine Diskussion der mit dem Datenschutz verbundenen Informationsphilosophien und Hintergrundtheorien: Sphären-, Mosaiktheorie und Kombinationen beider).
Ehmann/Zweckbindung: Horst Ehmann, Zur Zweckbindung privater Datennutzung; Recht der Datenverarbeitung, Bd. 4, 1988, S. 169-180 und 221-246
(Prinzipienwechsel der Informationsordnung von der Informationsfreiheit zum Informationsverbot).
Ellermann & Opolka/Genomanalyse: Rolf Ellermann, Uwe Opolka, Genomanalyse – Ihre biochemischen, medizinischen, juristischen und politischen Aspekte, Frankfurt, New York: Campus, 1991.
Ellul/Society: Jacques Ellul, The Technological Society, New York: Knopf, 1967
(zum Verhältnis von Technik, Wirtschaft und Staat).
Esser et al./Mikrozensus: Hartmut Esser, Heinz Grohmann, Walter Müller, Karl-August Schäffer, Mikrozensus im Wandel, Stuttgart: Poeschel, 1989
(Bericht des Wissenschaftlichen Beirats für Mikrozensus und Volkszählung, mit Untersuchungsergebnissen und Empfehlungen zur „informationellen Grundversorgung", zur Auskunftspflicht, zu den fünf Informationsfunktionen des Mikrozensus, u.a.).
Eucken/Grundlagen: Walter Eucken, Die Grundlagen der Nationalökonomie (1940), 8. Aufl., Berlin, Heidelberg, New York: Springer, 1965
(Klassiker der nationalökonomischen Literatur, Begründer der „Freiburger Schule" des neoliberalen ordnungstheoretischen Denkens, mit der Wirtschaftsordnung im Mittelpunkt).
Eucken/Wettbewerbsordnung: Walter Eucken, Die Wettbewerbsordnung und ihre Verwirklichung; ORDO, Bd. 2, 1949, S. 1-99.
Eucken/Grundsätze: Walter Eucken, Grundsätze der Wirtschaftspolitik (1952), 6. Aufl., Tübingen: Mohr, 1990
(über wirtschaftspolitische Konsequenzen des ordnungstheoretischen Denkens).

Evans/Psychology: Jonathan St. B. T. Evans, The Psychology of Deductive Reasoning, London, Boston, Henley: Routledge & Kegan Paul, 1982
(neuere Ergebnisse der Wissenspsychologie über Arten, Umstände und – oft fehlerhafte – Ergebnisse menschlichen Urteilens).
Evans/Bias: Jonathan St. B. T. Evans, Bias in Human Reasoning, Hove, London, Hillsdale: Erlbaum, 1989
(zum Bestätigungsfehler und anderen Verzerrungen der Schlußprozesse mit alltäglichen Urteilsheuristiken).
Faßler/Abfall: Manfred Faßler, Abfall, Moderne, Gegenwart, Gießen: Focus, 1991
(über Informationsabfall in „Datenfriedhöfen").
Ferguson/National Security: James R. Ferguson, National Security Controls on Technological Knowledge – A Constitutional Perspective, Science, Technology, and Human Values, Vol. 10, 1985, S. 87-98
(„konstitutionelle" Fragestellungen zum technologischen Wissen und dessen Geheimhaltung im Namen der Nationalen Sicherheit).
Ferns/Universities: H. S. Ferns, How Much Freedom for Universities? – Towards Independent Universities, London: The Institute of Economic Affairs, 1982
(Plädoyer für „eine neue und gesündere Beziehung zwischen Universität und Staat", welche den Universitäten mehr Unabhängigkeit auf der Basis der Selbstfinanzierung sichert).
Festinger/Dissonanz: Leon Festinger, Theorie der kognitiven Dissonanz, Bern, Stuttgart, Wien: Huber, 1978
(zur Entstehung und Reduzierung kognitiver Dissonanz in der sozialen Wahrnehmung).
Feyerabend/Methodenzwang: Paul Feyerabend, Wider den Methodenzwang, Frankfurt am Main: Suhrkamp, 1976
(Kritik der als Regelrationalität mit „Methodenzwang" aufgefaßten wissenschaftlichen Vernunft zugunsten eines erkenntnistheoretischen Anarchismus).
Feyerabend/Märchen: Paul Feyerabend, Das Märchen Wissenschaft – Plädoyer für einen Supermarkt der Ideen, Kursbuch, Heft 53, September 1978, S. 47-70
(S. 68: „Anstatt die Universität als ein Erziehungsinstitut (!) aufzufassen, ... sollte man sie vielmehr wie einen Supermarkt behandeln. Die Lehrer bieten auf diesem Supermarkt intellektuelle Güter an ... Universitäten solcher Art sind Privatunternehmungen, ohne Zuwendungen vom Staat." Außerdem wird S. 62 die völlige *Trennung von Wissenschaft und Staat* gefordert, jedoch inkonsequenterweise „außer für jene Fälle, in denen der Staat(!) eine solche Verbindung vorübergehend, und unter demokratischer Kontrolle, für vorteilhaft erachtet.")
Feyerabend/Erkenntnis: Paul Feyerabend, Erkenntnis für freie Menschen, Frankfurt am Main: Suhrkamp, 1979
(Plädoyer für einen methodologischen Anarchismus des „anything goes"; für laienkontrollierte Wissenschaft; für die Trennung von Wissenschaft und Staat, aber gegen diejenige von Wissenschaft und Nichtwissenschaft).
Fiedler/Führungsinformation: Herbert Fiedler, Führungsinformation im Rahmen rechtlicher Strukturen, in: Heinrich Reinermann, Hrsg., Führung und Information, Heidelberg: Decker & Müller, 1991, S. 143-156
(zur Rolle und Behandlung von Führungs- und Planungsinformationen im politisch-administrativen Bereich).
Fischer/Kirche: Erwin Fischer, Trennung von Staat und Kirche, 1964.
Fischer/Bundesverfassungsgericht: Erwin Fischer, Das Bundesverfassungsgericht und das Gebot der Trennung von Staat und Kirche, Kritische Justiz, Bd. 22, 1989, S. 295-307.

Fischer/Grundlagen: Klaus Fischer, Kognitive Grundlagen der Soziologie, Berlin 1987
(kognitionsorientierte Ansätze und Beiträge in der modernen Soziologie).
Flämig/Manipulation: Christian Flämig, Die genetische Manipulation des Menschen, Baden-Baden: Nomos, 1985
(verfassungsrechtliche Würdigung der genetischen Manipulierbarkeit des Menschen und diesbezügliche Grenzen der Forschungsfreiheit).
Flämig et al./Handbuch: Ch. Flämig et al., Hrsg., Handbuch des Wissenschaftsrechts, 2 Bde, Berlin, Heidelberg, New York: Springer, 1981 und 1982
(Hauptgebiete des Hochschul- und Wissenschaftsrechts; Darstellung des damaligen Stands der Forschung; aktualisierte Neuauflage angekündigt).
Fleck/Tatsache: Ludwik Fleck, Entstehung und Entwicklung einer wissenschaftlichen Tatsache (1935), Neuausgabe Frankfurt am Main: Suhrkamp, 1980
(„Lehre vom Denkstil und Denkkollektiv", aufgegriffen und weiterentwickelt bei *Kuhn/Revolutionen*).
Fleischmann/Eigentumsrechte: Gerd Fleischmann, Eigentumsrechte und ökonomische Evolution, in: Jahrbuch für Rechtssoziologie und Rechtstheorie, Bd. 12, 1987, S. 308-320
(drei ökonomische Funktionshypothesen zu den Eigentums- und Verfügungsrechten: 1. Internalisierung negativer externer Effekte, 2. Aneignung von Innovationserfolgen, 3. Überwindung kollusiver Innovationsbeschränkungen).
Folberth & Hackl/Informationsbegriff: Otto G. Folberth, Clemens Hackl, Hrsg., Der Informationsbegriff in Technik und Wissenschaft, München und Wien: Oldenbourg, 1986
(zur Stellung des Informationsbegriffs in vielen Fachwissenschaften).
Forschungskommission 2000: Abschlußbericht der Kommission Forschung Baden-Württemberg 2000, Stuttgart: Staatsministerium, Juli 1989
(im Auftrag der Landesregierung Bestandsaufnahme der Hochschullandschaft in Baden-Württemberg, mit größtenteils nicht verwirklichten Erneuerungsvorschlägen – darunter S. 123ff. und 185ff. auch solchen, die frühere Hinweise auf „neue Wissenslagen" und deren „Ordnung" für eine thematisch erweiterte Technikfolgen- und wissensorientierte Technikgrundlagenforschung aufgreifen).
Foucault/Archäologie: Michel Foucault, Archäologie des Wissens, Frankfurt am Main: Suhrkamp, 1973
(zur Geschichte des Wissens und Entstehung der Diskurse).
Foucault/Schriften: Michel Foucault, Schriften zur Literatur, Frankfurt am Main: Fischer Taschenbuch Verlag, 1988
(zur „Funktion ‚Autor'" für literarische Texte, in erster Linie als Zuschreibungsfigur staatlicher Sanktionen für Wortdelikte, deren Risiko in der späteren Entwicklung durch die Vorteile des „geistigen Eigentums" mehr oder weniger kompensiert werden soll).
Foucault/Ordnung: Michel Foucault, Die Ordnung des Diskurses, Frankfurt am Main: Fischer Taschenbuch, 1991
(über Diskursordnungen als Ausschließungssysteme).
Frank/Kontrolle: Götz Frank, Gerichtliche Kontrolle wissenschaftlicher Fachzeitschriften?, Publizistik, Bd. 27, 1982, S. 332-339
(zu einem im Gegensatz zum Streitfall *Herold/Schwan* abgewiesenen juristischen Unterbindungsversuch gegenüber wissenschaftlicher Rezensentenkritik).
Frank/Informationsvorsprung: Götz Frank, Informationsvorsprung der planenden Verwaltung gegenüber dem Bürger, in: Jürgen Taeger, Hrsg., Die Volkszählung, Reinbek bei Hamburg: Rowohlt, 1983, S. 225-230
(über EDV-verstärkte informationelle Asymmetrien zwischen Regierung und Verwaltung einerseits, Parlamenten und Bürgern andererseits).

Franz/Archivkunde: Eckhart G. Franz, Einführung in die Archivkunde, Darmstadt: Wissenschaftliche Buchgesellschaft, 1974
(über die Verwahrung von Wissen in Archiven).
Frey & Irle/Sozialpsychologie: Dieter Frey und Martin Irle, Hrsg., Theorien der Sozialpsychologie, 3 Bde, Bern, Stuttgart, Toronto: Huber, 1984/85
(Beiträge zu den wichtigsten Themen der „kognitiven Sozialpsychologie").
Fritsch/Welt: Bruno Fritsch, Die Vierte Welt – Modell einer neuen Wirklichkeit, München: Deutscher Taschenbuch Verlag, 1973
(Entwurf eines neuen Weltmodells der „Vierten Welt ... als Kurzformel für Differenzierung, Innovation und Kritik", unter Abkehr vom kapitalistischen Freihandelsmodell, marxistischen Konfliktmodell und gemischten Konvergenzmodell).
Fritsch/Überleben: Bruno Fritsch, Wir werden überleben, München und Wien: Olzog, 1981
(S. 91 Neudefinition des Ressourcenbegriffs, mit dem Wissen als „Ressource erster Ordnung" und dem menschlichen Gehirn als „eigentlicher Ur-Ressource", gefolgt vom Kapital und den Naturschätzen als Ressourcen zweiter und dritter Ordnung; Diskussion ausgewählter Probleme der Informationsgesellschaft; gewagte Übertragung der sozialpsychologischen Theorie der kognitiven Dissonanz auf Gesellschaftssysteme und Geschichtsepochen).
Fuchs-Kittowski/Systems Design: K. Fuchs-Kittowski, Systems Design, Design of Work and of Organization, in: Peter Van Den Besselaar, Andrew Clement, Pertti Järvinen, Hrsg., Information System, Work and Organization Design, Amsterdam, New York, Oxford: North-Holland, 1990, S. 83-97
(Technologien sollten verstanden werden als „Einheit von Hardware, Software und Orgware").
Gardner/Denken: Howard Gardner, Dem Denken auf der Spur – Der Weg der Kognitionswissenschaft, Stuttgart: Klett-Cotta, 1989
(zur Entwicklung und Konzeptbildung – insbesondere für das menschlichen Denken – des wissenspsychologischen Arms der modernen Kognitionswissenschaften, im Unterschied zum informationstechnischen Arm durch *Norman & Rumelhart/Strukturen*).
Garstka/Wissensordnung: Hansjürgen Garstka, Zur Wissensordnung der Informationsverarbeitung – Plädoyer für ein allgemeines Informationsgesetz
(Konferenzbeitrag 1992, zur Veröffentlichung in: Helmut Spinner, Hrsg., Studien zur Wissensordnung Bd. II: Rechtsordnung, Wirtschaftsordnung, Wissensordnung, Opladen: Leske + Budrich, 1994).
Garstka & Schneider & Weigand/Verwaltungsinformatik: Hansjürgen Garstka, J. Schneider, Karl-Heinz Weigand, Hrsg., Verwaltungsinformatik, Darmstadt 1980
(Beiträge zur Rolle des Verwaltungswissens, u.a. über das Informationsungleichgewicht zwischen Regierung, Verwaltung und Parlament).
Geiger/Knowledge: Roger L. Geiger, To Advance Knowledge – The Growth of American Research Universities, 1900-1940, New York und Oxford: Oxford Univ. Press, 1986
(zur Entstehung der Forschungsuniversität und zur Entwicklung der Universitätswissenschaft in den USA).
Geiger/Informationsfreiheit: Willi Geiger, Die Grundrechte der Informationsfreiheit, in: Horst Ehmke, Carlo Schmid, Hans Scharoun, Hrsg., Festschrift für Adolf Arndt zum 65. Geburtstag, Frankfurt am Main: Europäische Verlagsanstalt, 1969, S. 119-144.
Geiger/Wissenschaftsfreiheit: Willi Geiger, Wissenschaftsfreiheit als Problem der politischen Ordnung, München 1984 (Eichstätter Hochschulreden).
Geis/Kernbereich: Max-Emanuel Geis, Der Kernbereich des Persönlichkeitsrechts – Ein Plädoyer für die „Sphärentheorie", Juristen-Zeitung 1991, S. 112-117.

Gellner/Legitimation: Ernest Gellner, The Legitimation of Belief, London: Cambridge Univ. Press, 1974
(zur „Exterritorialisierung" des kognitiven Bereichs in hochzivilisierten Gesellschaften, im Gegensatz zu „wilden" Verhältnissen älterer Kulturepochen).

Gellner/Pflug: Ernest Gellner, Pflug, Schwert und Buch, Stuttgart: Klett-Cotta, 1990
(über die Entstehung und Funktionen der Schriftkultur; über Technikfolgen von Kulturtechniken).

Gellner/Fernsehwesen: Winand Gellner, Ordnungspolitik im Fernsehwesen – Bundesrepublik Deutschland und Großbritannien im Vergleich, Frankfurt am Main, Bern, New York, Paris: Lang, 1990
(ordnungspolitischer Vergleich Gouvernementaler, Totalitärer, Öffentlich-rechtlicher und anderer Rundfunkmodelle, insbesondere im Hinblick auf Staats- und Parteiennähe bei den Alten und Neuen Medien).

Gerke/Mensch: Peter R. Gerke, Wie denkt der Mensch?, München: Bergmann, 1987
(zur Verbindung von Informationstechnologie und Gehirnforschung).

Gersdorf/Staatsfreiheit: Hubertus Gersdorf, Staatsfreiheit des Rundfunks in der dualen Rundfunkordnung der Bundesrepublik Deutschland, Berlin: Duncker & Humblot, 1991
(zum Grundsatz der Staatsfreiheit des Rundfunks, der einschlägigen Rechtsprechung des Bundesverfassungsgerichts und der heutigen Verfassungswirklichkeit).

Gibbons & Wittrock/Science: Michael Gibbons, Björn Wittrock, Hrsg., Science as a Commodity, Harlow, Essex: Longman, 1985
(Beiträge u.a. zur Gefährdung der offenen Forschungsgemeinschaft durch die Kommerzialisierung der Wissenschaft).

Goldin/Access: Kenneth D. Goldin, Equal Access vs. Selective Access – A Critique of Public Goods Theory; Public Choice, Vol. 29, 1977, S. 53-71.

Goody/Schrift: Jack Goody, Die Logik der Schrift und die Organisation der Gesellschaft, Frankfurt am Main: Suhrkamp, 1990
(zur Bedeutung der Schrift für die Verwaltung und zur Archivierung der Verwaltungsunterlagen Kap. 3/Der Staat, das Büro und das Archiv).

Gombrich/Kunst: Ernst H. Gombrich, Kunst und Illusion, 2. Aufl., Stuttgart und Zürich: Belser, 1986
(Verbindung von Kunsttheorie und Wahrnehmungstheorie, zur erkenntnistheoretischen Erklärung des künstlerischen Darstellungsprozesses durch ein Zusammenspiel von „Schema und Korrektur").

Gouldner/Intelligenz: Alvin W. Gouldner, Die Intelligenz als neue Klasse, Frankfurt und New York: Campus, 1980
(Thesen und Kommentare zur „neuen Klasse" der – technischen – Intelligenz).

Gravenreuth/Plagiat: Günther Freiherr von Gravenreuth, Das Plagiat aus strafrechtlicher Sicht, Köln: Heymanns, 1986
(zu den Piraterie- und sonstigen Straftatbeständen des Urheberrechts und gewerblichen Rechtsschutzes).

Greenstein/National Security: Ruth Greenstein, National Security Controls on Scientific Information; Jurimetrics Journal, Vol. 23, 1982, S. 50-88
(über Versuche zur Regierungskontrolle privater und wissenschaftlicher Information im Namen der „Nationalen Sicherheit").

Gross/Autonomie: Thomas Gross, Die Autonomie der Wissenschaft im europäischen Rechtsvergleich, Baden-Baden: Nomos, 1992
(vergleichende Untersuchungen der individuellen und institutionellen Autonomie, im Hinblick auf die Leitbilder und Rechtsregelungen für die Universität bzw. Wissenschaft, auf der Basis von europäischen Länderberichten; ohne Berücksichtigung Osteuropas).

Großklaus/Natur: Götz Großklaus, Natur – Raum: Von der Utopie zur Simulation, München: iudicium, 1993
(zum Wandel der Wahrnehmung und der Raumordnung aufgrund technischer, insbesondere kommunikationstechnischer Entwicklungen).

Gruber/Forschungsförderung: Hans Gruber, Forschungsförderung und Erkenntnisfreiheit – Versuch über die Grundlegung des Verhältnisses von Wissenschaft und Staat, Bern: Stämpfli, 1986
(zum Verhältnis von Wissenschaft und Staat unter den Bedingungen staatlicher Forschungsförderung, am Beispiel der Schweiz, im Vergleich mit Deutschland, Frankreich und Österreich; zur allgemeinen „Erkenntnisfreiheit" und wissenschaftlichen Forschungsfreiheit).

Gundler/Technische Bildung: Bettina Gundler, Technische Bildung, Hochschule, Staat und Wirtschaft – Entwicklungslinien des Technischen Hochschulwesens 1914-1930. Das Beispiel der TH Braunschweig, Hildesheim: Olms, 1991
(zu der „durch das Innovationalpotential und die wirtschaftliche Bedeutung von Wissenschaft und Technik" geprägten Geschichte und Eigenart der Technischen Hochschulen sowie zur Entstehung des „wissenschaftlichen Großbetriebs").

Haase/Kassationsproblem: Carl Haase, Studien zum Kassationsproblem, Der Archivar, Bd. 28, 1975, Sp. 405-418 und Bd. 29, 1976, Sp. 65-76 und 183-196
(zur Aussonderung, Bewertung und evtl. Ausscheidung des nicht „archivwürdigen" Registraturguts in den staatlichen und nichtstaatlichen Archiven angesichts ihres Auftrags zur „dauernden" Aufbewahrung im Interesse der Forschung, Rechtssicherheit, Verwaltungskontinuität; neu gesehen nach der „Kopernikanischen Wende", die besagt, „daß es nicht genügt, aus einer Registratur das Wertlose auszuscheiden und das übrige für ‚archivwürdig' zu erklären und zu übernehmen, sondern daß man umgekehrt das Bleibende, das Wertvolle, das einer dauernden Aufbewahrung Würdige herausfinden muß und dann das übrige zur Vernichtung freigeben kann." Man muß „Abschied nehmen von der utopischen Idee der totalen Dokumentation ... zugunsten einer exemplarischen Totalität der Dokumentation, die arbeitsmäßig und finanziell vertretbar ist ...")

Habermas/Technik: Jürgen Habermas, Technik und Wissenschaft als ‚Ideologie', Frankfurt am Main: Suhrkamp, 1968
(S. 79: „Mit der Industrieforschung großen Stils wurden Wissenschaft, Technik und Verwertung zu einem System zusammengeschlossen.")

Habermas/Strukturwandel: Jürgen Habermas, Strukturwandel der Öffentlichkeit (1962), unveränderter Nachdruck mit einem Vorwort zur Neuauflage 1990, Frankfurt am Main: Suhrkamp, 1990
(Kap. V zur Trennung von Staat und Gesellschaft als „Basis der bürgerlichen Öffentlichkeit" – und zu deren Zerstörung als Folge der zunehmenden „Verschränkung der öffentlichen Sphäre mit dem privaten Bereich").

Habermas/Erkenntnis: Jürgen Habermas, Erkenntnis und Interesse, Frankfurt am Main: Suhrkamp, 1968
(prinzipielle Zuordnung von überempirischen „erkenntnisleitenden Interessen" für bestimmte Wissenschaftstypen – nicht zu verwechseln mit ideologiekritischen Untersuchungen über den Einfluß empirischer Interessenlagen auf die Ideenlage).

Habermas/Moralbewußtsein: Jürgen Habermas, Moralbewußtsein und kommunikatives Handeln, Frankfurt am Main: Suhrkamp, 1983
(Kap. 3 über Diskursethik: zur Ordnung von Diskursen mit universalisierter, partikulare Interessenlagen ausschließender Orientierung).

Habermas/Handeln: Jürgen Habermas, Theorie des kommunikativen Handelns, 2 Bde, Frankfurt am Main: Suhrkamp, 1981.

Hack/Tatsachen: Lothar Hack, Vor Vollendung der Tatsachen – Die Rolle von Wissenschaft und Technologie in der dritten Phase der Revolution, Frankfurt am Main: Fischer Taschenbuch, 1988
(zur Transformation der Wissenschaft und der damit einhergehenden zunehmenden Irreversibilität „vollendeter Tatsachen"; Macht braucht Wissen und schafft Wissenschaft, vor allem die neuen Wissensarten bzw. Wissenschaftsformen der Technik und Industrie).

Hack & Hack/Wirklichkeit: Lothar Hack und Irmgard Hack, Die Wirklichkeit, die Wissen schafft, Frankfurt und New York: Campus, 1985
(zur wechselseitigen „Verwissenschaftlichung der Industrie" und „Industrialisierung der Wissenschaft"; industrielle Wissensformen, Big Science und Technologie).

Häberle/Verfassungsrechtswissenschaft: Peter Häberle, Rezensierte Verfassungsrechtswissenschaft, Berlin: Duncker & Humblot, 1982
(S. 123 Abdruck einer Stellungnahme von J. Heckel zur „hinkenden Trennung von Staat und Kirche").

Häberle/Rechtsvergleichung: Peter Häberle, Rechtsvergleichung im Kraftfeld des Verfassungsstaates – Methoden und Inhalte, Kleinstaaten und Entwicklungsländer, Berlin: Duncker & Humblot, 1992
(Kap. 18/Die Freiheit der Wissenschaften im Verfassungsstaat; Kap. 19/Die Freiheit der Kunst im Verfassungsstaat; Kap. 20/Vielfalt der Property Rights und der verfassungsrechtliche Eigentumsbegriff – über Dimensionen des Eigentumsbegriffs und die Sonderstellung des geistigen Eigentums).

Haefner/Mensch: Klaus Haefner, Mensch und Computer im Jahre 2000, 3. Aufl., Basel: Birkhäuser, 1986
(zur Veränderung der „informationellen Umwelt" durch Wachstum der „Weltinformation" insgesamt mit einer – geschätzten, nicht belegten – Verdopplungszeit von 3 bis 5 Jahren; ansonsten Verbindung von opitimistischen Zukunftshoffnungen auf eine „human computerisierte Gesellschaft" mit eher pessimistischen Bestandsaufnahmen des Erreichten bzw. Versäumten).

Haefner/Evolution: Klaus Haefner, Evolution of Information Processing – Basic Concepts, in: ders. als Hrsg., Evolution of Information Processing Systems, Berlin, Heidelberg, New York: Springer, 1992, S. 1-46
(Zusammenfassung der wichtigsten Grundbegriffe und Arbeitshypothesen einer evolutionären Sicht der Informationsverarbeitung auf allen Ebenen natürlicher und künstlicher IPS-Systeme).

Hager & Weißmann/Bestätigungstendenzen: Willi Hager, Sabine Weißmann, Bestätigungstendenzen in der Urteilsbildung, Göttingen, Toronto, Zürich: Hogrefe, 1991
(zur Wissenspsychologie des „Bestätigungsfehlers").

Haid/Informationsökonomik: Alfred Haid, Informationsökonomik und Güterpreise, Göttingen 1984
(zum Stand der Informationsökonomie).

Hailbronner/Freiheit: Kay Hailbronner, Die Freiheit der Forschung und Lehre als Funktionsgrundrecht, Hamburg: Heitmann, 1979
(Wissenschaftsfreiheit als Sondergrundrecht).

Haken & Haken-Krell: Hermann Haken, Maria Haken-Krell, Entstehung biologischer Information und Ordnung, Darmstadt: Wissenschaftliche Buchgesellschaft, 1989
(zur Stellung der Information und Rolle der Ordnung in den Biowissenschaften).

Hamelink/Data: Cees J. Hamelink, Transnational Data Flows in the Information Age, Lund: Studentlitteratur AB Chaarwell-Bratt, 1984
(kritische Auseinandersetzung mit den Auffassungen von *Bell*, *Porat*, *Nora*, *Minc* u.a. über Fragen des Informationszeitalters, der Informationsgesellschaft und des transnationalen Datenflusses).

Hammer/Informationsinfrastruktur: Volker Hammer, Die künftige Informationsinfrastruktur und das Grundrecht auf Information, in: Alexander Roßnagel, Hrsg., Freiheit im Griff, Stuttgart: Hirzel, 1989, S. 49-66
(zur heutigen Informationsinfrastruktur und ihrer künftigen Weiterentwicklung, im Hinblick auf die Verwirklichung des Grundrechts auf Information und die informationell-politischen Partizipationschancen der Bürger).
Harnack/Großbetrieb: Adolf (von) Harnack, Vom Großbetrieb der Wissenschaft, Preußische Jahrbücher, Bd. 119, Berlin 1905, S. 193-201; auch abgedruckt in: Adolf Harnack, Aus Wissenschaft und Leben, Gießen: Töpelmann, 1911, S. 1-9
(bringt den vielzitierten Schlüsselbegriff des wissenschaftlichen „Großbetriebs" in die Debatte, ohne darüber sonderlich Aufschlußreiches darüber zu sagen).
Hauck/Wirtschaftsgeheimnisse: Ernst Hauck, Wirtschaftsgeheimnisse – Informationseigentum kraft richterlicher Rechtsbildung?, Berlin und München: Duncker & Humblot, 1987
(zur Informationsordnung kraft materiellen Privatrechts; zur Einordnung von Wirtschaftsgeheimnissen als Informationseigentum; u.a.)
Hauser/Sozialgeschichte: Arnold Hauser, Sozialgeschichte der Kunst und Literatur, München: Beck, 1990
(Klassiker zur Ideen- und Sozialgeschichte des Themas).
Havelock/Schriftlichkeit: Eric A. Havelock, Schriftlichkeit – Das griechische Alphabet als kulturelle Revolution, Weinheim: VCH, 1990
(zur Erfindung der Kulturtechnik „Schrift" auf alphabetischer Grundlage und zu den damit verbundenen „Technikfolgen").
Havelock/Muse: Als die Muse schreiben lernte, Frankfurt am Main: Hain, 1992
(zur alten Oralität der Griechen und zur neuen Oralität der Radiozeit).
Hayek/Individualismus: F(riedrich) A. (von) Hayek, Individualismus und wirtschaftliche Ordnung, Erlenbach-Zürich: Rentsch, 1952
(mit den beiden klassischen Aufsätzen im Vorfeld der damals noch unbekannten Informationsökonomie: Wirtschaftstheorie und Wissen, 1936; Die Verwertung des Wissens in der Gesellschaft, 1946).
Hayek/Studien: Friedrich A. von Hayek, Freiburger Studien, Tübingen: Mohr, 1969
(darin S. 32ff.: Arten der Ordnung; S. 161ff.: Rechtsordnung und Handelnsordnung).
Hayek/Verfassung: Friedrich A. von Hayek, Die Verfassung der Freiheit, Tübingen: Mohr, 1971
(Standardwerk des neoliberalen – manche sehen hier eher Einflüsse eines rigorosen Altliberalismus – Ordnungsdenkens, in Anwendung auf die Rechts-, Wirtschafts- und Gesellschaftsordnung).
Heinemann/Schule: Manfred Heinemann, Schule im Vorfeld der Verwaltung – Die Entwicklung der preußischen Unterrichtsverwaltung von 1771-1800, Göttingen 1974
(zur Ordnung des „niederen" Schulwesens; aufschlußreich für den Vergleich mit dem „Hochschulwesen" der Humboldtschen Universität).
Heldrich/Freiheit der Wissenschaft: Andreas Heldrich, Freiheit der Wissenschaft – Freiheit zum Irrtum?, Karlsruhe: Müller, 1987
(zur Haftungsfreiheit des Wissenschaftlers für „lege artis" gewonnene Erkenntnisse, einschließlich evtl. Irrtümer; ansonsten grundsätzlich zivilrechtliche Haftung für darüber hinausgehende Fehlleistungen mit Schädigungen als außerwissenschaftlichen Folgen der Forschung).
Henrichs/Informationspolitik: Norbert Henrichs, Informationspolitik, in: R. Kuhlen, Hrsg., Koordination von Informationen, Berlin, Heidelberg, New York: Springer, 1984, S. 348-355

(zur Neuorganisation des nationalen Informationswesens durch Informationspolitik, ausgefächert als Ordnungs-, Struktur- und Förderungspolitik; soweit sie sich mit „Information als solcher" befaßt, auch Ressourcenpolitik).
Herder-Dorneich/Wirtschaftsordnungen: Philipp Herder-Dorneich, Wirtschaftsordnungen, Berlin: Duncker & Humblot, 1974
(zur Entwicklung von der Ordnungstheorie zur Systemtheorie und Systempolitik).
Herder-Dorneich/Strukturen: Philipp Herder-Dorneich, Vernetzte Strukturen – Das Denken in Ordnungen, Baden-Baden: Nomos, 1992.
Herold/Wandel: Horst Herold, Gesellschaftlicher Wandel – Chance der Polizei?, Die Polizei, Bd. 63, 1972, S. 133-137
(S. 134 zum „einzigartigen Erkenntnisprivileg" der Polizei aufgrund ihrer riesigen Informationsmengen).
Herold/Information: Horst Herold, Information und Staat, in: Christian Broda et al., Hrsg., Festschrift für Rudolf Wassermann zum sechzigsten Geburtstag, Neuwied und Darmstadt: Luchterhand, 1985, S. 359-370
(zur Informatisierung von Staat, Wirtschaft, Polizei als, falls richtig angesetzt und ausgenutzt, Qualitätssprung im Umgang mit großen Informationsmengen).
Herold/Sicherheit: Horst Herold, Konstruktive Sicherheit, in: Der Traum der Vernunft – Vom Elend der Aufklärung, Veranstaltungsreihe der Akademie der Künste Berlin, Zweite Folge, Darmstadt und Neuwied: Luchterhand, 1986, S. 248-260.
Herold gegen Steinmüller: N. N., Ehrenschutz einer Behörde und ihres Leiters, Archiv für Presserecht, Bd. 10, 1979, S. 327-329
(Bericht zum abweisenden Urteil des Landgerichts Wiesbaden vom 14. Februar 1979 über die abgewiesene Klage gegen *Wilhelm Steinmüller* auf Ehrenschutz für die Bundesrepublik Deutschland, vertreten durch *Horst Herold*).
Herold gegen Schwan: siehe *Schwan/Widerruf*.
Zu *Herold* siehe auch *Cobler/Herold* und *Myrell/Herolds Hoffnung*.
Hesse/Authorship: Carla Hesse, Enlightenment Epistemology and the Laws of Authorship in Revolutionary France, 1777-1793; Representations, Bd. 30, Spring 1990, S. 109-137
(zu den Anfängen des modernen Urheberrechts, der Idee des „Autorenprivilegs" und teilprivatisierender Zuschreibung des Wissens; Redefinition des Autors durch die Französische Revolution und Ausbildung des modernen Copyrights).
Heußner/Gewaltenteilung: Hermann Heußner, Zur institutionellen Gewaltenteilung, in: Heinrich Reinermann et al., Neue Informationstechniken – Neue Verwaltungsstrukturen?, Heidelberg: Decker & Müller, 1988, S. 294-306.
Hirsch/Werkherrschaft: Ernst E. Hirsch, Die Werkherrschaft, in: Georg Roeber, Hrsg., Persönlichkeit und Technik im Lichte des Urheber-, Film-, Funk- und Fernsehrechts – Ehrengabe für Ernst E. Hirsch, Baden-Baden: Verlag für Angewandte Wissenschaften, 1963, S. 19-54
(Klärungsversuch der „Natur der Rechte an Geisteswerken" mit Hilfe des Begriffs der Werkherrschaft).
Hirschman/Abwanderung: Albert O. Hirschman, Abwanderung und Widerspruch, Tübingen: Mohr, 1974
(Abwanderung und Widerspruch als „Wiederherstellungsmechanismus" bei Leistungsverschlechterung, d.h. als Reaktionsmöglichkeiten von Mitgliedern oder Kunden beim „Abschlaffen" von Organisationen – unter bestimmten Umständen auch gegenüber Monopolinstitutionen wirksam).
Hirschman/Trespassing: Albert O. Hirschman, Essays in Trespassing, Cambridge, London, New York: Cambridge Univ. Press. 1981.
Hirschman/Leidenschaften: Albert O. Hirschman, Leidenschaften und Interessen, Frankfurt am Main: Suhrkamp, 1987

(zum neuen Interessenparadigma der klassischen Ökonomie zwecks Bezähmung der Leidenschaften, um das menschliche Verhalten beständig und voraussagbar zu machen).

Hölder/Durchblick: Egon Hölder, Durchblick ohne Einblick – Die amtliche Statistik zwischen Datennot und Datenschutz, Zürich und Osnabrück: Fromm, 1985
(zum Datenwissen der statistischen Ämter für Bildung, Wohnung, Wirtschaft, Gesundheit u.a. sowie zur Entwicklung eines „statistischen Gesamtbildes").

Hoepke/Friedericiana: Klaus-Peter Hoepke, Die Friedericiana – Kleine Geschichte der Universität Karlsruhe 1925-1985, Karlsruhe 1990
(noch unveröffentlichtes Manuskript zur Gründung und Entwicklung Technischer Hochschulen am Beispiel der TH bzw. Universität Karlsruhe).

Hofmann/Biotechnik: Hasso Hofmann, Biotechnik, Gentherapie, Genmanipulation – Wissenschaft im rechtsfreien Raum?, Juristenzeitung, Bd. 41, 1986, S. 253-260
(Rechtsbetrachtungen zur Wissenschaftsfreiheit der gentechnischen Forschung).

Hohmann/Freiheitssicherung: Harald Hohmann, Hrsg., Freiheitssicherung durch Datenschutz, Frankfurt am Main: Suhrkamp, 1987.

Hopf/Informationen: Michael Hopf, Informationen für Märkte und Märkte für Informationen, Frankfurt/M.: Barudio & Hess, 1983
(über Informationsgüter und Informationsmärkte).

Hoppmann/Wirtschaftsordnung: Erich Hoppmann, Wirtschaftsordnung und Wettbewerb, Baden-Baden: Nomos, 1988
(gesammelte Arbeiten zu Fragen der Wirtschaftsordnung und des Wettbewerbs).

Hoppmann/Meinungswettbewerb: Erich Hoppmann, Meinungswettbewerb als Entdeckungsverfahren, in: Ernst-Joachim Mestmäcker, Hrsg., Offene Rundfunkordnung, Gütersloh: Bertelsmann, 1988, S. 163-198
(Übertragung der *Hayek*schen informationellen Markttheorie vom „Wettbewerb als Entdeckungsverfahren" auf die freie Meinungsbildung in anderen Gesellschaftsbereichen).

Horstmann/Theoria: Axel Horstmann, Antike Theoria und moderne Wissenschaft – Augusts Theorie Konzeption der Philologie, Frankfurt/Main, Berlin, Bern: Lang, 1992
(zur Entwicklung der „freien" Philologie als Beispiel für Reine Theorienwissenschaft, mit Selbstzweckauffassung der Erkenntnis).

Huber/Staat: Ernst Rudolf Huber, Staat und Kirche im 19. und 20. Jahrhundert – Dokumente zur Geschichte des deutschen Staatskirchenrechts, 2 Bände, Berlin: Duncker & Humblot, 1973 und 1976
(umfassende Darstellung des wechselnden Verhältnisses von Kirche und Staat; am Rande auch aufschlußreich zu der in Deutschland ebenfalls stark „hinkenden" Trennung von Staat und Wissenschaft).

Hubmann/Geistiges Eigentum: Heinrich Hubmann, Geistiges Eigentum, in: Karl August Bettermann, Hans Carl Nipperdey, Ulrich Scheuner, Hrsg., Die Grundrechte, Berlin: Duncker & Humblot, 1960, S. 1-36
(zur geschichtlichen Entwicklung vom alten Privilegiensystem zur Idee des geistigen Eigentums sowie zu dessen heutigen Ausgestaltungen und Beschränkungen).

Hubmann/Persönlichkeitsrecht: Heinrich Hubmann, Das Persönlichkeitsrecht, 2. Aufl., Köln und Graz 1967.

Hughes/Web: Thomas P. Hughes, The Seamless Web – Technology, Science, Et Cetera, Et Cetera, in: Brian Elliott, Hrsg., Technology and Social Process, Edinburgh: Edinburgh Univ. Press, 1988, S. 9-19
(zum „nahtlosen Gewebe" der Verbindung von Wissenschaft, Technologie, Industrie und Staat).

Hull/Openness: David Hull, Openness and Secrecy in Science – Their Origins and Limitations; Science, Technology, and Human Values, Vol. 10, No. 2, S. 4-13 (zum Werte- und Normenkonflikt zwischen Informationsoffenheit und Geheimhaltung in der Wissenschaft).

Humboldt/Werke I-V: Wilhelm von Humboldt, Werke in fünf Bänden, Darmstadt: Wissenschaftliche Buchgesellschaft, 1960ff.
(Bd. I, 1960, S. 56ff./"Ideen zu einem Versuch, die Grenzen der Wirksamkeit des Staates zu bestimmen" – übertragbar auf das Verhältnis von Wissenschaft und Staat, 1792; Bd. IV, 1964, S. 255ff. die sogenannte Organisationsdenkschrift von 1809/10 zur Bestimmung der „Idee" und Institution einer idealen Universität im stillschweigend zugrunde gelegten, nur andeutungsweise beschriebenen Rahmen der Klassischen Wissensordnung, unter dem Titel „Über die innere und äußere Organisation der höheren wissenschaftlichen Anstalten in Berlin").

Hummel/Urheberrecht: Marlies Hummel, Die volkswirtschaftliche Bedeutung des Urheberrechts – Gutachten im Auftrag des Bundesministers der Justiz, Berlin: Duncker & Humblot, 1989.

Hussy/Denkpsychologie: Walter Hussy, Denkpsychologie, 2 Bde, Stuttgart, Berlin, Köln, Mainz: Kohlhammer, Bd. I 1984, Bd. II 1986
(Übersichtsdarstellung zur Psychologie des Denkens, Urteilens, Problemlösens).

Inglehart/Revolution: Ronald Inglehart, The Silent Revolution, Princeton, New Jersey: Princeton Univ. Press, 1977
(vielzitierte Studie zur „Stillen Revolution" des postmodernen Wertewandels).

Inglehart/Umbruch: Ronald Inglehart, Kultureller Umbruch – Wertwandel in der westlichen Welt, Frankfurt und New York: Campus, 1989.

Irrgang & Klawitter/Künstliche Intelligenz: Bernhard Irrgang und Jörg Klawitter, Hrsg., Künstliche Intelligenz, Stuttgart: Hirzel, 1990
(kritische Beiträge zu Anwendungen und Aussichten der Künstlichen Intelligenz, beispielsweise im militärischen Bereich der elektronischen Kriegführung).

Jacobson/Fall Gelb: Hans-Adolf Jacobson, Fall Gelb – Der Kampf um den deutschen Operationsplan zur Westoffensive 1940, Wiesbaden: Steiner, 1957
(S. 290 *Hitlers* „Grundsätzlicher Befehl Nr. 1" vom 12.1.1940, mit u.a. folgenden Maulkorb-Bestimmungen zur Unterbindung nicht nur von Geheimnisverrat, sondern des innerorganisatorischen „freien Informationsflusses" auch *innerhalb* der abgeschlossenen militärischen Expertenzirkel, zwecks Beschränkung der Übersicht und Unterdrückung evtl. Gegeninformation untereinander sowie von unten nach oben entgegen dem hierarchischen Dienstweg:
„1. Niemand ... keine Dienststelle ... darf von einer geheimzuhaltenden Sache *mehr* erfahren, als sie nicht aus dienstlichen Gründen unbedingt davon Kenntnis erhalten muß.
2. Keine Dienststelle ... darf von einer geheimzuhaltenden Sache *mehr* erfahren, als für die Durchführung *ihrer* Aufgabe unbedingt erforderlich ist.
3. *Keine* Dienststelle ... darf von einer geheimzuhaltenden Sache bzw. den für sie notwendigen Teil *früher* erfahren, als dies für die Durchführung *ihrer* Aufgabe unbedingt erforderlich ist.").

Jansen/Professoren: Christian Jansen, Professoren und Politik, Göttingen: Vandenhoeck & Ruprecht, 1992
(über das politische Denken Heidelberger Hochschullehrer in der Zeit von 1914 bis 1935: fachliche Intelligenz schützt nicht vor politischer Dummheit und menschlicher Infamie).

Jaspers/Universität: Karl Jaspers, Die Idee der Universität (1946); Reprint Berlin, Heidelberg, New York: Springer, 1980
(zum Verhältnis von Wissenschaft bzw. Universität und Staat; S. 109: „Die Universität besteht durch den Staat. Ihr Dasein ist politisch abhängig. Sie kann nur leben, wo und wie der Staat es will. Der Staat ermöglicht die Universität und schützt sie.").

Jeismann/Bildung: Karl-Ernst Jeismann, Hrsg., Bildung, Staat, Gesellschaft im 19. Jahrhundert – Mobilisierung und Disziplinierung, Stuttgart: Steiner, 1989
(zum Verhältnis von Bildung, Schule, Universität zum Staat, gemäß der Bestimmung des Preußischen Allgemeinen Landrechts von 1794, derzufolge „Schulen und Universitäten Veranstaltungen des Staates" sind).
Johnson-Laird/Computer: P. N. Johnson-Laird, The Computer and the Mind, London: Fontana, 1988
(Einführung in die Kognitionswissenschaft).
Kaase & Schulz/Massenkommunikation: Max Kaase und Winfried Schulz, Hrsg., Massenkommunikation, Kölner Zeitschrift für Soziologie und Sozialpsychologie, Sonderheft 30/1989
(Aufsatzsammlung zu Theorien, Methoden und Befunden der Massenkommunikationsforschung).
Kaegbein/Bibliotheken: Paul Kaegbein, Bibliotheken als spezielle Informationssysteme; Zeitschrift für Bibliothekswesen und Bibliographie, Bd. 20, 1973, S. 425-442
(zum „Standort der Bibliotheken in einer immer wieder neue und alte Informationen benötigenden Welt", im Hinblick auf die Bestandsvermehrung und Bestandserschließung des angesammelten Wissens).
Kahnemann et al./Judgment: Daniel Kahnemann, Paul Slovic, Amos Tversky, Hrsg., Judgment under Uncertainty, Cambridge usw.: Cambridge Univ. Press, 1982
(klassische Sammlung von Pionierarbeiten zur Biasforschung und den alltäglichen Urteilsheurismen bei unvollständigen und unsicheren individuellen Wissenslagen).
Kammler/Interdependenz: Hans Kammler, Interdependenz der Ordnungen – Zur Erklärung der osteuropäischen Revolutionen von 1989; ORDO, Bd. 41, 1990, S. 45-59.
Karpen/Wissenschaftsfreiheit: Ulrich Karpen, Das Spannungsverhältnis zwischen Wissenschaftsfreiheit und Wissenschaftsverwertung, in: Hermann J. Schuster, Hrsg., Handbuch des Wissenschaftstransfers, Berlin, Heidelberg, New York: Springer, 1990, S. 71-88
(zum Verhältnis von Wissenschaft, Wirtschaft und Staat).
Keune/NIICO: R. Keune, Die Neue Internationale Informations- und Kommunikationsordnung (NIICO), in: Internationales Handbuch für Rundfunk und Fernsehen 1982/83, Teil F, Hamburg 1982, S. 57-65.
Kevenhörster/Politik: Paul Kevenhörster, Politik im elektronischen Zeitalter – Politische Wirkungen der Informationstechnik, Baden-Baden: Nomos, 1984
(zu den Auswirkungen der Computertechnologie auf die Politik: „Datenherrschaft" durch bürokratische Informationsmonopole, Entmachtung der parlamentarischen Kontrolleure, u.a.).
Kimminich/Veröffentlichungsrecht: Otto Kimminich, Das Veröffentlichungsrecht des Wissenschaftlers, Wissenschaftsrecht, Wissenschaftsverwaltung, Wissenschaftsförderung, Bd. 18, 1985, S. 116-141.
Kirzner/Wettbewerb: Israel M. Kirzner, Wettbewerb und Unternehmertum, Tübingen: Mohr, 1978
(zur Sammlung des verstreuten Wissens durch den Markt und dessen Ausnutzung durch „findige Unternehmer").
Kirzner/Unternehmer: Israel M. Kirzner, Unternehmer und Marktdynamik, München und Wien: Philosophia, 1988
(zur *Hayek*schen Informationsauffassung des Marktes, in der Tradition der Österreichischen Schule der Nationalökonomie).
Kissinger/Weltordnung: Henry A. Kissinger, Die sechs Säulen der Weltordnung, Berlin: Siedler, 1992

(Sammlung journalistischer Gelegenheitsarbeiten, die nicht bringen, was der Titel zu versprechen scheint, nämlich eine nähere Vorstellung von der Neuen Weltordnung und ihren tragenden Säulen.)

Kitsch/Valuable Information: Edmund W. Kitsch, The Law and Economics of Rights in Valuable Information, The Journal of Legal Studies, Vol. 4, 1980, S. 683-723
(zu den Gebrauchs- und Schutzpraktiken von Informationen in Firmen: „nicht durch Eigentum und Vertrag")·

Klapp/Meaning Lag: Orrin E. Klapp, Meaning Lag in the Information Theory; Journal of Communication, Vol. 32, No. 2, 1982, S. 56-66.

Klebe & Roth/Informationen: Thomas Klebe und Siegfried Roth, Hrsg., Informationen ohne Grenzen – Computernetze und internationale Arbeitsteilung, Hamburg: VSA, 1987
(Arbeiten zum grenzüberschreitenden Datenfluß in Computernetzen multinationaler Konzerne, bei meist zurückbleibendem Datenschutz).

Kleinewefers/Reformen: Henner Kleinewefers, Reformen für Wirtschaft und Gesellschaft, Frankfurt und New York: Campus, 1985
(S. 335ff.: systematische Darstellung der „Komponenten, Funktionen, Alternativen" des Eigentums aus ökonomischer Sicht).

Kleinewefers/Wirtschaftsordnungstheorie: Henner Kleinewefers, Grundzüge einer verallgemeinerten Wirtschaftsordnungstheorie, Tübingen: Mohr, 1988
(Verallgemeinerungsversuche des ordnungspolitischen Denkens, mit der Gefahr der Übergeneralisierung bei gleichzeitiger Entleerung; keine Ausdehnung in Richtung auf Wissensordnungen).

Kloepfer & Landbeck/Werbung: Rolf Kloepfer, Hanne Landbeck, Ästhetik der Werbung – Der Fernsehspot in Europa als Symptom neuer Macht, Frankfurt am Main: Fischer Taschenbuch, 1991
(zur Wissensart der Werbungsinformation und zum „freien Informationsfluß" in werbeabhängigen Sendern).

Kloos/Landinformationssysteme: Heinz W. Kloos, Landinformationssysteme in der öffentlichen Verwaltung, Heidelberg: Decker & Müller, 1990
(zur Nutzung grundstücks- und raumbezogener Datensammlungen für Umweltschutz, Städtebau, Raumordnung und Statistik).

Knorr-Cetina/Challenge: Karin Knorr-Cetina, The Microsociological Challenge to Macro-Sociology, in: Karin Knorr-Cetina und A. Cicourel, Hrsg., Advances in Social Theory and Methodology, Boston 1981, S. 1-47
(zum Überbrückungsproblem zwischen Mikro- und Makrosoziologie).

Koboldt & Schmidtchen/Copyright: Christian Koboldt und Dieter Schmidtchen, Copyrights – Das A und O in Literatur und Musik?, ORDO, Bd. 42, 1991, S. 295-323
(zur neueren Entwicklung des Copyrights).

Koch/Welt: Hans-Albrecht Koch, Hrsg., Welt der Information – Wissen und Wissensvermittlung in Geschichte und Gegenwart, Stuttgart: Metzler, 1990
(alte und neue Formen der öffentlichen Wissensvermittlung und Fachinformation, durch traditionelle und neue Medien).

Kochen/Growth: Manfred Kochen, Hrsg., The Growth of Knowledge, New York, London, Sydney: Wiley, 1967
(Beiträge zum Wissens- und Wissenschaftswachstum und den damit verbundenen Ressourcen-, Verteilungs-, Beratungsproblemen etc.).

König/Elektrotechnik: Wolfgang König, Elektrotechnik – Entstehung einer Industriewissenschaft, Berlin: Akademie, 1993
(noch nicht erschienen; lt. Ankündigung vermutlich aufschlußreich für die Wissenschaftsformen der Technik und Industrie).

Kohli/Knowledge: Ajay K. Kohli, Knowledge Disavowal; in: Knowledge: Creation, Diffusion, Utilization, Vol. 11, 1989, S. 155-169
(kein freier Informationsfluß in Organisationen; stattdessen vielfältige Praktiken der Wissensvermeidung und -verwerfung).

Koslowski/Gegendarstellung: Peter Koslowski, Gegendarstellung zur „Warnung" vor seinem Buch „Gesellschaftliche Koordination" in der FAZ vom 4.6.1992, S. 34
(Wortlaut der Rezensentenwarnung: „Koslowski appelliert an die schönen Seelen der Wirtschaftssubjekte. Doch die können mit seinem kategorischen Imperativ nichts anfangen. Seine zusammengeschusterte Formel ist semantisch undeutlich und logisch obskur."- Die nicht zum wissenschaftlich schwerwiegenderen Vorwurf der Unklarheit und Unbrauchbarkeit seines Werkes, sondern zu der wohl kaum als Reputationszuweisung für anerkannte Originalitätsansprüche gemeinten personbezogenen Verursacher-Zuschreibung gemachte Gegendarstellung lautet, für Fachleute überflüssigerweise und zur Akademischen Wissensordnung absurderweise, aber trotzdem veröffentlicht in der *Frankfurter Allgemeinen Zeitung* vom 12.6.1992, S. 12: „Unrichtig ist, daß ich ‚meinen' kategorischen Imperativ entwickelt habe. Richtig ist, daß die von Ihnen kritisierte Regel als wirtschaftsethische Konkretisierung von Kants kategorischem Imperativ eingeführt wird.").

Kreibich/Wissenschaftsgesellschaft: Rolf Kreibich, Die Wissenschaftsgesellschaft – Von Galilei zur High-Tech-Revolution, Frankfurt am Main: Suhrkamp, 1986
(zur Wissenschaftsgesellschaft, in der die Erzeugung und Verwertung von wissenschaftlicher Erkenntnis und Technologie die entscheidende Rolle spielt).

Kruglanski et al./Laienepistemologie: Arie W. Kruglanski, Mark W. Baldwin, Shelagh M. J. Towson, Die Theorie der Laienepistemologie, in: Dieter Frey und Martin Irle (Hrsg.), Theorien der Sozialpsychologie, Bd. III, Bern, Stuttgart, Toronto 1985, S. 293-314
(Laien-Motive und Laien-Verhalten beim alltäglichen Erkennen: Ordnungsbedürfnis bezüglich der Strukturiertheit von Problemsituationen, Furcht vor Irrtum, u.dgl.).

Krüsselberg/Interdependenz: Hans-Günther Krüsselberg, Zur Interdependenz von Wirtschaftsordnung und Gesellschaftsordnung – Euckens Plädoyer für ein umfassendes Denken in Ordnungen; ORDO, Bd. 40, 1989, S. 223-241.

Küppers/Ursprung: Bernd-Olaf Küppers, Der Ursprung biologischer Information, München und Zürich: Piper, 1986
(zur evolutionären Entstehung und systematischen Bedeutung der biologischen Information; syntaktische, semantische und pragmatische Informationsbegriffe).

Küppers/Perspektiven: Bernd-Olaf Küppers, Perspektiven einer evolutionären Biotechnologie, in: Gert Kaiser, Dirk Matejovski, Jutta Fedrowitz, Hrsg., Kultur und Technik im 21. Jahrhundert, Frankfurt und New York: Campus, 1993.

Kuhlen/Koordination: R. Kuhlen, Hrsg., Koordination von Informationen, Berlin, Heidelberg, New York: Springer, 1984
(Aufsätze über die Rolle von Informations- und Kommunikationstechniken in privaten und öffentlichen Verwaltungen).

Kuhn/Revolutionen: Thomas S. Kuhn, Die Struktur wissenschaftlicher Revolutionen, 2., rev. und ergänzte Aufl., Frankfurt am Main: Suhrkamp, 1978
(einflußreichstes Buch der modernen Wissenschaftsgeschichte, welches drei Leitbegriffe in die Diskussion gebracht hat: wissenschaftliche Revolution, moderne Forschungsgemeinschaft, disziplinäres Paradigma).

Kunz/Funktionsfähigkeit: Harald Kunz, Die Funktionsfähigkeit von Märkten für Information, in: Erich Streißler, Hrsg., Information in der Wirtschaft, Berlin: Duncker & Humblot, 1982, S. 263-267.

Kunz/Marktsystem: Harald Kunz, Marktsystem und Information, Tübingen: Mohr, 1985
(über Informationsgüter und Informationsmärkte).

Lamberton/Emergence: D. M. Lamberton, The Emergence of Information Economics, in: Meheroo Jussawalla und Helene Ebenfield, Hrsg., Communication and Information Economics, Amsterdam, New York, Oxford: North-Holland, 1984, S. 7-22
(S. 7: „The emergence of information economics can be seen as a response to the deficiencies of economic theory built upon perfect knowledge, the failures of policy, or the spectacular advent of intelligent electronics with greatly enhanced capacity for communication, computation, and control.")

Landes/Prometheus: David S. Landes, Der entfesselte Prometheus – Technologischer Wandel und industrielle Entwicklung in Westeuropa von 1750 bis zur Gegenwart, Köln: Kiepenheuer & Witsch, 1973.

Landes & Posner/Copyright Law: William M. Landes und Richard A. Posner, An Economic Analysis of Copyright Law, Journal of Legal Studies, Vol. 18, 1989, S. 325-363
(ökonomisch-rechtliche Analyse des „copyright as a whole").

Langenbucher & Mahle/Unterhaltung: Wolfgang R. Langenbucher und Walter A. Mahle, Hrsg., Unterhaltung als Beruf – Herkunft, Berufsweg und Selbstverständnis einer Berufsgruppe, München 1974
(maßgebliche österreichische Arbeiten zum Selbst- und Aufgabenverständnis des modernen Journalismus).

Langenbucher/Politik: Wolfgang R. Langenbucher, Hrsg., Politik und Kommunikation, München und Zürich: Piper, 1979
(Aufsatzsammlung über öffentliche Meinungsbildung und politische Kommunikation sowie zur engen Beziehung zwischen Herrschaftsordnung und Kommunikationsordnung).

Langenbucher/Sensationen: Wolfgang R. Langenbucher, Hrsg., Sensationen des Alltags, Wien: Überreuther, 1992
(Sammlung von „Meisterwerken" des österreichischen Journalismus).

Langenbucher/Journalismus: Wolfgang Langenbucher, Autonomer Journalismus, in: Frank Böckelmann und Walter A. Mahle, Hrsg., Journalisten in Deutschland, München: Ölschläger, 1993.

Launer/Nachrichtenordnung: Ekkehard Launer, Neue „Nachrichtenordnung"? Frankfurter Rundschau, Nr. 107 vom 8. Mai 1977
(Tagungsbericht zur These: „Die wirtschaftliche Abhängigkeit der dritten Welt spiegelt sich im Informationssektor." Forderung einer neuen Nachrichtenordnung angesichts der Alternative: „Informationspool oder Informationsmonopol").

Lehner/Einführung: Franz Lehner, Einführung in die Neue Politische Ökonomie, Königstein/Ts.: Athenäum, 1981
(zum „Public Choice"-Ansatz im allgemeinen und zu den Theorien der Kollektivgüter, der budgetmaximierenden Bürokratie u.a. im besonderen).

Lenk/Sozialpsychologie: Hans Lenk, Zwischen Sozialpsychologie und Sozialphilosophie, Frankfurt am Main: Suhrkamp, 1987.

Lenk/Wissenschaft: Hans Lenk, Hrsg., Wissenschaft und Ethik, Stuttgart: Reclam, 1991
(Aufsatzsammlung zur Wissenschaftsethik, über kontroverse Fragen der wissenschaftlichen Verantwortung, Forschungs- und Wertfreiheit, u.dgl.; mit Dokumentenanhang von Stellungnahmen u. Empfehlungen wissenschaftlicher Vereinigungen und Standesorganisationen).

Lenk & Maring/Technikverantwortung: Hans Lenk, Matthias Maring, Hrsg., Technikverantwortung, Frankfurt und New York: Campus, 1991
(neuere Beiträge zur Technik- und Wissenschaftsethik, mit erweiterten Verantwortungskonzepten und ethischen Verhaltenskodizes).

Lenk & Ropohl/Technik: Hans Lenk und Günter Ropohl, Hrsg., Technik und Ethik, Stuttgart: Reclam, 1987

(Aufsatzsammlung zur Technikethik, über Verantwortungsfragen, Ethikkodizes, u.dgl.; mit Dokumentenanhang von Stellungnahmen und Empfehlungen wissenschaftlicher Vereinigungen und Standesorganisationen).

Lenk/Fachinformationsversorgung: Klaus Lenk, Fachinformationsversorgung als öffentlicher Auftrag, in: R. Kuhlen, Hrsg., Koordination von Informationen, Berlin, Heidelberg, New York: Springer, 1984, S. 336-347
(Versorgung mit Fachinformation durch Archive, Bibliotheken, Verlage als öffentliche Aufgabe mit Grundrechtsbezug; zur Vernachlässigung der Versorgungsaufgabe in den Wirtschaftswissenschaften, im Vergleich zur Optimierung der Produktion von Information).

Lenk/Perspektiven: Klaus Lenk, Perspektiven für Organisation und Recht des Publizierens, in: Herbert Fiedler, Hrsg., Rechtsprobleme des elektronischen Publizierens, Köln: Schmidt, 1992, S. 112-123
(Information als Öffentliches Gut mit Eigenschaften, die es erforderlich machen, daß die informationsrechtlichen Regelungen „von Grund auf neu durchdacht werden" müssen).

Lepsius/Interessen: M. Rainer Lepsius, Interessen, Ideen und Institutionen, Opladen: Westdeutscher Verlag, 1990
(S. 53: „Die ‚moderne Gesellschaft' ist das Produkt und zugleich der Produzent von spezifischen institutionellen Ordnungen.")

Linde/Sachdominanz: Hans Linde, Sachdominanz in Sozialstrukturen, Tübingen: Mohr, 1972.

Lith/Bildungswesen: Ulrich van Lith, Markt, persönliche Freiheit und die Ordnung des Bildungswesens, Tübingen: Mohr, 1983
(Überlegungen zur Neuordnung des Bildungswesens, in enger Anlehnung an diesbezügliche Schlußfolgerungen des ordnungspolitischen Denkens aus dem Geist der liberalen Wirtschaftsordnung).

Lith/Markt: Ulrich van Lith, Der Markt als Ordnungsprinzip des Bildungsbereichs, München: Oldenbourg, 1985
(zum Verhältnis von Bildung und Staat; zum Markt als Paradigma der Bildungspolitik).

Lochner/Kunst: Horst Lochner, Das Recht der bildenden Kunst, München: Thiemig, 1970
(Kunstfreiheitsgarantie; Urheberrecht des bildenden Künstlers; Recht der Kunstkritik und Kunstberichterstattung).

Long /Freedom: Janice R. Long, Scientific Freedom – Focus of National Security Controls Shifting, Chemical & Engineering News, Vol. 63, vom 1. Juli 1985, S. 7-11
(zum freien Austausch wissenschaftlicher Erkenntnis angesichts der im Namen „Nationaler Sicherheit" bestehenden Kontrollmöglichkeiten der Regierungen).

Lorenz/Wissenschaftsfreiheit: Dieter Lorenz, Wissenschaftsfreiheit zwischen Kirche und Staat, Konstanz: Universitätsverlag, 1976
(zum gespannten Verhältnis der Wissenschaft zum Staat und zur Kirche).

Lübbe/Zeit: Hermann Lübbe, Im Zuge der Zeit, Berlin, Heidelberg, New York: Springer, 1992
(Kap. 4: zum „Reliktmengenwachstum" als Folge des Wissenswachstums; zur grundsätzlichen Wissensverwahrung durch Archivierung und zur gelegentlichen Wissensvernichtung durch „Kassation"; zur Rolle und Problematik der Speicherbibliotheken).

Lübbe et al./Orientierungswaise: Hermann Lübbe et al., Der Mensch als Orientierungswaise?, Freiburg und München: Alber, 1982
(Beiträge zum angeblichen Orientierungsverlust – der vielleicht eher ein von der konservativen Kulturkritik abgelehnter Orientierungswandel ist – des modernen Menschen).

Luhmann/Systeme: Niklas Luhmann, Soziale Systeme – Grundriß einer allgemeinen Theorie, Frankfurt am Main: Suhrkamp, 1984
(zusammenfassende Darstellung der Theorie sozialer Systeme, von ihrem führenden Vertreter im deutschen Sprachraum).
Luhmann/Soziologie: Niklas Luhmann, Die Soziologie und der Mensch, Neue Sammlung, Bd. 25, 1985, S. 33-41.
Luhmann/Wissenschaft: Niklas Luhmann, Die Wissenschaft der Gesellschaft, Frankfurt am Main: Suhrkamp, 1990.
Luhmann/Eigentum: Niklas Luhmann, Der Ursprung des Eigentums und seine Legitimation – Ein historischer Bericht, in: Werner Krawietz, Antonio A. Martino, Kenneth I. Winston, Hrsg., Technischer Imperativ und Legitimationskrise des Rechts, Berlin: Duncker & Humblot, 1991, S. 43-57
(vertritt die These, „daß weder die juristische noch die wirtschaftliche Theorie des Eigentums einen ausreichenden Begriff der modernen Gesellschaft bereitstellt").
Lutterbeck/Planungsprozesse: Bernd Lutterbeck, Informationelle Probleme parlamentarischer Beteiligung an Planungsprozessen, in: Wilhelm Steinmüller, Hrsg., Informationsrecht und Informationspolitik, München und Wien: Oldenbourg, 1976, S. 164-178
(zum Einfluß exekutiver Informationssysteme auf die gesellschaftliche Wissenslage und deren „Informationsgleichgewicht").
Lyotard/Wissen: Jean-Francois Lyotard, Das postmoderne Wissen, Graz, Wien: Böhlau, 1986
(zur Informatisierung des Wissens und Transformation der Wissenschaft im postmodernen Informationszeitalter).
MacBride/Stimmen: Viele Stimmen – eine Welt: Kommunikation und Gesellschaft, heute und morgen. Deutsche Ausgabe des Berichts der Internationalen Kommission zum Studium der Kommunikationsprobleme unter dem Vorsitz von Sean MacBride an die UNESCO, Konstanz: Universitätsverlag 1981
(Titel der englischen Originalausgabe von 1980 dieses sog. MacBride-Reports: „Many Voices, One World – Towards a More Just and More Efficient World Information and Communication Order").
Machlup/Patentrecht: Fritz Machlup, Die wirtschaftlichen Grundlagen des Patentrechts; Gewerblicher Rechtsschutz und Urheberrecht/Auslands- und Internationaler Teil, 1961, S. 373-390, 473-482, 524-537
(ökonomische Probleme und Theorien zur Patentierungsfrage von Erfindungen).
Machlup/Production: Fritz Machlup, The Production and Distribution of Knowledge in the United States, Princeton, N. J.: Princeton Univ. Press, 1962
(S. 166ff. zum Patentwesen).
Machlup/Patentwesen: Fritz Machlup, Patentwesen, in: Handwörterbuch der Sozialwissenschaften, hrsg. von Erwin v. Beckerath et al., Bd. 8, 1964, S. 231-240
(Vergleich von vier Rechtsphilosophien zum Erfinderschutz, deren Unterschiede für den Siegeszug der Patentschutzidee jedoch „praktisch so gut wie bedeutungslos" waren; außerdem zur Grundsatzfrage: Einzelfälle oder Universalordnung?).
Machlup/Knowledge I-III: Fritz Machlup, Knowledge – Its Creation, Distribution, and Significance, 3 Bände, Princeton, N. J., 1980, 1982, 1984
(als Riesenwerk zur Informationsökonomie angesetzt; weitere angekündigte Bände nicht erschienen).
Machlup & Leeson/Information: Fritz Machlup und Kenneth Leeson, Information through the Printed Word, 4 Bde, New York 1978-1980
(zur Ausbreitung des gelehrten, wissenschaftlichen und intellektuellen Wissens durch die Drucktechniken).
Machlup & Mansfield/Information: Fritz Machlup und Una Mansfield, Hrsg., The Study of Information, New York u.a.: Wiley, 1983

(Aufsatzsammlung über Ansätze und Anwendungen des Informationskonzepts in verschiedenen Fachwissenschaften).

Mackaay/Economics: Evert Johannes Pieter Mackaay, Economics of Information and Law, Montreal: Groupe de Recherche en Consommation, 1980
(Information als ökonomisches Gut betrachtet).

Mackenzie et al./Patents Michael Mackenzie, Peter Keating, Alberto Combrosio, Patents and Free Scientific Information in Biotechnology: Making Monoclonal Antibodies Proprietary; Science, Technology & Human Values, Vol. 15, 1990, S. 65-83
(zu der im biotechnischen noch stärker als im informationstechnischen Bereich aufkommenden Tendenz zur Verschließung und „Vereigentumisierung" von theoretischem Wissen und technischen Artefakten).

Macpherson/Besitzindividualismus: C. B. Macpherson, Die politische Theorie des Besitzindividualismus, Frankfurt am Main: Suhrkamp, 1967
(zur „Eigentumsmarktgesellschaft").

Mandl & Spada/Wissenspsychologie: Heinz Mandl, Hans Spada, Hrsg., Wissenspsychologie, München und Weinheim: Psychologie Verlags Union, 1988
(zum Stand der Forschung in den Hauptgebieten der Wissens- u. Problemlösepsychologie).

Manegold/Universität: Karl-Heinz Manegold, Universität, Technische Hochschule und Industrie – Ein Beitrag zur Emanzipation der Technik im 19. Jahrhundert unter besonderer Berücksichtigung der Bestrebungen Felix Kleins, Berlin: Duncker & Humblot, 1970
(zu den Wechselbeziehungen von Universität, Technik und Industrie – aufschlußreiche Materialien zum neuzeitlichen Transformationsprozeß der Wissenschaft).

Mannheim/Wissenssoziologie: Karl Mannheim, Wissenssoziologie – Auswahl aus dem Werk, eingeleitet und hrsg. von Kurt H. Wolff, Berlin und Neuwied 1964
(zum Verhältnis von Ideen und Interessen, im Hinblick auf die „Seinsverbundenheit" des Denkens, die Stellung der „freischwebenden Intelligenz", u.a.).

Mannheim/Ideologie: Karl Mannheim, Ideologie und Utopie, 4. Aufl., Frankfurt am Main: Schulte-Bulmke, 1965
(dito).

McClelland/State: Charles E. McClelland, State, Society, and University in Germany 1700-1914, Cambridge, London, New York: Cambridge Univ. Press, 1980
(zur deutschen Universitäts- und Wissenschaftsgeschichte, insbesondere über die Beziehungen zwischen Universität und Wissenschaft einerseits, Staat, Wirtschaft und Gesellschaft andererseits).

McCorduck/Denkmaschinen: Pamela McCorduck, Denkmaschinen – die Geschichte der künstlichen Intelligenz, München: Markt und Technik, 1987
(zur Entwicklung der KI-Forschung und zu ihrer Verteidigung gegen Kritiker).

Meister/Datenschutz: Herbert Meister, Datenschutz im Zivilrecht, 2., überarbeitete Aufl., Bergisch-Gladbach: Heider, 1981
(zur zivilrechtlichen Begründung eines subjektiv-privaten „Rechts am eigenen Datum").

Meister/Schutzgut: Herbert Meister, Das Schutzgut des Datenrechts; Datenschutz und Datensicherung, Heft 3, 1983, S. 163-180
(zum persönlichkeitsrechtlich statt eigentumsrechtlich unterlegten subjektiv-privaten Recht am eigenen Datum).

Merton/Sociology: Robert K. Merton, Sociology of Science, Chicago und London: Chicago Univ. Press, 1973
(Aufsatzsammlung zum funktionalistischen Paradigma „wissenschaftliches Ethos/soziales System Wissenschaft").

Merton/Riesen: Robert K. Merton, Auf den Schultern von Riesen, Frankfurt am Main 1983
(zum ideen- und wissenschaftsgeschichtlichen Hintergrund des wissenschaftlichen Selbstverständnisses der Beiträge zum Erkenntnisfortschritt durch „Zwerge auf den Schultern von Riesen").

Merton/Forschungsinteressen: Robert K. Merton, Entwicklung und Wandel von Forschungsinteressen, Frankfurt am Main: Suhrkamp, 1985
(irreführender deutscher Titel für eine Sammlung von wichtigen Arbeiten zur Wissenssoziologie, aber ohne systematische Behandlung der Ideen/Interessen-Beziehungen, ausgenommen die „disinterestedness" als einem Funktionserfordernis des „sozialen Systems Wissenschaft").

Mestmäcker/Hand: Ernst-Joachim Mestmäcker, Die sichtbare Hand des Rechts, Baden-Baden: Nomos, 1978
(über das Verhältnis von Rechtsordnung und Wirtschaftssystem, angesichts der weiterwirkenden „Sichtbaren Hände" des Rechts und des Staates, die beide nicht „absterben" wollen, wie es der Marxismus für den Staat und der frühe Liberalismus für das Recht annahmen).

Mestmäcker/Recht: Ernst-Joachim Mestmäcker, Recht und ökonomisches Gesetz – Über die Grenzen von Staat, Gesellschaft und Privatautonomie, Baden-Baden: Nomos, 1978; 2. ergänzte Aufl. 1984
(über Staatsverfassung und Wirtschaftsordnung, institutionalisierte Meinungsfreiheiten, u.a.).

Mestmäcker/Rundfunkordnung: Ernst-Joachim Mestmäcker, Hrsg., Offene Rundfunkordnung – Prinzipien für den Wettbewerb im grenzüberschreitenden Rundfunk, Gütersloh: Bertelsmann Stiftung, 1988
(Beiträge zur Rundfunkfreiheit und zur deutschen bzw. europäischen Rundfunkordnung).

Mestmäcker/Imperativ: Ernst-Joachim Mestmäcker, Die Kraft des Freiburger Imperativs, Frankfurter Allgemeine Zeitung, Nr. 127 vom 2.7.1990, S. 13
(zur Aktualität der *Eucken*schen Ordnungstheorie; Marktwirtschaft als Wirtschaftsordnung, diese als Teilordnung für Staat und Gesellschaft).

Meusel/Forschungsfreiheit: Ernst-Joachim Meusel, Patent- und Urheberrechte vor Forschungsfreiheit?, Wissenschaftsrecht, Wissenschaftsverwaltung, Wissenschaftsförderung, Bd. 19, 1986, S. 233-241.

Meusel/Veröffentlichungspflicht: Ernst-Joachim Meusel, Veröffentlichungspflicht und Geheimhaltung, in: Hermann J. Schuster, Hrsg., Handbuch des Wissenschaftstransfers, Berlin, Heidelberg, New York: Springer, 1990, S. 89-99.

Meyer-Abich/Wege: Klaus Michael Meyer-Abich, Wege zum Frieden mit der Natur, München und Wien: Hanser, 1984
(zu erweiterten Verantwortlichkeit für die Umwelt und diesbezüglichen Verträglichkeitsanforderungen für Wissenschaft und Technik).

Meyrowitz/Medien: Joshua Meyrowitz, Wie Medien unsere Welt verändern, 2 Bde, Weinheim und Basel: Beltz, 1990
(zur Stellung und Wirkung der Medien in der heutigen „Fernseh-Gesellschaft").

Mill/Freiheit: John Stuart Mill, Über die Freiheit, hrsg. mit einer Einleitung von Manfred Schlenke, Stuttgart: Reclam, 1974
(Original: On Liberty, 1959).

Miller/Informavores: George A. Miller, Informavores, in: Fritz Machlup und Una Mansfield, Hrsg., The Study of Information, New York u.a.: Wiley, 1983, S. 111-113
(der Mensch als Mitglied der Gattung „Informationsfresser").

Miller/Overload: James G. Miller, Information Input Overload and Psychopathology; American Journal of Psychiatrie, Vol. 116, 1960, S. 695-704
(über Reaktionsweisen auf informationelle Input-Überlastung).
Miller/Systems: James G. Miller, Living Systems – The Group; Behavioral Science, Vol. 16, 1971, S. 277-398.
Miller & Davis/Property: Arthur R. Miller und Michael H. Davis, Hrsg., Intellectual Property – Patents, Trademarks, and Copyright in a Nutshell, St. Paul, Minn.: West Publ. Co., 1983
(zusammenfassende Darstellung der einschlägigen Rechtsregelungen für Patente, Handelsmarken, Copyrights, etc.).
Mocek/Neugier: Reinhard Mocek, Neugier und Nutzen, Köln: Pahl-Rugenstein, 1988.
Mölich/Informationsordnung: Karl-Heinz Mölich, Der Entstehungsprozeß der Neuen Internationalen Informationsordnung, Köln: Theurer, 1983
(völkerrechtliche Betrachtungen zu der nach 1945 entstehenden Neuen Internationalen Informationsordnung; Parallelsetzung zur „Neuen Internationalen Wirtschaftsordnung").
Moltke/Urheberrecht: Bertram von Moltke, Das Urheberrecht an Werken der Wissenschaft, Baden-Baden: Nomos, 1992
(zur Urheberrechtsproblematik an den dafür nach vorherrschender Auffassung weniger geeigneten wissenschaftlichen Werkgattungen).
Müller/Kunst: Friedrich Müller, Freiheit der Kunst als Problem der Grundrechtsdogmatik, Berlin: Duncker & Humblot, 1969.
Münch/Kommunikationsgesellschaft: Richard Münch, Dialektik der Kommunikationsgesellschaft, Frankfurt am Main: Suhrkamp, 1991
(über die durch Vermehrung, Beschleunigung, Verdichtung und Globalisierung „entfesselte Kommunikation").
Myrell/Herolds Hoffnung: Günter Myrell, Herolds Hoffnung – Im Gespräch mit Dr. Horst Herold, Präsident des Bundeskriminalamts von 1971 bis 1981, in: Günter Myrell, Hrsg., Daten-Schatten, Reinbek bei Hamburg: Rowohlt, 1984, S. 181-193.
Naisbitt/Megatrends: John Naisbitt, Megatrends, 2. Aufl., Bayreuth 1984
(globale Einschätzung der großen, grobgefaßten Entwicklungslinien des Informationszeitalters).
Neber/Problemlösepsychologie: Heinz Neber, Hrsg., Problemlösepsychologie, Münster: Aschendorff, 1987
(zu neueren Entwicklungen und Anwendungen der Psychologie des Problemlösens, u.a. zur kontroversen Frage: „General Problem Solver" oder „sachgebiet-spezifische" Problemlösefähigkeiten?).
Negt & Kluge/Öffentlichkeit: Oskar Negt und Alexander Kluge, Öffentlichkeit und Erfahrung, Frankfurt am Main: Suhrkamp, 1972
(zur unterschiedlichen Organisation bürgerlicher und proletarischer Öffentlichkeit).
Nelkin/Science: Dorothy Nelkin, Science as Intellectual Property, New York und London: Macmillan, 1984
(über offenen und beschränkten Zugang – „access" – zu wissenschaftlichen und technischen Informationen, angesichts vielfältiger Interessenkonflikte zwischen Forschungsfreiheit und Folgenverantwortung, Informationseigentum und demokratischer Kontrolle, offener bzw. veröffentlichter Wissenschaft und Nationaler Sicherheit, u.a.).
Neugebauer/Staatswirksamkeit: Wolfgang Neugebauer, Staatswirksamkeit in Österreich und Preußen im 18. Jahrhundert, in: Karl-Ernst Jeismann, Hrsg., Bildung, Staat und Gesellschaft im 19. Jahrhundert, Stuttgart 1989, S. 102-115
(zu den Einwirkungsgrenzen des Staates auf das niedere Bildungswesen sowie zum staatlichen Omnipotenzverzicht in Preußen).

Neumann/Ansprüche: Manfred Neumann, Hrsg., Ansprüche, Eigentums- und Verfügungsrechte, Berlin: Duncker & Humblot, 1984
(Beiträge zu dem in jüngster Zeit in der „universellen", für allrelevant gehaltenen Ökonomie viel diskutierten und breit angewendeten *Property Rights*-Ansatz).
Newell & Simon/Problem Solving: Alan Newell und Herbert A. Simon, Human Problem Solving, Englewood Cliffs, N. J.: Prentice-Hall, 1972.
Nicklisch/Rechtsfragen: Fritz Nicklisch, Rechtsfragen der modernen Bio- und Gentechnologie; Betriebs-Berater, Heft 1, 1989, S. 1-10
(zu den drei Regelungsaufgaben der Rechtsordnung für die Biotechniken: Schutz des geistigen Eigentums, Schadensprävention und Haftungsregelung).
Nisbett & Ross/Inference: Richard Nisbett und Lee Ross, Human Inference, Englewood Cliffs, N. J.: Prentice-Hall, 1980
(über Schlußfolgerungsprozesse und deren Leistungsbilanz, insbesondere hinsichtlich systematischer Urteilsverzerrungen).
Noelle-Neumann/Meinung: Elisabeth Noelle-Neumann, Öffentliche Meinung – Die Entdeckung der Schweigespirale, Frankfurt am Main und Berlin: Ullstein, 1989
(zur Entstehung, Wirkung und Verzerrung der Öffentlichen Meinung).
Nora & Minc/Informatisierung: Simon Nora, Alain Minc, Die Informatisierung der Gesellschaft, Frankfurt am Main und New York: Campus, 1979
(im Auftrag der französischen Regierung verfaßter Bericht über die gesellschaftlichen, politischen und wirtschaftlichen Implikationen der Informationstechnologie; bekannt und viel zitiert als „Nora-Bericht").
Nordenstreng/Declaration: Kaarle Nordenstreng, The Mass Media Declaration of the UNESCO, Norwood, New Jersey: Ablex, 1984.
Norman & Rumelhart/Strukturen: Donald A. Norman und David E. Rumelhart, Strukturen des Wissens, Stuttgart: Klett-Cotta, 1978
(zur Konzeptentwicklung – vor allem für die Wissensrepräsentation – des informationstechnischen Arms der Kognitionswissenschaften, im Unterschied zum wissenspsychologischen Arm durch *Gardner/Denken*).
Oberender & Daumann/Insidergeschäfte: Peter Oberender und Frank Daumann, Verbot von Insidergeschäften im Börsenhandel?; ORDO, Bd. 43, 1992, S. 255-265
(vor allem mit Bezug auf die Wirtschaftsordnung begründete ordnungstheoretische Argumentation gegen ein Verbot von Insidergeschäften).
Olson/Information: Mancur Olson, Information as a Public Good, in: Robert S. Taylor, Hrsg., Economics of Information Dissemination, Syracuse 1973, S. 7-14, dazu Diskussion S. 14-20
(über institutionelle Arrangements für die Wissensverbreitung, insbesondere zur Einordnung von Bibliotheken in den öffentlichen oder privaten Sektor).
Olson/Logik: Mancur Olson, Jr., Die Logik des kollektiven Handelns, Tübingen: Mohr, 1968
(zur Theorie der Kollektivgüter).
Ong/Oralität: Walter J. Ong, Oralität und Literalität, Opladen: Westdeutscher, 1987
(zur „Technologisierung des Wortes"; Kulturtechnikfolgen, von der Erfindung der Schrift bis zum Aufkommen der modernen Medien).
Ordnung in Freiheit: Symposium aus Anlaß des 100. Jahrestages des Geburtstages von Walter Eucken am 17. Januar 1991, hrsg. vom Walter Eucken Institut Freiburg i. B., Tübingen: Mohr, 1992.
Osterrieth/Eigentum: Albert Osterrieth, Wissenschaftliches Eigentum, Tübingen: Mohr, 1925
(Urheberrecht für Geisteswerke und Patentrecht für Erfindungen, aber kein Rechtsschutz für Entdeckungen).

OTA/Property Rights: U. S. Congress, Office of Technology Assessment, Intellectual Property Rights in an Age of Electronics and Information, Washington, D. C.: U. S. Government Printing Office, April 1986; OTA-CIT-302
(Bericht über das „intellectual property system" der diesbezüglichen Rechte und Praktiken in den USA).

Parsons/Universität: Talcott Parsons, Die amerikanische Universität, Frankfurt am Main: Suhrkamp, 1990
(Kap. 2 zum „kognitiven Komplex" aus Wissen, Rationalität, Lernen, Kompetenz, Intelligenz).

Pawlowski/Recht: Hans-Martin Pawlowski, Recht und Moral im Staat der Glaubensfreiheit, Baden-Baden: Nomos, 1992
(zum Verhältnis von Staat und Kirche und zu den Aufgaben des Rechts im „Staat der Glaubensfreiheit" mit pluralistischer Verfassung; teils analog anwendbar auf den „Staat der Wissenschaftsfreiheit").

Philip/Information: Franz-Heinrich Philip, Hrsg., Information und Gesellschaft – Bedingungen wissenschaftlicher Publikation, Stuttgart: Wiss. Verlagsgesellschaft; Frankfurt: Umwelt & Medizin Verlagsgesellschaft, 1977
(älterer Sammelband mit informativen Kurzbeiträgen zum wissenschaftlichen Publikationswesen).

Pitschas/Verwaltungsrecht: Rainer Pitschas, Die Bewältigung der wissenschaftlichen und technischen Entwicklungen durch das Verwaltungsrecht; Die Öffentliche Verwaltung, Heft 18, September 1989, S. 785-800
(u.a. zur Möglichkeit eines „Verwaltungsinformationsrechts").

Pitschas/Sicherheit: Rainer Pitschas, Informationelle Sicherheit oder „Sicherheitsstaat"?, Neue Juristische Wochenschrift, Bd. 42, 1989, S. 2353-2359
(zur polizeilichen Informationsvorsorge durch Führung personenbezogener Datensammlungen).

Pohlmann/Urheberrecht: Hansjörg Pohlmann, Zur Überwindung der „Eigentums"-Vorstellungen im Urheberrecht, in: Georg Roeber, Hrsg., Persönlichkeit und Technik im Lichte des Urheber-, Film-, Funk- und Fernsehrechts – Ehrengabe für Ernst E. Hirsch, Baden-Baden: Verlag für Angewandte Wissenschaften, 1963, S. 61-100
(zur „Neubesinnung auf Gehalt und Gültigkeit" der vorherrschenden, vermögensrechtlich am „geistigen Eigentum" ausgerichteten Urheberrechtsauffassungen und ihrer persönlichkeitsrechtlichen Neubewertung).

Pool/Technologies: Ithiel de Sola Pool, Technologies of Freedom, Cambridge, Mass. und London: Harvard Univ. Press, 1983
(zur Entwicklung einer freien Presse und der heutigen elektronischen Medien, im Hinblick auf die These: „Electronics Takes Command").

Popitz/Epochen: Heinrich Popitz, Epochen der Technikgeschichte, Tübingen: Mohr, 1989.

Popper/Logik: Karl R. Popper, Logik der Forschung, Wien 1935; viele Neuauflagen mit umfangreichen Anhängen im Verlag Mohr, Tübingen.

Popper/Knowledge: Karl R. Popper, Objective Knowledge, Oxford: Clarendon, 1972.

Porat/Information Economy: Marc Uri Porat, The Information Economy, 2 Bände, Washington: U.S. Department of Commerce, 1977
(klassische Studie über den Informationssektor).

Postman/Kindheit: Neil Postman, Das Verschwinden der Kindheit, Frankfurt am Main 1983
(populäre Dramatisierungen vordergründiger Medienwirkung).

Postman/Amüsieren: Neil Postman, Wir amüsieren uns zu Tode, Frankfurt am Main 1985 (dazu als beiläufiger Kommentar: „Hurra, wir leben noch!" ... bis jetzt ist noch keiner am Fernseh-Amüsement gestorben).

Prantl/Information: Heribert Prantl, Die journalistische Information zwischen Ausschlußrecht und Gemeinfreiheit, Bielefeld: Gieseking, 1983.
(zum Nachrichtenschutz angesichts von Exklusivverträgen über journalistische Information).

Price/Babylon: Derek J. de Solla Price, Science since Babylon, 1961; enl. ed., New Haven, London: Yale Univ. Press, 1975
(Pionierarbeit zur Begründung der empirisch-quantitativen Wissenschaftsforschung der „Szientometrie", welche sich vor allem mit der Messung des Wissenschaftswachstums befaßt, indiziert durch Publikationen, Manpower und sachliche Ressourcen).

Price/Little Science: Derek J. de Solla Price, Little Science, Big Science – Von der Studierstube zur Großforschung, Frankfurt am Main: Suhrkamp, 1974
(als die Wissenschaft „klein" war und wie sie, erstmals mit dem Manhattan-Projekt der Atombombe, „groß" – und teuer – geworden ist; als Folge der zu groß und deshalb kommunikationsunfähig gewordenen „wissenschaftlichen Internationale" kristallisieren sich die *„Unsichtbaren Kollegien"* der maßgeblichen Wissenschaftler im jeweiligen Fach heraus, die „an der Front der Forschung" arbeiten und im unmittelbaren Ideen- und Ressourcenwettbewerb zueinander stehen).

Price/Beyond: Derek J. de Solla Price, Little Science, Big Science ... and Beyond, New York: Columbia Univ. Press, 1986
(posthum herausgebrachte Begleit- und Folgestudien zu den genannten Pionierarbeiten).

Prokop/Medienforschung: Dieter Prokop, Hrsg., Medienforschung. 3 Bde, Frankfurt am Main: Fischer, 1985
(Aufsatzsammlung zur klassischen und neueren Medienforschung).

Puppe/Problemlösungsmethoden: Frank Puppe, Problemlösungsmethoden in Expertensystemen, Berlin, Heidelberg, New York u.a.: Springer, 1990
(zum expertensystemgeführten Problemlösen).

Radnitzky/Universität: Gerard Radnitzky, Die Universität als ordnungspolitisches Problem, in: Hardy Bouillon und Gerard Radnitzky, Hrsg., Die ungewisse Zukunft der Universität, Berlin: Duncker & Humblot, 1991
(anstelle ordnungspolitischer Analyse der – deutschen und schwedischen – Universität tagespolitische Polemik mit einseitigen Schuldzuweisungen; ohne Gespür für die Besonderheiten einer Wissensordnung im Vergleich zur Wirtschaftsordnung).

Radnitzky/Economics: Gerard Radnitzky, Hrsg., Universal Economics, New York: Paragon, 1992.

Radnitzky & Bouillon/Ordnungstheorie: Gerard Radnitzky und Hardy Bouillon, Hrsg., Ordnungstheorie und Ordnungspolitik, Berlin, Heidelberg, New York: Springer, 1991
(mit ideologisch überzogenem „antisozialistischem" Affekt zur „Renaissance des ordnungspolitischen Denkens"; ohne Bezug zur Wissensordnungsproblematik).

Rawls/Gerechtigkeit: John Rawls, Eine Theorie der Gerechtigkeit, Frankfurt/M.: Suhrkamp, 1975
(Kap. III, Abschnitt 24, zum „Schleier des Nichtwissens", um durch – fingierte – Unkenntnis bestimmter Einzeltatsachen partikulare Interessenlagen auszuschalten, wie es die von *Rawls* nicht erwähnte Klassische Wissensordnung durch die Trennung von Erkenntnis und Interessen vorsieht).

Reason/Error: James Reason, Human Error, Cambridge u.a.: Cambridge Univ. Press, 1990
(Fehlertypologie für menschliches Wissen und Schließen).

Rebe/Nutzen: Bernd Rebe, Hrsg., Nutzen und Wahrheit, Hildesheim: Olms, 1991
(Beiträge zur neuzeitlichen, auch außeruniversitären Wissenschaftsentwicklung im Hinblick auf die Transformation der Wissenschaftsformen, mit zunehmender Anwendungsorientierung).

Reetsma/Folter: Jan Philipp Reetsma, Hrsg., Folter – Zur Analyse eines Herrschaftsmittels, Hamburg: Junius, 1991
(zum Funktionswandel der Folter vom – zumeist wenig ergiebigen – Wissenserpressungsmittel zum weit wirksameren Mittel der psychologischen Persönlichkeitsvernichtung und politischen Herrschaft).

Reinermann/Landessystemkonzept: Heinrich Reinermann, Landessystemkonzept Baden-Württemberg: „Haut cru"?; Computer und Recht, Bd. 3, 1987, S. 124-132
(zum Konzept eines landeseinheitlichen Konzepts der Informationsverwaltung).

Reinermann/Thesen: Heinrich Reinermann, Verwaltungsinnovation und Informationsmanagement – 105 Speyerer Thesen zur Bewältigung der informationstechnischen Herausforderung, 2. neubearbeitete Aufl., Heidelberg: Decker & Müller, 1987
(Analysen und Vorschläge zur Neugestaltung des Verwaltungswissens im Informationszeitalter).

Reinermann/Neue Informationstechniken: Heinrich Reinermann, Neue Informationstechniken – Neue Verwaltungsstrukturen?, Heidelberg: Decker & Müller, 1988
(Beiträge zu Organisationsfragen des Verwaltungswissens und zur grundsätzlichen „Herausforderung" durch die Informationstechnik).

Reinermann/Führung: Heinrich Reinermann, Hrsg., Führung und Information – Chancen der Informationstechnik für die Führung in Politik und Verwaltung, Heidelberg: Decker & Müller, 1991.
(zur Führungs-, Planungs- und Verwaltungsinformation im politisch-administrativen Bereich).

Reinermann et al./Informationstechniken: Heinrich Reinermann et al., Hrsg., Neue Informationstechniken – Neue Verwaltungsstrukturen?, Heidelberg: Decker & Müller, 1988.

Rheingold/New Deal: Nathan Rheingold, Vannevar Bush's New Deal for Research: or The Triumph of the Old Order; Historical Studies in the Physical and Biological Sciences, Vol. 17, Part 2, 1987, S. 299-344
(zur amerikanischen Wissenschaftspolitik).

Riesman/Masse: David Riesman, Die einsame Masse, Reinbek bei Hamburg: Rowohlt, 1958
(wissenschaftlicher Bestseller über die zunehmende Außenorientierung des modernen Menschen).

Rilling/Geheimhaltung: Rainer Rilling, Militärische Wissenschaftspolitik und Geheimhaltung in den USA seit Anfang der 80er Jahre; Jahrbuch Technik und Gesellschaft, Bd. 4, 1987, S. 233-258
(zu den jüngsten staatlichen Geheimhaltungspraktiken bei militärisch relevanter wissenschaftlicher Information).

Ritter/Großforschung: Gerhard A. Ritter, Großforschung und Staat in Deutschland, München: Beck, 1992
(knapper historischer Überblick zum Verhältnis von Staat und Forschung im 19. Jahrhundert und zur Ausbildung der Großforschungseinrichtungen bis zur Gegenwart).

Roellecke/Kopieren: Gerd Roellecke, Das Kopieren zum eigenen wissenschaftlichen Gebrauch; Archiv für Urheber-, Film-, Funk- und Theaterrecht, Bd. 84, 1979, S. 79-145
(rechtliche und rechtspolitische Überlegungen zum Vervielfältigungsproblem von Informationen durch Fotokopieren; Vergleich von geistigem Eigentum und Sacheigentum; über Meinungsmonopole, Wissenschafts- und Pressefreiheit).

Roellecke/Wahrheit: Gerd Roellecke, Wahrheit, Gemeinwohl und Meinungsfreiheit; Juristenzeitung, Nr. 20, 1981, S. 688-695
(zum Verständnis der Meinungsfreiheit nach dem Fair/Unfair- statt Wahr/Unwahr-Schema, mit Kommentaren zu den *Wallraff*-Entscheidungen des Bundesgerichtshofes).

Rogall/Informationseingriff: Klaus Rogall, Informationseingriff und Gesetzesvorbehalt im Strafprozeßrecht, Tübingen: Mohr, 1992
(zur Erweiterung des Eingriffsdenkens und der Eingriffskriterien für Informationen angesichts des Rechts auf informationelle Selbstbestimmung).

Ropohl/Information: Günter Ropohl, Information Does Not Make Sense or: The Relevance Gap in Information Technology and its Social Dangers, in: Carl Mitcham und Alois Huning, Hrsg., Philosophy and Technology II, Dordrecht: Reidel, 1986, S. 63-74.

Rosenzweig/Research: Robert M. Rosenzweig, Research as Intellectual Property – Influences Within the University; Science, Technology, and Human Values, Vol. 10, No. 2, 1985, S. 41-48; mit Kommentar von Howard W. Bremer, S. 49-54
(zum Ausgreifen ökonomisch-rechtlicher Verfügungsrechtsansprüche auf den akademisch-wissenschaftlichen Bereich).

Roßnagel/Zerfall: Alexander Roßnagel, Radioaktiver Zerfall der Grundrechte?, München: Beck, 1984.
(zur Verfassungsverträglichkeit der Kernenergie).

Roßnagel/Freiheit: Alexander Roßnagel, Hrsg., Freiheit im Griff – Informationsgesellschaft und Grundgesetz, Stuttgart: Hirzel, 1989
(Aufsätze über den Zusammenhang von technischer Entwicklung und grundgesetzlicher Ordnung).

Roßnagel/Digitalisierung: Alexander Roßnagel, Hrsg., Digitalisierung der Grundrechte? – Zur Verfassungsverträglichkeit der Informations- und Kommunikationstechnik, Opladen: Westdeutscher Verlag, 1990
(juristische Technikfolgenforschung zur Ausbreitung und Rückwirkung der Wissenstechniken).

Roszak/Denken: Theodore Roszak, Der Verlust des Denkens, München: Droemer-Knaur, 1986
(Verlust des Denkens als technik- und medienbedingter Verlust der Generalisierungsfähigkeit).

Roth/Weltinformationsordnung: Paul Roth, Zu einer neuen Weltinformationsordnung; Communicatio Sociales, Bd. 18, 1985, S. 235-242
(zum Aufkommen der Formulierungen „Neue Weltinformationsordnung" – in Analogie zur vorher schon geforderten „Neuen Weltwirtschaftsordnung" –, „Neue Kommunikationsordnung", u.dgl.).

Rubin & Huber/Knowledge Industry: Michael Rogers Rubin, Mary Taylor Huber, The Knowledge Industry in the United States 1960-1980, Princeton, New Jersey: Princeton Univ. Press, 1986
(zur Entwicklung der Wissensindustrie in den USA, mit empirischen Befunden zum Informationssektor, zu den Kommunikationsmedien, „Informationsmaschinen", Informationsdiensten, u.a.).

Rüegg/Verfaßtheit: Walter Rüegg, Die Verfaßtheit der Universität, in: Erhard Busek, Wolfgang Mantl, Meinrad Peterlik, Hrsg., Wissenschaft und Freiheit – Ideen zur Universität und Universalität, Wien und München 1989, S. 148-163
(„Verfaßtheit" mehr nach Art der – gefährdeten – Selbstverwaltung als einer eigenständigen Wissenschaftsverfassung oder Wissensordnung).

Ruß-Mohl/Flow: Stephan Ruß-Mohl, Free Flow versus Hiding Hand, in: Jens Krüger und Stephan Ruß-Mohl, Hrsg., Risikokommunikation, Berlin: edition sigma im Bohn Verlag, 1991, S. 221-243 (über Gefährdungen des „freien Informationsflusses" innerhalb der Industrieländer und zu den Entwicklungsländern).

Ruß-Mohl/Wissenschaftsjournalismus: Stephan Ruß-Mohl, Hrsg., Wissenschaftsjournalismus und Öffentlichkeitsarbeit, Gerlingen: Bleicher, 1990
(zur Standortbestimmung und Informationsaufgabe des Wissenschaftsjournalismus, in Verbindung mit oder im Unterschied zu Public Relations).

Rust/Mediengesellschaft: Holger Rust, Die Zukunft der Mediengesellschaft – Ein ethnologischer Essay über Öffentlichkeit und Kommunikation, Berlin: Spiess, 1984
(kritisch-ethnologische Betrachtungen der westlichen Informationspolitik und der Doktrin vom freien Informationsfluß).

Sachsse/Technik: Hans Sachsse, Technik und Verantwortung – Probleme der Ethik im technischen Zeitalter, Freiburg: Rombach, 1972
(S. 134ff. zur Frage, inwieweit sich „Begriffe wie Eigentum und Handelsgut auf die Information anwenden" lassen; Sonderbedingungen der Information; Diskussion von Vorschlägen gegen Informationsmißbrauch: Aufhebung des Informationseigentums, Wettbewerb, Informationskontrolle).

Saxer/Gleichheit: Ulrich Saxer, Hrsg., Gleichheit oder Ungleichheit durch Massenmedien?, München: Ölschläger, 1985
(Untersuchungen der Medienwirkungen, insbesondere hinsichtlich der Wissenskluft-Hypothese).

Saxer/Wissensklassen: Ulrich Saxer, Wissensklassen durch Massenmedien?, in: Werner D. Fröhlich et al., Hrsg., Die verstellte Welt – Beiträge zur Medienökologie, Frankfurt am Main: Fischer Taschenbuch, 1988, S. 141-189.

Seifert/Lauschangriff: Jürgen Seifert, Vom Lauschangriff zum „Großen Lauschangriff", Kritische Justiz, Bd. 25, 1992, S. 355-363
(zu einem neuartigen, besonders weitgehenden Informationseingriff in den Privatbereich durch technikunterstütztes „Lauschen" amtlicher Stellen bei der Strafverfolgung).

Shils/Order: Edward Shils, The Order of Learning in the United States – The Ascendancy of the University, in: Alexandra Oleson und John Voss, Hrsg., The Organization of Knowledge in Modern America, 1860-1920, Baltimore und London: John Hopkins Univ. Press, 1979, S. 19-47
(zum „Order of Learning" im bzw. als Wandel institutioneller Strukturen, insbesondere der Universitätsverfassung).

Shils/Torment: Edward Shils, The Torment of Secrecy, Glencoe, Ill.: Free Press, 1976
(Klassiker zur Frage politischer Geheimhaltung, zum Beispiel bei staatlich geförderter Forschung).

Sieber/Informationsrecht: Ulrich Sieber, Informationsrecht und Recht der Informationstechnik, Neue Juristische Wochenschrift, Bd. 42, 1989, S. 2569-2580
(zur Entstehung des Informationsrechts „als Querschnittsmaterial" und zur Disanalogie von Informationen und Sachgütern).

Siebold/Weltnachrichtenordnung: Thomas Siebold, Zur Geschichte und Struktur der Weltnachrichtenordnung, in: Reiner Steinweg, Hrsg., Medienmacht im Nord-Süd-Konflikt: Die Neue Internationale Informationsordnung, Frankfurt am Main: Suhrkamp, 1984, S. 45-92
(zur informationellen Asymmetrie der Weltnachrichtenordnung: Regierungsabhängigkeit, kein freier wechselseitiger Informationsfluß, interessengebundene Berichterstattung, Oligopolstruktur des Nachrichtengeschäfts).

Simitis/Informationelle Selbstbestimmung: Spiros Simitis, Die informationelle Selbstbestimmung – Grundbedingung einer verfassungskonformen Informationsordnung; Neue juristische Wochenschrift, Heft 8, 1984, S. 398-404.

Simitis/Datenschutzgesetzgebung: Spiros Simitis, Zur Datenschutzgesetzgebung – Vorgaben und Perspektiven; Computer und Recht, Bd. 9, 1987, S. 602-613
(zur informationellen Dezentralität als Grundbedingung eines wirksamen Datenschutzes und zum Vorrang bereichsspezifischer Regelungen).

Smith/Geopolitics: Anthony Smith, The Geopolitics of Information, New York: Oxford Univ. Press, 1980
(zur „Alten Internationalen Informationsordnung" und zur „Neuen Internationalen Elektronischen Ordnung", als Dominanzkonzept der westlichen Welt).

Spinner/Popper: Helmut F. Spinner, Popper und die Politik, Bd. I: Geschlossenheitsprobleme, Berlin und Bonn: Dietz, 1978
(zu den Offenheits- und Geschlossenheitsvorstellungen des Kritischen Rationalismus, in Anwendung auf die Anfänge der Welt- und Wissenschaftsgeschichte sowie auf die Totalitarismen des 20. Jahrhunderts).

Spinner/Begründung: Helmut F. Spinner, Begründung, Kritik und Rationalität, Bd. I: Die Entstehung des Erkenntnisproblems im griechischen Denken und seine klassische Rechtfertigungslösung aus dem Geiste des Rechts, Braunschweig: Vieweg, 1977
(zum griechischen bzw. wissenschaftlichen Erkenntnisstil und seiner Bedeutung für die Geburt der griechisch-abendländischen Wissenschaftsform; im Haupttext als „Reine Wissenschaft" der *Theorie* in der Transformationsfolge neuzeitlicher Wissenschaftsformen an erster Stelle angeführt).

Spinner/Rezensionswesen: Helmut F. Spinner, Zur Soziologie des Rezensionswesens, in: Soziologie – Mitteilungsblatt der Deutschen Gesellschaft für Soziologie, Heft 1/1984, S. 49-78
(zum wissenschaftlichen Publikationssystem für „Primärliteratur" und den nachgeordneten, aber freieren Regelungen für Rezensionsliteratur).

Spinner/Ethos: Helmut F. Spinner, Das ‚wissenschaftliche Ethos' als Sonderethik des Wissens, Tübingen: Mohr, 1985
(zur Ausbildung des „akademischen Sondermilieus" und den Besonderheiten der Wissenschaftsethik).

Spinner/Liberalismus: Helmut F. Spinner, Liberalismus ohne liberales Vorurteil – Zur neuen Wissensordnung der Informationsgesellschaft, in: Hans G. Nutzinger, Hrsg., Liberalismus im Kreuzfeuer, Frankfurt am Main: Knecht, 1986, S. 195-223
(Einführung des Konzepts der „Wissensordnung"; zu den ökonomischen Sonderbedingungen von Wissensgütern und Wissensmärkten, insbesondere bei der Wissenserzeugung und -verwendung, im Gegensatz zu „normalen" Sach- und Rechtsgütern).

Spinner/Vereinzeln: Helmut F. Spinner, Vereinzeln, Verbinden, Begründen, Widerlegen, in: Forum für Philosophie Bad Homburg, Hrsg., Philosophie und Begründung, Frankfurt am Main: Suhrkamp, 1987, S. 13-66
(zur Systematik der Erkenntnisstile und Rationalitätsformen).

Spinner/Informationsberg: Helmut F. Spinner, Die Besteigung des Informationsberges als neue Aufgabe der Philosophie im Verbund aller Wissenswissenschaften – Themen und Thesen zur philosophischen Bewältigung des Wandels der Wissensordnung infolge der informationstechnischen Entwicklung; Zeitschrift für allgemeine Wissenschaftstheorie, Bd. 19, 1988, S. 328-347
(zur Entstehung neuer, technisierter Wissensarten, zum Aufwachsen von „Informationsbergen" und zu den Aufgaben der damit befaßten „Wissenswissenschaften").

Spinner/Wandel: Helmut F. Spinner, Der Wandel der Wissensordnung und die neue Aufgabe der Philosophie im Informationszeitalter – Themen und Thesen zur philosophischen Bewältigung der neuen Wissenslage des kognitiv-technischen Komplexes superindustrieller Informationsgesellschaften, in: Willi Oelmüller, Hrsg., Philosophie und

Wissenschaft, Paderborn, München, Wien, Zürich: Schöningh Verlag, 1988, S. 61-78 sowie Zusammenfassung für die Schlußdiskussion S. 303-314
(zu den Aufgaben der Philosophie im Informationszeitalter).

Spinner/Revolution: Helmut F. Spinner, The Silent Revolution of Rationality in Contemporary Science and Its Consequences for the ‚Scientific Ethos', in: William R. Shea, Hrsg., Revolutions in Science – Their Meaning and Relevance, Canton, MA: Science History Publications, 1988, S. 192-204.

Spinner/Journalismus: Helmut F. Spinner, Wissensorientierter Journalismus, in: Lutz Erbring, Stephan Ruß-Mohl, Berthold Seewald, Bernd Sösemann, Hrsg., Medien ohne Moral, Berlin: Argon, 1988, S. 238-266
(zum wissensorientierten Verständnis eines investigativen Journalismus im Hinblick auf die Aufgabe, Gegeninformationen in den gesamtgesellschaftlichen Informationsprozeß einzuspeisen und dadurch dem „Bestätigungsfehler" der Institutionen entgegen zu wirken).

Spinner/Technikfolgenforschung: Helmut F. Spinner, Technikfolgenforschung im Überblick; Der Hochschullehrer, 2. Jg., Nr. 2, Mai 1989, S. 1-7.
(Einteilung der Technikfolgenforschung in vier „Generationen" und Forderung nach neuartiger „kognitiver" Technikgrundlagenforschung).

Spinner/Informationstechnik: Helmut F. Spinner, Der Wandel der Wissensordnung durch die Informationstechnik, in: GI/Gesellschaft für Informatik – 20. Jahrestagung: Informatik auf dem Weg zum Anwender (Stuttgart, 8.-12.10.1990), Bd. I: Proceedings, hrsg. von Andreas Reuter, Berlin, Heidelberg, New York: Springer Verlag, 1990, S. 258-282
(zum Einfluß der kognitiv-technischen Entwicklungen auf die Wissensordnung).

Spinner/Wissen: Helmut F. Spinner, „Erst kommt das Wissen und dann die Moral ...", in: Klaus Steigleder und Dietmar Mieth, Hrsg., Ethik in den Wissenschaften, Tübingen: Attempto, 1990, S. 188-229.

Spinner/Weber: Helmut F. Spinner, Weber gegen Weber – Der ganze Rationalismus einer „Welt von Gegensätzen" und die Neuinterpretation des Charisma als Gelegenheitsvernunft, in: Johannes Weiß, Hrsg., Max Weber heute, Frankfurt/M.: Suhrkamp, 1989, S. 250-295.

Spinner/System Althoff: Helmut F. Spinner, Das ‚System Althoff' und Max Webers Kritik, die Humboldtsche Universität und die Klassische Wissensordnung: die Ideen von 1809, 1882, 1914, 1919, 1933 im Vergleich, in: Bernhard vom Brocke, Hrsg., Wissenschaftsgeschichte und Wissenschaftspolitik im Industriezeitalter: Das „System Althoff" in historischer Perspektive, Hildesheim: August Lax Verlag, 1991, S. 503-563
(zur Entstehung der Klassischen Wissensordnung im akademischen Sondermilieu der *Humboldt*schen Universität und zu ihrem Wandel im „Großbetrieb" der modernen universitären und industriellen Forschung).

Spinner/Birth: Helmut F. Spinner, The Birth and Transformation of Modern University: From the Research Imperative of the Classical Republic of Science to the Technological Imperative of the Coming Information Society, in: Universidade(s) História Memória Perspectivas, Actas 4 do Congresso „História da Universidade" (7° Centenário da sua Fundaçao, 5 a 9 de Marco de 1990/700 Jahrfeier der Universität Coimbra, Portugal, vom 5.-9. März 1990), Coimbra 1991, S. 331-358.

Spinner/Wachstum: Helmut F. Spinner, Wachstum, Steuerung, Verantwortung, Rationalität – Ein Bezugsrahmen für Verantwortungs- und Vernunftsszenarien der modernen Wissenschaft und Technik, in: Hans Lenk und Matthias Maring, Hrsg., Technikverantwortung, Frankfurt und New York: Campus, 1991, S. 90-117.

Spinner/Wissenschaftsethik: Helmut F. Spinner, Die Wissenschaftsethik in der philosophischen Sackgasse – Ein Reformvorschlag mit geänderter Fragestellung, in: Hans Lenk, Hrsg., Wissenschaft und Ethik, Stuttgart: Reclam, 1991, S. 150-174.

Spinner/Informationsgesellschaft: Helmut F. Spinner, Informationsgesellschaft oder neue Wissensordnung?; Gegenwartskunde, Bd. 40, 1991, S. 405-418
(zu vier Ordnungsbereichen der Neuen Wissensordnung).

Spinner/Information: Helmut F. Spinner, Information, Gegeninformation, Desinformation in den Sozialwissenschaften; Soziologische Revue, Bd. 15, 1992, S. 115-126.

Spinner/Umweltforschung: Helmut F. Spinner, Anreichern – nicht verwässern. Was die Geistes- und Sozialwissenschaften zur Umweltforschung beitragen können; Deutsche Universitäts-Zeitung/Das Hochschulmagazin, Bd. 48, Heft 23, Dezember 1992, S. 17-19.

Spinner/Naturen: Helmut F. Spinner, Naturen, Kulturen, Techniken – Über Freund/Feind/Fremd-Verhältnisse im außerpolitischen Sinne, in: Alois Wierlacher, Hrsg., Kulturthema Fremdheit, München: Iudicium, 1993, S. 483-495.

Spinner/Gehlen: Helmut F. Spinner, Erkenntnis und Entlastung – Zu Arnold Gehlens Verständnis von Wissenschaft und Technik im unausgearbeiteten Bezugsrahmen der Klassischen Wissensordnung, in: Helmut Klages und Helmut Quaritsch, Hrsg., Zur geistesgeschichtlichen Bedeutung Arnold Gehlens, Berlin: Duncker & Humblot, 1994 (im Druck).

Spinner/University: Helmut F. Spinner, Althoff and the Changing Constitution of Science: Bureaucratic, Economical or Cognitive?; Journal of Economic Studies, Vol. 20, 1993 S. 134-167.

Spinner/Art. Wissensordnung: Helmut F. Spinner, Artikel „Wissensordnung, Klassische und Moderne", in: Jürgen Kriz, Dieter Nohlen, Rainer-Olaf Schultze, Hrsg., Lexikon der Politik, Band 2: Politikwissenschaftliche Methoden, München: Beck, 1993 (im Druck).

Spinner/Problemlösungsprozesse I-V: Helmut F. Spinner, Problemlösungsprozesse, Hagen, 1987ff.
(Unterrichtsmaterialien der Fernuniversität Hagen in fünf Kurseinheiten: I, 1987/Problemlösen, II und III, 1993/Wissenschaftliches Problemlösen, IV und V, 1994/Soziales Problemlösen).

Spinner/Macht: Helmut F. Spinner, Wissen ist Macht geworden – Warum, wozu, seit wann, für wen?
(Abhandlung über die „Vermachtungsbedingungen" des Wissens, mit Fallstudien zur diesbezüglichen Eignung verschiedener Wissensarten; in Arbeit).

Schenk/Nachrichtenfluß: Birgit Schenk, Die Struktur des internationalen Nachrichtenflusses – Analyse der empirischen Studien; Rundfunk und Fernsehen, Bd. 35, 1987, S. 36-55.

Schenk/Medienwirkungsforschung: Michael Schenk, Medienwirkungsforschung, Tübingen: Mohr, 1987
(zu den Auswirkungen der Massenkommunikation, durch Entstehung von Wissensklüften, Schweigespiralen, Agenda-Setting-Effekten, u.dgl.).

Schenk/Medienwirkungen: Michael Schenk, Medienwirkungen, Tübingen: Mohr, 1987
(Berichte und Kommentare zu Publikationen über Medienwirkungen).

Scherhorn/Wettbewerb: Gerhard Scherhorn, Der Wettbewerb in der Erfahrungswissenschaft; Hamburger Jahrbuch für Wirtschafts- und Gesellschaftspolitik, Bd. 14, 1969, S. 67-86
(zu den Bedingungen für Wissens- bzw. Wissenschaftsmärkte, im Gegensatz zu Organisationen).

Scheuch/Grundversorgung: Erwin K. Scheuch, „Informationelle Grundversorgung" durch amtliche Zählungen, in: Soziologie – Mitteilungsblatt der deutschen Gesellschaft für Soziologie, Heft 1, 1992, S. 6-12
(der Mikrozensus „als Teil der Grundversorgung mit Informationen", zusammen mit Volkszählungen „als Teil einer Informationspolitik ..., die neben dem Bedürfnis des

Datensammelns gleichgewichtig auch das Bedürfnis nach Zugriff zu den Daten berücksichtigt", wogegen sich die „Plage" des Datenschutzes „in seiner restriktiven Auslegung" wendet).

Scheuch et al./Volkszählung: Erwin K. Scheuch, Lorenz Gräf, Steffen Kühnel, Volkszählung, Volkszählungsprotest und Bürgerverhalten – Ergebnisse einer Begleituntersuchung zur Volkszählung 1987, Stuttgart: Poeschel, 1989
(Begleituntersuchungen des Wissenschaftlichen Beirats für Mikrozensus und Volkszählung zum Widerstand der Bevölkerung gegen die Volkszählung).

Schiera/Laboratorium: Pierangelo Schiera, Laboratorium der bürgerlichen Welt – Deutsche Wissenschaft im 19. Jahrhundert, Frankfurt am Main: Suhrkamp, 1992
(zur Entstehung des „ideologisch freien", aber finanziell gebundenen wissenschaftlichen „Großbetriebs" und zur Wissenschaft des 19. Jahrhunderts als einem „Verfassungsfaktor" des modernen Deutschland).

Schilcher/Werkänderungen: Theresia Schilcher, Der Schutz des Urhebers gegen Werkänderungen, München: Florentz, 1989
(Klärungsversuch der Gemengelage von persönlichkeits- und vermögensrechtlichen Befugnissen des Urheberrechts, insbesondere im Hinblick auf den Schutz der Beziehungen zwischen Urheber und Werk).

Schiller/Genesis: Herbert I. Schiller, Genesis of the Free Flow of Information Principles – The Imposition of Communications Domination, in: Instant Research on Peace and Violence, Tampere 1975, S. 75-86
(zur Entstehung, Funktion und Kritik der Doktrin vom „freien Informationsfluß").

Schiller/Verteilung: Herbert I. Schiller, Die Verteilung des Wissens, Frankfurt und New York: Campus, 1984
(zur Privatisierung und Kommerzialisierung öffentlichen Wissens sowie zu seiner Ungleichverteilung im nationalen und internationalen Rahmen; mit Kritik am Modell des „freien Informationsflusses").

Schmitt/Parlamentarismus: Carl Schmitt, Die geistesgeschichtliche Lage des Parlamentarismus, 5. Aufl., Berlin: Duncker & Humblot, 1979
(Kritik der öffentlichen Diskussion und ihrer parlamentarischen Institutionalisierung wegen ihrer Bindung an für überholt erklärte Voraussetzungen der Klassischen Wissensordnung, die aber von *Schmitt* als solche nicht expliziert werden).

Schmitt Glaeser/Privatsphäre: Walter Schmitt Glaeser, Schutz der Privatsphäre, in: Josef Isensee und Paul Kirchhof, Hrsg., Handbuch des Staatsrechts der Bundesrepublik Deutschland, Heidelberg: Müller, 1989, S. 41-107.

Schmoranz/Informationssektor: Ingo Schmoranz et al., Makroökonomische Analyse des Informationssektors, Wien, München: Oldenbourg, 1980
(über Informationsgüter und Informationsmärkte).

Schnepel/Computerisierung: Johannes Schnepel, Gesellschaftliche Ordnung durch Computerisierung, Frankfurt am Main u.a.: Lang, 1984
(„computerisierte" Ordnung als Herrschaftsordnung mit Hilfe von Datenwissen; mit Kritik an den Vorstellungen des früheren BKA-Präsidenten *Horst Herold*).

Schönbach/Trennung: Klaus Schönbach, Die Trennung von Nachricht und Meinung, 1977
(empirische Untersuchungen zu dieser als „journalistisches Qualitätskriterium" aufgefaßten klassischen Trennungsforderung; jedoch ohne den naheliegenden Zusammenhang zur Klassischen Wissensordnung herzustellen, insbesondere im Hinblick auf deren Abkopplung von Ideen und Interessen).

Scholz & Pitschas/Informationelle Selbstbestimmung: Rupert Scholz und Rainer Pitschas, Informationelle Selbstbestimmung und staatliche Informationsverantwortung, Berlin: Duncker & Humblot, 1984.

Schreiner/Wissenschaftsfreiheit: Klaus Schreiner, Disziplinierte Wissenschaftsfreiheit – Gedankliche Begründung und geschichtliche Praxis freien Forschens, Lehrens und Lernens an der Universität Tübingen (1477-1945), Tübingen: Mohr, 1981.
Schubring/Einsamkeit: Gert Schubring, Hrsg., ‚ Einsamkeit und Freiheit' neu besichtigt – Universitätsreformen und Disziplinenbildung in Preußen als Modell für Wissenschaftspolitik im Europa des 19. Jahrhunderts, Stuttgart: Steiner, 1991.
Schüller/Ordnungstheorie: Alfred Schüller, Ordnungstheorie – Theoretischer Institutionalismus: Ein Vergleich, in: Forschungsberichte zum Vergleich Wirtschaftlicher Lenkungssysteme/Fachbereich Wirtschaftswissenschaften der Universität Marburg, Arbeitsberichte zum Systemvergleich, Nr. 11: Ordnungstheorie – Methodologische und Institutionentheoretische Entwicklungstendenzen, S. 74-100 (synoptischer Vergleich der Euckenschen *ORDO*-Ordnungstheorie und des Theoretischen Institutionalismus).
Schüller/Eigentumsrechte: Alfred Schüller, Ökonomik der Eigentumsrechte in ordnungstheoretischer Sicht, . in: Dieter Cassel, Bernd-Thomas Ramb, H. Jörg Thieme, Hrsg., Ordnungspolitik, München: Vahlen, 1988, S. 155-183.
Schütte/Experten: Hans Gerd Schütte, Experten und Laien, in: Reinhard Wittenberg, Hrsg., Person – Situation – Institution – Kultur: Günter Büschges zum 65. Geburtstag, Berlin: Duncker & Humblot, 1991, S. 271-292 (wissens- und rollenorientierter Vergleich von Experten- und Laienkulturen).
Schuller/DDR: Wolfgang Schuller, Das Konspirative im öffentlichen Handeln der DDR, in: Thomas Nipperdey et al., Hrsg., Weltbürgertum der Ideologien – Antworten an Ernst Nolte, Berlin: Propyläen, 1993, S. 346-358 (zu den notorisch überzogenen, bis ins Groteske und Selbstlähmende übersteigerten Geheimhaltungsmaßnahmen in der ehemaligen DDR).
Schumpeter/Kapitalismus: Joseph Alois Schumpeter, Kapitalismus, Sozialismus und Demokratie, 7. Auflage, Bern 1992.
(Klassiker, u.a. zur Unternehmertheorie, zur Ökonomischen Theorie der Politik, zum Rollenverständnis der Intellektuellen).
Schuster/Handbuch: Hermann J. Schuster, Hrsg., Handbuch des Wissenschaftstransfers, Berlin, Heidelberg, New York: Springer, 1990
(mit Beiträgen zum Wissenschafts-, Patent-, Urheberrecht).
Schwan/Amtsgeheimnis: Eggert Schwan, Amtsgeheimnis oder Aktenöffentlichkeit?, München: Schweitzer, 1984
(zur Datenschutzproblematik im Verwaltungsbereich, im Hinblick auf den Informationszugang, Geheimhaltung, Auskunftspflicht, u.a.).
Schwan/Widerruf: Eggert Schwan, Widerruf von „in bezug auf die Person von Dr. Horst Herold gemachte Äußerungen", gemäß Urteil des Landgerichts Hamburg vom 16. Februar 1990; Leviathan, Bd. 18, 1990, S. 317
(Damit wird m. W. in Deutschland erstmals, nachdem *Herold* bei einem früheren Versuch gegen *Steinmüller* unterlegen war, ein Wissenschaftler gerichtlich zum Widerruf wissenschaftlicher Kritik gezwungen, weil seine – möglicherweise *falsche*, wie bei allen Deutungshypothesen – inhaltliche Auslegung der teils wörtlich zitierten, teils sinngemäß kommentierten Auffassungen *Horst Herolds* dessen Recht auf „Selbstdefinition" für das richtige bzw. unrichtige Verständnis des Geschriebenen verletze. Dadurch würden dem Kläger „Äußerungen in den Mund gelegt ..., die er nicht getan hat und die seinen von ihm selbst definierten sozialen(!) Geltungsanspruch beeinträchtigen", wogegen er wegen Verletzung des allgemeinen Persönlichkeitsrechts einen Unterlassungsanspruch habe. „Unrichtige Information ist ... kein schützenswertes Gut", weder „unter dem Gesichtspunkt der Meinungsfreiheit" bzw. Meinungsäußerungsfreiheit gem. Art. 5, Abs. 1 GG noch unter demjenigen der Wissenschaftsfreiheit gem. Art. 5, Abs. 3 GG. – Damit werden zentrale Bestimmungen der Klassischen Wissensordnung

bzw. Akademischen Bereichsordnung aufgehoben, auf deren Feld sich *Herold* mit seinen Beiträgen für wissenschaftliche Fachzeitschriften und mit sonstigen Wissenschaftsansprüchen begeben hat, um sie durch wissenschaftsfremde, sozusagen ordnungswidrige Statusfaktoren („Ehre") und eigentumsähnliche Rechte zu ersetzen, die auf ein Deutungs- und Schlußfolgerungsmonopol bezüglich der „eigenen" Ideen hinauslaufen. Das Ergebnis wäre eine extreme Form der Werkherrschaft des einzelnen Autors anstelle des Wissenskommunismus der gesamten Wissenschaftsgemeinschaft, in letzter Konsequenz das Ende der Diskussions- und Kritikfreiheit. Angesichts dieses Abgrunds an Unverständnis der Wissensordnungsproblematik kann man nur sagen: Vergeßt die dritte Grundordnung nicht und setzt sie in die Lage, ihr Existenzrecht gegenüber der ersten und zweiten zu behaupten. Noch ist nicht alles verrechtlicht, kommerzialisiert, technisiert.)

Stehr/Wissenssoziologie: Nico Stehr, Der Streit um die Wissenssoziologie, 2 Bde, Frankfurt am Main: Suhrkamp, 1982
(ältere und neuere Diskussionsbeiträge zur Wissenssoziologie, die in der Nachkriegssoziologie gegenüber der Wissenschaftssoziologie *Merton*scher Art vorübergehend stark an Boden verloren hatte und langsam wieder in die Diskussion zu kommen scheint).

Steinbuch/Maßlos: Karl Steinbuch, Maßlos informiert, München und Berlin 1978
(polemisch-populäre Diskussion technisch-politischer Entwicklungen im Informationszeitalter, von einem als Nachrichtentechniker profilierten Hauptvertreter der konservativen Ordinarienpamphletistik mit tagespolitischer Stoßrichtung).

Steinmüller/Informationssysteme: Wilhelm Steinmüller, Automationsunterstützte Informationssysteme in privaten und öffentlichen Verwaltungen – Bruchstücke einer alternativen Theorie des Datenzeitalters, Leviathan, Bd. 3, 1975, S. 508-543
(über Informationssysteme als machtorientierte Gesellschaftsmodelle; gegenläufige Tendenzen, „nicht nur in einer utopischen Alternative, sondern auch in dieser Gesellschaftsformation"; interessante „Bruchstücke", die sich aber nicht zu einer neuen Theorie des Datenzeitalters zusammensetzen lassen).

Steinmüller/Informationsrecht: Wilhelm Steinmüller, Hrsg., Informationsrecht und Informationspolitik, München und Wien: Oldenbourg, 1976
(Sammlung von Beiträgen, mit „Dosenöffnerfunktion" zu den neuen informationsrechtlichen und -politischen Fragestellungen).

Steinmüller/Macht: Wilhelm Steinmüller, Informationstechnologien und gesellschaftliche Macht; WSI-Mitteilungen, Bd. 8, 1979, S. 426-436
(frühe Forderung einer „informationspolitischen Gesamtkonzeption", u.a. für eine einheitliche Informationstechnologie-Politik).

Steinmüller/Strukturen: Wilhelm Steinmüller, Strukturen der Datenzeit, in: Bodo von Greiff, Hrsg., Das Orwellsche Jahrzehnt und die Zukunft der Wissenschaft, Opladen: Westdeutscher Verlag, 1981, S. 26-56
(Probleme der Informationsverwaltung und -kontrolle, u.a. am Beispiel der polizeilichen „Informationstechnikkombination ‚Ausweis-Leser-Funk'" als Massenkontrolltechnologie).

Steinmüller/Geheimbereich: Wilhelm Steinmüller, Der aufhaltsame Aufstieg des Geheimbereichs – Vom Verfassungsstaat zum Sicherheitsstaat; Kursbuch, Heft 56, Juni 1979, S. 169-198
(zur Ausweitung des Sicherungsbereichs geheimgehaltenen Wissens, insbesondere durch Anwachsen der polizeilichen Informationssysteme).

Steinmüller/Verdatet: Wilhelm Steinmüller, Hrsg., Verdatet und vernetzt – Sozialökologische Handlungsspielräume in der Informationsgesellschaft, Frankfurt am Main.: Fischer Taschenbuch Verlag, 1988

(Sammlung kritischer Beiträge zu einigen informationstechnischen und -politischen Entwicklungen).
Steinmüller/Informationstechnologie: Wilhelm Steinmüller, Informationstechnologie und Gesellschaft, Darmstadt: Wissenschaftliche Buchgesellschaft, 1993
(im Umfang monumentale, als Einführung präsentierte Übersichtsdarstellung der Angewandten Informatik, vor allem im Hinblick auf die zentrale Rolle von Informationssystemen in der informatisierten Gesellschaft; mit riesiger aber etwas wahllos zusammengestellter Bibliographie, in der man die relevante Fach- und Sachliteratur findet, wenn man weiß, wonach man suchen muß).
Steinweg/Medienmacht: Reiner Steinweg, Hrsg., Medienmacht im Nord-Süd-Konflikt: Die Neue Internationale Informationsordnung, Frankfurt am Main: Suhrkamp, 1984
(Aufsätze zum Informationsungleichgewicht der „asymmetrischen" Weltnachrichtenordnung und zur verstärkenden Rolle der Informationstechnologien im Nord/Süd-Konflikt).
Stender/Staatsferne: Jutta Stender, „Staatsferne" und „Gruppenferne" in einem außenpluralistisch organisierten privaten Rundfunksystem, Diss., Regensburg 1987
(guter Titel für zwei weitgehend verloren gegangene Leitwerte der Wissensordnung zum Medienbereich).
Stichweh/Disziplinen: Rudolf Stichweh, Zur Entstehung des modernen Systems wissenschaftlicher Disziplinen – Physik in Deutschland 1740-1890, Frankfurt am Main: Suhrkamp, 1984
(zur der am Beispiel der Physik in Deutschland von 1740 bis 1890 rekonstruierten „Ausdifferenzierung" des Wissenschaftssystems nach Art einer fachwissenschaftlichen „disziplinären Ordnung" des Wissenssyndroms und der Wissenschaftsklassifikation – nicht zu verwechseln mit der Wissensordnung im ordnungspolitischen „einrahmenden" statt unmittelbar „durchsystematisierenden" Sinn).
Stichweh/Wissenschaftssystem: Rudolf Stichweh, Differenzierung des Wissenschaftssystems, in: Renate Mayntz, Bernd Rosewitz, Uwe Schimanek, Rudolf Stichweh, Hrsg., Differenzierung und Verselbständigung – Zur Entwicklung gesellschaftlicher Teilsysteme, Frankfurt und New York: Campus, 1988, S. 45-115.
Stichweh/Staat: Rudolf Stichweh, Der frühmoderne Staat und die europäische Universität, Frankfurt am Main: Suhrkamp, 1991
(systemtheoretisch orientierte Darstellung der geschichtlichen Ausdifferenzierung des politischen und wissenschaftlich-erzieherischen Subsystems im 16.-18. Jahrhundert, in Richtung auf eine relative Verselbständigung beider).
Stigler/Economics: George J. Stigler, The Economics of Information; The Journal of Political Economics, Vol. 69, 1961, S. 213-225
(einer der kleinen Pionieraufsätze zur Informationsökonomie).
Stock/Medienfreiheit: Martin Stock, Medienfreiheit als Funktionsgrundrecht, München: Beck, 1985
(zur journalistischen Freiheit als Medienfreiheit, d.h. Freiheit kommunikativer Vermittlung und Voraussetzung allgemeiner Kommunikationsfreiheit).
Streissler/Preissystem: Erich Streissler, Preissystem, Eigentumsrechte und politische Wahlprozesse als soziale Entscheidungsfindungen; Wirtschaftspolitische Blätter, Bd. 5, 1976, S. 47-73
(zur informationssparenden Wirkung ökonomischer Preissysteme im Gegensatz zur Informationsaufwendigkeit politischer Wahlentscheidungen; erstere mit Informationskonzentration und Informationsverarbeitung „auf die einzige Dimension eines höheren oder niederen Geldpreises" zwecks Signalisierung der Knappheiten von Gütern).
Streißler/Information: Erich Streißler, Hrsg., Information in der Wirtschaft, Berlin: Duncker & Humblot, 1982

(Sammlung von zumeist wirtschaftswissenschaftlichen Beiträgen zur Rolle des Wissens im Rahmen der Marktordnung, ohne Einbeziehung des weiteren Rahmens der Wissensordnung).

Streit/Interdependenz: Manfred E. Streit, Die Interdependenz der Ordnungen – Eine Botschaft und ihre aktuelle Bedeutung, in: Ordnung in Freiheit – Symposium aus Anlaß des 100. Jahrestages des Geburtstages von Walter Eucken am 17. Januar 1991, Tübingen: Mohr, 1992, S. 5-30.

Teich/U.S. Science Policy: Albert H. Teich, U.S. Science Policy in the 1990s, in: S. E. Cozzens et al., eds., The Research System in Transition, Dordrecht: Kluwer, 1990, S. 67-81
(zum ökonomisch und politisch bedingten Wandel im Verhältnis von Wissenschaft und Staat, Regierung, Wirtschaft, mit „new relations" bezüglich der dreifachen Problematik: „choosing science – using science – abusing science")

Tenbruck/Sozialwissenschaften: Friedrich H. Tenbruck, Die unbewältigten Sozialwissenschaften; Zeitschrift für Politik, Bd. 27, 1980, S. 219-230
(schlaubergerische populistische These, daß es viel zuviel Sozialwissenschaften gäbe, ohne zu sagen, *welcher* Teil entbehrlich ist; diesen *im voraus* zu kennzeichnen, um ihn einzusparen, wäre die Kunst, die angesichts der *unvermeidlichen Überproduktion von Wissen* – mit *nachträglicher* Eliminierung des Falschen oder Überflüssigen – keiner kann).

Tergan/Modelle: Sigmar-Olaf Tergan, Modelle der Wissensrepräsentation als Grundlage qualifizierter Wissensdiagnostik, Opladen: Westdeutscher Verlag, 1986
(über neuere Möglichkeiten der Wissensrepräsentation und Verfahren der Wissensdiagnose.)

Thieme/Grundprobleme: Werner Thieme, Grundprobleme des Hochschulrechts, Darmstadt: Wiss. Buchgesellschaft, 1978
(zum Grundrecht der Wissenschaftsfreiheit; Forschungs- und Lehrfreiheit; Hochschule und Staat).

Thieme/Hochschulrecht: Werner Thieme, Deutsches Hochschulrecht, 2., vollständig überarbeitete und erheblich erweiterte Aufl., Köln, Berlin, Bonn, München: Heymanns, 1986.

Tietzel/Property Rights: Manfred Tietzel, Die Ökonomie der Property Rights – Ein Überblick; Zeitschrift für Wirtschaftspolitik/Wirtschaftspolitische Chronik, Bd. 30, 1981, S. 207-243.

Totok/Wissensordnung: Wilhelm Totok, Wissensordnung und Ordnungswissen zwischen Renaissance und Aufklärung; Studien zur Klassifikation, Bd. 9, 1980, S. 197-218 (Gesellschaft für Klassifikation e.V., Hrsg., Wissensstrukturen und Ordnungsmuster, Frankfurt: Indeks, 1980)
(zur Wissensklassifikation, ohne Aufgreifen der ordnungspolitischen Problemstellungen für die Welt des Wissens).

Thum/Öffentlich-Machen: Bernd Thum, Öffentlich-Machen, Öffentlichkeit, Recht; Lili – Zeitschrift für Literaturwissenschaft und Linguistik, Bd. 10, Heft 37, 1980, S. 12-69
(ordnungspolitische Probleme, Grundlagen und Verfahren der politischen Publizistik im Spätmittelalter).

Thum/Wahrheit: Bernd Thum, Die ‚Wahrheit' der Publizisten und die ‚Wahrheit' im Recht, in: Jürgen Kümmel, Hans-Dieter Mück, Ulrich Müller, De Poeticis Medii Aevi Quaestiones – Käte Hamburger zum 85. Geburtstag, Lorsch: Kümmerle, 1981, S. 147-207
(zur politischen Publizistik im späteren Mittelalter; aufschlußreich für einen Gegenwartsvergleich).

Tullock/Organization: Gordon Tullock, The Organization of Inquiry, Durham, N. C.: Duke Univ. Press, 1966 (zur Übertragung von wesentlichen Ordnungsmaßnahmen der Wirtschafts- und Wettbewerbsordnung auf den Wissenschaftsbereich).

Tullock/Politics: Gordon Tullock, Toward a Mathematics of Politics, Ann Arbor 1967
(zur „Neuen Ökonomie" der Politik, mit gelegentlichen Randbemerkungen zur Wissenschaft und vielen anderen Problembereichen, die dem ökonomischen Denken zugänglich erscheinen).

Turner/Prussian Universities: Roy Steven Turner, The Prussian Universities and the Concept of Research; Internationales Archiv für Sozialgeschichte der deutschen Literatur, Bd. 5, 1980, S. 68ff.
(zum neuen Forschungsauftrag des Universitätsprofessors, im Gegensatz zum traditionellen Professorentyp und weiterhin für Lehrer an „niederen" Schulen, gemäß dem preußisch-deutschen „Forschungsimperativ" der Humboldtschen Forschungsuniversität).

Turner/Prussian Professorate: Roy Steven Turner, The Prussian Professorate and the Research Imperative, in: H. N. Jahnke und M. Otte, Hrsg., Epistemological and Social Problems of the Sciences in the Early Nineteenth Century, Dordrecht: Reidel, 1981, S. 109ff.

Tyerman/Copyright: Barry W. Tyerman, The Economic Rationale for Copyright Protection for Published Books; UCLA Law Review, Vol. 18, 1971, S. 1100-1125
(zur Stigmatisierung des Copyrights als „Monopol" und zu den Folgen für dessen Aufgabe).

Ullrich/Urheberrecht: Hanns Ullrich, Wissen(schaft)stransfer und Urheberrecht, in: Hermann J. Schuster, Hrsg., Handbuch des Wissenschaftstransfers, Berlin, Heidelberg, New York: Springer, 1990, S. 101-119
(zur urheberrechtlichen Schutzfähigkeit von FuE-Ergebnissen, Datenverarbeitungsprogrammen, u.a.).

Ullrich/Technik: Otto Ullrich, Technik und Herrschaft, Frankfurt am Main: Suhrkamp, 1979
(zur Entwicklung der industriellen Produktion vom „Hand-Werk zur Blockstruktur").

Vanberg/Markt: Viktor Vanberg, Markt und Organisation, Tübingen: Mohr, 1982
(über korporative Akteure als kollektive Handlungseinheiten, im Ausgang von *Colemans* Arbeiten dazu).

Veereck/Economics: The Economics of Science and Scholarship, Diss. Maastricht, 1992
(ökonomische Analyse des *„System Althoff"* der preußisch-deutschen Wissenschaftsverwaltung vor dem Ersten Weltkrieg).

Vierhaus & Brocke/Forschung: Rudolf Vierhaus und Bernhard vom Brocke, Hrsg., Forschung im Spannungsfeld von Politik und Gesellschaft – Geschichte und Struktur der Kaiser-Wilhelm-/Max-Planck-Gesellschaft, Stuttgart: Deutsche Verlags-Anstalt, 1990.

Völz/Information: Horst Völz, Information, Band I: Studie zur Vielfalt und Einheit der Information/Theorie und Anwendung vor allem in der Technik, Berlin: Akademie, 1982; Band II: Ergänzungsband zur Vielfalt und Einheit der Information/Theorie und Anwendung vor allem in der Biologie, Medizin und Semiotik, Berlin: Akademie, 1983.

Völz/Grundlagen: Horst Völz, Grundlagen der Information, Berlin: Akademie, 1991.

Vogelgesang/Selbstbestimmung: Klaus Vogelgesang, Grundrecht auf informationelle Selbstbestimmung?, Baden-Baden: Nomos, 1987.

Vowe/Information: Gerhard Vowe, Information und Kommunikation, Opladen: Westdeutscher Verlag, 1984
(zur Wissensvermittlung, mit systemtheoretischen Überbrückungen zwischen Wissenschaft und Gesellschaft).

Wahl/Freiheit: Rainer Wahl, Freiheit der Wissenschaft als Rechtsproblem; Freiburger Universitätsblätter, Bd. 26, Heft 95, März 1987, S. 19-35 (zur Umkehrung der Wissenschaftsrolle unter Risiko- und Unfreiheitsaspekten: vom Objekt und Opfer von Gefährdungen zur Täterschaft und Gefahrenquelle).

Waldmann & Weinert/Intelligenz: Michael Waldmann, Franz E. Weinert, Intelligenz und Denken – Perspektiven der Hochbegabungsforschung, Göttingen, Toronto, Zürich: Hogrefe, 1990
(im Rahmen einer Bestandsaufnahme der Hochbegabtenforschung u.a. zum Vergleich des Denkens von Experten und Novizen).

Weber/Religionssoziologie I-III: Max Weber, Gesammelte Aufsätze zur Religionssoziologie, 3 Bände, Tübingen: Mohr, 1920/21; viele unveränderte Auflagen bis heute
(klassische Arbeiten über den Zusammenhang von Erlösungsreligion und ökonomischer Rationalität, den „Geist des Kapitalismus", das Verhältnis von Ideen und Interessen, den Trend zur Bürokratisierung der modernen Welt – einschließlich temporärer Gegentendenzen – und die „wissensbasierte" Macht der Bürokratie, u.a.).

Weber/Wirtschaft I-II: Max Weber, Wirtschaft und Gesellschaft, 2 Halbbände, 5. rev. Aufl., hrsg. von Johannes Winckelmann, Tübingen: Mohr, 1976
(zu den „Errungenschaften" und Auswirkungen des abendländischen, vor allem auch praktischen Rationalismus: rationales Recht, rationale Wirtschaft, bürokratische Herrschaft und andere Herrschaftsformen, u.a.).

Weber/Politische Schriften: Max Weber, Gesammelte politische Schriften, hrsg. von Johannes Winckelmann, 4. Aufl., Tübingen: Mohr, 1980
(über Politik als Beruf, Parlamentarismus, Beamtentum, u.a.).

Weinberg/Science: Alvin Weinberg, Science, Government and Information, in: Manfred Kochen, Hrsg., The Growth of Knowledge, New York, London, Sydney: Wiley, 1967, S. 36-71
(über die Beziehungen zwischen Wissenschaft und Staat im Hinblick auf das Informationsproblem der „discipline-mission duality", der zum Regieren benötigten wissenschaftlichen Erkenntnisse und zum Forschen erforderlichen staatlichen Ressourcen).

Weinberg/Großforschung: Alvin M. Weinberg, Probleme der Großforschung, Frankfurt am Main: Suhrkamp, 1970
(zum „Zweiten Malthusschen Dilemma" der sozusagen geometrisch steigenden Informationsmenge bei kaum steigender *menschlicher* Aufnahme- und Verarbeitungskapazität).

Weinert & Kluwe/Metakognition: Franz E. Weinert und Rainer H. Kluwe, Hrsg., Metakognition, Motivation und Lernen, Stuttgart, Berlin, Köln, Mainz: Kohlhammer, 1984
(zur Rolle verschiedener Wissensarten in Problemlösungsprozessen: deklaratives und prozedurales Wissen; Kognition, Metakognition und „andere, noch geheimnisvollere Mechanismen").

Weizsäcker/Einheit: Carl Friedrich von Weizsäcker, Die Einheit der Natur, München: Hanser, 1971
(zur Rolle des Informationsbegriffs in der modernen Physik, als dritter und vermutlich fundamentalster „Grundstoff" neben Materie und Information).

Weizsäcker/Gespräch: Richard von Weizsäcker im Gespräch mit Gunter Hofmann und Werner A. Perger, Frankfurt am Main 1992
(zur vielbeachteten Parteien- und Politikerkritik des deutschen Bundespräsidenten).

Wente/Recherche: Jürgen K. Wente, Das Recht der journalistischen Recherche, Baden-Baden: Nomos, 1987
(zu den Medienfreiheiten, im Konflikt mit der informationellen Selbstbestimmung).

Wersig/Information: Gernot Wersig, Information, Kommunikation, Dokumentation, München und Berlin: Verlag Dokumentation, 1971
(u.a. mit einem Klassifikationsvorschlag für verschiedene, insbesondere technisierte Wissensarten).

Wersig/Informationssoziologie: Gernot Wersig, Informationssoziologie, Frankfurt am Main: Athenäum Fischer, 1973
(frühe Grundlegung der Informationssoziologie).
Westerbarry/Geheimnis: Joachim Westerbarry, Das Geheimnis als Forschungsgegenstand; Publizistik, Bd. 32, 1987, S. 431-448
(zur Erforschung von Wissenslagen in den Bereichen des Geheimen, Geschlossenen, Privaten).
Westphalen/Technikfolgenabschätzung: Raban Graf von Westphalen. Hrsg., Technikfolgenabschätzung – als politische Aufgabe, München und Wien: Oldenbourg, 1988
(Übersichtsband zur Technikfolgenforschung, mit Beiträgen über Fragestellungen, Richtungen und Institutionalisierungen).
Wiesel & Gerster/Informationssystem: Georg Wiesel und Helmut Gerster, Das Informationssystem der Polizei, INPOL, Wiesbaden 1978; BKA-Schriftenreihe Bd. 45, mit einem Vorwort von Horst Herold
(über Zielvorstellungen, Organisationsweisen und „Sachstand" polizeilicher Informationssysteme).
Wieser/Genom: Wolfgang Wieser, Genom und Gehirn, München: dtv, 1972
(Genom und Gehirn als Informationseinrichtungen; zum Analogieverhältnis zwischen sprachlich-informationellen Kommunikationsprozessen und biologisch-chemischen Reproduktionsvorgängen).
Williamson/Markets: Oliver E. Williamson, Markets and Hierarchies, New York: Free Press, London: Collier Macmillan, 1975
(maßgebliche Monographie zum Transaktionskostenansatz im Rahmen des „Märkte und/oder Hierarchien"-Programms des ökonomischen Institutionalismus).
Williamson/Institutionen: Oliver E. Williamson, Die ökonomischen Institutionen des Kapitalismus, Tübingen: Mohr, 1990.
Wingolf/Expansion: Paul Wingolf, Die Expansion der Universitäten 1870-1985, Stuttgart: Enke, 1990.
Winner/Verfassung: Langdon Winner, Die technische Verfassung der Gesellschaft, in: Friedrich Rapp, Paul T. Durbin, Hrsg., Technikphilosophie in der Diskussion, Braunschweig und Wiesbaden: Vieweg, 1982, S. 41-51
(als Beispiel für neuerliche Hinweise oder Bezugnahmen auf die „technische Verfassung" der modernen Gesellschaft, bei denen sich – noch – kein klares, stimmiges Bild einer Technologischen Wissensordnung abzeichnet).
Witte/Sozialpsychologie: Erich H. Witte, Sozialpsychologie, München: Psychologie Verlags Union, 1989
(Lehrbuch der modernen Sozialpsychologie, mit kurzen Referierungen neuerer Beiträge zur „kognitiven" Sozialpsychologie).
Wittrock & Elzinga/University: Björn Wittrock und Aant Elzinga, Hrsg., The University Research System, Stockholm: Alsqvist & Wisell, 1985
(Beiträge über die Transformation der Wissenschaft, Änderungen des universitären „Forschungssystems" und die Verschiebung der epistemischen bzw. forschungspolitischen Kriterien von Binnen- auf Außenorientierung).
Ziman et al./World of Science: John Ziman, Paul Sieghart, John Humphrey, The World of Science and the Rule of Law – A Study of the Observance and Violations of the Human Rights of Scientists in the Participating States of the Helsinki Accords, Oxford: Oxford Univ. Press, 1986
(zu den besonderen Grundrechten und Freiheiten für Wissenschaftler).

Personenregister

(FN bezeichnet die Seiten, auf denen der Name in Fußnoten genannt wird)

Abbott, L., 176; 216
Adler, R. G., 204; 216
Albert, H., FN 174; 216
Albrecht, H., FN 131; 216
Alscheid-Schmidt, P., 216
Althoff, F., 89; 95; 101; 102; 165; 166; 167
Anderson, J. R., 181; 216
Apel, K.-O., 162
Arndt, A., 228
Arnim, H. H. v., 187; 216

Backhaus, J., 216
Baldwin, M. W., 238
Bar-Hillel, Y., FN 25; FN 26; 216
Bärmeier, E., 216
Barthes, R., 189
Bartley, W. W., FN 43; 176; 217
Baumgarten, E., 217
Beck, U., FN 176; 178; 217
Becker, J., 217
Beckerath, E. v., 241
Beier, K.-K., 217
Bell, D., FN 20; FN 58; FN 69; FN 72; FN 176; 177; 178; 217; 231
Below, W. v., 217
Benda, E., FN 135; 217
Beniger, J. R., 218
Benjamin, W., FN 189; 191; 218
Ben-David, J., 217; 218
Bergmann, M., 218
Berleur, J., 221
Besselaar, P. V. D., 228
Bettermann, K. A., 234
Beyerchen, A., FN 90; 218
Bijker, W. E., FN 132; 218

Böckelmann, F., 239
Boettcher, E., 175
Böhme, G., FN 107; 218
Böll, H. 188
Bohrmann, H., 185; 218
Bok, S., FN 135; 218
Bonfadelli, H., FN 71; 219
Boorstin, D. J., FN 132; 219
Bosse, H., FN 115; 191; 219
Bossle, L., FN 91
Bouillon, H., FN 174; 219; 247
Boulding, K. E., 219
Bourdieu, P., 219
Braitenberg, V., FN 199; 204; 219
Branahl, U., 172; 219
Brandt, G., FN 57; 219
Brecht, B., 47; 188
Breithecker-Amend, R., FN 101; 163; 219
Bremer, H. W., 249
Brinckmann, H., 220
Broad, W., FN 120; 220
Brocke, B. vom, FN 101; FN 102; FN 164; FN 165; 167; 220; 252; 259
Broda, Ch., 233
Brosette, J., FN 126; FN 170; 220
Brown, W.R., FN 122; 220
Bruch, R. vom, 167; 220
Brückner, P., FN 91
Bruner, J., FN 179; 220
Brunner-Traut, E., 164; 220
Buchanan, J. M., 220
Buder, M., 220
Bühl, W. L., FN 20; 220
Bull, H. P., FN 136; 171; 220; 221
Bullinger, M., 221

263

Burkert, H., FN 44; 221
Busch, H., FN 138; 221
Büschges, G., 255
Busek, E., 249
Bush, V., 248

Cahn, M., 221
Capurro, R., FN 26; FN 124; FN 125; 222
Carnap, R., FN 25; 222
Cartellieri, W., 222
Cassel, D., 222; 255
Chandler, A. D., FN 102; 222
Chartier, R., FN 136; 191; 222
Cheh, M. M., FN 169; 222
Chotjewitz, P. O., FN 189; 191; 222
Cicourel, A., 237
Clement, A., 228
Coase, R. H., FN 97; 222
Cobler, S., FN 77; FN 137; 222; 233
Coleman, J. S., FN 68; FN 102; FN 176; 177; 178; 223
Combrosio, A., 242
Coy, W., FN 26; 198; 223
Cozzens, S. E., 258
Crick, F., 200
Csányi, V., 204; 223
Curtius, E., 191; 223
Czempiel, E.-O., FN 40; 223

Daalder, H., 223
Dahlberg, I., FN 20; FN 123; 198; 223
Dankert, B., 222
Daumann, F., FN 135; 245
Davis, M. H., 244
Denninger, E., 223
Dettling, W., 187; 223
Deutsch, K. W., FN 70; 187; 224
Dickert, T., 164; 172; 224
Dickson, D., FN 129; 224
Dietrich, N., FN 107; 225
Ditfurth, H. v., FN 26; 224
Dobrov, G. M., 224
Dorf, R. C., FN 108; 224
Dörner, D., 181; 224
Douglas, M., FN 73; 181; 224
Drerup, H., 224
Dretske, F. I., 224
Druey, J. N., 225
Dukes, J. R., 218
Durbin, P. T., 261
Düwell, K., FN 104; 225

Ebenfield, H., 239
Eberle,C.-E., FN 143; 225
Eberlein, G., FN 107; 225

Eco, U., FN 124; FN 135; 225
Eder, K., FN 86; 225
Egger, E., FN 170; 225
Ehmann, H., 225
Ehmke, H., 228
Ellermann, R., 204; 225
Elliott, B., 234
Ellul, J., 225
Elzinga, A., 261
Erbring, L., 252
Esser, H., 225
Eucken, W., FN 42; FN 43; FN 49; FN 96; 176; 225; 245; 258
Evans, J., FN 161; 181; 226

Faßler, M., 226
Fedrowitz, J., 238
Ferguson, J. R., 226
Ferns, H. S., 226
Festinger, L., FN 71; 181; 226
Feyerabend, P., FN 97; FN 122; FN 144; FN 174; 226
Fiedler, H., 226; 240
Fischer, E., 226
Fischer, K., 179; 227
Flämig, C., FN 35; 172; 204; 227
Fleck, L., 167; 227
Fleischmann, G., 227
Folberth, O. G., 204; 219; 227
Foucault, M., 161; 188; FN 188; 191; 222; 227
Frank, G., 227
Franz, E. G., FN 123; 228
Frey, D., 181; 238
Fritsch, B., FN 40; FN 71; FN 162; FN 179; 181; 228
Fröhlich, W. D., 250
Fuchs-Kittowski, K., 198; 228
Funk, A. 221

Gardner, H., 181; 198; 228; 245
Garstka, H., 142; FN 142; 228;
Gehlen, A., 24; FN 37; 48; FN 48; FN 49; FN 93; FN 112; 131; 160; 253
Geiger, R. L., 228
Geiger, W., 228
Geis, M.-E., FN 41; 228
Gellner, E., FN 53; 229
Gellner, W., 229
Gerke, P. R., 198; 229
Gersdorf, H., 229
Gerster, W., FN 137; 223; 261
Gibbons, M., FN 129
Goldin, K. D., 229
Gombrich, E. H., 192; 229

Goody, J., FN 124; 229
Gouldner, A. W., FN 176; 179; 229
Gräf, L., 254
Gravenreuth, G. v., 229
Greenstein, R., FN 169; 229
Greiff, B. v., 256
Gresham, T., 128
Gross, T., FN 121; 172; 229
Großklaus, G., 230
Gruber, H., 230
Gundler, B., FN 101; FN 104; FN 131; 230

Haase, C., 230
Häberle, P., 231
Habermas, J., 42; FN 42; FN 81; 85;FN 85; FN 86; FN 96; 153; 162; FN 166; 177; 183; 184; 230
Hack, I., FN 103; 164; 231
Hack, L., FN 103; FN 113; 164; 231
Hackl, C., 204; 219; 227
Haefner, K., FN 21; 223; 231
Hager, W., FN 69; 181; 231
Haid, A., 231
Hailbronner, K., 231
Haken, H., 204; 231
Haken-Krell, M., 204; 231
Hamburger, K., 258
Hamelink, C. J., 231
Hammer, V., 232
Harnack, A. (von), FN 89; FN 101; 161; 232
Hauck, E., FN 135; 232
Hauser, A., 192; 232
Havelock, E. A., FN 124; 232
Hayek, F. A. v., FN 16; 57; FN 57; FN 72; FN 128; FN 173; 176; 232
Heckel, J., 231
Heidegger, M., FN 131
Heinemann, M., 232
Heldrich, A., 232
Henrichs, N., 232
Henscheid, E. 188
Herder-Dorneich, P., FN 39; 175; 233
Herold, H., 19; 27; 73; FN 77; FN 78; 95; FN 137; FN 138; 222; 227; 233; 244; 254; 255; 256
Hesse, C., FN 136; 191; 222; 233
Heußner, H., 233
Hirsch, E. E., FN 115; 233; 246
Hirschman, A. O., FN 30; FN 72; FN 173; FN 185; 233
Hitler, A., 221; 235
Hoepke, K.-P., FN 104; 234
Hofmann, H., 204; 234; 260

Hohmann, H., FN 136; 218; 221; 234
Hölder, E., 234
Hopf, M., FN 57; 176; 234
Hoppmann, E., 176; 234
Horstmann, A., FN 115; 234
Huber, E. R., 234
Huber, M. Taylor, FN 54; FN 129; 249
Hubmann, H., FN 40; 234
Hughes, T. P., FN 132; 234
Hull, D., 234
Humboldt, W. v., 15; 48; FN 48; 83; 84; 88; 89 FN 97; FN 115; FN 122; 165; 235; 252; 259
Hummel, M., 235
Humphrey, J., 261
Huning, A., 249
Hussy, W., 181; 235

Inglehart, R., FN 65; 235
Irle, M., 181; 228; 238
Irrgang, B., 198; 235
Isensee, J., 254

Jacobson, H.-A., 221; 235
Jahnke, H. N., 259
Jansen, C., FN 122; 235
Järvinen, P., 228
Jaspers, K., 235
Jeismann, E.-K., 236; 244
Johnson-Laird, P. N., 181; 236
Jonas, H., 192
Jussawalla, M., 239

Kaase, M., 184; 236
Kaegbein, P., 181; 236
Kahnemann, D., 236
Kaiser, G., 238
Kammler, H., FN 20; 236
Kant, I., 86; 152
Karpen, U., 236
Kauß, U., 221
Keating, P., 242
Keune, R., 236
Kevenhörster, P., 187; 236
Kimminich, O., 236
Kirchhof, P., 254
Kirzner, I. M., FN 128; FN 173; 236
Kissinger, H. A., FN 40; 236
Kitsch, E. W., 237
Klages, H. 253
Klapp, O. E., FN 71; 237
Klawitter, J., 198; 235
Klebe, T., FN 21; 237
Kleinewefers, H., FN 43; 237
Klinkenberg, H. M., 225

Kloepfer, R., 185; 237
Kloos, H. W., 237
Kluge, A., FN 166; 244
Kluwe, R. H., 181; 260
Knorr-Cetina, K., FN 176; 237
Koboldt, C., FN 30; 237
Koch, H.-A., FN 60; 237
Kochen, M., 237; 260
Kohli, A.K., 238
König, W., 237
Koslowski, P., 238
Krawietz, W., 241
Kreibich, R., FN 69; 177; 178; 238
Kriz, J., 253
Krüger, J., 249
Kruglanski, A. W., 181; 238
Krüsselberg, H.-G., FN 20; 238
Kuhlen, R., 232; 238; 240
Kuhn, T. S., 167; 227; 238
Kühnel, St., 254
Kümmel, J., 258
Kunz, H., FN 129; 176; 238
Küppers, B.-O., 18; FN 26; FN 199; 204; 238

Lakatos, I., 214
Lamberton, D. M., 239
Landbeck, H., 185; 237
Landes, D. S., FN 31; FN 132; 239
Langenbucher, W. R., 184; 239
Launer, E., 239
Leeson, K., 241
Lehner, F., FN 174; 187; 239
Lenk, H., FN 21; FN 131; 194; 210; 239; 252
Lenk, K. FN 31; FN 75; 240
Lepsius, M.R., 179; 240
Linde, H., FN 130; 240
Lindner, H., 224
Lith, U. van, FN 166; FN 174; 240
Lochner, H., 240
Long, J. R., 240
Lorenz, D., 240
Lübbe, H., 124; FN 124; FN 125; FN 180; 240
Luhmann, N., FN 39; FN 41; 42; FN 42; FN 43; 241
Lutterbeck, B., 241
Lyotard, J.-F., 241

Maas, H., 18
MacBride, S., FN 140; 185; 241
Machlup, F., 176; 198; 241; 243
Mackaay, E. J. P., 242
Mackenzie, M., 242

Macpherson, C.B., FN 95; FN 110; 242
Mahle, W. A., 239
Malthus, T. R., FN 162; 179; 205; 210
Mandl, H., 181; 242
Manegold, K.-H., 167; 242
Mannheim, K., FN 46; FN 48; FN 107; 176; 177; 179; 242
Mansfield, U., 198; 241; 243
Mantl, W., 249
Maring, M., FN 131; 194; 210; 239; 252
Martino, A. A., 241
Matejovski, D., 238
Mayntz, R., 257
McClelland, J. E., FN 102; 167; 242
McCorduck, P., 198; 242
Meister, H., 242
Mendel, G., 203
Merton, R. K., 87; FN 91; FN 97; FN 129; FN 175; 178; FN 190; 193; 194; 242; 243; 256 Mestmäcker, E.-J., FN 102; FN 129; FN 142; 234; 243
Meusel, E.-J., 243
Meyer-Abich, K. M., 194; 243
Meyrowitz, J., 187; 243
Mieth, D., 252
Mill, J. St., 87; FN 87; 91; 213; 243
Miller, G. A., FN 59; FN 179; 243
Miller A. R., 244
Miller, J. G., FN 70; 244
Mills, J. St., 213
Minc, A., FN 114; 231; 245
Mitcham, C., 249
Mocek, R., FN 107; 244
Mölich, K.-H., 244
Moltke, B. v., FN 126; 172; 191; 244
Mück, H.-D., 258
Müller, F., 244
Müller, U., 258
Münch, R., 244
Myrell, G., FN 19; 233; 244

Naisbitt, J., FN 56; FN 71; 244
Narr, W.-D., 221
Neber, H., 244
Negt, O., FN 166; 244
Nelkin, D., FN 129; 244
Neugebauer, W., 244
Neumann, M., 36; 245
Newell, A., 198; 245
Nicklisch, F., 204; 245
Nipperdey, H. C., 234; 255
Nisbett, R., 245
Noelle-Neumann, E., 184; 245
Nohlen, D. 253
Nolte E., 255

Nora, S., FN 114; 231; 245
Nordenstreng, K., FN 140; 245
Norman, D. A., 198; 228; 245
Nutzinger, H. G., 251

Oberender, P., FN 135; 245
Oberfeld, Ch., 217
Oberförster, H. D. 215
Oelmüller, W., 251
Oleson, A. 250
Olson, M., 176; 245
Ong, W. J., FN 124; 245
Opolka, U., 204; 225
Osterrieth, A., 245
Otte, M., 259

Parsons, T., 246
Pawlowski, H.-M., 170; 172; 246
Perger, A. A., 260
Peterlik, M., 249
Pfeiffer, R., 224
Philip, F.-H., 246
Pinch, T. J., FN 132; 218
Pitschas, R., 246; 254
Platon, 29
Pohlmann, H., 246
Pool, I., 246
Popitz, H., FN 132; 246
Popper, K. R., FN 25; FN 114; 214; 246; 251
Porat, M. U., 231; 246
Posner, R. A., FN 31; 239
Postman, N., FN 71; 246
Prantl, H., 247
Price, D. J. de Solla, FN 54; FN 101; 162; 163; 167; FN 165; 247
Prokop, D., 247
Puppe, F., 198; 247

Quaritsch, H. 253

Radnitzky, G., FN 43; FN 166; FN 174; 176; 219; 247
Ramb, B.-T., 255
Rapp, F., 261
Rawls, J., 163; 193; 194; 247
Reason, J., 181; 247
Rebe, B., FN 131; 248
Reetsma, J. P., FN 136; 248
Rehfeld, W., 220
Reinermann, H., FN 134; 187; 226; 233; 248
Remak, J., 218
Reuter, A., 252
Rheingold, N., 248

Riesman, D., FN 114; 248
Rilling, R., 248
Ritter, G. A., FN 101; 248
Roeber, G., 233; 246
Roellecke, G., 248; 249
Rogall, K., FN 41; FN 145; 249
Röhrs, H.-J., 18
Ropohl, G., FN 71; 194; 239; 249
Rosenzweig, R. M., 249
Rosewitz, B., 257
Ross, L., 245
Roszak, T., FN 71; 249
Roßnagel, A., 194; FN 209; 232; 249
Roth, P., FN 21; 237; 249
Rubin, M. R., FN 54; FN 129; 249
Rüegg, W., 249
Rumelhart, D. E., 198; 228; 245
Rust, H., 18; FN 141; 185; 250
Ruß-Mohl, St., 184; 185; 249; 250; 252

Sachsse, H., FN 29; FN 30; 250
Saxer, U., FN 68; FN 71; FN 141; 184; 250
Scharoun, H., 228
Schenk, B., 253
Schenk, K.-E., 175
Schenk, M., FN 68; FN 71; FN 141; 184; 253
Scherhorn, G., 253
Scheuch, E. K., 253; 254
Scheuner, U., 234
Schiera, P., FN 101; 167; 254
Schilcher, T., 254
Schiller, H. I., FN 68; 185; 254
Schimanek, U., 257
Schlenke, M., 243
Schmid, C., 228
Schmidtchen, D., FN 30; 237
Schmitt Glaeser, W., FN 41; 254
Schmitt, C., 59; 168; 203; 254
Schmoranz, I., FN 58; 176; 254
Schneider, J., 228
Schnepel, J., 254
Scholz, R., 254
Schönbach, K., 184; 254
Schreiner, K., 255
Schubring, G., FN 122; 255
Schuller, W., 137; 255
Schüller, A., 255
Schuller, W., FN 137
Schultze, R.-O., 253
Schulz, W., 184; 236
Schumpeter, J. A., FN 90; FN 100; 255
Schuster, H. J., 172; 236; 243; 255; 259
Schütte, H. G., 18; FN 120; FN 144; 255

267

Schwan, E., FN 17; 95; FN 133; FN 138; 233; 255
Seeger, T., 220
Seewald, B., 252
Seifert, J., 250
Shea, W. R., 252
Shils, E., 223; 250
Sieber, U., FN 29; 171; 250
Siebold, T., 250
Sieghart, P., 261
Simitis, S., 250; 251
Simon, H. A., 198; 245
Simon, N., 245
Slovic, P., 236
Smith, A., 59; FN 139; 251
Sokrates, FN 77; FN 78; 222
Sösemann, B., 252
Spada, H., 181; 242
Stehr, N., 256
Steigleder, K., 252
Steinbuch, K., FN 68; FN 70; 256
Steinmüller, W., FN 22; FN 26; FN 123; FN 137; FN 196; 169; 187; FN 196; 198; 221; 233; 241; 255; 256; 257
Steinweg, R., 250; 257
Stender, J., 257
Stichweh, R., FN 39; 167; 257
Stigler, G. J., 257
Stock, M., 185; 257
Straus, J., 217
Streissler, E., 257
Streißler, E., 238; 257
Streit, M. E., 258

Taeger, J., 227
Taylor, R. S., 245
Teich, A. H., 258
Tenbruck, F. H., FN 70; 258
Tergan, S.-O., 198; 258
Thieme, W., FN 35; 172; 222; 255; 258
Thum, B., FN 136; 191; 258
Tietzel, M., 258
Totok, W., 258
Towson, M. J., 238
Tullock, G., FN 97; FN 120; FN 174; 258; 259
Turner, R. S., FN 165; 259
Tversky, A., 236
Tyerman, B. W, 259

Ullrich, H., FN 40; FN 55
Ullrich, H., 259
Ullrich, O., 259

Vanberg, V., FN 102; 259
Veereck, L., FN 43; FN 165; 176; 259
Vierhaus, R., FN 101; FN 164; 167; 259
Vogelgesang, K., FN 41; 259
Völz, H., FN 26; FN 27; FN 28; FN 30; 198; 204; 259
Voss, J., 250
Vowe, G., 259

Wade, N., FN 120; 220
Wagner, A., FN 209
Wahl, R., 259
Waldmann, M., FN 68; 181; 260
Wassermann, R., 233
Watson, J., 200
Weber, M., 21; FN 21; 44; 48; FN 48; 49; 93; FN 93; 94; 95; FN 95; FN 103; 128; 133; 134; 151; FN 151; 166; FN 178; 179; 252; 260
Weigand, K.-H., 228
Weinberg, A., FN 70; FN 101; FN 162; FN 179; 210; 260
Weinert, F. E., FN 68; 181; 260
Weiß, J., 252
Weißmann, S., FN 69; 181; 231
Weizsäcker, C. F. v., FN 25; 51; 260
Weizsäcker, R. v., 187; 260
Wente, J. K., FN 170; 172; 260
Werkentin, F., 221
Wersig, G., FN 26; FN 32; FN 124; 180; 260; 261
Westerbarry, J., 261
Westphalen, R. v., 210; 261
Wiener, N., 27; 33
Wierlacher, A., 253
Wiesel, G., FN 137; 223; 261
Wieser, W., 261
Wilhelm, R., 225
Williamson, O. E., FN 128; 261
Winckelmann, J., 260
Wingolf, P., FN 101; 261
Winner, L., 261
Winston, K. I., 241
Witte, E.H., 181; 261
Wittenberg, R., 255
Wittgenstein, L., 215
Wittrock, B., FN 129; 229; 261

Zechlin, L., 222
Ziman, J., FN 136; 172; 261

Sachregister

(ohne Berücksichtigung des Kommentierten Literaturverzeichnisses)

Vom üblichen Gebrauchszweck abgesehen, soll mit diesem ausführlichen – trotzdem nicht lückenlosen – Sachregister die in den Beiträgen vieler Fachwissenschaften bereits im jetzigen Forschungsstadium vorfindliche **Fülle der Begrifflichkeiten und Problemstellungen zur „Querschnittsmaterie" der Wissensordnungen** ausgebreitet werden. Man muß dazu nur noch ein integratives Konzept haben, um darauf zugreifen und damit weiterarbeiten zu können. Dabei darf man allerdings eine hochdifferentielle Begrifflichkeit nicht mit informativen Hypothesen und erklärungskräftigen Theorien verwechseln, die es bislang nur vereinzelt gibt. Hier weisen alle aufgeführten Fachwissenschaften mehr oder weniger große Forschungsdefizite auf.

Abkopplungen (s. Wissensordnung)
Althoff (s. ‚System Althoff')
Angewandte Wissenschaft
  (s. Wissenschaftsformen)
Außenkriterium (s. informationelle
  Außenkriterien)
Autor 168; 188ff.

Bereichsordnungen (s. Wissensordnung)
Bestätigungsfehler 121; 136; 152; 180; 185f.
Bildungsgeschichte 164ff.
Biologie 198ff.
Biotechniken (s. Gentechnik)
Big Science (s. Wissenschaft als
  Großbetrieb)
Bürokratie 133ff.

Copyright (s. auch Eigentum) 136; 168; 190

Daten
– Begriff 78
Datenschutz 59; 111; 168ff.; 186
Datenwissen
– Begriff 78
Denken
– in Blöcken 40; 132

– in Ordnungen 20; 39ff.; 172ff.; 212
– in Sphären 40f.; 170
– in Systemen 39ff.; 134
Desinformation (siehe auch
  Leitinformation; Gegeninformation)
  69; 138; 183
Diskursordnung 188ff.
Disziplinen (s. Fachwissenschaften)

Eigentum (s. auch Wissenskommunismus;
  Wissensordnung – Abkopplungen) 87;
  91; 107; 110; 126; 168ff.; 188ff.
Eigentumsrechte 128ff.; 172ff.
– erweiterte ... 115
Entlastung (s. Wissensordnung –
  Abkopplungen)
Ethik 132; 192ff.
Experten 178; 180
Extraregelungen (s. Wissensordnung)

F-Orientierung 34
Fachwissenschaften 157ff.
Fall Böll/Henscheid 188
Fall Bossle 91
Fall Brückner 91
Fall Herold/Schwan 95; 137f.; 222f.; 255f.

269

Finalisierung 107; 110; 178
Folgenprobleme (s. auch Technikfolgen) 61ff.; 110; 194; 204ff. Forschung (s. Wissensordnung – Klassische; Universität)
Forschungsgemeinschaft (s. Gelehrtenrepublik)
Forschungsimperativ 124; 127; 165f.
Fortschritt (s. naturwissenschaftlich-technischer ...)
Freie Forschung & Lehre (s. auch Wissensordnung – Klassische; Wissenschaftsformen) 119ff.
Freier Informationsfluß 117; 138ff.; 146; 170; 182ff.; 187

Gegeninformation (s. auch Desinformation, Leitinformation) 69; 138; 180; 183; 185ff.
Geheimwissen 133ff.; 196; 215
Gehlens Diktum 48; 93
Gelehrtenrepublik 15; 88f.
Gentechnik 198ff.
Gesellschaftsordnung 161; 176ff.
Gestaltungsaufgaben (s. Wissensordnungspolitik)
Gewaltenteilung (siehe informationelle ...)
Globalisierung der Informationsströme (s. auch Freier Informationsfluß) 114
Greshamsches Gesetz 128
Große Fusionen (s. Wissensordnung – Verbindungen)
Große Separationen (s. Wissensordnung – Abbkopplungen)
Große Wissensfreiheiten 146f.; 154
Großbetrieb (s. Wissenschaft als ...)
Grundlagenforschung (s. Wissenschaftsformen)

Härteskala 46
Herolds umgedrehter Sokrates 77f.; 222
Hitlers Grundsätzlicher Befehl Nr. 1 221; 235
Hochschulen (s. Universität)
Humboldtsche Devise 48

Ideologieproblematik (s. auch Wissenssoziologie) 176f.
Industrie (s. Wissenschaftsformen)
Informatik 195ff.
Information 19; 21;
– Begriff (s. Wissensbegriff)
informationelle Außenkriterien 32; 41; 119; 133; 152; 187
informationelle Chancengleichheit 153; 170f.

informationelle Entkolonialisierung 183
informationelle Gewaltenteilung 153; 185
informationelle Grundversorgung 171
informationelle Partizipation 187; 203
informationelle Selbstbestimmung (s. Recht auf ...)
informationelle Selbstdefinition (s. Selbstdefinition)
informationelle Überlastung (s. auch Wissenslagen) 68; 179
informationelle Umwelt (s. Umwelten)
Informationsbereich (s. Wissensbereiche)
Informationsberg 53ff.; 124; 169; 196
Informationseingriffe 41; 87; 115; 145; 170; 190
Informationsethik (s. Ethik)
Informationsexplosion 16; 54; 196
Informationsfluß (s. Freier Informationsfluß)
Informationsgesellschaft 17; 56; 60; 177; 205
Informationsgesetzbuch 142ff.; 168
Informations(un)gleichgewicht 185ff.
Informationsimplosion 54; 196
Informationsmärkte (s. Markt der Ideen)
Informationsökonomie (s. Ökonomie)
Informationsordnung (s. Wissensordnung)
Informationsparadigma 58; 197
Informationsrecht 167ff.
Informationssektor als Vierter (ökonomischer) Sektor 58; 129; 173
Informationssektoren des Wissensfeldes (s. Wissenssektoren)
Informationstechnik (s. Informatik; Wissenstechniken)
Informationsträger (s. Wissensträger)
Informationswissenschaften (s. Informatik)
Informationszeitalter 14; 20; 56ff.; 178
– Kriterien für das 56ff.
Informatisierung(sprogramm) 13; 53ff.; 56ff.; 81; 161; 192; 196; Infotainment 17; 26; 76ff.; 139
internationale Informationsordnung (s. Weltinformationsordnung)
‚Ideen von 1809' 83ff.
Industrie (s. Wissenschaftsformen)
Journalismus 183ff.; 186

Kognitionswissenschaften (s. Wissenswissenschaften)
kognitiv-technische Entwicklungen 31; 51f.; 53ff.; 65; 70; 161ff.; 193; 205
Kognitiv-Technischer Komplex 14; 16; 53ff.; 130ff.; 161ff.; 196f.
kognitive Wende 176; 179ff.; 198

Kognitionswissenschaften (s. auch
 Wissenswissenschaften) 179ff.
Kommerzialisierung(sprogramm) 81; 112;
 114; 128ff.; 182
Kommerzialisierte Wissenschaft
 (s. Wissenschaftsformen)
Kommunikationswissenschaften 182ff.
Kunstwissenschaften 188ff.

Laien 178; 180f.
Leitinformation 69; 138; 180; 183
Literaturwissenschaften 188ff.

Macht
– und Ohnmacht des Wissens 112f.; 133;
 153; 171; 177; 185ff.
Machtordnung 112; 140
Markt 128ff.
– der Ideen 97; 122; 172ff.
– als Informationsprozeß 57; 173
Massenmedien 129; 138ff.; 182ff.; 189
Meinung
– private ... 85ff.; 125ff.; 169
– Öffentliche ... (s. Öffentlichkeit)
Militär 134ff.; 196
Mills Diktum 91
Monopoltheorie (s. Wissensmonopole)
Mosaiktheorie 170

Nachrichten
nationale bzw. internationale
 Informationsordnung
 (s. Weltinformationsordnung)
naturwissenschaftlich-technischer
 Fortschritt (s. kognitiv-technische
 Entwicklungen)

Neue Ethiken (s. Ethik)
Neue Medien (s. Massenmedien)

Öffentlichkeit 15; 85; 166; 182ff.; 185ff.;
 203
Ökonomie 42; 128ff.; 172ff.
Ordnungspluralismus 116f.; Abb. 5;
 142ff.; 151ff.
Ordnungspolitik
 (s. Wissensordnungspolitik)

Patentrecht 107; 201
Paradigmawechsel im
 Informationszeitalter 56ff.
Philosophie 159ff.; 215
Pluralismus
– doppelter ... 184
– ordnungspolitischer ...
 (s. Ordnungspluralismus)
Politikwissenschaft 185ff.

Polizei 134ff.
Praxis (s. Wissenschaftsformen)
Privatisierung(sprogramm) 81; 115; 126;
Privatsphäre (s. Denken in Sphären;
 Sphärentheorie)
Problemlösen 180f.; 196f.
Psychologie 179ff.
Publizistikwissenschaften 182ff.

Qualitätszonen (s. Wissenszonen)
Querschnittsmaterie 15; 157

Realisierte Wissenschaft
 (s. Wissenschaftsformen)
Recht 47f.; Abb. 1
Recht auf genetische Selbstbestimmung
 203
Recht auf informationelle
 Selbstbestimmung 115; 134; 145; 152
Recht auf Nichtwissen 202
Rechtsordnung 22; 35; 41; 193; 202
Rechtswissenschaften 167ff.
Reine Wissenschaft
 (s. Wissenschaftsformen).

Schutzzonen (s. Wissenszonen)
Selbstdefinition (s. auch Fall
 Herold/Schwan) 127; 134
Selbstkontrolle 186
Sicherheit(sdoktrinen) 136; 168
Sicherheitsdienste
Sphärentheorie (s. Datenschutz; Denken
 in Sphären)
Sondermilieu (zum akademischen ...
 s. auch Universität) 49; 87ff.; 164ff.;
 193
Sonderwissen (s. Geheimwissen)
Sozialwissenschaften
Soziologie 176ff.
‚System Althoff' 89; 95; 101ff.; 165ff.
Staat 101f.; 108; 120; 164ff.; 189
– Trennung von Wissenschaft und ...
 (s. Wissensordnung – Abkopplungen)
– Trennung von Wissen und ... 127
Staatsfreiheit 50; 86; 91; 93; 127; 155;
 183: 187
Szientometrie 56; 101; 161ff.

Technik (s. Wissenschaftsformen)
Technikethik (s. Ethik)
Technikfolgen 61ff.; 171; 184
– erster Art 14ff.; 63f.; 68; 206
– zweiter Art 14ff.; 64f.; 68; 113; 206
Technikfolgenforschung 61ff.; 111; 131;
 204ff.
– Generationen der ... 61ff.; 204ff.

- Richtungswechsel der ... 209
Technikforschung 159ff.
Technikgrundlagenforschung 206f.
Technikordnung
Technische Hochschule (s. Universität)
Technisierung(sprogramm) 81; 94; 112; 114; 161; 196f.
- des Wissens (s. Informatisierung)
Technologie (s. Bereichsordnungen)
Theorie (s. Wissenschaftsformen)
Theoretisierung(sprogramm) 81; 94; 115; 121

Umwelten
- informationelle ... 69; 205ff.
- semantische Umweltverschmutzung 179; 192
Umweltforschung 204ff.
- geistes- und sozialwissenschaftliche ...207ff.
Universität 88ff.; 130; 164ff.
- als Wissensordnung für die Wissenschaftsverfassung 84; 87ff.
- als Sondermilieu 88ff.; 164ff. (s. auch Sondermilieu)
Universitätsgeschichte 164ff.
Urheber (s. Autor)
Urheberrecht 107; 188ff.

V-Orientierung 34
V-Syndrom 125
Verdatung (s. Informatisierung)
Verwissenschaftlichung 54
Verwissentlichung(sprogramm) 54; 81
Vier-plus-eins-Formel 93
Volkszählungsurteil des Bundesverfassungsgerichts 59 (s. auch Datenschutz)

Webers Diktum 48
Weltinformationsordnung (s. auch Freier Informationsfluß) 21; 112; 138ff.; 183ff.
Werkherrschaft (s. Autor, Urheberrecht)
Wieners Diktum 27; 33
Wirtschaft Abb. 1
Wirtschaftsfreiheit 50; 183
Wirtschaftsordnung 22; 93; 132; 166; 174f.; 193; 202
- des Wissens 129
Wirtschaftswissenschaft (s. Ökonomie)
Wissen
- Begriff 14; 25ff.; 34
- Bereiche 75ff.; Abb. 2
- Bestände 75ff.; Abb. 2
- Grundverhältnisse 44ff.; Abb. 1; 94; 132;

- Sektoren 75ff.; Abb. 2
- Sondereigenschaften 27ff.; 43; 172ff.
- als Ware etc.: 32f.; 129ff.; 172ff.
Wissen & Technik (s. Kognitiv-Technischer Komplex)
Wissensarten 67f.; 73ff.; 75ff.; Abb. 2; 160ff.; 180; 197
Wissensbereiche
Wissensbestände 75ff.
Wissenschaft
- als Großbetrieb 89; 94; 101ff.; 161; 165ff.
- als Qualitätszone 119; 144; Abb. 6
- als Sondermilieu (s. Sondermilieu)
wissenschaftliche Beratung der Politik 186
Wissenschaftsethik (s. Ethik)
Wissenschaftsformen 22; 102ff.; Abb. 4; 119ff.; 128; 130ff.: 160ff.; 164f.; 173
Wissenschaftsforschung 159ff.
Wissenschaftsgeschichte 164ff.
Wissenschaftsrecht 167ff.
Wissenschaftssoziologie 97; 176ff.
Wissenschaftstheorie 159ff.; 215
Wissenschaftsverfassung 15; 34; 69; 87ff.; 124; 164
Wissenschaftswachstum (s. kognitiv-technische Entwicklungen)
Wissensfeld
- strukturelle, funktionale, sektorale Gliederung 75ff.; Abb. 2; 80ff.
Wissensfreiheiten 95ff.; 125ff.; 144ff.; 169ff.; 188ff.
Wissensfunktionen 80ff.
Wissensgüter (s. Wissen – Sondereigenschaften)
Wissensklassen 176; 182
Wissenskluft 68; 71; 141; 182
Wissenskommunismus 15; 47; 87; 91; 129; 175; 190f.: 193
Wissenslagen 61ff.; 67ff.; 138; 140; 176ff.; 185ff.
Wissensordnung
- Arbeitshypothese bzw. Begriff 33f.
- Architektur 97
- Determinaten 38; 53f.; 206
- Dimensionen 38
- Extraregelungen 90ff.
- Grundriß der ... 44ff.; Abb. 1
- Institutionalisierungsformen 84ff.
- Parameter 44ff.; Abb. 1; 49
- Schwerpunkte 35f.
- Klassische („Alte") 15f.; 83ff.; 114; 120f.

– Moderne („Neue") 16f.; Abb. 3.2;
  104ff.; 114; 117
– Neoklassische 121
– wissenschaftsbezogene 39
– außerwissenschaftliche 39
– als dritte Grundordnung 13f.; 23; 50;
  210; 212
– im weiteren Sinne 36
– Bereichsordnungen 38; 116ff.; Abb. 5
– Teilordnungen 38; 112
– Abkopplungen (Große Separationen)
  15f.; 49; 85ff.; 90ff.; Abb. 3.1; 120;
  153; 164ff.; 183; 192f.;
– Gegentrennung der fünften Art 90; 93
– Verbindungen (Große Fusionen) Abb.
  3.2
– Wandel der ... 60; 64f., 111; 194
– & Technik (s. Kognitiv-Technischer
  Komplex)
Wissensordnungspolitik 50; 151ff.;
  182ff.; 191; 203f.; 211
– Gegenstandsfragen 158
– Regelungsfragen 159

– Ordnungsfragen 159
Wissensmonopol 151; 170; 183; 185; 190
Wissenspsychologie 179ff.
Wissenssektoren 75ff.; Abb. 2; 116
Wissenssoziologie 176ff.
Wissenstechniken 53ff.; 195ff.; 205
Wissensteilhabe (s. informationelle
  Partizipation)
Wissensteilung 175; 182; 211
Wissensträger 68f.; 176ff.; 199
Wissens-Unordnung 112
Wissenswachstum (s. kognitiv-technische
  Entwicklungen)
Wissenswissenschaften (s. auch
  Kognitionswissenschaften) 180; 195;
  207
Wissenszonen 135; 144ff.; Abb. 6
Witwenproblem 190

Zwei Kulturen 207
Zweites Malthussches Dilemma 162; 179;
  205; 210